出版說明

林載爵（聯經出版公司發行人）

二〇〇二年七月聯經出版了由周質平與Willard J. Peterson主編的《國史浮海開新錄：余英時教授榮退論文集》，以敬賀余英時先生自普林斯頓大學東亞系講座教授榮退。二〇〇九年十二月又出版了由田浩（Hoyt Tillman）主編的《文化與歷史的追索：余英時教授八秩壽慶論文集》，以慶賀余英時先生八十大壽。今年適逢余先生九十華誕，我們也就藉著這個機會再度出版這本文集，以祝賀余先生九十壽慶。

從一九七〇年到一九七六年余先生先後發表了〈從宋明儒學的發展論清代思想史〉、〈清代思想史的一個新解釋〉、〈反智論與中國政治傳統〉、〈「君尊臣卑」下的君權與相權〉等文，開啟了中國思想史研究的新解釋與新視野，並且也展開了對臺灣思想界與文化界的廣泛影響。這些文章收集在一九七六年出版的《歷史與思想》一書中，此後年年再刷，影響深遠。二〇一四年這本書出版了新的編排本，余先生在序言中提到：「《歷史與思想》面世已整整三十八年，這是我在台灣刊行的第一部論文集，……是我個人出版史上最值得珍惜的大事。……三十八年來本書不斷重印，是我的著作中流傳最廣而且持續最久的一部。」從《歷史與思想》之後，余先生在臺灣出版的所有著作，都成為華人知識圈必讀的作品。

誠如本書作者之一丘慧芬教授所言：「余先生在中文與西方的漢學界以及史學領域，早已是研究傳統中國思想史的一個代表權威。他六十多年的學術思想論述，涵蓋了對傳統與現代中國文化各個主要面向的考索，也構成了一個具有整合性的通貫系統。」而且，「余先生的研究不僅在解說中國文化傳統內有關重要面向的深層意義，也在這樣的解釋過程中，給這個傳統重新注入了鮮活的生命。更值得重視的是，他數十年來始終堅持著將自己學術思想上的信念在日常生活中落實為具體的行動。」所以「余先生令人敬重感佩的就不僅僅是一般意義上的學術研究貢獻，而是因為他的論說與行動，已經和中國傳統文化價值在現代的存續發展，形成了一個獨特且密不可分的關係。」

我們非常感謝本書的所有作者共襄盛舉，以文書懷，描述了與余先生相處的真實感受。相信讀者可以透過本書的各篇文章，對余先生的為學與處世有更真切的瞭解。我們也願意藉著這本書的出版對余先生在學術與思想上的成就，以及做人與行事上的風格，表示最深的敬意。

目次

偶思往事立殘陽……當時只道是尋常
——向余英時老師問學的日子

王汎森

聯經出版公司的發行人林載爵發起徵稿，希望余英時老師的門生故舊能各寫一篇文章，慶祝余老師的九秩華誕，文章的內容以余先生的「教學」與「治學」為主。在這一篇文章中，我想以另一個方式開始——追索一九五〇年代，余先生思想脈絡在當時的思想史意義，然後再進入「教學」、「治學」的層面。因為如果沒有一九五〇年代的思想發展，我後來所接觸的余先生，恐怕是不一樣的。

一

回想起來，一九七〇年代後半，隨著〈反智論與中國政治傳統〉一文的連載，及後來陸續出版的文章，如〈「君尊臣卑」下的君權與相權〉、〈說鴻門宴的座次〉、〈清代思想史的一個新解釋〉等文所掀起的波瀾，余先生的名字有如天上的巨星，人們是在經過這個震盪後，才又千方百計回過頭找他早已發表過的許多論文及書來讀。

當時許多人對「余英時」這三個字既好奇又陌生。我猶記得一九八〇年代初，偶然在俞國基先生臺中的家聊天，在座的客人中，記得還有史家施之勉的哲嗣施肇錫先生。座客們除了批評當時的政治之外，談論的主題便是余先生，席間不知誰說了一句，「聽說他是錢穆的女婿」，後來才發現完全是子虛烏有。

在那幾年中，前仙人掌出版社的負責人林秉欽先生經常到我的住處來談。當時流行把各種學術刊物中某個主題的文章編成論文集，他也希望我針對近代思想、學術編一套書。我也試擬過一些主題，但是後來這件事卻不了了之。有一次，林先生告訴我，我書架上《近代文明的新趨勢》（仙人掌出版社出版）一書的作者「艾群」便是余英時先生。當時聞言甚驚，因為這本小書脈絡清楚、文筆俊爽，僅用幾條線索就掌握了西方近代文明的趨勢，沒想到竟是出自一位少年之手！

二

前面提到，在一九八〇年初，人們回過頭去到處發掘余先生早已發表的論文與著作。這個「再發掘」的過程中，頗引人注目的是余先生二十到二十五歲在香港出版的六本書。這六本書中，除了一本之外，在一九八〇年代或更早，都已經被臺灣的出版商重印出來，我在當時基本上也都買了。事實上，在過去幾十年中，我斷斷續續地在參詳這些書。

由於我到普大做學生是在一九八七年，當時余先生五十七歲，在他任何談話、甚至研究中，我都感覺不出他在思想上有過一段奮鬥的痕跡。而且連最近出版的《余英時回憶錄》中所提到的那些書，包括《開放社會及其敵人》、《文化模式》等書，幾乎都不曾聽余先生提及。那時余先生對政治、歷史的態度都已經非常清楚而堅定。如果不是曾經讀過一九五〇年代余先生充滿現世關懷的六種著作及許多文章，[1]並不容易察覺到他有過一個很有意義的思想發展脈絡。

披覽這些材料之後，我感覺在這五年之間，余先生的思路經歷過一些重大的變化，而且其中可以清楚出現幾條脈絡。幾年前在寫〈余英時印象〉一文時，我已大致點出我嘗試梳理的這幾條脈絡，這不只是為了瞭解余先生思想發展的軌跡，同時也是為瞭解一九四〇年代後期到一九五〇年代廣大知識分子思想的歷程。

一九四九年最後一日到香港之後的余先生所面臨的最立即、最重大的思想課題，便是對紅色政權席捲全中國這一個關係時代及自己命運的大事進行反思。他一方面要擺脫中共政權及辯證唯

余英時先生獲「唐獎」之後，於普林斯頓大學慶祝酒會中與Christopher L. Eisgruber 校長合照。右為余夫人陳淑平。

物主義，另一方面是想從西方近代歷史及近代政治思想家的著作中尋找比較確當的答案，證成對五四以來的自由、民主、科學、和平、人權、普世價值等方向的正確性。

在進入這條思想線索之前，我想先說明一點，我們不能以單線演進的觀點來看這個思想變化，而應至少看成是兩個時代思潮在余先生一人胸中的競爭。

從《余英時回憶錄》及之前余先生的許多文字中可以看出，余先生早先已受到五四等民主、自由、寬容、平等普世價值的薰陶，余先生在《余英時回憶錄》中便說：「我在一九四八年以前，基本上已經認同了『五四』以來，『民主』、『科學』的新文化。」但從一九四七年十月到一九四八年十月，他在北平閒居的時候，開始接觸到當時中國流行的思潮。例如讀艾思奇的《大眾哲學》，余先生認為此書從宇宙觀到人生觀，全書構成一個封閉的系統，並開始接觸馬列。後來在燕大，更進一步成為共青團團員。[2] 雖然在一九四八

1 余先生一九五〇年代的六本著作，分別是：《近代文明的新趨勢：十九世紀以來的民主發展》（香港：自由出版社，一九五三）、《民主革命論：社會重建新觀》（香港：自由出版社，一九五四）、《到思維之路》（香港：高原出版社，一九五四）、《民主制度的發展》（香港：亞洲出版社，一九五五）、《自由與平等之間》（香港：自由出版社，一九五五）、《文明論衡》（香港：高原出版社，一九五五）。其中《近代文明的新趨勢：十九世紀以來的民主發展》、《到思維之路》、《文明論衡》三本書的作者署名為艾群。

2 余英時，《余英時回憶錄》（臺北：允晨文化，二〇一八），頁七〇。

年夏天，讀到胡適在《獨立評論》上的〈自由主義是什麼？〉時非常興奮。但是，在一九四五年五月下旬，因為「左傾幼稚病和狂熱症已經同時發作了」，於是他聲色俱厲地駁斥一位安徽同鄉關於共產黨在鄉下殺人逼錢的殘酷行為。[3]可見五四與馬列這兩股力量，在少年余英時心中競爭、糾纏，從而帶出了至少四種議題：是暴力革命還是和平革新？五階段論的「歷史發展公式」是放諸四海皆準的嗎？自由與平等之間的矛盾與解決，中國傳統文化與自由、平等、科學之間是絕對衝突的，還是具有互相融合的可能？因為以上的疑難，所以才有我接著要討論的幾種變化。

余先生說他在翁獨健的課上細讀普列漢諾夫《論一元論歷史觀之發展》，即覺得「五階段論」似乎過於簡化。燕京大學的政治大課也並未能讓他完全信服歷史唯物論，此後經歷了一步又一步的摸索，他才逐漸由馬克思主義史學籠罩下的一元論、社會發展規律的框架中逐步掙脫，而終於能與同時代大部分在共產政權下的青年的史學觀分道揚鑣。誠如余先生在《余英時回憶錄》中，提到在一九五〇年代作為一個年輕的歷史學者，自己的研究興趣偏向中國社會經濟史，是因為「馬克思主義史學的挑戰如影隨形」。[4]在回憶錄中，余先生提到自己從兩方面來尋求與馬列史學的分離。第一、「取得關於歐洲史（特別是文藝復興以來歷史）最新研究的一般概況」，以判斷馬恩的歷史論斷是否已經受到修正，尤其是重視資本主義的長期發展，以確定「是不是必然通過『無產階級革命』而轉變為『社會主義』。」[5]第二、對二十世紀中葉西方學術思想的一般狀態得到一種認識，以便判斷馬克思主義的現代地位與意義。[6]而前者的成果即是余先生在香港時期所出版的兩本書《民主制度的發展》及《近代文明的新趨勢》。關於後者，余先生則提到Karl Popper的《開放的社會及敵人》（*The Open Society and Its Enemies*）及Arthur M. Schlesinger, Jr.的《旺盛的中道》（*The Vital Center*）等書對他的重要影響。[7]

上述這個在余先生身上掙扎轉變的痕跡，正體現了時代意義中一個具有普遍意義的學術史線索。在二〇〇七年余先生發表的一篇文章〈歷史女神的新文化轉向及重新發現亞洲的傳統〉（Clio's New Cultural Turn and the Rediscovery of Tradition in Asia）中，我注意到它似乎是余先生的夫子自道。余先生身處的時代學術環境中，馬克思主義的歷史命定論影響甚大，認為文化、意識是被社會經濟所決定，歷史是被定律所支配。余先生此後對這類帶有決定論色彩，或認為歷史有通則性的思想進行徹底反思，強調文化及意義的自主性，同時也強調傳統。他說，在一九五五年第一次讀柯靈烏（R. G. Collingwood）的《歷史觀

3　余英時，《余英時回憶錄》，頁八九。
4　余英時，《余英時回憶錄》，頁一〇六。
5　余英時，《余英時回憶錄》，頁一一八。
6　余英時，《余英時回憶錄》，頁一一九。
7　余英時，《余英時回憶錄》，頁一二一。

念》（*The Idea of History*）時，深為其中許多討論歷史知識的特質、開人眼目的篇章所吸引，像一個事件的內在與外在部分，像歷史知識是一種對過去思想的「追體驗」，覺得比起那時最為當令的韓培爾（Carl G. Hempel）的歷史通則（covering law model）更有說服力。[8]

從余先生早年的文字中，我還看出他到香港之後，對「自由與民主」、「民主與革命」這些問題再三致意。我覺得《民主革命論》在用力思考「革命」究竟是不是「民主」的必經之途，余先生得到的答案是否定的。另外，「自由」與「平等」之間的關係究竟是什麼樣？在當時也是一個爭論不休的問題，傅斯年的〈羅斯福的新自由主義〉一文可以作為代表。他在文末說：「人類的要求是自由與平等……百多年來，自由主義雖為人們造成了法律的平等，卻幫助資本主義更形成了經濟的不平等，這是極可恨的。沒有經濟的平等，其他的平等是假的，自由也不是真的。但是，如果只問平等，不管自由，那種平等久而久之也要演出新型的不平等來，而且沒有自由的生活是值不得生活的。」傅斯年的結論是「所以自由與平等不可以偏廢、不可偏重，不可以一時的方便取一舍一」，而這便是「新自由主義的使命」。[9]「不可以一時的方便取一舍一」——即指只求「平等」的共產革命，或只求「自由」的資本主義。

傅斯年的文章，以及余先生在一九五〇年代對這個問題的再三致意，都是在時代思潮的重大疑難下所促發的思考。余先生在《自由與平等之間》的第五章這樣說：「近代西方文明中存在深刻的『自由』與『平等』之間的矛盾，然而僅指出兩者之間的矛盾不能解決任何問題。」[10]他強調「自由與平等與群己之間的內在關聯」，並試著在「群己」這個新的思考架構下為「自由、平等」這兩個可能發展成互相敵對的政治價值構思解決之道。[11]

第三條發展脈絡是前面提到的，究竟現代的民主與科學與中國傳統文化的關係應該是怎樣？最近余先生在《余英時回憶錄》清楚指出，他轉學至新亞之後，便為《自由中國》及香港《民主評論》所吸引。余先生說：「我對於《自由中國》的興趣更大，因為它的發行人是胡適，其『宗旨』則是全力推動民主自由在中國的實現。」但是《民主評論》也是他所尊重的，「其基本立場以維護儒家為中心的中國文化。」[12]我推測，當時余先生抱持著以前者為優位，而與後者融合的態度。余先生在講到投入甚多心力的《祖國周刊》時，也強調該刊「反共」、「追求民主、自由、人權」、「推重中國傳統人文精神」三者合一的

8 在第一屆唐獎的受獎演講〈中國史研究的自我反思〉中，余先生其實也明顯道出他曾經受到唯物史觀某種影響，後來則與這種整個世界歷史都在同一個「歷史規律」上發展的支配的觀點奮鬥。
9 傅斯年，《傅斯年全集》（臺北：聯經出版公司，一九八〇），頁一九四六。
10 余英時，《自由與平等之間》，頁一〇五。
11 余英時，《自由與平等之間》，頁一一二。
12 余英時，《余英時回憶錄》，頁一三〇。

基調。[13]這也是當時包括余先生在內的「友聯諸友」的共同基調。

圍繞著這個問題，當時有兩個最主要的流派——殷海光派與新儒家。凌空在香港《祖國周刊》發表的〈介紹反共文化運動中兩個學派〉即已指出這一點。[14]在當時殷海光一派主張兩者全不相容，認為民主、科學之所以未能順利實現，主要是受阻於兩三千年的中國文化傳統，這也是余先生與當時臺灣殷海光一派文化觀點有出入之處。故余先生在《余英時回憶錄》中說，「這一看法給我造成很大的困擾」。[15]

從《余英時回憶錄》看起來，余先生在一九五〇年代以來，讀過的一些帶有人類學意味的名著，包括《文化的類型》（*Patterns of Culture*）、《文化成長的統觀》（*Configuration of Culture Growth*）等，都幫助他確認了近代西方文化不是全部文化唯一的標準，各個文化傳統都有它的獨特性及價值。所以現代西方的「民主」與「科學」，也不必然要如以殷海光一派所主張的，抹殺所有傳統歷史文化作為前提。這一點又與前面提到的不以「五階段論」作為人類歷史發展共同的規律互相呼應，因而確立了一種態度：即研究中國史應掌握及凸顯其獨特性，而不是設法將之套入任何社會發展規律或模式。

至於傳統文化格局中是否可能找到現代的出路？關於這一點，我是最近讀《余英時回憶錄》時，才恍然大悟：原來余先生少年時代曾盤桓於費孝通的幾本著作，並從中看到一種機會。余先生說：「他（費孝通）的《鄉土重建》便是想用英國模式來為中國地主謀求一條和平演進的出路。」並表示費孝通的作品對當時的他「有特殊吸引力」。[16]我判斷這與余先生反對暴力革命而提倡《民主革命論》亦有某種關係。

費孝通想解決傳統農村貧無立錐的困境，他請教農業專家，如果照著美國在種子、農具等方面皆予改良，有的說可以增加二〇%產量，有的說可以翻倍。但董時進認為，更好的出路應該是改種經濟作物。費孝通進一步主張，還應該將經濟作物的加工生產盡量留在農村。他認為近代電力的進步，已經超越了傳統的「區位」安排之限制。過去一定要將生產工廠設在城市的原因，是因為舊的動力、能源的考慮，在蒸汽機發明之後，往往圍繞鍋爐這個動力之源而設置各種生產設備，但是有了電力的應用使得生產資源可以分散到各地，把工業推進到一個新的階段。而且他從英國的先例，以及他在雲南玉溪等地的調查發現，將生產拆成各個部分分散在鄉村各地是可行的。這就使得地主可以順利發展成鄉土工業。

但是如何將生產所得的財富，不被鄉村資本主人壟斷，並用在購買土地，而進一步拉

13 余英時，《余英時回憶錄》，頁一四三。
14 凌空，〈介紹反共文化運動中兩個學派〉，《祖國周刊》第九卷第一〇—一二期（香港，一九五五），頁二六—二八、二五—二七。
15 余英時，《余英時回憶錄》，頁一二一—一二二。
16 余英時，《余英時回憶錄》，頁七一。

大貧富懸殊，費孝通提出的辦法是合作社制。他長期觀察江蘇省立女子蠶業學校合作社成功的例子，使得他對此辦法深具信心。[17]但是余先生也說了，「暴力革命終於來臨」，他關於鄉土中國的一切分析和討論也都成了廢話。[18]

以上是我對一九五〇年代之前的余先生的思想軌跡的推測。當然，我也注意到少年余英時在反覆辯證各種選擇項之後，並不是完全拒斥左派的挑戰，他經常把新挑戰中值得正視並吸收的部分涵融、擴大到以五四價值為主體的新論述中。而他處理、奮鬥及得到自己所信服的立場的過程，如果放在一九五〇年代的大歷史中審視，是具有時代意義的。

三

在臺大讀書時，我與鄭欽仁、李永熾老師非常親近，一直想研究漢魏晉南北朝思想史，所以經常向鄭老師借這方面的書。後來因為讀到余老師幾篇思想史的論文，興趣才漸漸移到明清與近代。申請普林斯頓大學時，我的博士論文計畫其實是戰國思想到漢，即先秦思想由百川競流到變成湖泊這一段轉變，或是明末的思想家劉宗周。但是到普大與余先生首次見面時，余先生說史語所有傅斯年檔案，用檔案治史的機會是非常難得的，何不就做傅斯年，這才決定了我的論文方向。後來我回過頭一想，如果照原來的計畫寫劉宗周，用英文要如何表述劉氏那些深奧難解的觀念啊！儘管後來得到博士學位回到史語所之後，我仍寫過幾篇與劉氏有關的論文，但是比較系統地探討劉氏也就胎死腹中了。

早先連一張英文便條都沒寫過的我，到了普大後，突然跳進一個漩渦中，每天為動輒一篇三、四十頁的學期報告（每學期至少有三篇）擔心，光是Wade-Giles拼音，和英文footnote的作法就讓我感到很為難了。當時，我認為最簡單的辦法是隨手揣一個範本在手中。正好余老師在*Harvard Journal of Asiatic Studies*發表了"O Soul, Come Back!"一文，隨手給了我一本抽印本。此後兩年時間，只要是動手寫英文報告時，我便先翻一翻抽印本，然後下筆。圖書館中鄰座的同學David Wright，則每每手持一本King James的聖經，隨手翻閱之後再下手。

最近余老師在他的回憶錄中提到，他剛在哈佛作博士生時，交給費正清的第一篇報告，所有英文的拼音都錯了（用費的話說是「Your pronunciations are all wrong」），這也是我剛到普大時的窘境。在出國讀書之前，我根本不知道有一個Wade-Giles拼音系統，在申請學校填寫我的英文名字時，還頗為此苦惱一陣子，後來想起有一本很受注意的英文書多次引用了我的少作《章太炎的思想》，所以便將引文處我名字的拼音照抄下來。到了普大不久才發現其中有一個小小的失誤：「森」應該是「sen」，而不是「shen」。直到去年我

17 以上見費孝通《鄉土重建》，在《鄉土中國．鄉土重建》合刊本（臺北，無出版時地），頁八九—一二四。

18 余英時，《余英時回憶錄》，頁七一。

回母校客座時，系秘書還問我，你名字的最後一個字究竟應該怎麼拼？

還記得第一次交學期報告時，連梁啟超的名字都拼錯了。同學問我「梁ㄐㄧˋ ㄐㄧㄠˇ」是誰？原來我少打了兩撇，「梁啟超」讀起來變成了「梁ㄐㄧˋ ㄐㄧㄠˇ」。

我在普大讀書的五年多，記憶中余老師除了上課時間以外，通常在家工作，但每週四下午是他的office hour，學生可以在這個時間任意推門而入，向他請教問題，所以我也常在這個時候進去見余先生。余先生當時的辦公室在Palmer Hall，是全系最大的一間，這個辦公室原本屬於系主任Marion Levy教授。Levy教授是T. Parsons（帕森思）的高足。他個性雄豪，出門必拄一支龍頭拐杖，並牽著一隻據說是南斯拉夫總統送的大狗。有學長告訴我（不知是否可靠），他曾在這個房間用鐵籠養了一條巨蟒，冬天需要用電燈照射取暖。有一年Levy出訪太久沒有到辦公室，沒想到巨蟒居然被烤死了。[19]

余先生的辦公室有前後兩間，外面一間滿貯書籍，同時也有一張大的木桌供上課之用，裡間除了書本之外，則是一張優美辦公桌及沙發。我們一群學生常常在上課前便圍在大桌前閒扯，這時余老師往往在裡間奮筆疾書，簽字或填各種表格。余老師的英文工整秀麗，寫在黃色的英文稿紙上，優美異常。

在大木桌旁有一張不大的橡木桌，上面放了一臺舊式打字機，那是愛因斯坦以前的書桌，據說因為數理學者不需要「獺祭」般攤開許多書，所以書桌不必大。同時因為他們不需要多少書，故書架甚少。杜希德（Denis Twitchett）教授的辦公室是愛因斯坦原來的辦公室，四壁書架就非常少。

我從未見過余先生坐在這張放著打字機的橡木桌前，直到有一天，研究生院突然通知我要指導教授出具證明，才可以繼續註冊。我向余先生提及此事，余先生便坐在這張書桌前用老式打字機打出一封優美的信，其中錯了一個字母，還用修正液點了一下。全信片刻立就、渾然天成。去年，我回母校客座半年，余老師當年的研究室已經改成影印間及語言老師的辦公室了。我訝然地問了系秘書，「那張橡木桌呢？」她對此突然一問頗為訝異，我說：「那是愛因斯坦的書桌。」一個機構究竟如何保存他的回憶，一直是個爭論不休的問題。在我求學的系裡，經過了十幾、二十年，似乎沒有人記得這張桌子的歷史了。

在普大留學的歲月裡，遇到的另一個困難是法文。大概是一九八八年夏天，整個暑假，我都在與法文的語尾變化掙扎，遂請教余老師當年在哈佛如何通過法文考試。他說一九五五年十二月前後，湯恩比到哈佛演講，人山人海，而他正好坐在一位哈佛法文系教授旁，交談之後，自願教他法文，就這樣透過家教傳授而通過。唐末武將高駢有一首聯詩：「子晉不知緣何事，才學吹簫便成仙」，可以用來形容余先生學東西時，從入門到入手之

19 M. Levy 教授是美國現代化理論大家，他有宏大的理論野心，想著書反駁中國文化停滯論方面的觀點，一直要我列一張表給他，說明後來發展超過前代的事例，但一直到我離開普大都未曾交差。M. Levy 教授已於二〇〇二年逝世。

間距離之短。

余老師研究生的討論課，不是以灌輸為主，而是以誘導、擴充為主。我記得有一次偶然看到大學生的校報，有一個學生說余老師教學生時，是把牛牽到井邊，但並不硬把你的頭壓下去喝水。所以他是盡量鼓勵學生形成論點，並盡量擴大心思或拔高思考的層次。如果我的記憶沒錯，余老師曾經計畫開設一個新課，教學生如何「conceptualize」。這個新課的構想與設計，我無從瞭解，但是從字面看來，這是一個教導學生如何發展思考的深度與高度的課。

余老師最常見的表情是皺眉支頤，因為這是他用力思考、一層又一層地梳理的時候。見此情景，最常浮現在我腦海的是管子書中的「思之思之」、「鬼神將通之」一語。

我好像在別的地方說過了，余老師上課時幾乎從不帶一張紙，即使是筆，也很少抽出。每學期的前幾週，是他綜覽全局，對該課程作宏大敘述時，這個時候通常也沒有筆記或摘要，只是從腹稿中源源不斷汲引而出。

在普大上各式各樣的課時，我隨手記了六本筆記。[20]怪的是歲月匆匆而過，在回國二十六、七年間，我居然從未打開過這些筆記。直到為了寫這篇文章，我才把它們找出來，隨意一翻，見到夾在第二冊的幾張紙，大概是余先生有一次講明清學術史料，我謹選擇一些抄錄在這裡（內容也許與余先生當時的口說有出入）。譬如講到王陽明時，余先生說：「也不能說他的東西皆從無中來。」講晚明思想，余先生認為：「晚明思想的解放被過度誇張」、「個人主義只是來自幾個小團體，社會大眾仍保守」。余先生說《明儒學案》中泰州學派的成員不能以黃宗羲的方式做分類，讀《明儒學案》時，要謹慎，譬如李贄近於王畿過於王艮，在這一點上，《明儒學案》有點誤導作用。余先生提到蕭一山的《清代通史》「前三本好，後三本較次」；徐世昌的《清儒學案》「沒有中心」；錢大昕「也有他的社會關懷」。講到戴震時：「戴震的數學是反西方的，傳統中國式的。」從方以智著作中，「並不覺得被（西學）威脅」、「哥白尼革命對晚明中國人並不構成衝擊」。「邵雍的歷史觀可能受到希臘的影響」提到毛奇齡，因為變節、不忠於明，故當時人惡之。陸世儀主要講農田水利實學，回到胡安定教學辦法。清初滿洲人等於是一個黨，而漢人是二級的黨。而且這次講課中，余先生提到了他常講到的王國維的〈國朝戴阮二家學說〉及〈沈乙庵先生七十壽序〉。

講到近人哲學史著作，余先生說梁啟超將中國學術分為七個時期，這個分法很不錯，馮友蘭《中國哲學史》的分法則不太恰當，少了現代這一段。講到梁啟超早年follow王陽明，後來重考證。如果梁啟超死前重寫《清代學術概論》，「可能不會把考證學的功用說得如此大」，而會多講理學。梁氏在五四以後follow胡適多，「表面關係好，但tension很大」。

20 我在〈余英時印象〉一文中說三冊，其實是錯的。《數理人文》第四期（二〇一五），頁一八—二三。

余先生思考事情往往是從四面八方，好像整個時代是連動的。譬如在這裡，我便記到：余先生提到劉子健先生有一篇文章，說明末清初岳飛信仰甚高，有戲曲誇張岳飛敗金兵，徽欽二帝無面目見人而自殺。余先生說這大概是雍正時期人們將希望放在岳鍾琪的緣故。

我在普大讀書初期，是個人電腦已興但尚未非常普及的時候，所以經常到學校的計算機中心打論文報告。有一次，文學史博士生劉翔飛坐在我隔壁，打字到半夜一兩點（她有時請校警載她回宿舍），突然在半夜兩三點時，我接到她的電話說：「你剛才看到我（把打的部分）存檔嗎？」我說：「實在沒注意到。」可見作研究生的緊張的心情。

由於我寫論文的習慣不好，不是一面讀材料一面在電腦上打幾段，而是一旦動筆，便要寫完，所以一直到第四年開始，都沒有任何博士論文成稿在手。有一天傍晚，我在普城運河附近散步，赫然看到有人先是開車而過，不久卻又當街迴轉向我開來，定睛一看，居然是余先生。他很委婉的說，系裡有新規定，要先看論文的兩章，我已答稱見過你的兩章草稿，而且另外幾章將源源不斷而來，語言溫和而懇切。從那天起，我便開始苦寫，足足用鋼筆寫了將近一千張稿紙，但是真正要命的是要將這一大落草稿再改一遍。我一向不喜歡重讀自己寫成的文章，所以當時面臨了一種難以言喻的痛苦，一度還想到附近風景區Lambertville租一個小房間奮力一搏……。在束裝回國那一天，本想把這九百多張稿紙帶回臺灣作紀念的，但考慮再三後，決定把它扔在普城的一個垃圾桶裡，結束我的留學歲月。

在這將近一千張稿紙繕打成近四、五百頁的論文清樣時，余先生曾經窮兩、三日夜之力細讀一過，到現在我仍珍藏著這份草稿，那上面余老師的紅筆批語清楚優美、意見精到。我尤其記得論文中提到「一二九事件」時，由於我當時對中共黨史的生疏，居然誤譯成「一月二十九日」，余老師大筆一改是「十二月九日」，免了我一個大笑話。

四

接著我要略談余先生的治學。對於余先生的治學，我覺得應該從余先生龐大的學術業績中去揣摩，不是三言兩語所能講清楚的。為了文章的完整，我準備在這裡摘引先前文章中談到的。[21]

首先，余先生是隨時在打腹稿的人，他仔細審度每一個問題，而且異常的專注。我也注意到余先生讀書，似乎字字是立體的，讀一句有一句之用，讀一段有一段之用，並牢牢地留在心中，故他「引物連類」的功夫特別強。

譬如，前幾年我偶然從史語所的「杭立武檔案」中見到一九四九年冬，有封向教育部

21 王汎森，〈余英時印象〉，《數理人文》第四期（二〇一五），頁一八—二三。

長杭立武報告的信。信中報告說黃霖生已經到廣州勸陳寅恪一家來臺。寫信的章丙炎說黃霖生已經見過陳寅恪，但陳寅恪「因在鐵幕內受片面宣傳影響，對赴臺深躊躇」。我偶然向余先生提及這封信，余先生馬上說陸鍵東《陳寅恪的最後二十年》中有一段可以與這封信比觀。

余先生工作起來是徹夜不寐的，所以我剛到普大時有幾次早上十點上課，覺得他臉色灰黃，有點站立不住的感覺。我也曾針對這一點請教余先生，他的答覆是：人是身體的主人，身體聽我們指揮。意思是這不算什麼。而余先生當時菸癮正大，在普林斯頓大學時便聽說過余先生半夜找不到香菸，駕車到普大附近的WaWa買菸的故事。

在我中學生的時代，臺灣正流行一種做卡片的運動。如果我的記憶沒錯，當時的名稱是「中央卡系」，我也曾受這波宣傳的影響，以為「卡系」是一點就通的治學利器。而且一般從事歷史研究的人為了輔助記憶力之不足，往往也比較系統地做卡片。我所認識的一位傑出的經濟史家，如果忘了帶他的制式卡片，是不進善本書庫讀書的。因此，我曾好奇地問過余先生是不是做卡片。他說，除了早年為《後漢書》等做過一整套卡片外，基本上是只記筆記，不作卡片。而且如果我的觀察沒錯，余先生讀書也不太畫線，與毛澤東「不動筆不看書」至為不同。甚至上討論課時，也不大抽筆記下學生報告的重點。好似他的腦袋中有那麼幾個匣子，有意義的材料會自動存在裡面，等他開口評論時，只要依次打開那幾個匣子就行了。

余先生撰寫《朱熹的歷史世界》期間，我曾一度回母校，為了旅途解悶，余先生曾將一、兩章稿子交我閱讀。這時我注意到文稿中夾了幾張廢紙，上面零星地記著幾個詞或引文，我猜那便是他撰寫時所依靠的線索。至於余先生撰寫短文時，似乎是沉心研玩某些書之後，在腦海中形成幾條主要線索，然後將書合起來，繞著那三、四條線索，一氣寫成。在寫作的過程中，大概只有必要時才會回去翻檢原書。其情其景，可能是像晚明清初思想家陳確（乾初），他說自己詳思多少年之後，決定判《大學》為偽經，乃下筆「快寫一過」。或是像陽明在頓悟良知之後，憑著對經書的記憶，快寫而成《五經臆說》。至少這是我讀余先生的〈榻上亂天下的毛澤東——讀《毛澤東私人醫生回憶錄》〉等精彩的文字留下的感覺。

余先生撰寫論文時，並不像清代考據學者動輒擺出「證佐千百條」，他只擺出冰山露出海面的一角，所以需要佐證時，往往是一、兩條，或兩、三條，其他證據則留在海平面以下。因此，余先生的學術論文讀起來一氣呵成，沒有冗贅之病。

余先生閱讀的方面非常廣，如蜜蜂採花釀蜜，但大多備而不用。等到要寫某一篇文章時，各種資源群聚筆下。依我學生時代的觀察，他對當代正在發展的人文要籍也非常注意。這中間包括像Isaiah Berlin、Charles Taylor、Richard Roty、Jürgen Harbermas、Paul Ricœur等人的書。那些年代余先生飛行機會比較多，坐飛機正是他讀書的時候，我記得Richard Roty的*Contingency, Irony, and Solidarity*一書就是他在從臺北飛到紐約時讀完的。

這樣的例子，不勝枚舉。我手上還留著一張紙條，是余先生託我到普大火石（Firestone）總館幫他借《重訪到奴役之路》（*The Road to Serfdom, Revisited*）。

余先生極少託研究生做任何事，他是所謂的「單幹戶」，從做研究到寫文章，全部一手包辦，純粹農業時代的手工作風，頂多請系秘書幫忙繕打英文稿，但余先生的英文稿是清澈而謹慎的。最近我有機會讀到他的一篇英文稿，特地影印了一份，好警醒自己不要滿紙鬼畫符。

余先生是不碰電腦的。記得他在二〇〇六年獲得有人文諾貝爾獎之稱的「克魯格獎」時，我正好遇到翁啟惠院長，提醒他因為余先生是中央研究院院士，所以應該送一封賀函。過了幾天，再度遇到翁院長，我問他送了嗎？他說送了。我問用什麼方式，他說電郵。我急呼：「余先生沒有電腦，也不收電郵，您的郵件送到哪裡去了？」至今，這還是個謎。

當年楊聯陞先生的夫人決定將楊先生日記捐給史語所時，我正好是所長。楊夫人交代入藏傅斯年圖書館之前要讓余先生過目。我當時便趁余先生回臺參加院士會議時，請他過目（如下頁照片）。但因為行程緊湊，余先生當時只能隨手翻翻，表示我們完成了這道手續。

在這之前，我有較長的時間得以翻閱整部日記。我注意到在楊先生生病之後，余先生對他而言是一個極重要的穩定力量。余先生的思想像川流不息的瀑布，但是他的人格對許多人而言都是一個穩定的力量。余先生富於俠氣、樂於助人，在我翻閱楊聯陞先生的日記時，常常看到余先生希望透過楊先生的力量幫助人的例子。

余先生是一位「休休有容」、「含弘光大」的學者，始終相信人性中較為美好的一面，並以身教向我們展示這一點。至於他的學問、天資、創造力、努力與成就，就更不在話下了。

• 本文作者為中央研究院歷史語言研究所特聘研究員，中央研究院院士。

余英時老師與我的宋代思想史研究
——兼論宋代思想史研究的若干新思考

田浩——著
徐波、陳曦——譯

本文為在二〇一八年八月復旦大學哲學學院主辦「宋明理學國際論壇—暨上海儒學院第二屆年會」上的主題演講。經作者增補修訂，擬刊於《復旦學報》。現再經修改和補充，收錄於余英時先生九十大壽文集。

——田浩

小序

時值余英時老師九十大壽之際，我獻上此篇賀文，以揭櫫作為我研究中國歷史的導師——余老師對我研究宋代思想史的深遠影響，尤其是在我研究朱熹的三個不同階段為我寫下的三篇序言，影響更為深刻。除了對我的學術研究和創見不吝讚美和慨然認同之外，老師始終激勵我不斷前行。在第二篇序言即《朱熹的思維世界》的序言中，余老師闡述了我的研究中存在一個潛在的張力，我和蘇費翔（Christian Soffel）合作的新書《文化權力與政治文化》試圖探索的問題即與老師強調的張力有關。因此，借本篇賀文，我不僅向余老師報告我近期在探索儒家的生活與思維世界方面的新思考，還希望得到老師的進一步建議。

有些朋友和同事顯然對我的觀點和看法感到難以理解，以至於有人在描述我的主張或論據時，有時候和我的實際表述大相逕庭，因此我想重申並闡釋我關於宋代儒學的一些主要觀點。首先，我試圖闡明對多個術語使用的擔憂，尤其是關於「理學」、「道學」、「新儒學」和「Neo-Confucianism」等術語的使用。我並非簡單地用一個術語代替另一個，而是通過更加細緻和具體地考察儒學內部的不同圈子、群體或譜系諸問題，使得這些術語的使用更加明晰。其次，我將進一步關注與朱熹同時代的儒者，將他們視為儒家思想家，認真對待。我確信，更深入地考察這些儒者，將增強我們對於作為哲學家的朱熹及其時代作用的理解。第三，在即將出版的一本由黃勇和吳啟超所編的朱熹哲學指南裡，我撰寫的部分將簡要介紹一九九〇年以來我與許多學者，尤其是中國學者在研究與朱熹同時代儒者的課題上存在的重要相似與交會之處。一九九〇年以來，學界對與朱熹同時代的儒家思想家，比如張九成、胡宏、張栻、呂祖謙、陳亮和陸九淵等人的思想、著作和活動的探討日趨增加，這個趨勢使我深受鼓舞。在採用了朱熹對同時代儒者的評判幾個世紀之後，近幾十年來的研究揭示了上述成果中逐漸增強的獨立性，從而擺脫了朱熹對這些儒者的否定性非難與醜化；而且，近些年越來越多的研究者以更加嚴肅的態度去對待這些儒者。較早的研究成果傾向於將這些同時代的人視為與朱熹持截然相反觀點的對手，最近的研究則能夠看到他們與朱熹在一些重要領域具有共同目標和一致之處。此外，學術界越來越強調這些儒者的思想對朱熹以及後世的影響，人們進一步認識到，比起朱熹的思想，這些同時代儒者的某些思想可能更有助於我們思考當今的時代課題。

最後，我想簡要介紹馬愷之（Kai Marchal）教授研究成果的精彩部分，以此說明近幾十年來宋代儒學研究所取得的進展。馬愷之關於呂祖謙研究的英文與德文成果見解深刻，他認為呂祖謙善於利用歷史與制度史、並結合呂氏家族在宋代的高級仕宦經歷，形成一種實用的政治哲學。馬愷之認為，皇帝更傾向於接受朱熹的哲學思想，主要是因為在該體系下，注重皇帝的個人修養，可以利用皇帝在道德、哲學方面的優勢提升其個人權威，有利於加強皇權。與之相反，呂祖謙認為過於關注皇帝的道德修養是不恰當的，因為統治機構需要在改善治理的同時對皇權加以限制；這一改革主張威脅皇權，當然很容易被皇帝所察覺。至少在儒者中，呂祖謙較早發現僅僅依賴皇帝的自我修養和德性來治理天下具有局限性，因此，他可謂是黃宗羲這類思想家的先驅。我們甚至可以說，如果宋代和隨後的政權採用了呂祖謙的治理觀念，中國的歷史會大不一樣。

余英時老師對我的某些影響

我的導師余英時老師為我的《朱熹的思維世界》的三個不同版本寫了三篇不同的序言。一九九六年，余老師為*Confucian Discourse and Chu Hsi's Ascendancy*（1992）的第一個中文擴展版寫下序言，後來該書經過進一步修訂和擴充，在二〇〇八年出版增訂本時老師再次作序。首先，在一九九二年英文版的序言中，余老師強調我對南宋道學的關注正在從其發展的多樣性轉向正統性：

這一解釋得到了該時期歷史資料的有力支持。為了展示整個十二世紀儒學發展的多樣性，我認為田浩的選擇很巧妙，他不是孤立地將朱熹視為一位哲學家，而是將他「置於與他同時代的主要思想家的關係與互動背景中」。因此，雖然本書不列專章討論朱熹的思想和學術，但每一章都有朱熹。採用此種研究方法，不僅更加客觀地展現了十二世紀中國的思想世界，而且與朱熹同時代的知識分子與對手也得到更加公正的歷史評判。[1]

余老師還稱讚我提出的儒學「群體或圈子」（「fellowship」，類似於團契、團體、社群、同道、同志[2]）作為一個「捕捉道學群體精髓的新概念」之有效性：「儘管在學說的內容與傳授方式上存在差異，然而，所有這些群體都可以被視為道學團體，原因很簡單，它們顯然是因為共同的目的而形成：學習和復興儒家之道。」

在一九九六年的序言中，余老師解釋道，他正在寫一篇新的序言，因為中文版對英文

---

1 Yu Yingshi,「Foreword」in Hoyt Cleveland Tillman, *Confucian Discourse and Chu Hsi's Ascendancy* (Honolulu: University of Hawaii Press, 1992), ix-xi.

2 關於「fellowship」，參 Tillman, *Confucian Discourse*, 3-5；或者田浩，《朱熹的思維世界》繁體版（臺北：允晨文化，一九九六），頁一九—二四；簡體版（西安：陝西師範大學出版社，二〇〇二），頁四—九。

原著進行了擴充和修訂，這「其實是一部更完備、更縝密的新著」；而且，中文版「不但是一部思想史的研究，並且注重思想的社會背景，因此也可以說是思想史與社會史交互為用的研究」。雖然這種跨學科研究的優勢在於能把思想的發展置於當時的文化、學術、社會和政治情境中考察，但是它有一個缺點，「容易流入某種方式的化約論以至決定論，使思想的自主性消失在外緣情境之中」；然而，余老師稱道我的書「恰恰發揮了這一研究方式的長處，而避免了它的短處。作者運用史法的圓熟和整體論斷的均衡是特別值得讚揚的」。老師還贊成我不使用「道學」專指變成欽定正統之後的程朱學術之方法，而是主張回到宋代情境中對於「道」和「道學」那種較為寬泛的理解，例如，我強調「道」的三個層次：哲學思辨、文化價值和現實政論，而現代學人則「過度醉心於宋代『形而上學』的研究。[3]

我努力恢復對朱熹和道學的歷史理解，是為了回應一九七三年春天余老師對我的第一個學位論文題目的批評。當時我在卡洛琳·拜能（Caroline Bynum）教授指導下研究中世紀歐洲思想史，我被湯瑪斯·阿奎納（Thomas Aquinas）的哲學所吸引，尤其是在他的思想中如何綜合古希臘和古羅馬、伊斯蘭教和天主教的思想。我開始思考一篇論文，擬比較湯瑪斯·阿奎納和朱熹通過綜合多種不同的傳統、從而形成一種更為全面的關於「心」的思想觀念。在我的博士資格考試中，余老師和史華茲（Benjamin Schwartz）教授對我就拜能教授的中世紀歐洲歷史問題所作的回答表示讚賞，余老師甚至委託我去購買我所讀過的該領域所有書籍。因此，我向史華茲教授提出了我的論文題目，他深以為然，熱情稱讚它具有重要意義。但是，當我向余老師請教時，他強烈反對這個題目，認為它根本不切實際，亦不可行，尤其是對於妻子正在懷有第一個孩子的博士研究生而言。老師以儒家的方式責備我：你需要按時完成一篇可行的論文，這樣才能成為一名好父親；還敦促我集中思考一個較小的題目，例如朱熹與他的一個學生之間的互動。當我表示對此類話題缺乏興趣時，他竭力勸導我拋開任何想法，直到我在哈佛燕京圖書館用了六個月的時間，閱讀我感興趣的歷史時期的中文資料。由於像我這樣的美國研究生的耐心與學科訓練有限，我只用了四個月的時間就提出關於陳亮對朱熹的挑戰的題目，作為探索朱熹政治哲學的切入點。經過數月對朱熹與陳亮來往書信的翻譯，並多次重讀這些內容，我開始對從朱熹哲學中得到的認識感到失望。在我的妻子責備我將自己的閱讀期望值帶入到這些十二世紀的史料之後，我繼續重讀這些材料，直到後來我突然意識到，朱熹與陳亮關於「道」的辯論並不只是抽象的哲學問題，而是集中在價值觀與歷史觀的層面上。這一頓悟使我能夠修正傳統和現代學術對朱陳異同的看法。[4]

---

3 余英時，〈序〉，收入田浩，《朱熹的思維世界》（臺北：允晨文化，一九九六），頁三—四。

4 Hoyt Cleveland Tillman, *Utilitarian Confucianism: Chen Liang's Challenge to Chu Hsi* (Cambridge: Harvard University Press, 1982).；田浩，《功利主義儒家：陳亮對朱熹的挑戰》（南京：江蘇人民出版社，一九九九

我撰寫學位論文以及對它進行大量的修改與擴充、從而形成我的第一本書的經歷，使我從此踏上探索在文化、歷史與政府問題等時代背景下，人們如何積極思考的歷史之路。在我的第二本關於朱熹的書中，沿著這個研究思路的收穫顯著，特別是中文版，這些引起了余老師的關注。然而，余老師在撰寫他著名的兩卷關於宋代歷史與政治語境中的朱熹時，他所取的書名《朱熹的歷史世界》含蓄地指出我的《朱熹的思維世界》仍未與哲學問題分道揚鑣。即便如此，余老師的立場使我受益良多，比如，中國社會科學院的一位資深學者在讀完余老師的書後告訴我，他意識到我對歷史和哲學的觀點並不像他想像的那麼激進。

再回到余老師一九九六年寫的序言，他最後解釋了我的現代美國文化價值觀如何偏向於多元和寬容，因此不能接受學術思想定於一尊，這一價值取向和我的宋代儒學研究方法之間產生了衝突。一方面，他寬厚地認為我的史學研究方法客觀，足以阻止我將自己的價值觀推及古人：「作者治史則尊重客觀，不以一己的好惡進退古人。」另一方面，他仍然強調這一衝突：「在南宋時代，朱熹代表了道學的主流，這是無可否認、也不必否認的歷史事實，本書充分地揭示了這一客觀的事實，但正統則是權力結構的產物，這是作者所不肯認同的。」[5]的確，我的價值觀包含了多元與寬容，以及質疑學術和思想特有權威的美國自由主義價值觀內容；而且，我確實努力避免將自己的價值觀強加給我所研究的古人。然而，從我的立場出發，我的觀點並非要否認正統不是權力的產物，而是要表明，儘管朱熹是儒家經典和文化傳統中占據支配地位的最權威解讀者，但儒家思想的多樣性遠遠超出傳統和現代學者的認識。為了說明此種思想與闡釋的多樣性甚至還存在於十三世紀追隨朱熹的圈子裡，蘇費翔（Christian Soffel）教授和我合作出版的新書探討了宋金元時期的《中庸》和「道統」問題。正如該書的主標題「文化權力與政治文化」[6]所揭示，在闡明和深化權威、權力和文化之間複雜而微妙的內在關係問題上，我一直在嘗試取得進展。本文既是我在文化價值觀與歷史研究方面的努力結果，也提供了一個向大家、尤其是向余老師請教的機會。無論我是否在上述方面有所推進，大約十年前，余老師已經非常明確地肯定了我在修改和擴充《朱熹的思維世界》時所取得的進步。

余老師欣然撰寫這三篇序言，是因為他很高興看到我在道學與朱熹的支配地位的主題方面「不斷精進」，持續拓展和深化。在增訂版的序言裡，余老師於篇首即稱：

七，或二〇一二年第二版）。

5 余英時，〈序〉，收入田浩，《朱熹的思維世界》（臺北：允晨文化，一九九六），頁七—八。

6 蘇費翔、田浩著；肖永明譯，《文化權力與政治文化：宋金元時期《中庸》與道統問題》（北京：中華書局，二〇一八）。這個中文版較之於英文版增加了八篇相關的論文，英文版可參見Christian Soffel and Hoyt Cleveland Tillman, *Cultural Authority and Political Culture in China: Exploring Issues with the Zhongyong and the Daotong during the Song, Jin and Yuan Dynasties*（Stuttgart: Franz Steiner Verlag, 2012）。

> 田浩在《朱熹的思維世界》出版以後，依然不斷精進，繼續研究朱熹和南宋以後的儒學發展。這次印行增訂版，收入了近年來的新收穫，其中最重要的是〈朱熹的祈禱文與道統觀〉和〈結語以及感想〉兩章……我讀了這兩章，對作者孜孜不倦的研究精神十分欽佩。孔子說：「吾見其進，未見其止。」這兩句話在閱讀過程中時時往復胸中。[7]

在紀念導師九十大壽文集收稿截止前兩個月，我受邀為該書撰文，我決定簡要報告我最近的一些思考，並繼續努力探索南宋儒學的歷史。

兩種基本立場

宋代以來，人們用不同的方式考察宋代儒學思想新發展的演變過程，將這些複雜多樣的方式化約為兩種基本方法也許是有益的。第一種方法，是專注於北宋儒學思想的廣泛復興和南宋多種思潮之間的互動，它尤其關注不同思想家之間的相互作用和影響，以及他們對社會浪潮與政治文化動向的反應。第二種基本方法，與一二四一年南宋朝廷確立儒學正統譜系有關；是年，朱熹入祀孔廟，他的《四書章句集注》成為官學教育和科舉考試的標準。在這一傳統敘事中，正統的譜系從朱熹的前輩開始，然後經朱熹傳到他的門人，考察該正統思想的發展軌跡。這種方法更傾向於聚焦朱熹哲學概念的長久意義、價值和應用。

上述兩種方法存在重要分歧，即使在最早的兩部關於宋代儒學發展的主要文獻中，已非常明顯。例如，《道命錄》是第一種方法所依據的基本史料，雖然李心傳非常關注道學命運的變化，但他以宏大的視野來考察道學傳統及其與國家權力和政治文化之間的關係。作為南宋道學發展最低谷和即將到來的高峰之見證者，李心傳在十三世紀早期記錄了這些變化並做出歷史判斷。一二〇二年，在慶元黨禁和朝廷高壓政策之後，李心傳撰寫了〈道學興廢〉一文；[8] 一二三九年，即朝廷確立道學正統地位的前兩年，他認真思考了一二〇二年之後道學的興起。在《道命錄》的序言裡，李心傳強調，道學領袖是否占據著朝廷的重要地位，是每一次道學興起的決定因素：北宋後期，司馬光是否處於權力中心決定了道學的走向，正如趙鼎在一一三〇年代與趙汝愚在一一九〇年代的宰相地位所起到的關鍵作用。[9] 因此，雖然李心傳看起來僅關注道學的命運，但他視野恢宏，認識到政治鬥爭關乎道學之成敗。換言之，道學發展的動力不僅僅是儒士對哲學概念的爭辯和討論。

7 余英時，〈增訂版序一〉，收入田浩，《朱熹的思維世界》增訂本繁體版（臺北：允晨文化，二〇〇八），頁三；簡體版（南京：江蘇人民出版社，二〇〇九），頁一。

8 李心傳，《建炎以來朝野雜記》卷六，《書集成本》一二〇二、一二一六年，頁一上—頁三下。

9 李心傳，《道命錄》序，《書集成本》一二三九年，頁二上。

第二種基本方法可以從一些關於宋明儒學的史籍中觀察到，清代黃宗羲、全祖望編纂的《宋元學案》為其中的代表。黃宗羲從一開始就以頗為宏大的視野來考察宋代儒學的發展，他在《宋元學案》裡記錄了北宋初期宋代儒學的多元開端，並涵蓋了擁有各種哲學主張以至觀點對立的思想家。儘管意識到宋初儒學的這種多元性和廣泛性，但是，朱熹的正統觀對該書還是產生了深遠影響，尤其是在記錄與朱熹對立的思潮和學派時，作者顯示出了強烈的偏見。如，全祖望稱：「建炎南渡，學統與之俱遷，完顏一代，遂無人焉」，統治北方的金朝便被其描繪成一個黑暗的時代；趙秉文自視為儒者，亦被全祖望稱為「佞佛人」。[10]倖存於金朝初年的少量儒學著作很快散佚，能夠留傳於世的不過是黑暗中的一點星火。因此，《宋元學案》僅簡要介紹了金朝的儒學情況，以此矮化其在中國文化和思想史上的地位。復興儒家主流思想的重要性，成為這個黑暗時代的唯一亮點。「如果沒有瘋狂和怪異的思想，也就無法衡量太陽的亮度」。[11]一些現代學者，特別是吉川幸次郎，已經揭示了蘇軾和王安石對金朝士人和文化的影響。然而，從根本上來說，這些不同的儒學派別對於《宋元學案》的編者而言並不重要，他們將由佛教主導的金朝斥為黑暗時代，這一譴責並不會因為這些派別的存在而消失。畢竟，這種批評與佛教有交集的士人如蘇軾、王安石以及其他宋儒的立場，與朱熹對正統和「醇儒」觀念的堅守一致。

術語

上述傳統學術遺產為「Neo-Confucianism」、「理學」、「新儒學」等術語而展開的主題研究提供了部分依據，至少是相當重要的背景知識。現代學者在使用「Neo-Confucianism」、「新儒學」和「理學」這三個術語時，通常具有廣義和狹義的內涵或外延，正如我們在《宋元學案》裡所看到的。比如在使用「Neo-Confucianism」時，陳榮捷（Wing-tsit Chan）教授有著非常嚴格的限定，僅用它來指代經過朱熹全面、系統的整理後，傳給其門人的有關周敦頤、張載、程顥、程頤的哲學思想。從陳榮捷教授的觀點來看，金朝並沒有「Neo-Confucianism」；儘管認同《宋元學案》和《元史》的立場，他還是承認金代士人對朱熹略有所知；然而，《元史》正確地指出了程朱之學「作為一個系統的學派思想和知識傳承，在金朝並不存在。就此而言，直到趙復出現，元代的思想真空才

---

10 黃宗羲、全祖望，《宋元學案》卷一百（北京：中華書局），頁三三一六。

11 Hoyt Cleveland Tillman, "Confucianism under the Chin and the Impact of Sung Confucian Tao-hsueh," in Tillman and Stephen H. West, eds, *China Under Jurchen Rule: Essays on Chin Intellectual and Cultural History* (Albany: State University of New York Press, 1994), 71-72.

得以改觀」。[12]而在使用「Neo-Confucianism」的廣義概念時，冉雲華教授稱「Neo-Confucianism」是金代思想文化的主流。[13]值得注意的是，這兩位資深學者研究和討論的是同一個時代的思想和思想家，一位認為金代沒有「Neo-Confucianism」，另一位則認為「Neo-Confucianism」是士大夫中的主流文化。如此巨大的反差顯示出主流學者內部對於「Neo-Confucianism」的內涵與外延有著不同的甚至是截然相反的觀點。

中國的學者雖然相對而言更為清楚、統一地使用「理學」，但這一術語可以僅指程朱之學，也可以指代包含程朱理學和陸王心學的思想。然而，也有一些學者以此統稱宋明時期甚至是清代有著不同學術觀點的儒者。我想舉個例子。本次會議期間，吳震教授邀請我為復旦大學「宋明理學系列專題研究」課程（FIST）授課，第一天上午，我問在場的五十多位研究生，中國學者在學術報告和論著中是如何使用「理學」這個術語的，並邀請他們對使用情況進行投票，大多數學生看起來有些困惑，也不願意參與投票。在那些回答問題的學生中，大約一半的人選擇了兩種不同的使用範圍；其中，近一半學生認為，當代的中國哲學家在使用「理學」這個術語時，通常指的是程朱和陸王學派，另一半學生則認為，學者們常在一個更廣泛的意義上使用這個術語，而不僅僅指上述兩個著名學派。我很感謝復旦大學從多所中國大學中挑選出這些優秀研究生，讓我有機會做這項調查。這次調查為我長久以來的懷疑提供了具體證據：在中國，不同的年輕學者（也許還包括一些資深學者）對於「理學」的使用範圍有著不同的預設。兩個月之後，我也有機會在廈門大學、湖南大學、湖南師範大學的課堂裡再作該項調查，投票的結果很類似，和復旦大學投票結果的主要區別在於：一些學生和教授認為理學僅指程朱學派而已。這與「Neo-Confucianism」在北美的使用情況相似，大部分學者在使用這個常用術語時，不去分析或解釋其中的巨大差異。

中國朋友還有一個預設，西方學者使用的「Neo-Confucianism」只是「理學」，但實際情況要複雜得多。

一九九二年，我在《東西方哲學》發表的文章討論了北美「Neo-Confucianism」的使用情況。[14]狄百瑞（William Theodore de Bary，或譯為「狄培理」）教授在回應這篇文章

---

12 Wing-tsit Chan, "Chu Hsi and Yuan Neo-Confucianism," in Chan Hok-lam and Wm. Theodore de Bary, eds, *Yuan Thought*（New York: Columbia University Press, 1982）, 197-231.

13 Jan Yun-hua, "Li P'ing-shan and his Refutation of Neo-Confucian Criticism of Buddhism," in Roy C. Amore, ed., *Developments in Buddhist Thought: Canadian Contributions to Buddhist Studies*（Waterloo, Ontario, Canada: Wilfrid Laurier University Press, 1979）, 162-193.

14 我的英文論文"A New Direction in Confucian Scholarship: Approaches to Examining the Differences between Neo-Confucianism and Tao-hsueh," *Philosophy East and West* 42, no. 3（July 1992）: 455-474; 以及中文論文〈朱熹與道學的發展轉化〉，收入吳震主編，《宋代新儒學的精神世界：以朱子學為中心》（上海：華東師範大學出版社，二〇〇九），頁一〇一一三一。

時，所使用的「Lixue」（「理學」）似乎不僅指狹義的程朱學派、也同時包括程朱和陸王心學在內的學派，還在更為寬泛的意義上指代從宋初至清末的儒學。在廣義「理學」的使用上，狄百瑞教授認為：「黃（宗羲）既是朱熹和王陽明的追隨者，同時也欣賞許多為宋明思想的獨特發展和完善作出貢獻的學者。因此，對於他來說，『理學』包括了最廣闊的群體，而不是任何一個單獨的學派。與此一脈相承，在隨後的現當代中國學者那裡，『理學』作為儒學發展後期不同思想派別的總稱被廣泛使用，正如『Neo-Confucianism』在西方一樣。」隨即，他又將這一寬泛的定義作以下對比：「唐君毅與黃宗羲同樣使用了『Neo-Confucianism』去涵蓋宋明理學和心學的結合。」[15]狄百瑞教授的這一提法中，「理學」的使用範圍似乎比上面提到的用法要狹隘和派性分明得多。當我們討論宋代或明代儒學的不同發展階段與譜系時，對於「理學」和「Neo-Confucianism」混淆不清的界定，並不能推進我們的討論，也無助於釐清我們的認識。在我看來，狄百瑞教授關於「Neo-Confucianism」的最廣義範圍，基本上包括了從中唐或宋初到十九世紀末的所有儒家，這使得我們難以分辨儒家學說的對立面，而且，此種涵蓋所有哲學派別的寬泛定義與其「特定的新儒家性格」等獨特用法背道而馳。遺憾的是，狄百瑞教授誤認為我只是希望將「Neo-Confucianism」範疇換為「儒學（Confucianism）」或者「道學」。但我的基本觀點，是要廓清現代學者在使用不同術語時的含義，因為我們通常需要專門界定我們所討論的「儒家」或「新儒家」。

哥倫比亞大學「Neo-Confucianism」區域研討會的其他一些參與者並不認為「Neo-Confucianism」可等同於中國學者視域下的「理學」或其他任何一個中文術語的翻譯。更重要的是，謝康倫（Conrad Schirokauer）教授曾經向我表示，「Neo-Confucianism」是一個西方術語，不同於任何特定的中文術語，因此，西方學者可以根據他們的需要自由地定義或使用它。受此影響，柏清韻（Bettine Birge）教授也認為：「『Neo-Confucianism』是西方的發明，中文裡沒有直接的對應術語。」謝康倫教授進而提出，「新儒學」是中國人為了翻譯「Neo-Confucianism」而新造的中文詞彙，但中國學者早就用「新儒學」來指稱二十世紀的儒學家，如牟宗三、唐君毅以及他們的追隨者。謝康倫教授與狄百瑞教授幾乎每個月都會在哥倫比亞大學的研討會見面，不過，他顯然從未向狄百瑞教授解釋過對這個術語的看法，考慮到這一可能，我在一九九二年的論文中提及謝康倫的觀點時略去了他的姓名。因此，無論是在區域研討會上討論狄百瑞教授對我文章的回應，還是在後來正式發表的文章裡，狄百瑞教授都認為謝教授的觀點肯定是「開玩笑的，不能按照字面意思理解」，他甚至反問：「這可能意味著什麼？」與此相反，我認為謝教授是在努力提出一個

15 Wm. Theodore de Bary, "The Uses of Neo-Confucianism: A Response to Professor Tillman," *Philosophy East and West* 43, no. 3 (July 1993): 541-555。亦可參見我的英文論文"A New Direction in Confucian Scholarship" pp. 455-474; 以及中文論文〈朱熹與道學的發展轉化〉，頁一〇—一二三。

方案，試圖解決這些儒學術語使用混亂的狀況。當然，我還是不贊同他的觀點，並回應了他，希望他在使用「Neo-Confucianism」時，應該對涉及的學派或學者及其主張作出說明。這些年我一再呼籲，我們在使用術語去指代特定語境中的儒學派別或群體時，應該更加清晰，否則就像我們通常看到的，學者們需要對討論的儒學圈子、譜系或群體加以不同的限定，但這很容易引起混淆。

一些學者朋友質疑這種關於儒學術語的界定或者儒學內部的分別是否真的如此重要，畢竟所有的儒者，尤其是宋明時期的儒者，都有許多共同點和相似的思想。通過對當前的儒學研究方法進行反思，是今天的中國朋友理解歷史時期不同儒家術語之間差異的一種方法。關於香港和臺灣地區的儒者也有其他提法，但許多大陸學者在香港和臺灣地區的學者普遍使用的「新儒家」與他們自己所使用的「當代儒者」之間做了嚴格的區分，比如在《何為普世？誰之價值？》[16]一書中，來自北京和上海的年輕哲學教授們將自己和香港、臺灣地區的「新儒家」清楚地區分開，他們不把「新儒家」視為真正的儒家，並且譴責「新儒家」以向西方投降、接受西方的術語和預設作為與西方學術界對話的起點。

疑問道學

道學作為一個範疇與其演變有關，即它從一個儒家團體逐漸發展為一個政治派別、進而成為一個哲學思想流派、最終確立為國家正統，一些當代學者從該演變過程發現兩個問題。首先，正如復旦大學有學者所指出的，宋代的道家要早於儒家使用「道學」指稱自己的學說，即使在一些宋儒採用它來區分其他宋儒群體之後，道家仍然使用這個術語。在我看來，正是由於程頤、呂祖謙、朱熹和其他宋儒不顧道學在道教中的用法而堅持採用，道學的意義由此得到強化，他們顯然不願意放棄先秦儒家對「道」的使用；而且，很有可能因為道教將「道學」作為身分認同的標識，才使程頤等人注意到這個標籤在與其他儒家派別競爭時具有強大優勢。因此，雖然道教更早使用了「道學」，但這非但沒有降低、反而有可能使我們注意到，程頤大膽使用該術語來識別他和程顥所認同的學術圈子。

有個有趣的比較，一方是程頤和朱熹對道教術語「道學」及其演變的借用，另一方是西方術語「Neo-Confucianism」使用的變化。最初，「Neo-Confucianism」被清代的耶穌會士用來指稱程朱學派，然而，他們的目的是借此批評朱熹徹底改變並破壞了孔子和孟子的學說，將儒學變為一種次等學說或者所謂的「新」儒學。儘管這一術語來源於對朱熹哲學思辨的批評，卜德（Derk Bodde）在翻譯馮友蘭的《中國哲學簡史》和《中國哲學史》時還是借用了它。此後，「Neo-Confucianism」的倡導者忽略了這個術語最初的貶義，用它來宣傳宋明時期的儒學。狄百瑞教授專門使用這個術語來強調他觀察到宋代儒學如何超越

16 曾亦、郭曉東編，《何謂普世？誰之價值？》（上海：華東師範大學出版社，二〇一三）。

古代儒學——正如他將《新約》視為是對《舊約》的超越一樣。因此，雖然狄百瑞和耶穌會士同樣有著天主教信仰，但在關於「Neo-Confucianism」的看法上，他與清代耶穌會士的觀點頗為不同，且更為積極。

其次，從北宋晚期開始，越來越多的儒者對「道學」的標籤非常反感，並加以反對。一九八〇年代，劉子健教授認為，「道學」作為一個標籤實則來源於那些道學的批評家們。在我與蘇費翔合作的新書《文化權力與政治文化：宋金元時期《中庸》與道統問題》[17]中，我使用了一個關於道學惡名的極具說服力的例子，即年輕的郝經婉拒了趙復的太極書院助手發出的加入道學群體之邀請。郝經不僅追溯其家學的北方淵源至程顥這裡，還批評朱熹的排他性道學闡釋主導了都城的學術界。他說，聖人在世的黃金時代，人們追隨「道」的指引卻並不給自己貼上「道學」的標籤，與此相反，後世開始使用「儒」這樣的標籤，激起了不和諧，而當某些小群體自我標榜為「道學」之後，衝突愈加尖銳；最後，他嚴厲警告：道學對於中國北方的危害會遠大於南宋所經歷過的。郝經稱：

> 故儒家之名立，其禍學者猶未甚，道學之名立，禍天下後世深矣。豈伊洛諸先生之罪哉？偽妄小人私立名字之罪也。其學始盛，禍宋氏者百有餘年。今其書自江漢至中國，學者往往以道學自名，異日禍天下，必有甚于宋氏者。[18]

雖然郝經很快緩和了自己的立場並成為道學中的一員，但他仍然試圖強調周敦頤和二程學說在北方傳播的重要性，以此對抗或平衡深受朱熹影響的日趨狹隘和教條的道學。當然，「道學家」最終演變成為衛道士和學究們的貶稱。如狄百瑞教授指出，黃宗羲曾對「道學」的教條和迂腐表示出蔑視。遺憾的是，狄百瑞教授所指責的那些人正是我關注並認同的「道學」群體。顯然，狄百瑞教授忽視了我的觀點，即道學的構成及其意義在宋代以來發生了根本性的變化。尤其在一一八〇年代之前，道學的領袖們，特別是呂祖謙，代表了一個更廣泛、更經世致用而較少教條化的學術團體和政治派別，他們倡導通過改革來改善社會和政府治理。南宋以後，「道學」的範圍日益縮小，成為「正統」的代稱，進而演變為一個貶義的術語，若能對這個問題深入探討，將有助於考察宋、金、元和明清儒學的變遷。但是，有的哲學家和歷史學家們通常將這些複雜而重大的演變視為枝蔓，有的歷史學家甚至傾向於關注歷時性的變化，不願面對道學演變的複雜性。

17 蘇費翔、田浩著；肖永明譯，《文化權力與政治文化》（二〇一八）。這個中文版較之於英文版增加了八篇相關的論文，英文版可參見Christian Soffel and Hoyt Cleveland Tillman, *Cultural Authority and Political Culture in China*, 2012。

18 郝經，〈與北平王子正先生論道學書〉，《全元文》冊四，卷一二三，頁一五八。

呂祖謙

道學作為範疇性用語的第三個問題是，一些學者反對我主張呂祖謙在一一八一年早逝前的至少十多年時間裡一直是道學主要領袖的觀點。在我的《朱熹的思維世界》裡提供了重要證據，證實呂祖謙不僅是宋代最博學、最具影響力的家族傳承中獨具天賦的繼承者，遠不止是一位「純粹的歷史學家」。而且呂祖謙的知識對朱熹影響頗深，從朱熹關於《易經》和《詩經》的觀點中，足以看到此點。通過下面這段朱熹為呂祖謙撰寫的祭文，可見朱熹對呂祖謙在學術、經學研究、道學和其他重要領域的作用表達了特別的敬意：

> 天降割於斯文，何其酷耶！往歲已奪吾敬夫，今者伯恭胡為又至於不淑耶！道學將誰使之振？君德將誰使之復？後生將誰使之誨？斯民將誰使之福耶！經說將誰使之繼？事記將誰使之續耶！若我之愚，則病將孰為之箴？而過將誰為之督耶！然則伯恭之亡，曷為而不使我失聲而驚呼，號天而慟哭耶！[19]

當然，一些人會對朱熹的贊辭很不以為然，這畢竟是為最親密的朋友寫祭文，正如美國諺語所說：不要詆毀逝者。根據我對朱熹與呂祖謙約二十年間的親密友誼和學術合作的研究，我確信此處朱熹是真誠地評價了他的朋友在學術圈、公共領域與道學團體中所發揮的作用，雖然這一歷史評價被朱熹後來對其故友的激烈批評所遮蔽。

我在一九九二年出版的*Confucian Discourse and Chu Hsi's Ascendancy*中討論了朱熹在道學領袖中的支配地位，尤其在隨後增訂的《朱熹的思維世界》中文版[20]中，討論了朱熹如何及為什麼成為經典注疏和解釋的權威、道學領袖，以及何以對曾經多方幫助過他的故友激烈批評。具體的細節不再贅述，但有兩點我還是希望特別指出。

首先，朱熹的祭文如此重要，其中一個原因，是朱熹借此宣稱他從此擔負起呂祖謙所勝任的全部角色的必要性和必然性。換言之，朱熹自稱繼承了從張栻、呂祖謙以來的道學領袖的衣缽，承認呂祖謙的領袖地位，實際上就是在增強朱熹自己的地位。有趣的是，朱熹卻批評陳亮同樣聲稱他與呂祖謙有著特殊的關係。事實上，在與陳亮會面並互通書信後，讓朱熹擔心的是，陳亮將呂祖謙的史學研究和社會政治觀點的傾向性引向了危險的極端，並促進這種思想向中國東南其他地區傳播。除了為政治哲學服務的歷史研究，朱熹還

19 朱熹撰；朱傑人、嚴佐之、劉永翔主編，《朱子全書》第二十四冊，《晦庵先生朱文公文集》卷八七（上海：上海古籍出版社、合肥：安徽教育出版社，二〇〇二），頁四〇八〇。

20 田浩，《朱熹的思維世界》增訂本（臺北：允晨文化，二〇〇八；南京：江蘇人民出版社，二〇〇九）。該書比其英文本*Confucian Discourse and Chu Hsi's Ascendancy*（Honolulu: University of Hawaii Press, 1992）增加了百分之三十的篇幅。

擔憂由於呂祖謙對其他學者的寬容，導致像陳亮（朱熹指責陳亮缺乏呂祖謙的寬容品格）這樣的浙東學術領袖放棄所有的道德標準和原則。在一一八八年給皇帝的奏疏中，朱熹甚至抱怨浙東學者不能「區分是非」。重要的是，朱熹認為所有這些危險的發展都根植於呂祖謙的學說與傾向，這體現在他贊同弟子對呂祖謙的批評：「東萊博學多識則有之矣，守約恐未也」。[21]

其次，朱熹所標榜的領袖地位，特別是他後來對呂祖謙的批評，顯然影響到後世學者對呂祖謙的評判，他們不認為呂祖謙是一位嚴肅的思想家，甚至否認他與道學有任何關係。祝平次將道學的起點定為一一八一年，值得注意的是，這正是朱熹為呂祖謙寫祭文的時候，這使得呂祖謙看起來不可能屬於他生前根本不存在的團體和學派。[22]這種觀點顯然否定了北宋晚期或南宋初期道學的存在。還有一種觀點則傾向於簡單地認為呂祖謙的思想和道學不同。在我看來，這樣的斷言只是將朱熹視為道學的標準，以朱熹的主張和闡釋作為對其他儒家及其實際情況準確而完整的描述。顯然，假設朱熹是道學的開創者並左右道學的發展，那麼，呂祖謙和朱熹的任何明顯差異都意味著呂祖謙與道學不同，呂祖謙也從未參加過道學這個社會、學術團體與政治派別。朱熹是中國文化中如此權威的人物，許多傳統和現代的學者都將他的主張和學說視為金律，即使有不同意或者批評朱熹觀點的學者，也常傾向於將朱熹對其他儒家的批評視為客觀評價（也許有人會指出我為何引用朱熹的著作，但我試圖解讀並評價他的闡述以推進我的討論）。

另一個疑問是，既然我強調呂祖謙在一一六八至一一八一年間的道學領袖地位，為何呂祖謙比朱熹更少使用「道學」一詞？[23]部分原因在於他們的問學路徑的廣博與全面程度如何，以及他們的政治目標對於他們的道學觀念有何種重要的影響。比如，呂祖謙比較為年長的朱熹更早提到道學是一個政治派別（「黨」），可以說，相比於朱熹，道學內部社會與政治聯盟的合作對於呂祖謙而言更為重要，呂祖謙可以為了整個道學的政治目標而接納更廣泛的哲學思想。而且，為了教化的目的，朱熹傾向於將複雜的思想簡化為道德選擇。簡言之，朱熹對「道學」、「醇儒」以及「道統」的使用，特別是在一一八〇年代以後，日益為他試圖領導一個更為團結的道學圈子的目的服務。[24]

過去的兩年裡，我在考察與朱熹同時代的主要學者的時候，對學術界所獲得的成果感

---

21 黎靖德編，《朱子語類》卷一二二（北京：中華書局，一九八六），頁二九四九；參田浩，《功利主義儒家：陳亮對朱熹的挑戰》（南京：江蘇人民出版社，一九九七），頁一二七—一三四；《朱熹的思維世界》，尤其是繁體版，頁一九二—一九七、二六一—二六四；或簡體版，頁一四一—一四六、一九六—一九九。

22 Chu Ping-tzu, "Tradition Building and Cultural Competition in Southern Song China (1160-1220): The Way, the Learning, and the Texts," Ph.D. dissertation, Harvard University, 1998.

23 Hilde De Weerdt, Review of *Die Aufhebung des Politischen: Lü Zuqian (1137–1181) und der Aufstieg des Neukonfuzianismus* by Kai Marchal. *China Review International*, 2012 (19.3): 468-473, especially p. 472.

24 具體詳見我的兩部著作《儒學話語與朱子說的主流化》以及《朱熹的思維世界》。

到非常高興並備受鼓舞。香港中文大學的黃勇與吳啟超給我一個任務，為他們主編的朱熹哲學叢書撰寫相關章節。特別是從二十世紀九〇年代初開始，中國學術界對與朱熹同時代的儒者，如張九成、胡宏、張栻、呂祖謙、陳亮和陸九淵等人的研究興趣大為增加，取得了許多令人印象深刻的成果。如果有讀者對上述研究感興趣，不僅可以閱讀黃勇與吳啟超即將出版的百科全書的英文章節，也可以參閱《湖南大學學報》二〇一八年第一期關於張栻和呂祖謙的論文。[25]

在此，請允許我簡要重申幾個關於呂祖謙的主要例子，這些例子與目前關注朱熹同時代儒者的研究趨勢有關，它們都將呂祖謙置於一個逐漸受到重視、更為寬廣的朱熹同時代儒者的視野中。潘富恩加強了我們對呂祖謙作為哲學家和「主盟斯文」重要性的認識，不能僅將呂祖謙作為一個社會政治精英、歷史學家和文學家。[26]蔣偉勝進一步論證了呂祖謙作為道學領袖的地位，儘管他並不狹隘地局限於某家某派。[27]杜海軍強調了呂祖謙在浙東學派內部三個地方性學術團體的知識架構中所扮演的角色，並特別關注了他的心學與經史研究。[28]劉玉民推進了我的觀點，即呂祖謙的博學並不意味著否定他致力於傳承張載和二程的學說，也沒有否定他的自我德行修養。[29]程小青和郭丹進一步探討了呂祖謙對朱熹在經學研究（特別是《詩》和《易》）、書院規則、共同編輯《近思錄》時篇章取捨等方面產生的重大作用，以及呂祖謙對其後幾個世紀浙江儒學發展的影響。[30]

結論

最後，我想借用馬愷之教授關於呂祖謙研究的一篇英文論文和一本德文著作，來說明近來相關研究所取得的進展，這兩項成果都強化了我所主張的呂祖謙致力於儒家學術和改

---

25 田浩，〈朱熹與張栻、呂祖謙互動述略〉，《湖南大學學報》二〇一八年第一期，頁一六—二二。以及Hoyt Cleveland Tillman, "Zhu Xi and his Contemporaries: Zhang Shi, Lü Zuqian, Chen Liang, and Lu Jiuyuan," in Huang Yong and Ng Kai-Chiu, eds, *The Dao Companion to Zhu Xi's Philosophy*, chapter 9（Dordrecht: Springer, forthcoming）.

26 潘富恩，《呂祖謙》（昆明：雲南教育出版社，二〇〇九）。

27 蔣偉勝，《合內外之道：呂祖謙哲學研究》（杭州：浙江工商大學出版社，二〇一二）。

28 杜海軍，《呂祖謙年譜》（北京：中華書局，二〇〇七）。以及〈談呂祖謙浙東學術的領袖地位〉，《中國哲學史》二〇一二年第二期，頁七〇—七六；〈呂祖謙門人及呂學與浙東學術的發展關係〉，《浙江師範大學學報》二〇一四年第二期，頁二一—二八。

29 劉玉民，〈南宋區域學術互動研究：以呂祖謙為中心的考察〉，《貴州社會科學》二〇一六年第七期，頁四一—四六。

30 程小青、郭丹，〈呂祖謙與朱熹新理學〉，《福建師範大學學報》二〇一四年第六期，頁一一〇—一一五。

革的觀點。[31]例如，呂祖謙的制度和史學研究並不只是為改革提供具體的制度和設想，相比其他道學家，他以一種更為現實的態度去看待《周禮》中被理想化的周代社會和政治秩序；又如，西元七八〇年楊炎推行「兩稅法」，以資產為宗，強化貨幣經濟並清除了土地買賣的障礙之後，恢復井田制的理想變得更加遙不可及；儘管如此，呂祖謙仍然堅信通過採取一些切實可行的措施，如通過宗族和民兵重建社會秩序和儒家家庭價值觀，或許可以回復到一個理想的社會。馬愷之還認為，雖然恢復古代制度的各個方面極其困難，但可以從限制私有財產和重建民兵組織開始著手。

與徐儒宗和杜海軍相似，馬愷之教授也將呂祖謙看作一位呼籲士大夫參與政府管理的積極倡導者，因此，他試圖說服皇帝恢復官僚體制下的傳統決策機制，從而對皇帝的行為加以約束。[32]馬愷之教授提出，皇帝更傾向於接受朱熹的哲學思想，在很大程度上是因為在該體系下，注重皇帝的個人修養使得皇帝在道德、哲學和統治方面具有優勢；與之相反，呂祖謙認為專注於皇帝的道德修養還不足夠，因為統治機構需要在改善治理的同時對皇權加以限制，當然，這一改革設想威脅到皇權，很容易被皇帝覺察。至少，呂祖謙在儒者中較早觀察到僅僅依賴皇帝的自我修養和德性來治理天下具有局限性，從這個意義上說，他是黃宗羲這類思想家的先驅。總之，馬愷之教授為我們提供了一個令人信服的例子：如果呂祖謙的思想不僅局限於影響浙江學者，而是取代朱熹的思想影響到整個中國和東亞，那麼儒家思想和中國政治文化或許會有完全不同的演進。

●本文作者為美國亞利桑那州立大學國際語言文化學院教授、北京大學中國古代史研究中心兼職研究員。譯者徐波為復旦大學哲學學院講師、陳曦為武漢大學歷史學院教授。

---

31 Kai Marchal, "Lü Zuqian's Political Philosophy." In John Makeham, ed., *Dao Companion to Neo-Confucian Philosophy*. Dordrecht: Springer, 2010; and his *Die Aufhebung des Politischen: Lü Zuqian* (*1137–1181*) *und der Aufstieg des Neukonfuzianismus* [The Suspension of the Political: Lü Zuqian (1137–1181) and the Rise of Neo-Confucianism]. Wiesbaden: Harrassowitz Verlag, 2011.

32 徐儒宗，《婺學之宗：呂祖謙傳》（杭州，浙江人民出版社，二〇一五）。以及杜海軍的《呂祖謙年譜》。

承負、詮釋與光大中國知識人傳統的余英時

丘慧芬

因蔣經國基金會支持，筆者得以在二〇一八年四月訪問余英時先生，並於五月赴臺蒐集資料；亦因聯經林載爵先生允延後時限，本文方得以完成。謹此一併致謝。

——丘慧芬

二〇一八年九月下旬聯經出版公司發行人林載爵先生告知他們將在二〇一九年為余英時先生九十壽誕出一本文集，並邀我為文集寫一篇稿子。我當時覺得兩個月的交稿時限相當緊，但是能有機會撰文給余先生祝壽絕對是有意義的事。因此，儘管內心忐忑，卻一口說好。心想只要能平實寫出自己對余先生學術思想與行事風格的認識和理解，應該就是一份誠摯的獻禮，至於自己的理解是否到位，可暫不計。

無論從什麼角度來看，以文集賀壽，都是對余先生數十年的研究貢獻表達敬意的一種雅致方式。余先生在中文與西方的漢學界以及史學領域，早已是研究傳統中國思想史的一個代表權威。他六十多年的學術思想論述，[1]涵蓋了對傳統與現代中國文化各個主要面向的考索，也構成了一個具有整合性的通貫系統。二〇〇六年余先生榮獲美國國會圖書館克魯格（John W. Kluge）史學人文獎的時候，評審委員會就特別稱揚他的研究是跨越了「許多不同的領域、時段與議題，深入探究了許多關於人性內更深一層真實的重大問題。」[2]的確，余先生的研究不僅在解說中國文化傳統內有關重要面向的深層意義，也在這樣的解釋過程中，給這個傳統重新注入了鮮活的生命。更值得重視的是，他數十年來始終堅持著將自己學術思想上的信念在日常生活中落實為具體的行動——儘管這樣的行動與時代的潮流悖逆而行，他也絕不因此有所動搖。舉例來說，在討論九十年代中國興起新一波的民族主義之時，余先生就指出任何不是出於自衛自保的民族主義，都往往會造成極為負面的影響和結果。另外一個更有代表性的例子，自然就是他公開批判中共血腥鎮壓一九八九年六四天安門的和平示威，以及隨後為了要支援並安頓流亡在美國的民運學生、學者以及文化界人士所做出的努力與貢獻。余先生幾十年來持續在自由亞洲電臺對中國社會各方面的問題提出的批評論斷，也是眾所周知，無需另贅的。不過我想強調的是，余先生這些具體的言行，其實已經為當代中國追求自由民主的歷史留下了一個特別珍貴的紀錄。從這個角度來看，我認為余先生令人敬重感佩的就不僅僅是一般意義上的學術研究貢獻，而是因為他的論說與行動，已經和中國傳統文化價值在現代的存續發展，形成了一個獨特且密不可分的關係。

1 據我所知，余先生的著作包括三十多本專書，四十一本專題論著與五百多篇論文，見車行健整理編訂的目錄，刊於Hoyt Tillman（田浩）編，《文化與歷史的追索：余英時教授八秩壽慶論文集》（臺北：聯經出版公司，二〇〇九），頁九一七—九六〇。

2 此處引文是筆者根據英文原文所譯。原文是美國國會圖書館畢靈頓博士（Dr. James H. Billington）對余先生研究的評語。見http//www.loc.gov/today/pr/2006/06-214.html.

從一九五〇年代初期余先生在香港新亞書院入學之始，他就一直在學術領域內潛心鑽研自己的專業史學。但與此同時，他也開始了以言論介入當時香港開始探索有關中國文化現代化的公共議題。從這個時期開始，我認為余先生的思維意識始終是緊緊的繫纜在兩個基本的問題上：（一）、做為一個古代的文明，使得中國文化在經過歷史上無數動亂之後還能夠存活下來的最根本價值系統是什麼？（二）、這個價值系統，在中國社會經過現代革命的徹底破壞之後，是否還能再次存活、並且回到它本來就與西方主流文化中的普世價值有許多重疊共識的文化道路？換句話說，這兩個問題和余先生對中國一九四九年激進革命之後會往何處去的整體關懷，是緊密相關而不可分割的。根據我自己閱讀的理解，我發現余先生從五〇年代在香港出版的時評與專書，到他之後在美國任教數十年間發表的研究專著與訪談時論，都或多或少的反映出他對上面這兩個問題的探索與回應。從一個基本的層次來看，余先生的這些探索與回應，一方面可以說是指向了他認為使得中國文化能夠在歷史上存續發展的一些最關鍵因素，但一方面，也可以看作是他認為自由民主與中國文化在現代的轉型何以非但不相牴觸，而且實質相關。這樣的理解，也進一步讓我覺得余先生論述的本身，其實已經代表了一種行動。換言之，余先生論述的本身，對我來說，已經成為我們這個時代中一個具有重大歷史與文化意義的批判性行動。

二〇〇六年余先生榮獲美國國會圖書館克魯格史學人文獎的時候，有許多學者稱他是

「我們這一代最了不起的中國思想史學家」（英文原文是：“the greatest Chinese intellectual historian of our generation”）。然而，我認為這個「最了不起」，可能需要結合余先生在公共領域的言說才更能彰顯他不比尋常的學術風範與人格特質。如果看過二〇〇八年香港電視臺製作的《傑出華人》節目，就會看到余先生的老朋友張灝先生讚揚他是一個「公共知識分子」。[3]這樣的稱揚，將余先生不同於學院專家的獨特性清楚的標示了出來。到了二〇一四年余先生獲得首屆唐獎漢學獎的時候，已故芝加哥大學余國藩教授（一九三八—二〇一五）對他一生學思言行的刻畫，也由中研院唐獎評審委員會引做對余先生的頌揚之辭：「余英時教授就是他筆下中國『士』的典型，（他）一生的研究與經歷都在反映這一點。」[4]

將余先生看作是當代中國「士」的一個典型，無疑就肯定了他是「士」傳統在當代的承負者。這個「士」，當然可以說是代表了現代的「知識分子」。用余先生自己的話來說，就是「知識人」。不過，余先生認可的「知識人」，並不是一般意義的讀書人，而是那些「創造的少數」，是一個社會的良心。[5]這應該也是張灝先生為什麼會稱余先生是一

3《傑出華人》是由翁志羽先生（一九六八—二〇一五）在二〇〇八年為香港電視臺製作的紀錄影集節目，在二〇〇八年一月六日播出。見：http://app1.rthk.org.hk/php/tvarchivecatalog/episode.php?progid=554&tvcat=2

4 https://www.rfa.org/mandarin/yataibaodao/gangtai/al-06202014095122.html

5 余先生何以在二〇〇二年開始選擇用「知識人」來取代「知識分子」，可參見他在《時代周報》訪問他時的

個「公共知識分子」的根本原因。由此，我也認為可以將余先生做為當代中國「士」的一個典型特質，界定為：不論是透過言論，或是經由行動，他從不放棄改善社會弊病與增進公共福祉的努力。顯然，唐獎評審委員同意余先生數十年的著述與其言說行動，確實突顯了「士」的這個特質。

余先生自己說過，他數十年的研究，主要聚焦在傳統之「士」在中國歷史上各個重大轉折時期的言行。不論是從他詮釋孔子與其他諸子在春秋戰國時期「突破」當時崩壞的禮樂傳統，為中國文化開創出一個新的方向，並因此「支配（了）以後兩千多年（中國）的思想格局及其流變」，[6]還是從他解說漢末魏晉之「士」在門第制度與地域分化的情形之下，毅然追求超越群體的獨立自由人格並引發出「緣情制禮」的新思潮與新爭論，或是從闡釋唐宋變革時期「士」的入世轉向，企望「得君行道」來重建三代理想秩序的實踐與挫敗，再到解析明代陽明儒學試圖走向社會來「覺民行道」的抱負與努力，我們都可以看到余先生將傳統中國「士」階層中的「知識人」在這幾個重大轉折期的理念與實踐，盡其全貌的逐一呈現，並給予深入周全的闡釋。

在榮獲克魯格歷史人文獎的頒獎典禮上，余先生曾經說：「道」與「歷史」是中國文明的內與外（英文原文為："the *Dao*, or the *Way*, and history constitute the inside and outside of Chinese civilization."）。[7]這句話的含意應該是在說：中國文明的「內核」是「道」，然而，這個「道」，卻只有通過理解外部歷史的變遷才能獲得彰顯。的確，將傳統中國知識人以「道」建立理想秩序的論說，與他們根據此一論說來批評歷史上政治現實時所產生的複雜關係，做出精確周全的系統性詮釋，正是余先生數十年研究「士」的一個根本面向。余先生非常清楚，只有通過「士」的堅持努力，「道」在歷史上才能被顯現出來。在這裡，余先生顯然是要將孔子所說：「人能弘道，非道能弘人」的理念給予具體的歷史性表述與解析。[8]事實上，余先生的研究讓我們看到，中國文明的確是在幾個關鍵的歷史轉折時段中，經由一些「士」的努力實踐，才能讓其內核得以維繫於不墜，因此也才能代代相傳並展現這個內核代表的意義。換句話說，正是經由這樣的努力才形成了代表中國文化核心價值的「道統」與其內裡所蘊含的基本精神。大家都知道，余先生早期探討傳統政治中充滿張力的君臣關係論文，已經成為「道統」對抗「政統」的經典之作，對八〇年代初臺灣與香港的學界和文化界都有極大的影響，甚至還廣泛的影響到毛時代後的中國大陸學界。[9]

解說，後於二〇一七年八月二十八日轉載於https://www.bannedbook.org/bnews/zh-tw/cnnews/20170828/813937.html

6 見余英時，〈我與中國思想史研究〉，《思想》第八期（二〇〇八年一月），頁一—一八。

7 https://www.loc.gov/item/prn-06-214/

8 引文見《論語》〈衛靈公〉。

9 有關余先生這方面研究的影響，見陳正國，〈臺灣史學中的余英時身影〉，《當代》第二三二期（二〇〇六年十二月），頁三四—五一，特別是頁三九；另見同期刊登陸揚的討論：〈從塔內到塔外——談余英時先生必須指出的是，余先生對「士」的研究並不限於傳統的知識人。他有關胡適和其他五四人物的討論不用說，應該提的是他研究陳寅恪晚年詩文專論的深遠影響。這些專論在一九八三與一九八四年發表之後，曾經驚動了當時中共官方的幾個學界高層領導，也引發過去三十多年大陸學界的幾個不同世代持續研究陳寅恪的熱潮。[10]這裡不是要說余先生的其他研究沒有同等、甚且更加重大的歷史意義。我們都知道余先生二〇〇三年出版的《朱熹的歷史世界》，儘管有一些不同的異議，學界卻一致認為這不但是研究朱熹與宋代思想史的重要著作，而且為理解宋明儒學打開了一個全新的研究之路。[11]之所以「新」，最主要的原因顯然就在余先生認為過去研究宋明理學聚焦在「內聖」的看法，輕忽了在宋代「士」人的「儒學整體計畫」當中，「外王」其實占有極為重要的關鍵位置。此中關係到的是宋代「士」人試圖重建理想秩序的終極關懷與追求奮鬥。余先生的研究，不但從不同的角度解析了宋代「士」人在不同的時期與不同的脈絡下，為重建這個理想秩序所付諸實踐的持續努力，並且也為之勾勒出一個鞭辟入裡的整體敘述。更重要的是，他在敘述的同時，也將有宋一代「道統」與「政統」之間那種曲折複雜的衝突與矛盾，以及傳統中國政治結構中的根本問題都徹頭徹尾地展示出來。他隨後對王陽明在晚明那種黑暗不堪的政治局面下仍然走向社會去「覺民行道」的解釋，也讓我們看到同樣的政治結構造成的根本問題。

需要說明的是，余先生的研究不在追索為什麼這些宋、明的儒家知識人，在「得君行道」與「覺民行道」的理想都遭到挫敗之後，仍然堅信他們的努力可以重建一個不同於現狀的理想秩序。即便如此，余先生的敘述系統，卻讓我看到他在這個系統中其實另有一個與「行道」共生的敘述。簡單的說，這個共生的敘述就是將「政統」斲喪「道統」的糾結歷史，以一個對照的方式，平行的呈現出來。一旦我們將這兩個共生的敘述連結起來，就會發現余先生的敘述系統其實已經指向了一個相當清楚的結論，那就是：要在傳統中國的政治結構中「得君行道」，其實是一個不可能實現的「烏托邦」幻想。最近，我看到余先生在一九五〇年代初期寫的一篇文章，發現他早在六十多年前已經說到傳統儒家追求的

的人文學研究與克魯格獎的意義〉，頁五四—五七。

10 余先生研究陳寅恪如何驚動了中共官方的學界高層有一個相當複雜的過程。筆者在他處有較詳細的說明，此處主要是指余先生一九八三、一九八四在香港發表了一系列解讀陳寅恪晚年詩文的專文之後，不但引發大陸官方代表的回應文章與責難，也涉及當時中共社科院院長胡喬木的介入指示。其間的發展，請見余英時，〈陳寅恪研究的反思和展望〉，收入周言編，《陳寅恪研究》（北京：九州出版社，二〇一三），頁一—一九，特別是頁四—六與頁一一—一五；另見同書刊載的張求會，〈《夏鼐日記》裡的「陳寅恪話題」〉，頁四八—六一，特別是頁五七—五八；與徐慶全，〈陳寅恪《論再生緣》出版風波〉，頁一九五—二〇八，特別是頁二〇五—二〇七。後引兩文與周言所編此書都可見余先生專文引發對陳寅恪的研究熱。

11 有關批評與質疑的例子，可閱祝平次，〈評余英時先生的《朱熹的歷史世界：宋代士大夫政治文化的研究》〉，《成大中文學報》第十九期（二〇〇七），頁二四九—二九八；與Charles Hartman, "Zhu Xi and His World", *Journal of Song-Yuan Studies* 36 (2006), pp. 107-131. 這兩篇書評都同意余先生的朱熹研究是重要的論著。

「王道」或是「仁政」是一個「烏托邦幻想」。[12]問題是：既然這樣的追求只是一個虛幻的空想，余先生一九五〇年代之後發表的主要論著，為什麼又都集中在探究「士」追求「行道」的歷史呢？對我來說，這就涉及到本文開始提到的兩個基本問題了。我認為五〇年代後，余先生越來越清楚地意識到中國文化的核心價值之所以能在朝代更迭的動盪歷史中存活下來，正是憑藉著一些「守道」之「士」的濟世情懷與他們「行道」的具體實踐才成為可能。用余先生自己的話來說就是：「士是文化價值的保衛者，他們把這一價值系統稱之為『道』，……，永遠希望變『天下無道』為『天下有道』……（他們）是中國史上的一股正面的動力，推動社會向前進」。[13]如果與一九五〇年之後中國大陸各種政治運動下的現實相對照，余先生幾十年研究「士」在歷史上主要轉折期的「守道」與「行道」，也可以看作是他反思中國文化的核心價值要如何在現代繼續存活之後，提出的一個系統性回應。當然，我們可以追問：根據余先生的解釋，這個「道」雖然是中國文化的核心價值，但是，它的終極意義究竟為何？

這裡就有必要提到二〇一四年余先生發表《論天人之際》的這本專書。看過這本書的人，都知道專書的主要論旨在考索中國古代思想的起源。[14]我們也可以說專書的另外一個論旨是要解釋由古代思想源起發展出的中國文化為什麼會被德國學者雅思培（Karl Jaspers，一八八三—一九六九）看作是古代「軸心文明」的一個代表。有趣的是，余先生的解釋同樣可以讓我們看到另一個事實，那就是：傳統中國的政治思維結構，在古代思想起源的時候早已經成形定性。而且，這個源起之所以出現，正是因為對當時的政治傳統產生了質疑，而且是在通過對抗當時已經成形的政治思維結構過程中逐漸完成的。因為我已經在別處對余先生的這本專書做了較為詳細的討論，這裡只能摘要的說明為什麼在余先生出版過的專書中，《論天人之際》對我來說最具有關鍵的突破意義。[15]

在《論天人之際》的〈代序〉當中，余先生說他從一九七七年就已經開始對這個研究有整體的構思。這本專書的出版，因此可以說是他經過三十多年不斷的思考重構，一再擴大修訂關於這個專題的論文之後才獲得的綜合定論。對我來說，《論天人之際》也是余先生在探索傳統中國「士」的興起與發展以及他們「行道」的歷史之後，必須要對他們憑藉實踐的「道」的根本來由與性質，做一個追本溯源的徹底清理。事實上，也只有理解這個「道」的起源與其獨具的特質，我們才能瞭解傳統中國文化為什麼可以稱得上是古代的一個「軸心文明」。無庸置疑的是，余先生的研究顯示，傳統「士」人「行道」的歷史從來

12 見余英時，〈論中國智識份子的道路（三）〉，《自由陣線》第十五卷第三期（一九五三年七月三十一日）。二〇一八年五月下旬，承王汎森教授的慷慨相助，我看到了余先生早期發表的這篇文章，特致謝忱。

13 陳致，《余英時訪談錄：我走過的道路》（臺北：聯經出版公司，二〇一二），頁一九二。

14 余先生專書的全名是《論天人之際：中國古代思想起源試探》（臺北：聯經出版公司，二〇一四）。

15 筆者在別處的討論已為《思想》雜誌接受，將於二〇一九年春天登出，具體日期未定。

都無法繞過「抗位」，而且「抗位」的結果多半也總是以悲劇性的結尾告終。從這個角度來看，余先生的《論天人之際》，應該還可以看作是他回向追索這個悲劇的源起與其發展的「內在理路」，而且也和他探討中國思想史源起與發展的總結，互為表裡。

為了論證古代中國思想的源起與「天」「人」之間的問題有密切的相關，余先生在《論天人之際》中採用了「天人合一」這個仍然聯繫古今的概念做為他討論的一個主要分析範疇。採用這個分析架構表達出余先生堅持從文化自身的理路來進行的研究方法。[16]與這個分析範疇平行的另一條解釋基線，是雅思培在一九四九年提出有關古代幾個文明出現「軸心突破」的界說。[17]這個「突破」，大約出現在他指的公元前八〇〇年到二〇〇年之間的「軸心時期」。這幾個古代文明也因此被看作是「軸心文明」的代表。當然，余先生同意在古代中國完成「軸心突破」的人，就是包括了孔子、孟子、墨子和莊子等的先秦諸子。但是，採用雅思培「軸心突破」的概念，卻顯示出他在從文化自身的理路進行研究的同時，也一樣重視比較研究所提供的相關視角。[18]更重要的是，引用「軸心」的概念，更可以切合他從比較的觀點來探索中國和其他「軸心文明」的基本同異點，進而也可較為具體的「凸顯中國文化的主要特色及其在世界史上的地位」。[19]

我們都知道，早在一九七〇年代末期與一九九〇年代晚期，余先生已經分別討論過孔子以降的先秦諸子如何對當時崩壞的禮樂傳統提出質疑，也對他們所處的現實展開批判。在這樣的批判中，他們逐漸開始「突破」了從遠古到商、周建立起的禮樂秩序。不過，

《論天人之際》這本專書，和余先生之前的討論相較，就提出了進一步的新發現。在這本專書中，余先生不但採用「天人合一」的概念做為論述的切入點，他更發現孔子對「天人合一」的內容，有了不同於過去的理解和闡釋。經由孔子的解釋，「天人合一」這個概念就開始出現了余先生所說的一個全新轉向。結果就是形成了對「天命」的新看法，認為「天命」不再是君王的壟斷專權，而是要讓每個人都有接受「天命」的權利。有了這樣的新理解，就可隨之發展出每一個人都可以通過努力來將我們內心得之於天的「仁」德付諸實踐，同時可以再經過努力去「超越小我，而進入『己達達人』的境界。」至此，個人也就可以在精神上與「天」合而為「一」了。用余先生的話來說，這就是孔子通過「內向超越」的途徑來讓「天命」得以「個人化」的「突破」，代表的是由孔子這位「士」「知識人」在古代中國帶動的「第一次精神覺醒」。[20]在這個意義上，余先生也認為，孔子和其

16〈在二〇〇六年克魯格獎頒獎儀式上的演講〉，《人文與理性的中國》（二〇〇八），頁六四五。

17 雅思培德文的原著是一九四九出版的，但要到一九五三才有英譯版，見Karl Jaspers, *The Origin and Goal of History*, Routledge & Kegan Paul LTD, 1953.

18《論天人之際》，頁一。

19《論天人之際》，頁一—三、八—一〇。余先生對一九八〇年代晚期西方學人有關的研討可看頁一五—一六。但這些論點都未涉及余先生關於「天人合一」的討論。

20 同上，頁八六。

後的幾位先秦諸子，都具有韋伯筆下「倫理或救贖學說的承負者」（「知識人」）的特性。因為他們在面對當時已有的「禮樂傳統」，都會「從哲學角度加以重新闡釋，」但他們都沒有「從中抽身而出」，[21]而是「在實踐中對禮樂的精神重新賦予一種根本性的哲學闡釋」。[22]

毫無疑問，孔子帶動的「精神覺醒」，確實為中國文化發展出了一個真正獨特而且是一個富有「原創性的超越」。其之所以「超越」，當然是因為這個「覺醒」開始「對於現實世界進行一種批判性，反思性的質疑，」也隨之會「對於超乎現實世界之上的領域發展出一種新見」。[23]這個新見其實就是指向「道」的概念開始真正的出現在中國歷史的舞臺。由此，不但揭開了系統性思想史在傳統中國的序幕，[24]也因此決定了中國文化在其後的發展性格，並形成一種「中國思維的基本特徵」。[25]重要的是，此時出現的「道」，與其他古代文明出現「軸心突破」的「原創性超越」，在性質上是很不一樣的。因為孔子指涉的「道」，雖然是一個「超越」的象徵，代表著一個理想的終極規準與價值界域，但是從開始出現，這個「道」就和「現實世界的日常生活息息相關」，也因此有著強烈的入世性格。在這個意義上，「道」與柏拉圖在古希臘文明產生突破時，將現實世界看作只是超越世界的「複本」，自是完全不同，與佛教將現實世界看作「空無」也更有不可言喻的距離。

需要注意的是，余先生一方面發現孔子給予「天人合一」這個概念一個全新的內容，但是，另一方面，他又發現孔子仍然沿用這個概念的原有「思維結構」，而且事實上是從這個結構之內提出了他原創性的「突破」。這也是為什麼我們可以說孔子的「突破」雖然帶有強烈的批判性，但是卻是從禮樂傳統的內部出發，而且從不企圖推翻這個傳統的根本結構。因此，余先生指出：如果只從「天人合一」的「思維結構」，或是「思維模式」來觀察，殷商與周朝和孔子之間完全沒有出現斷裂，而且幾乎是互相繼承且彼此延續的。何以如此？因為他們都一致在追求「天」與「人」的合而為一。[26]但是，從「思維概念」的「內容」來考核，余先生的發現就得出了過去學界完全沒有注意到的嶄新結論。

余先生很清楚，殷商的「天人合一」是由當時的「巫」通過祭祀的禮樂來與「天」溝通，但他們實際上只是商王與「天」，即商人最高神祇的「帝」，溝通的工具。顯然，殷商的「天」，完全沒有任何後來代表超越之「道」的意涵。余先生當然也很清楚殷周之際

21《論天人之際》，頁八九—九〇。
22 同上，頁九六。
23 有關超越的界定是余先生引用史華慈的觀點。《論天人之際》，頁八六—八七，特別是注釋三的說明。史華慈的原文，見 Benjamin I. Schwartz, "The Age of Transcendence," *Daedalus* 104: 2, p. 3.
24《論天人之際》，頁九。
25《論天人之際》，頁八七。
26 同上，頁八七。

以「德」來制約君王的「天命說」是一個「劃時代的大變革」。然而，他認為這個「天命」主要是在確保西周天命的永續。其中不涉及像孔子那樣在力求個人自身的「精神覺醒」，也完全不期待個人在自己內心開創出可以與「超越」互相輝映的路徑。[27]在這裡，「天命說」與他討論「天人合一」的「軸心突破」，就出現了根本的分歧。據我所知，余先生對西周「天命說」與他對孔子關於「天人合一」的解釋，完全突破了學界過去的看法，因此是一個全新的創見。正是有了這個創見，我認為余先生提出「天人合一」的新內容，不但解釋了他對古代中國為什麼可以被稱做是「軸心文明」的一個代表，而且也更周全地說明了中國古代思想史的源起為什麼是由孔子的「突破」展開並且奠下基礎的。更關鍵的是，余先生的這個發現讓我們看到孔子啟動的新「天人合一」，因為是向每個人開放，所以蘊含了每個人在原則上是平等的，因此也可以說是蘊含了對每個人的尊嚴與價值的肯定。在這裡，余先生是在告訴我們：孔子的「突破」看法，其實指向了每個人在「天」與「道」之前都是平等的一個理想。這樣的「突破」，不但是孔子之前從未有過的空前創見，也正是這個「突破」，才使得中國文化從此具有了普世的價值與意義。基於這樣的解讀，我認為余先生的研究，在目前有關中國做為「軸心文明」的一些主要論述之中，是最能夠讓我們從相對完整的角度來確切理解古代中國「軸心突破」的意義究竟何在的典範代表。[28]

這樣的理解，也讓我再進一步看到余先生的研究最終突顯的是：孔子開啟的個人「精神覺醒」運動，其實和「軸心時代」其他不同的文明「突破」都同樣肯定了每個生命本身都是自由、平等，且有其不可化約的價值與尊嚴。我們可以說：當孔子開始質疑當時崩壞的禮樂傳統，並提出「天人合一」新內容的那一刻，他也開始寫下古代中國真正走向人文傳統的第一章。這正是為什麼我個人會認為在余先生出版過的專書當中，《論天人之際》具有最關鍵的突破意義。這本書不但突破了余先生自己過去對這個問題的研究，也突破了過去對中國思想史源起的論說，可以說是余先生自己終於給他數十年形構的中國思想史找到了最初的起源與終極的意義，也給中國文化建立起他本人認為真正能代表中國知識人的一部精神史。更有意義的是，這部精神史，還可以看作是余先生在我們這個時代，為中國人文傳統原本具有的普世價值，重新在世界歷史上給出了定性定位的里程碑論述。

雖然《論天人之際》很有可能是余先生撰寫的最後一本學術專書，但這本書其實也聯

---

27 同上，頁二三四—二三五。

28 此處我指的對照研究是上面提到的Robert N. Bellah二〇一一年的專書，此書第八章對中國「軸心突破」的討論可說是近年來英語世界的一個代表論說。但其討論不涉余先生發現「天人合一」內容的變化與意義。見Bellah, *Religion in Human Evolution From the Paleolithic to the Axial Age*, 2011, 399-480; 張灝論軸心時代中國的「突破」和余先生有許多極為相近的看法，特別是討論「天人合一」在王權制之外建立個人獨立生命的討論，但亦未追溯「天人合一」在內容上的具體變化與確切意義。見張灝，〈從世界文化史看樞軸時代〉，《二十一世紀》第五八期（二〇〇〇年四月），頁四—一六，特別是頁一二—一三。

繫並代表著老師個人的堅韌生命力。為什麼這麼說？因為余先生是在與病魔辛苦對抗中完成這本書的。記得是二〇一四年四月底，外子邁可和我與另外兩個朋友一起去普林斯頓看望余先生和余師母。當時我剛看完在那年年初出版的《論天人之際》，很希望跟老師討論書中的一些看法。不過，看到余先生和師母後，大家都高興的問候近況，又忙著看屋外魚池裡的小魚是否都從冬眠中甦醒過來，因此也就沒時間問問題。後來在「大千」吃晚飯，席間不記得是在說什麼事，老師就接著說：「這條命又撿回來了！做了四十二次化療、外加電療，現在居然沒事了！」那時我突然醒悟到何以二〇〇八年暑期余先生在臺北原本要給一個演講，後來報導說因有健康狀況，講演必須取消。顯然，余先生的健康是到了二〇一四年才基本復原的。那《論天人之際》也一定是在病中完成的了！在二〇一八年十一月出版的《余英時回憶錄》中，余先生提到年輕時有幾次都在險境中保住了命，[29]但是，我在二〇一四年聽余先生親自說「命又撿回來」時的感受，卻和閱讀時的感覺非常不一樣，尤其是看到老師說這話時的自在自如，好像什麼辛苦都已經雲消霧散，而坐在老師身旁的師母也微微笑著，好像什麼事都沒發生過。當時我只在想：是一個怎樣堅強的意志與信念才能對抗那種身體和心靈的折磨來完成《論天人之際》的專書?!後來我跟師母說這本書應該是老師忍痛和淚完成的，師母只說了「當然，是文字救了他」！我沒有再說話，但我知道師母的意志與信念肯定是和老師的一樣堅定。我也相信，只有在師母全心全力的照顧之下，文字才能救了老師！

不論如何，《論天人之際》這本書撰寫的時間與過程，都已經可以看作是余先生和「天」或「道」的一個互動交往。讓人高興的是，「天」與「道」，顯然都決定支持老師，讓他在對抗病魔中完成了這本書。或許這是因為「天」早已知道余先生數十年的著說，都在努力揭示並維護那些曾經「貫注於『已經凝固成歷史文字中』的生命躍動」?![30]又或許這也是讓余先生在研究陳寅恪晚年詩文時說過的「天道能還」再一次的展現?![31]當然，我還是相信若沒有余師母給老師的全心照料與支持，「天道」恐怕也不容易充分彰顯「能還」的神奇之力。這麼說，完全不是要宣揚「怪、力、亂、神」，我只是試圖將自己的這一感受記錄在此，也算作是自己為什麼認為《論天人之際》突破了余先生其他著作的另外一個原因。

認識余先生和余師母的人，應該都會同意師母是余先生的「好伴侶」。[32]余先生在二

29 請閱《余英時回憶錄》（臺北：允晨文化，二〇一八年十一月），頁二二與頁六九。

30 見余英時，〈增訂版序〉，《陳寅恪晚年詩文釋證》增訂版（臺北：東大圖書，二〇〇四），頁一五。

31「天道能還」請閱余英時，〈跋語〉，《陳寅恪晚年詩文釋證》（臺北：時報文化，一九八四、一九八六），頁二二三。

32「好伴侶」是周婉窈教授敘寫余師母對余先生支持和相助的用語。見其〈猶記新港雪天歡笑時〉，《ＩＮＫ印刻文學生活誌》第一八二期（二〇一八年十月），頁七六—八〇，引語見頁八〇。

〇〇八年香港電視臺《傑出華人》的節目中就說過：師母是他最好的朋友和批評者。師母不比尋常的獨立性格和她熱愛知識與熱心公義的行事風格，已經有翔實生動的專文記載。[33]但是，我覺得師母與老師能成為最好的朋友實在還有另外一個他們共有的人格特質。

我最早知道余師母——也就是陳淑平先生，是因為念了天安門民運流亡學生白夢寫的文章。那應該是在九〇年代中北美《世界日報》上讀到的。細節已經記不起來，但清楚記得白夢說六四之後，余師母因為關心並支持他，經常帶著日用必需品去看他，鼓勵他繼續求學，並且也提供一些財力的資助，使他終於完成了學位。另一位六四民運的代表，同時也是八〇年代風行大陸《河殤》電視劇撰寫人蘇曉康先生，最近也寫下了九〇年代初余先生和師母如何支持他和妻子的事實。蘇曉康的文章提到，余先生和師母知道他們在紐約州水牛城出車禍後，就特別坐火車去當地看他們。余先生之後又持續不斷地鼓勵他，幫助他在與歷史上的「優秀人物接通心靈，充實自己」的過程中走出了幾近絕望的困境。在那段時間，余師母更是「引領」著他發掘並寫下了「五四人物」的一系列文章，讓他在閱讀和創作的知性喜樂中重新找回生活的勇氣和希望。[34]對我來說，師母和余先生的這些「義舉」「義行」，其實是延續了余先生筆下知識人「行道」的傳統，而且也反映出余先生所說從東漢開始出現的一種「俠」之「超越精神」。這種精神，用余先生的話來說，就是一種與儒「士」相合且互動的「俠節」或「俠風」。[35]如果用我的理解來看，這種俠義之風代表的就是一個正直的人，行正義的事。這樣正直的人，就是中國文化的「正面力量」，是傳統人文價值的「保衛者」。在今天的世界，不論在何處，要像余先生和師母這樣數十年總是以「義行」默默助人重新找到生活的方向與生命的意義，恐怕不多見了。

余先生和師母當然不是只幫助天安門民運後的流亡學子與學人。就我所知，任何「好學深思」，關心社會與世局的讀書人，在向余先生請益後，都會得到老師的回應和支持。此外，師母也會時時從旁給予適切的幫助。大概在一九七九年，杜邁可當時想根據王安石的詩文來討論是否應該將他的思想看作是大陸學界所說的一個法家代表。有了這個構想，他就開始動手申請美國人文協會獎助金的支持。因為申請必須要有知名學者的推薦，我就建議邁可請余先生推薦。我們當時都不認識余先生，我也根本還沒開始學歷史。但是，我當時倒是已經念過余先生的《歷史與思想》，因此就直覺的認為請余先生推薦應該是妥切合適的。邁可後來得到這個獎助金時，也看到協會附上的余先生推薦信。可惜的是，因為

33 余師母為人行事的風格，見上引周婉窈文，〈猶記新港雪天歡笑時〉（二〇一八）。

34 有關的完整敘述，請見蘇曉康，〈忽到龐公棲隱處〉，亦刊於《INK印刻文學生活誌》第一八二期（二〇一八年十月），頁八一—八七。

35 請閱余英時，〈俠與中國文化〉，《中國文化史通釋》（香港：Oxford University Press，二〇一〇），頁二〇九—二八〇，特別是頁二六八。

各種原因，邁可後來沒法繼續研究王安石。但是，這個人文獎助金卻讓他得以專心關注八〇年代大陸文學的新發展，結果完成了一本專書並找到了一個穩定的教職。這些都已經是四十年前的事，然而，我們從來沒忘記余先生給邁可的支持。現在回想起來，我們仍然認為余先生當年如此支持一個完全不認識的後學研究，只能說是出於他對追求學術真理的信念，而且也是出於他提攜並鼓勵後學的一份「公心」。這樣的信念與「公心」，對任何企望建立學術自由共和國的人來說，應該都是彌足珍貴而不可或缺的。

有趣的是，我自己後來的研究也同樣受到余先生的支持和影響。一九八七年暑假，我發現自己本來準備研究的博士論文題目並不可行。因為原先我本來是要探討唐代《通典》作者杜佑的思想，但是一部《通典》看下來，卻只看到五十幾個作者本人的評論。這樣有限的材料，肯定無法做為整部論文的論證資料。在這樣的情況下，顯然就必須重新選題。但是我已經用了一年多的時間看《通典》，心中自然不願意就如此放棄。當時我也將自己這個難題在電話中告訴了我的思想史啟蒙老師林毓生先生。林先生聽後，就建議我向傳統思想史的權威余先生請益。雖然當時我還是不認識余先生，但想到余先生熱心支持過邁可的研究，就不再猶豫的立刻給余先生去了信。沒有想到的是，余先生不但很快的給我回了信，而且回信寫了將近四頁。信中，余先生告訴我不宜用杜佑做思想史的研究，又建議我可考慮從杜佑同時代的人中挑選研究的題目。接著，就提到了三個中唐的人物：包括兩位參與過中唐儒學復興的詩人劉禹錫及白居易。另一個則是唐德宗初期的宰相陸贄（陸宣公，七五四—八〇五）。余先生還特別提到胡適在中國傳統的歷史人物當中，非常重視陸贄。因為我念過有關陸贄的兩篇英文論文，現在余先生又將他列為值得研究的題目，我就決定先去讀陸贄留下的奏議。讀後，就發現了原先有關陸贄的論文都有問題。結果一路追蹤探究下去，就寫成了論文，後來經過改寫也出了專書。論文與書完成之後，我在感念中都曾立刻寄給余先生請他斧正，但是再也沒有接到回信。顯然，就像上面提到的，幫助求教的學生和後學，對余先生來說，都是公益之事，與任何私人之交都不相干。即便如此，我卻常想，如果沒有林先生的建議，我當時大概不會想到給余先生寫信，如果沒有余先生那種熱心支持後學去研究真理的「公心」，我當時大概還不知道要再用多少時間才能選出想做的題目，當然也不可能如期完成論文或是學位，遑論之後的出版專書了。

更沒想到的因緣際會是，當我開始寫論文後，我原來的論文指導教授無法繼續指導。結果從一九九〇到一九九二年，學系就請了剛來執教的陳弱水教授負責指導。大家都知道，陳弱水教授是余先生在耶魯大學教書時的高足。所以，嚴格說起來，余先生其實就成了我的太老師。不過，我們當時還是沒見過余先生，而且是一直要到二〇〇四年七月我去臺北蒐集資料而林先生和余先生也都正在臺北開會時，我才有機會請林先生帶我去親自向余先生致謝。因為他們當時開會要到晚上近九點才結束，林先生就約好九點帶我去余先生在福華酒店下榻的住房。一見面，余先生就非常親切，當下送了我一本他剛出版的《宋明理學與政治文化》。我的欣喜，當然不在話下。那次見面，也給了我第一次看到余師母的機會。記得師母那天穿的是藍色的短袖上衣、乳白色的百褶長裙，說的是非常好聽的北平國語。雖然林先生和余先生及師母提到我當時的研究計畫，但時間實在已晚，我知道不該多打擾。在親自跟余先生表達了二十多年來邁可與我對他的謝意之後，就跟著林先生告辭離開了。

二〇〇四年後，邁可和我有四次的機會去看望余先生與師母，而且每次的拜訪都成了親切溫暖的記憶。不過，我對余先生治學的最直接教誨，還是因為有了機會編訂余先生的英文論文集。[36]應該是在二〇一四年九月到十月間，因王德威教授的建議，邁可和我決定接下編訂的工作。過程中，余先生總是不厭其煩的提供一些我們找不到的資料。又因為我們沒有傳真，每次就必得麻煩師母進出郵局給我們寄這些資料。雖然師母不以為意，而且總是說「老師讀萬卷書，我走萬里路」，我們卻為此覺得十分不安。師母和老師給我們的全力支持還可以用一個例子說明。記得是二〇一五年的初春，老師因為身體不適必須去看醫生，當時我們並不知道，而且還在準備給老師去電。結果突然接到師母打來的電話，告訴我們老師身體不適，需要在醫院住一夜，但沒忘記我要打電話的事，等回家後會再將一份資料寄給我。我現在已不記得自己當時說了些什麼，只記得老師和師母對人對事的尊重與認真，讓我覺得又感動又溫暖。但我同時也開始自責我們何以沒有去辦一個傳真！更讓我們自責的是，文集出版後，余先生問到我注釋中的一個問題，我這才發現注釋裡的疏失。[37]老師沒有責備的話，然而我的愧疚迄今難消。這個疏失，讓我更清楚、也更直接看到余先生治學是何等的嚴謹。在大處，他有宏觀的治學視野與精到的論證，在細微處，他也是絲毫不苟，絕不放過任何的差錯。這裡，我還應該說的是，當二〇一八年大陸一個報刊書評稱余先生的學術思想為學界建立了一個「現代的典範」時，這個稱揚其實正好為余先生治學的精神提供了一個最佳的印證實例。[38]當然，對余先生的許多「粉絲」來說，[39]他為我們這個時代建立的可能更應該稱做是一個人文的典範。

---

36 英文論文集係兩冊，見 Yu Ying-shih, with the editorial assistance of Josephine Chiu-Duke and Michael S. Duke, *Chinese History and Culture,* Volume 1, *Sixth Century B.C.E. To Seventeenth Century,* (New York: Columbia University Press, 2016) 與 Yu Ying-shih, with the editorial assistance of Josephine Chiu-Duke and Michael S. Duke, *Chinese History and Culture,* Volume 2, *Seventeenth Century Through Twentieth Century,* (Columbia University Press, 2016).

37 此一疏失見英文論文集第二冊，頁三六六之注釋二五。此注內容應將《劉申叔先生遺書》列在注文所引版本「寧武南氏……」前，同時亦需與注二六互換：即原注二五實應為注二六。若將來出第二版，定當更正。

38 前引中國大陸二〇一八年八月二十七日羅小虎在《經濟觀察報．書評增刊》上的文章也直指余先生的學術研究建立了一個現代的「典範」，見其〈余英時：中國現代學術「典範」的建立〉。

39 二〇一五年七月我在網路上找資料時，看到了余先生的一些讀者稱他們的組群是「余英時粉絲團」。經過幾次的搜尋，「余英時粉絲團」在那個月的人數從16,800到85,200不等。二〇一八年十二月再搜尋卻已必須登錄，我們因不用最新科技，只好作罷。

事實上，早在二〇〇七年，已經有學術論文將余先生的「學術精神」定位是一個「人文主義的典範」。論文強調的「學術精神」，主要重在突出余先生對人的尊重。[40]余先生自己在不同的論文中也都曾經直接討論過「人文」與「人文教育」在現代的重要性。這些論文後來都收在他二〇一〇年出版的專書，而且書名就是《人文與民主》。[41]上面討論的《論天人之際》專書，已經將余先生對孔子開創的人文傳統做了摘要的說明。余先生著重的雖然是孔子對人可以通過理性反思去建立自己主體性的看法，他更重視孔子肯定人可以與超越的「天」或「道」發生連結，並進入「己立立人」與「己達達人」的境界。這也正是為什麼余先生會說中國人文傳統是以「人」的歷史為中心的一個傳統。[42]當然，余先生特別強調中國的人文傳統在一九四九年後，之所以能在臺灣與香港存續與發展，正是因為這兩個地方的中國文化沒有經歷過激進革命的摧殘與破壞，因而得到妥善的保存。我們也知道，臺灣在一九八七年解嚴後建立了憲政民主制度，這個制度雖然還有各種不同的問題，但是在中國的歷史上與現今華人的世界裡，卻是唯一可以提供並保障學術自由的一個民主政治。需要指出的是，余先生並不只是強調民主對人文的單向保障，他同時也強調人文一樣可以幫助民主。因為民主不就只是「一人一票」的選舉，而是應該發展成為有高品質的一種生活方式。要達到這個目的，就必須經過文化的素養來提升民主。余先生認為，儒家建立的人文傳統正可以在這方面和民主互動。因為文化素養對中國儒家傳統來說，不但關係到提高政治人物的道德品質，也與「天下為公」的歷史意識密切相連。上面說到，余先生在《論天人之際》中討論孔子「天人合一」的新「內容」時，已經說到孔子為中國文化建立了一個每個人在「天」之前都是平等的精神領域。這個理解，顯示出孔子「天人合一」的新看法確實具有普世的意義。但是我們也知道，這個有普世意義的關鍵價值，在中國的歷史上卻從來沒有通過有效的制度來真正落實。不過，余先生的重點是要指出：這樣的價值的確為追求理想政治秩序的中國知識人提供了一個可以努力去實踐的超越標準，也成為他們批判既有現實的超越理據。從這個角度來看，我們可以瞭解余先生為什麼會注意到十九世紀晚期許多知識人接觸到西方自由民主的價值時，不但積極主動的欣然接受，同時還認為建立議會制度將是中國現代化的最佳途徑。簡言之，孔子開創的人文價值，即使經過了兩千多年，也還是十九世紀晚期儒家士大夫接受、傳布與推動民主的一個潛存文

40 二〇〇七年的論文，請見李顯裕，〈人文主義的典範——余英時的學術精神初探〉，通識教育與警察學術研討會論文集（二〇〇七），頁一三一——一三七。亦見：http://gec.cpu.edu.tw/ezfiles/91/1091/img/388/196741845.pdf.

41 這些不同的論文包括：〈人文與自然科學應如何均衡發展——吳大猷院士與余英時院士對談〉、〈文化建設私議——人文學術研究是當務之急〉、〈「國學」與中國人文研究〉、〈臺灣人文研究之展望〉以及〈人文與民主——余英時院士「余紀忠講座」演講全文〉，都刊於余英時，《人文與民主》（臺北：時報文化，二〇一〇），頁七——一〇二。

42 這個看法可見余英時，〈臺灣人文研究之展望〉，《人文與民主》（二〇一〇），頁六五。

化力量。至此，余先生的研究已經明確的揭示：儒家的人文傳統與憲政民主不但沒有衝突，而且是可以互相支援、彼此互補的。[43]在這裡，我們也可以再一次瞭解他的研究為什麼會如此重視中國知識人在歷史轉折期的論說與行動。沒有這些知識人的承擔與發揚，中國人文傳統是否能延續到今天恐怕相當難說。正是在這個意義上，我認為余先生本人從一九五〇年代到今天的研究，不但承負了他筆下形構的知識人傳統，而且通過他對這個傳統的詮釋與闡述，他更光大了這個傳統，使得這個傳統在我們這個時代有了繼續發展的論述活水與動力。

當然，儒家的人文價值不就是關乎詮釋和闡述，而是必須在生活中力行實踐的。上面已經提到余先生以「公心」幫助流亡的六四學生與學人以及他對後學研究的支持。他對他老師錢穆與楊蓮生兩位先生的尊重和敬愛，也在我們閱讀《猶記風吹水上鱗》的時候，親切的呈現出來。[44]余先生很少提自己的私事，但最近看到余先生早年教導女兒開車的敘寫，他肯定也是一位慈祥的父親。去過余先生家的人，會看到客廳裡有一幅中央研究院院士邢慕寰先生（一九一五—一九九九）生前給余先生寫的一首詩。詩的開頭兩句是：「世間何寂寞，知交君一人。」余先生自己的《回憶錄》中，也將他早年在哈佛和邢先生「一見如故」的交往寫了出來。余先生待友的至性真誠，在邢先生紀錄他們友誼的其他詩文中也一樣歷歷可見。[45]讀過邢先生的「詩」和余先生的「文」，我深深感受到他們之間那份將近四十年的深厚友情，是不會因時空而褪色的。

很多人都知道余先生的母親在他出生時不幸辭世。然而，余先生卻未因此而在事親上有所缺失。事實是他對繼母與父親都是極盡人子之孝。二〇一八年四月中旬，我們去看望余先生和師母時，師母告訴我們，余先生的繼母在年初時故去。為了將其繼母和余先生的先父合葬一處，余先生需要將其先父遷葬到普林斯頓的墓園。在美國，這是一個非常不容易的大工程。余先生和師母用了幾個月的時間才完成這件大事，而且是要到四月中我們抵達時才剛算完成。我們到普林斯頓時，師母每天其實還需要去給墓地四周的長青樹苗澆

---

43 有關的詳細解說，請閱余英時，〈人文與民主——余英時院士「余紀忠講座」演講全文〉（二〇一〇），頁八五—一〇二，特別是頁九〇—九二、一〇〇—一〇二。

44 余先生與錢穆的師生情誼，請閱余英時，《猶記風吹水上鱗：錢穆與現代中國學術》（臺北：三民書店，一九九一）。與楊蓮生先生的師生之誼，見余英時，〈中國文化的海外媒介〉，此文亦載《猶記風吹水上鱗》頁一六九—一九八。亦請參考《余英時回憶錄》（臺北：允晨文化，二〇一八），頁一六八—一七二。

45 文中引用邢慕寰先生的詩句，亦見《余英時回憶錄》（二〇一八），頁一六七。邢先生其他的詩文，見《邢慕寰院士詩詞選集》，臺北中國國際商業銀行文教基金會在二〇〇〇年發行。由於《選集》係非賣品，二〇一八年四月去看望余先生時，承老師借閱，謹再致謝忱！邢慕寰先生早先原為中央研究院經濟研究所與臺灣大學經濟學博士班的創辦人。在當時培養了重要的一批經濟人才，對臺灣早年的經濟發展有至為關鍵的貢獻。邢先生的貢獻與其和余先生的情誼皆可見《余英時回憶錄》，頁一六一—一六八。維基百科亦有簡單介紹：https://zh.wikipedia.org/wiki/邢慕寰

水。我想，余先生為其先父和繼母合葬的孝行，一定會讓他們在天之靈都非常欣慰的。師母當時還提到余先生在其先父生前經常陪著父親去紐約看字畫和骨董，與父親非常親近。聽師母說的時候，我也記起余先生的訪談文章中曾經提到他早年讀書得到父親指導的親切情景。[46]不論是從為人子、為人父，或是從與朋友交和師生之誼來看，余先生可以說都已經將儒家文化中基本人倫的「孝、悌、忠信」都充分落實在日常生活當中。當然，他和師母近五十五年的朝夕相處，早就不是一般的「相濡以沫」，而是到了師母所說「相依為命」的境界了。然而，讓我最感佩的是，他們從來都不是只在追求一己之「獨善」。相反，他們總是希望每個中國人都能免於被迫害，能在沒有恐懼之下活得自由自在，而不就是在追求富裕之後高唱「厲害了，我的國」。這樣的看法，讓我理解余先生何以不認同中共官方基於「國富兵強」所提倡的「中國夢」。他在二〇一三年八月十九日北美《世界日報》的一個專訪中，已經解釋了他不看好以「國富兵強」為基調，用超過軍費的維穩費預算來控制中國社會與異議人士的「中國夢」。在專訪中，余先生還接著說他沒有「中國夢」，有的只是「人類的夢」。這個「夢」就是「大家平平安安，要做什麼就做什麼，想說什麼就說什麼。這樣的社會才是我的『夢』。」[47]余先生這裡說的「社會」，顯然和可以保障個人自由的憲政民主是緊密相關的。也正因為如此，他會特別重視臺灣在艱難中建立起的自由民主。

余先生非常清楚中國今天已經是國際上經濟、軍事的強權，然而中共不放棄對中國社會一黨專政的本質與不放棄對臺灣的武力威脅，卻讓他即使已屆九十高齡，也從不間斷批評專政帶給中國傳統文化與社會的巨大災難，以及其對獨立人格與言論自由的殘酷迫害。這應該也是余先生的研究為什麼從不間斷地指出中國人文傳統對人的尊嚴與價值都是絕對肯定的。對我來說，這也間接解釋了為什麼余先生會說他每次讀到康德寫的：「人之所以為人的意識畢竟還沒有棄我而去（The sense of humanity has not yet abandoned me.）」，就會更加景仰他。[48]從這裡，我們也看到余先生顯然希望有更多的人都能活得更像人，更像人之所以為人的人，也就是說能將孟子說「人與禽獸幾希」的那個「幾希」將養之，並充實光大之。當然，這樣的人，還可以說是要能夠像康德那樣過一個由理性發展出的道德自律生活，[49]而且還必須是要在一個健康的制度下才能真正活得有尊嚴、有意義。

余先生這幾年恢復健康後，每年暑期都會有許多他的「粉絲」從臺灣、香港和大陸去

46 余先生說過他對歷史產生興趣曾受其先父啟發和影響。見李懷宇，〈余英時：知人論世〉，載《思想》第二十期（二〇一二年一月），頁二〇三—二〇四。

47 這個專訪的全文刊登在二〇一三年八月十九日北美《世界日報》A3版。

48 見余英時，〈金春峰《朱熹哲學思想序》〉，刊於《會友集：余英時序文集》（香港：明報出版社，二〇〇八），頁一三三。

49 康德生活一語，亦見上引余英時文。

拜訪他。不論認識或不認識，只要「好學深思」，我知道余先生和師母總是以「公心」去「一視同仁」的對待。我可以想像，當訪客遠道而來，老師會一邊親切地回答問題，師母也會在一邊熱誠地招待茶水和點心。訪客告辭時，不論他們是否接受余先生對他們提問的回答，我相信，他們總會感受到兩位先生對人的那份親切、對知識的那種尊重，以及對人文與民主價值的那份堅持和信念。認識余先生和師母的人，都知道他們對中國文化的基本價值有多麼堅定的信念。余先生說過他對中國的前途不悲觀，因為他堅信「中國傳統文化不會消失，（中國）總有一天會回歸文明的主流」。[50]余先生的話，讓我再度體會到他和師母為什麼那麼珍視臺灣和香港對保存和發揚中國文化上的關鍵貢獻。我知道我們無法預知香港是否能繼續保存這個傳統文化，因為維繫它的自由法治是否能在中共的掌控下繼續存活，仍是一個不定的未知數。但是，和香港相對照時，余先生和師母總是認為臺灣應該對自己建立的民主制度有信心，對自己保存並代表了最完整的中國傳統文化感到驕傲。我也認為他們並不覺得臺灣要在爭取獨立建國上耗費太多力氣，而是應該將「人文」與「民主」看作是可以互相支援的力量，使臺灣的民主可以真正發展成有品質、有深度的人文民主，進而使得臺灣民主能成為凝聚人心的力量與國際新興民主的典範。巧合的是，余先生在二〇一八年十二月五日接受《今周刊》的訪談中，不但再次提出了類似的說法，也特別表達了他對臺灣內部因國家認同而產生分裂與內鬥的擔憂。用他的話來說就是：「臺灣面臨一個大問題，民主第一？還是臺灣第一？」余先生還說如果臺灣「總想著把臺灣放在第一位，民主放在第二位，就會不斷遭遇分裂，這就是危險」。[51]就我來看，這些絕對是出於愛護臺灣的坦誠之言，顯示出余先生認為臺灣只有繼續加強對人權的保障，提升民主的品質才可能有抵制中共分化滲透的最好辦法。雖然我們無法驗證余先生的看法，也無法知道有多少人會接受他說的「臺灣已到生死關頭」，但是，他的看法顯然不是無的放矢，而是建立在幾十年研究歷史和觀察世局的理解基礎上。不論我們是否同意，余先生對臺灣自由民主的珍惜，與他一無所懼的公開建議，是讓人尊敬的。

前兩年，有大陸學者問我說：「如果一九五〇年余先生選擇留在大陸，那他的命運會如何？」我知道這是一個不需要回答的問題，但還是說了一句：「那當然就不會有今天的余英時！」我當時想說卻沒有說的是，如果余先生當年留在大陸，那在沒有胡適的時代，我們就不可能有余英時的著作可念，也不可能在追求「國富兵強」的「中國夢」時代，讀到《論天人之際》中討論人文傳統內蘊的真正普世意義，更不可能看到一個力行「善道」且以論述來「覺民行道」的余英時！

二〇一九年是余先生九十壽辰，也是師母和他結婚五十五周年的喜慶年。我知道每天

---

50 引文見二〇一三年八月十九日《世界日報》A 3版的專訪。

51 見陳亭均專訪〈余英時：現在正是臺灣的生死關頭〉，刊於《今周刊》（二〇一八年十二月五日），亦見 https://www.businesstoday.com.tw/article/category/154769/post/201812050015/ 余英時：現在正是臺灣的生死關頭。

中午，當老師開始他日常作息的時候，師母會進進出出或是照顧院子裡的花草和池裡的小魚，或是去城裡寄稿採買並給老師準備餐點，也可能就在屋裡看著屋後院子會不會有小鳥或是小鹿來拜訪。晚上當老師又回到燈下閱讀寫作的時候，師母也會在旁邊讀自己喜歡的文學作品，聽喜愛的古典音樂，同時也不時看看老師的茶水是否夠熱，衣服是否夠暖。他們在一起的日常，似乎就只這樣規律有序的運轉著，但是我知道，就是在那樣規律有序的日常中鑲嵌了一個豐富充滿的人文世界與深厚堅定的民主信念。在祝福余先生和師母日日健康、天天喜樂的同時，邁可和我也希望他們在普林斯頓的林間「廣廈」繼續給我們這個時代所有「好學深思的人」以光、以熱！

二〇一八年十二月二十三日，於溫哥華

• 本文作者為加拿大不列顛哥倫比亞大學亞洲學系（The Department of Asian Studies, University of British Columbia）副教授。

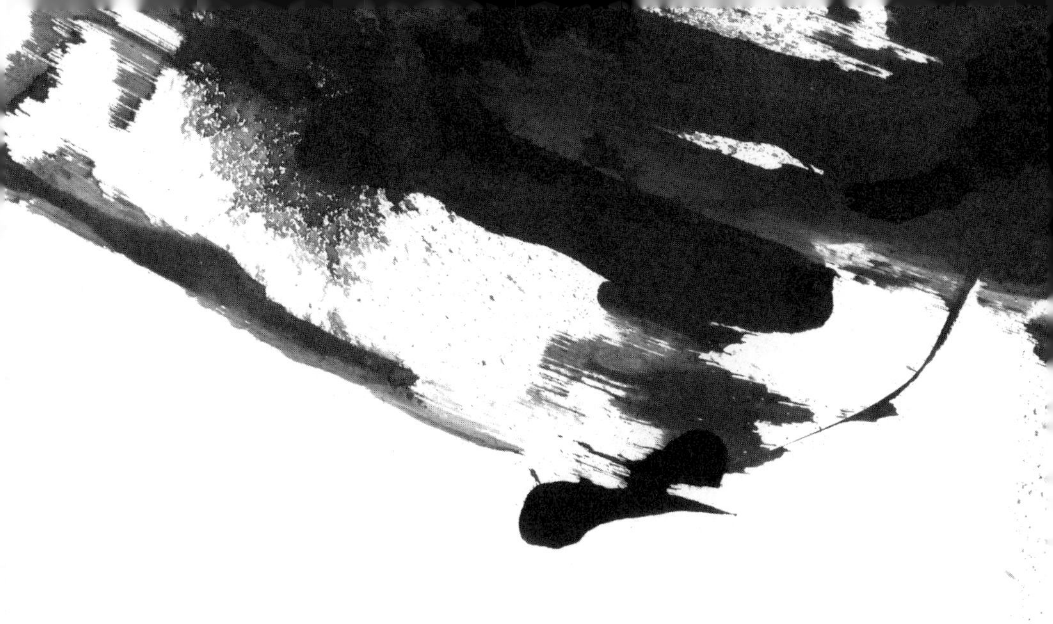

溫潤而見筋骨

何俊

上月初，林載爵先生來信，告知他計畫邀請余英時先生的門生舊友就余先生的為學、處世、做人撰寫文章，輯為一書，以為明年為余先生九十頌壽。林先生以為我是「必須撰稿人」，問我可否共襄盛舉。我自然是非常樂意。余先生一九三〇年生，明年九十虛歲，八十九周歲。照民間的習慣，給老人家頌壽，通常是取虛歲，又有做九不做十的說法，因此今年上半年田浩教授來杭州時，我便問起他，明年準備如何給余先生賀壽。春節前我已遞交了辭去杭州師範大學副校長的報告，那時正在等待中，心裡便想著卸任後，明年可以去普林斯頓見余先生與師母了。至六月，獲准卸任，我調往復旦哲學學院任教。我特意電話余先生，余先生笑著說，他早已知道了。並說很高興我能專心到學問上了，說了很勉勵的話。雖然我知道對我的取捨，余先生一定是這樣的態度，但我還是很開心的，因為我感受到他的親切，深受鼓舞。其實，初見余先生，我便深深體會到余先生是真正富有情懷而待人誠摯的人。

說余先生富有情懷，便聯想到常見網路上引余先生的話，說沒有鄉愁；說他在哪裡，哪裡便是中國。前一個說法，彷彿示人以無鄉情。後一個說法，則似乎顯得自負。其實，前一句話，既是大實話，又大抵是特定語境中的表達。從前，蘇軾的詞裡講「此心安處是吾鄉」，便是對「試問嶺南應不好」的回答。至於後一句，余先生好像說過，二戰中一位流亡的德國人便如是說的。可見人同此心，心同此理，古今中外大致如此。如果細細體會，講這樣的話，恰恰不是無情，而是自有深情，且情有獨鍾；也絕不是自負，而是自有認同與期許。唯有身處異鄉且有深切異鄉感時，才會去體會心安與否，才會以心安來撫平情感，也才會君子無入而不自得；身處異域而又以故國自標，恰恰是對故國的認同，對自我的期許。

余先生對我講過他對鄉戀的理解。大意是說，鄉戀並不是指向那個具體的自然地理，而應是生活在那個自然空間裡的人；只是人有代謝，而地理多有不變，這不變的地理便能勾起人對曾經的生命的回憶，讓人誤以為人所懷念的就是這個地理了；如果離開了人，或者那裡的人的生活變得很陌生，只是個地理，又有什麼值得去懷想的！雖然說趨炎附勢，追求熱鬧，幾乎是古往今來的共相，但說於今為烈，似不為過。亦因此，人們也就更為感佩能夠堅持自己的理念，有持守，甘於清寂的人。余先生的持守是這幾十年來有目共睹的，以他的名滿天下，卻近乎隱居於林下，人們多見他的筋骨，雖然自己做不到，卻喜歡引以為說，以至於遮蔽了余先生溫潤有情的一面。

讀余先生的書，他好多處都要講家鄉安徽潛山官莊的生活對他的影響，看似只是講治學上的影響，幫助他對傳統中國的親切理解，其實也是在講對他的生命的影響。官莊的七年正是余先生的性情得以形塑的階段，故鄉對他，已是融入他的生命裡，哪裡還能分割？又怎麼去切割呢？余先生一九七八年回國考察時，就還寫了「不見江南總斷腸」的詩句呀。只是這個故鄉可以是現在這個真實的官莊，也可以是存於心裡的那個故鄉。當然，存於心裡的，與存於現實中的，又總有某種關係，故每見故鄉來人，每聞官莊故事，余先生總也是高興的。

我一直期待著余先生能回官莊看看，順便與師母去一趟老家宜興。雖然師母從來沒有去過宜興，但每次講起，她也總是很開心。有一次我去宜興製陶的友人處弄了兩把茶壺寄給余先生與師母，我還在壺上塗鴉寫了幾個字，請友人燒製，余先生與師母都挺開心的。他們也都知道宜興已逐漸禮敬起自己的鄉賢前輩陳雪屏先生。我曾對余先生講，如果他回官莊，我來開車，不驚動任何人，余先生笑著說，如果去，就這樣。為此，我尋思著自己先探個路。此前，我已先請同事小友去過了，小友將整個官莊全景拍成照片，我寄給了余先生，其實余先生的親戚那邊好像也早有人拍成影像給余先生看了的。後來正好香港電視要拍余先生專題，專門要去官莊，請我陪同，遂得以成行。

官莊真的如余先生所講，是在一個山裡。余先生的家保持得還很完好，屋子不太深，好像只有一進或兩進，記不清了，但一字排開好幾間，因此整個屋子還是大的。屋子的後面是山，山不高，余家的祖墳便在山上。以前好像讀過余先生寫到過這個後山，或者是聽余先生說起過，所以當我爬上山坡時，在我的想像中，這後山便是從小失去母親，現在又與父親別離，從城市回到鄉村的少年余先生排遣心緒、自由懷想的秘密庭園。屋子的前面很開闊，有一個水塘，再前面是一條溪，然後是成片的農田，遠處是起伏的山，格局甚好。余先生講起過，他們家的一個女眷，便是跳入門前的水塘自殺的。余先生還對我講起過，有一次他得了病，連續高燒，整個人昏沉，大家都覺得沒救了，余先生昏沉中聽得有人好像說什麼他的母親因生他難產而死，他的命不祥之類，建議扔了算了，但他的伯母硬是不同意，說這孩子可憐，生下來就失去母親，她堅持要照護他，結果讓余先生康復了。余先生與我講這些故事時，特意指出，傳統中國當然有著種種不好的東西，但好的東西終究是主流。讀余先生的相關敘述時，可以體會到他對傳統鄉村中的人際關係，多從正面給予說明，其實是有著他的取捨的。余先生著意要表達的還是傳統中國人與人之間美好的東西，雖然他深知人世間的種種醜惡古今中外都是存在的。

余先生的故居給我印象最深，也是最好奇的是，屋子正面的院牆及門不在一條線上，好像院牆受地基的影響，而門為了保持某個朝向，特意作了調整，結果與牆有了一個角度。我猜想這可能是風水上的處理，那時的手機上好像還沒有羅盤針，我也不知門的準確朝向了。我不記得是否與余先生說起過這事，不過，估計余先生也不一定曉得或記得這麼具體了。余先生祖上都是農家，靠著勤勉，漸成富農，到了他父親，便有了可能支持外出讀書，以後才有了余先生。傳統中國講風水，其實便是要使自己的生活依循著道理，盡心力而為，至於結果往往全不由自己，須從寬看，不可刻意。余先生處理事情，給我的印象便是如此的。是在潛山，還是後來，我已記不清了，余先生的二弟與我建立了聯繫。余先生的父親先後三次婚姻，余先生是長子，二弟在國內，三弟隨父母在美國，先是大學教授，後來好像做了校長。相比之下，二弟及其生母的生活要差好多。余先生的二弟講了許多家裡的故事給我聽。大家庭的長子、長兄往往要承擔比較多的責任，只是這種責任並不是強制性的，事實上也很難強制，何況余先生在國外，許多事也難以顧及。但是，余先生還是非常盡心盡力的。不僅代父妥善處理好二弟的母親，而且幫二弟到香港工作，直到退休。

余先生許多次對我講起「親不失親，故不失故」的話，而但凡深具這樣情懷的人，又總不免受傷。二〇〇五年上半年我在香港中大客座一學期，余先生介紹我去拜訪了他在中大的老朋友，比如當時還在校長任上的金耀基教授、中國文化研究所的主任陳方正教授等。記得有次聽陳方正講起余先生在中大主持建制改革的故事，其間余先生最傷心的便是來自老師輩的唐君毅先生、牟宗三先生的攻擊。陳教授講，有次晚宴，可能是余先生已決定不接受續任，如期結束香港中大的任職，返回哈佛任教前的道別，余先生與他同車散歸坐後排，那晚酒多，余先生慟言這些師長輩平時當面都很好，背後卻惡對，激動而醉吐。我從來沒有與余先生喝過酒，不知他的酒量，以我貪杯的經驗，凡善飲者，酒不醉人人自醉，如果自己不想醉，別人是很難勸醉的，故聞言心想余先生實在是心傷不已。又聽陳方正教授講，某次宴聚，徐復觀先生取錢穆先生追求錢夫人的故事，以資笑談。徐先生是余先生的師長，而余先生作為錢先生的弟子，對錢先生的感情更進一層，人人皆知。頃聞師尊被人嘻笑調侃，既不能為之辯，也不能避而不聽，余先生深覺難堪。余先生嘗叮囑我，不管什麼情況下，遇到任何人批評甚或攻擊他，都不要為他辯，權當沒有聽到。起初聽余先生這樣吩咐時，我並沒有特別的感受，後來聽到陳方正講的故事，便聯想到了余先生的叮囑。事隔這麼多年，陳方正還真切地記得這些事，當作事情說與我聽，亦可想而知當日余先生的受傷。

大概也是這些事情的累積，余先生對「新儒家」是有看法的，他寫〈錢穆與新儒家〉的長文，定要把錢穆先生與新儒家作分別論，固然是依著學術思想上的根據，但實在也是來自他對唐、牟、徐三先生的切身感受的。余先生始終以現代學者的身分來論說，從沒有拿儒家來自標身分，但他的實際立身行事卻是依循著儒家明理親仁的原則，而唐、牟、徐三先生的做派則讓余先生頗有點保留的。不過，余先生並不因此否定唐、牟、徐三先生的學術思想貢獻，相反，他對他們的成就都給予了公開的高度肯定。唐門弟子為唐先生立像，余先生應邀撰寫碑文即是一例，儘管他自署「門人」而非「弟子」，以示學術思想的不同。

余先生的待人接物，以我的切身感受，要言之，便是儒家的「忠恕」二字。以前在寫一篇〈說師〉的短文中，我曾隱去名諱述及余先生對我的盡心：「另一位恩師是一九三〇年生。一次我去見他，依慣例，我先約好時間，到後電話，師母會開車接我。豈知那天電話壞了，我又沒帶住址。後來試從公共電話簿上查，竟有住址，待打車到，兩位老人家已開車去過火車站、汽車站，滿城找遍了回家，家門口貼著他們出門找我時留的便條，囑我到了等，那年我四十，先生七十三。前幾天下午五點，忽接先生電話，我問他今日如何起得這麼早，他那正是凌晨五點，他說還沒睡，剛替我改完稿，就要去睡了，今年先生已八十四。」這份恩情，甚至澤及我的兒孫。兒子無夢回國念高中時，將自己對今後的想法寫信告知余先生與師母，余先生認真給他回信，講了應該怎樣選擇自己的未來，勉勵他向學。兒子後來無論去布朗大學念本科，還是去紐大念碩士，以及現在杜克大學念博士，余先生都對他時予勉勵。兒子結婚，余先生特意從家裡找出一幅僅有的長條紅紙，集《詩經》中的四首詩，寫成一長軸為孩子們慶賀，那年余先生都已經八十又二了。去年是雞年，我添了孫子，師母專門精選了雞的禮品，余先生題寫的賀語，給孩子們寄去。我深知余先生與師母對我特別好，有一次師母在家裡專門烤雞給我吃，這是師母特別款待人的方式，但我還相信余先生與師母待人就是這麼盡心用心的，因為我也知道一些余先生幫助過的人，以及幫助過的事。這裡僅記一件我參與過的事，以見余先生對我的好，對人的好。

二〇〇七年底，那時我還在浙江大學任教，學校黨委書記張曦問我能否請余先生幫助引見普林斯頓大學的方聞先生，因為張書記卸任浙江省委秘書長來浙大後，一心要編《宋畫全集》，亟想獲得方聞先生的支持。此事我真覺得有些為難，因我知道余先生多有拒絕顯達者造訪的事，而張書記是先師沈善洪教授的早年學生，平常待我亦如小師弟，況且編撰《宋畫全集》也是個正事。我硬著頭皮去問了，結果余先生慨然應允，熱心幫助聯繫，很快給了回覆。張書記馬上決定去普大，我亦隨行。余先生不僅陪同方聞先生與我們一行用餐，而且與方聞先生一起安排了普大校長與張書記的見面會談。此行促成了方聞先生與浙大的深度合作，張書記不僅由《宋畫全集》推進到《中國繪畫大系》，成為國家的文化項目，而且更促成了浙江大學藝術學科與博物館的建設。

盡心待人，卻又能寬以待人，總是肯定人、鼓勵人，那又是余先生與師母的恕的風格。我永遠忘不了當年余先生在普林斯頓大學門口送我上巴士道別時講的話：這幾天我已經把做學問的全部方法告訴你了，以前古人講，學不見道亦枉然，這幾天你算是見道了，以後就是要自己去努力做，不要急，慢慢體會。二〇〇三年我回國時，正值余先生收到剛刊行的《朱熹的歷史世界》的一冊樣書，他專門題字寄來，「特贈之以代送行」。如今回想這十五年來，學業荒疏，實在是「愧負當時傳法意」。這些年來，每與余先生師母電話，他們總能理解我的折騰，從來沒有半句批評話，而每有丁點學問上的心得，余先生總是不吝肯定，以為勉勵。對我如此，對我兒子也是。兒子原本喜歡弈棋，後來又玩起橋牌，上大學時做橋牌社長，師母時不時寄橋牌的東西給他，還講自己也喜歡。兒子的專業是環境經濟學，有段時間忽然喜研八字命理，寫了書稿《順守其正》，寄呈余先生請教，余先生也不以為怪，予以表揚。總之，余先生從來不以自己的志業去要求人，相反，他能理解人，寬待人，而只要有向學之心，他便勉勵人，讓人備感溫暖。

余先生曾兩次書寫詩送我。第一次是抄錄朱子的詩：「古鏡重磨要古方，眼明偏與日爭光。明明直照吾家路，莫指并州作故鄉。」那時余先生初收我入門牆，特錄此詩，強調為學之方。詩寫在一紙印有暗花的素雅箋上，落款為「二十一世紀第一春」。詩箋放在夾板中間封好，託正好看望余先生的香港中大神學院的盧龍光牧師帶到哈佛給我。第二次就是前言陪張曦書記去普大的那次。那時與余先生和師母分別快近五年了，去一趟美國不容易，此後又不知哪年能再去看望，因此我請余先生為我寫幾個字以作留念。余先生通常寫小字，多寫於詩箋，這次他寫了條幅，書寫了當年他〈壽錢賓四師九十〉中的第二首詩：「浪卷雲奔不計年，麻姑三見海成田。左言已亂西來意，上座爭參杜撰禪。九點齊煙新浩劫，二分禹域舊因緣。辟楊距墨平生志，老手摩挲待補天。」並非常客氣地題上內人與我補壁的謙語。余先生寫好捲起給我時，說：這是以前寫給錢先生的，但其實也是寫我自己的。我沒有說話，只是認真收起放好。我自以為深知余先生對中國文化的情懷，深知他的持守，他的志業，我體會著他的講話，子夏之徒不能贊一辭。

二〇〇一年初見余先生，那時他剛從普林斯頓大學榮休。一轉眼，近二十年了。那時，余先生還在做大的題目，關於朱子的研究。這些年，他一直也沒有休息，論著仍然不斷，真的是不知老之將至。余先生壽錢穆先生的詩，有「天留一老昌吾道」句，又有「儒門亦有延年術」句，完全亦由他老人家自己得以印證。這些時日，網路微信中已在流播余先生的回憶錄，我讀這些文字，彷彿親見著余先生，親聆著他在講述。就在昨天，我在手機上看到人們在傳的回憶錄封面照片，余先生的字仍然寫得很有力道，結體又似較從前更圓融。人如其字，或字如其人，這些說法上升為理論，也許不可全信，但我卻還是從余先生的自署書名，親切地感受到了他的氣象，溫潤而見筋骨。

戊戌立冬後二日於杭州倉前

• 本文作者為上海復旦大學哲學學院特聘教授。

回顧在耶魯和普林斯頓師從余老師的日子

河田悌一

人生在世，何為至福？英國推理小說家阿嘉莎・克莉絲蒂（Agatha M. Christie，一八九二—一九七六）認為「人生最幸福的是有個快樂的童年時代」。然而我卻以為，人生中最幸福的莫過於遇見良師。

我自上小學起便有幸遇到過許多良師。記得在京都讀高中時，當我將自己想專攻日本史的想法告訴歷史老師上田正昭先生（一九二七—二〇一六，後為京都大學教授，大阪女子大學校長），他建議說，日本史範圍較窄，你不妨學習悠久而壯闊的中國歷史。上大學時，我的漢語老師伊地智善繼先生（一九一九—二〇〇一，後為大阪外國語大學校長，關西大學教授）對我說，日本的中國研究者中有不少人能看懂漢文（文言文），卻不會說漢語（白話），無法用漢語和中國學者進行學術討論，這樣不行。後來我考入大阪大學研究生院，教中國哲學的木村英一先生（一九〇六—一九八一）希望我能掌握比較全面的有關中國的知識，森三樹三郎先生（一九〇九—一九八六）則要我讀馬克斯・韋伯（Max Weber，一八六四—一九二〇）和黑格爾（Friedrich Hegel，一七七〇—一八三一）的著作。

在我所有的老師中給我影響最大的，是在我家附近的京都大學人文科學研究所（簡稱「人文研」）的島田虔次老師（一九一七—二〇〇〇，後為京都大學文學部教授，日本學士院會員）。自從大學四年級那年的秋天起，我就有幸成為他的及門弟子，在學問乃至私事方面受到其悉心指導。可以說，如果沒有和島田老師的相遇，我不可能成為一名研究中國的學者。島田老師無論是在「人文研」的研究會上，還是在「島田塾」（與年輕學者定期召開的學習會）都再三強調，「要研究中國的事情，無論哪個領域都得向中國人學習。」

我在大阪大學讀研究生和和歌山大學當助教的那幾年裡，曾有機會在「人文研」那間狹長的、書架上擺滿了日本、中國和西方書籍的研究室裡和島田老師並肩工作，他口述想要撰寫的論文和書信，我將其筆錄下來，一直到深夜。老師時不時以他那獨特的平穩語氣強調說，最近人們對大陸的學術雜誌比較關注，但我們也應該閱讀臺灣中央研究院和香港中文大學等的學報，以及胡適（一八九一—一九六二）、錢穆（一八九五—一九九〇）及其弟子余英時教授的著作。余教授是一位才華出眾的學者，祖籍安徽，從燕京大學畢業後，為躲避國共內戰而去香港，作為新亞書院的首屆學生得到錢穆先生的指導，後去哈佛大學留學，獲得博士學位，以《方以智晚節考》一書而享有盛名。

我曾讀過島田老師介紹的余教授的論文〈戴震的經考與早期學術路向〉，該論文被收錄在《錢穆先生八十歲紀念論文集》裡。於是我問老師：「您以前見過余英時教授嗎？」他告訴我，之前曾有書信往來，但幾年前的一九七一年，余教授事先並未通知，突然造訪了「人文研」。前一年秋天，剛由香港龍門書店出版了學術專著《論戴震與章學誠：清代中期學術思想史研究》。島田老師問我，你在讀章學誠的著作，你寫一篇書評怎麼樣？我當時根本沒想到，就因島田老師的這句話，我有緣結識了可謂畢生之師的余英時老師和陳淑平夫人。

我耗時一個月，邊讀邊作筆記，終於完成了書評。該書評發表在京都大學出版的學術雜誌《史林》第六十卷第五期（一九七七年九月）上。在書評的結尾處，我這樣寫道：「作者的史料把握公允周全，詮釋亦極其新穎，在我所讀過的專業書中，能讓我獲得這麼多學術靈感的無出其右。該書是研究戴震與章學誠的出色專著，可以說，今後想要論述戴震和章學誠，或是有志於研究清代思想史的學者，不讀此書便無從立論。」

我把這篇書評寄給余老師後，收到他表示謝意的回信，字跡十分優雅。兩年後，我在一所規模不大的國立大學，即和歌山大學當副教授時，得到由文部省選定的赴國外研究一年的機會。島田老師立即為我給余老師寄去了推薦信。余老師當時在美國東海岸康乃狄克特州紐黑文市的耶魯大學執教，同意接收我為「高級研究員」（Research Associate），自一九八〇年四月起為期一年，可以邊聽課邊做研究。余老師還為我們一家五口申請了家屬宿舍，即我和妻子，以及分別為五歲、三歲和一歲的三個女兒。一九八〇年三月底，我們一家乘坐泛美航空公司（Pan American Air，現已不存在）的飛機從大阪出發，經由夏威夷和紐約來到耶魯大學，其時依然春寒料峭。

第一次去余老師的研究室時，我有些緊張。那年我三十四歲，還沒有與中國學者接觸的經驗。現在日本的大學裡有不少外國教授，但在半個世紀以前我讀大學時，很少有中國籍或臺灣籍的教授。已在研究室等候的余老師親切地對我說，希望你能在這裡學到規模較大的、美國的中國研究和思想史研究。余老師的這一年指導，大大的拓寬了我的學術視野。他認為，日本學者雖然對孔子、朱子和王陽明的思想等有很深的研究，熟知具體的歷史事實，但研究的範圍都比較小，缺乏從大局上看問題的視野。例如，應該如何歷史地評價源自古代中國的哲學和思想；當我們將其與西洋哲學和中國思想史進行比較時，又能發現什麼意義和價值；作為一個學者，要研究某個問題，必須精通與之相關的任何事情，也必須對任何事情都有所瞭解（You must know everything about something; You must know something about everything.）他還說，學者不能只會做學問，還得提升自己的人格，最終應該將成果還原於社會，為社會做貢獻。

因為我們是帶著三個女兒去耶魯的，我妻子在尚未習慣的異國他鄉為帶孩子忙得精疲力盡，余先生的夫人陳女士見了十分同情，給我們介紹保育設施，提供各種幫助。她還熱情地請我們去她家作客，親自給我們做中國菜。因為戰前中日兩國間的往事，余老師對日本和日本人並無好印象。有一次他喝了酒以後說，要是日本人不進攻中國大陸，共產黨不可能奪取政權，自己也不會住在異國他鄉的美國。

那年暑假，余老師請我們去他家作客時，為我們夫婦揮毫書寫了他一九七八年回大陸訪問時，在蘭州到敦煌的途中所作的〈河西走廊口占〉一詩。

昨發長安驛，車行逼遠荒。兩山初染白，一水激流黃。
開塞思炎漢，營邊想盛唐。時平人訪古，明日到敦煌。
戊午深秋　河西走廊口占　書奉

悌一兄

洋子嫂　兩正　庚申夏　余英時

在耶魯期間，我聽了余老師的三門課，並曾經為此專門寫過一篇介紹文章〈美國的中國學——耶魯大學的中國研究〉（收錄在拙著《中國的近代思想與現代：對知識界狀況的思考》中，東京研文出版，一九八七），具體內容請參看該書。這裡想記下幾件印象特別深的事情。

第一門課是「中國古代的宗教與社會」，聽課的研究生有十七、八名。主要講中國思想史的基本概念，如「天、地、生、死、魂、魄、性、命、道、理、神」等。一節課為一個小時五十分鐘，余老師講一個多小時，剩下的五十分鐘讓學生各自提問，然後展開討論。在講「天」時，為強調儒家和道家有不同的解釋，會把經書以及《老子》、《莊子》和《淮南子》等典籍中的引文都寫在黑板上，然後用英語來正確地解釋，余老師的這種學識和才能令人十分欽佩。

第二門課是閱讀漢文資料，形式相當於日本的「演習」。用的教材是北京出版的《中國哲學史資料選輯（宋元明之部）》，讀王艮（號心齋，一四八三—一五四一）、李贄（號卓吾，一五二七—一六〇二）等王學左派的文章。不久以後形式有了變化，選課的學生中有的人為了學分要提交小論文，余老師就讓他們介紹自己的研究，這樣，我每週有一次機會聽他們做關於唐宋思想史和朱子教育觀等的口頭發表，包括兩名白人女生，兩名白人男生和一名臺灣來的男生。其中畢業於史丹佛大學的一名男生（他後來為準備寫博士論文去臺灣和大陸留學了三年多）並沒有簡單地評論王學左派的進步性，而是根據王畿（龍溪，一四九八—一五八三）的《大學》解釋作了考證性的口頭發表，自今仍記憶猶新。

在這門課上，我有一個機會來介紹在日本各地大學和研究院的中國思想史學者及其研究成果。記得余老師說起過，錢穆先生訪問日本的時候，日本的中國學者對他很冷淡，而中國大陸的學者訪問日本時卻大受歡迎，這種情形令人費解。他還說，自己對京都大學中國學的學風，尤其對以島田虔次教授的《中國近代思維的挫折》（筑摩書房，一九四三）和《朱子學與陽明學》（岩波新書，一九六七年）為代表的明清思想史研究有高度評價；對宮崎市定教授（一九〇一—一九九五）的《科舉》（秋田屋，一九四六）和《雍正帝》（岩波新書，一九五〇）等依據實證研究方法所寫的專著也頗感興趣。此外，對九州大學岡田武彥教授（一九〇八—二〇〇四）的「儒教」研究也懷有很深的敬意。他對學生們說，你們研究生也應該學會看日語文獻。

經常將東西方加以比較，確立基於實證的有體系的研究方法，重視臺灣和香港的學術研究，對日本的中國研究充滿信心，將自己的研究成果回饋世人，以為社會做貢獻等等，可以說是余老師對自己的寶貴經驗的總結。這些教誨令當時還年輕的我難以忘懷，成為我的學問觀和世界觀，亦即我的價值觀和人生觀的重要基礎並受益終生，這是毫無疑問的。

我聽的第三門課是「史學史」（Historiography）。一般美國大學的歷史系在上這門課時，不管英國史還是法國史，都是通過閱讀歐美的經典史籍來瞭解歷史認識的展開，時代精神的變化以及該書作者的歷史觀的。例如，由於在日本翻譯出版而獲得關注的耶魯大學歷史系教授彼得蓋伊的《歷史的文體》（Peter Gay，*Style of History*，Basic Book. 鈴木利章譯，京都 Minerva 書房，一九七七），是一本富有魅力的書，該書以吉本（Edward Gibbon，一七三七—一七九四）、蘭克（Leopold von Ranke，一七九五—一八八六）、麥考利（Thomas B. Macaulay，一八〇〇—一八五九）、布克哈特（Jacob Burckhardt，一八一八—一八九七）等四位歷史學家的敘述為素材來分析他們的思想、立場和方法，可以說就是其講授「史學史」的產物。余老師的課也是如此，他使用的教材是清朝有名的考證學者趙翼（號甌北，一七二七—一八一九）的《廿二史劄記》。出乎意料的是，選課的只有一名研究生。史學史課與一般形式的講義課或研討課不同，讀古典漢文對美國的本科生或者研究生來說似乎都比較困難。當時史景遷教授（Jonathan D. Spence）用《古今圖書集成》，中國文學教授用《史記》列傳作為教材上課，無論形式是講義課還是研討課，據說選課的學生都只有兩名。而教學大綱上注明「不必懂漢語」的課，選課的人數通常都比較多。

有一名專攻宗教學的男生，曾去國立臺灣大學留學過五年，以莊子為題寫論文，獲得碩士學位，因此他漢語說得非常流利。總的來說，美國專攻中國學的學生漢語水平要比日本專攻中國學的學生高得多，他說的漢語尤其如此，簡直聽不出是外國人。我至今仍然記得，因小說《邊城》而聞名的作家沈從文（一九〇二—一九八八）自北京來耶魯大學訪問，在作演講的時候，就是由他翻譯的，譯得非常出色。在這一門課上，使用的教材是帶標點的評點本，從〈漢初布衣將相之局〉、〈漢時以經義斷事〉等有名的文章讀起。有的人只看得懂現代漢語（白話），而他則古典漢文（文言文）的閱讀能力也很強。當余老師提問時問到語句的出處或專有名詞時，他都能對答如流。見他有些躊躇時，余老師則會指出，這源自《春秋左氏傳》或《文選》，同時迅速地將其寫在黑板上。因此，我非常欽佩余先生，作為一名具有傳統學問功底的中國學者，他的腦海裡積累了多得令人難以想像的知識。同時也令我想起島田老師說的話：「要研究中國的事情，無論哪個領域都得向中國人學習。」而最近大陸的學者中，卻有不少人缺乏古典文學功底。

回到日本五年之後，一九八六年四月，我轉至關西大學文學部任教授。這是一所位於大阪、具有百年傳統的私立大學。關西大學文學部有為數不少專攻中國史、中國文學和中國哲學的本科生和研究生，圖書館的中國學藏書也很有名，如內藤湖南博士（一八六六—一九三四，號虎次郎）的文庫，他為戰前的京都大學奠定了東洋學的基礎。還有戰後在大阪市立大學和關西大學執教的增田涉教授（一九〇三—一九七七）的文庫，他一九三一年訪問上海時，有幸在魯迅（一八八一—一九三六）家中聽其親自講授《中國小說史略》，為期十個月之久。

五年之後，我從關西大學又獲得一年在外研究的機會。我給余老師去信，表達了自己想去普林斯頓大學聽課，在老師的指導下做研究的願望。他立即回信說：「非常歡迎，我接收你為訪問學者（Visiting Fellow），並會為你申請好宿舍。」當我打電話致謝時，他讓我和妻子以及三個長大了的女兒一起去。他還說，你這次來得正巧，普林斯頓有幾位因天安門事件而逃亡到美國的學者，這樣的機會對研究中國的你來說非常難得。

與十一年前在耶魯大學時大不相同，普林斯頓大學有很多來自大陸的留學生。還有不少來自臺灣和香港、在余老師指導下寫博士論文的學者。例如，學成多年後擔任臺灣中央研究院副院長的王汎森教授，現在擔任香港中文大學日本研究學系主任的吳偉明教授等。現在在關西大學指導研究生、培養未來的大學教師和學者的陶德民教授，那時也在普林斯頓大學做研究，也去聽余先生的課。陶教授在上海的復旦大學修完碩士課程後，以懷德堂的研究獲得大阪大學博士學位（《懷德堂朱子學的研究》，大阪大學出版會，一九九四），然後以「博士後」（Postdoctoral Researcher）的身分師從日本史教授詹森（Marius B. Jansen）。詹森教授曾以《坂本龍馬與明治維新》一書而享有盛名，據說連著名的文學家司馬遼太郎（一九二三—一九九六）讀了都為之感動。陶教授後來在麻省的州立大學任副教授時，我們聘請他來關西大學任副教授。這是余老師向我推薦的，余老師覺得他研究江戶時代的儒學，具有豐富藏書的關西大學更適合他。

當時，普林斯頓大學的東亞研究系匯集了堪稱世界上最優秀的東亞研究者。除了詹森和余英時兩位教授以外，還有研究日本中世禪宗的柯考特教授（Martin C. Collcutt，他在東京大學執教的三年間，即一九六六年四月到一九六九年三月，給還是皇太子的平成天皇當過英語教師），以《西洋文學的日本發現》和《映出日本的小鏡子》而知名的比較文學研究者邁納教授（Earl R. Miner），以研究日本美術史而聞名的清水義明教授，日本政治和外交史的考爾德副教授（Kent Calder），以《劍橋中國史》（Cambridge Chinese History）的編者而著名的唐代研究者杜希德教授（Denis C. Twitchett），以研究方以智及其對三浦梅園之影響而知名的皮特森教授（Willard Peterson），語言學家林克教授（Perry Link），明代文學研究者周質平教授，中國社會學的羅茲曼教授（Gilbert F. Rozman）等，可謂人才濟濟，燦若群星。當時村上春樹也在普林斯頓大學駐訪，和我一樣是訪問學者（Visiting Fellow）。他在世界各地，包括臺灣、香港和大陸在內，有為數眾多的粉絲，被認為是離諾貝爾獎最近的作家之一。他在普林斯頓大學開一門課，出於好奇心，我也曾坐在教室的最後一排，聽他用英語上課。

當時在普林斯頓大學的二十多名中國人士，是在「天安門事件」中因爭取民主而遭到迫害後逃亡國外的，如被稱為「中國的沙卡洛夫（Andrei Sakharov）」的天體物理學家方勵之教授，原中國作家協會副主席劉賓雁，還有天安門廣場學生運動領袖、後來成為諾貝爾和平獎候選人的柴玲女士，批判中國愚昧落後的電影劇本《河殤》的作者蘇曉康等。為他們的生活提供資助的是一位一九五一年畢業於普林斯頓大學的實業家，名叫艾略特

（John Elliott），對中國的美術書法有很深的造詣。因對天安門大屠殺感到震驚和悲憤，便向大學捐助一百萬美元。在東亞系，余英時先生和柯考特教授用那筆資金開設了「中國學社」（Princeton China Initiative），自一九九〇年秋天起每星期二下午舉辦研究會和演講會。我一九九一年春來到普林斯頓大學後，四月二日那一講的主講人是劉賓雁，九日的主講人是柴玲，兩人根據各自的體驗介紹了中國的陰暗面。會場安排在東亞研究系和中亞研究系的瓊斯樓（Jones Hall）的大會議室，據說愛因斯坦博士（Albert Einstein，一八七九—一九五五）也曾來過此間。會場裡坐滿了來自校內和校外的學者和研究生，我可以感覺得到，講演的內容使他們受到震撼。

自五月三日起，國際研討會「文化中國」（Cultural China）開幕，首先由余老師作主旨演說，「中國學社」的二十一名成員，哈佛大學的杜維明教授和威斯康辛大學的林毓生教授等很多學者都紛紛登臺演講，使連日趕來聽演講的二百多名聽眾深受感動。六月一日那天，為追悼和紀念六四天安門事件發生兩周年召開了題為「中國的回顧和展望」的集會，方勵之教授等五名「中國學社」的學者分別進行了充滿激情的演講，回答問題，每人用了一個小時。

《讀賣新聞》、《朝日新聞》、《每日新聞》等日本各家報社聞訊之後，紛紛要我撰文介紹這些會議的情況。我作為一名從事中國研究的學者，深感任務的重要。我對余老師、方教授、劉賓雁和趙蔚等分別進行採訪，瞭解他們心裡是怎麼想的，對動蕩的中國現狀是怎麼看的，及其對中日交流的願景等。為使一般的日本讀者也能理解，我盡量做到寫出臨場感，並把寫成的文章寄給各家報社。不過，據說在日本有不少對中國有親近感的中國學者不太喜歡這些文章。島田老師那時因不小心摔了一跤而躺在床上，但這些文章他都看了。他在六月十六日寄給我的信中，熱情地鼓勵我說：「我看了《朝日新聞》上你寫的報導，覺得內容很有意義，你有機會應該多寫一些這樣的報導。」正如余老師當初在電話中所說的那樣，這裡有因天安門事件而逃亡來美國的學者，對研究中國的你來說，這樣的機會很難得。我深切地感到，余老師在耶魯時給我的教誨，將學到的知識和研究成果還原於社會，為社會做貢獻，是多麼重要。那一年我四十六歲，時間過得特別充實而又有意義。順便提到，關於從耶魯大學轉來普林斯頓大學執教之後的余老師，我已經寫過〈普林斯頓的漢學家〉等文章（拙著《注視中國》，研文出版，一九九八），恕不在此贅述。

日本學校的新學年自四月開始。一九九二年三月底，我得回關西大學準備上課，所以就和在普林斯頓高中讀三年級的長女返回日本。陳夫人認為還有兩個女兒，要是讓她們學期中途回國太可惜了。於是，余老師把我的圖書館席位和「訪問學者」身分延長至九月底，次女和三女的英語水平都因延長逗留而大有提高，後來都得以順利進入美國大學念書。所以，我家的三個女兒現在仍懷著尊敬和愛慕的心情稱呼余老師和陳夫人為「美國的爸爸」、「美國的媽媽」。

當我離開美國時，我想到，島田老師和已經故去的楠本正繼博士（一八九六—一九六三），以及在有著研究宋明時代儒學傳統的九州大學的岡田武彥名譽教授、荒木見悟教授（一九一七—二〇一七，著有《明代思想研究：明代的儒教與佛教的交流》，創文社，一九七二）和町田三郎教授（一九三三—二〇一八，著有《秦漢思想史研究》，創文社，一九八五）等很多研究中國的學者早就期待老師訪日，所以就對余老師說，希望您早日來訪。這一願望的實現比我預料的要早得多。一九九三年秋天，我接到余老師打來的電話，他說：「明年春天我有休假，我想去拜訪退休後住在京都府宇治市家中的島田虔次先生，還想見一次度過米壽之年的岡田武彥先生，當然也想參觀一下關西大學圖書館的內藤文庫。」

一九九四年四月五日，正值櫻花盛開之際，余老師偕陳淑平夫人來到關西國際機場，開始其為期一個月的日本之行。他們住在叫做竹園的外國訪問學者宿舍，從關西大學往西北走約二十分鐘就能到。按關大的規定，如果夫人同行，其機票也由大學支付。但是余老師卻對國際交流中心主任說：「妻子的機票我們自己付，我經常和妻子一起旅行的，只是一起來而已，這筆費用請留下給別人用吧。」主任聽了對我說：「這位先生真好，我第一次見到這樣說的教授。」雖然是初次見面，他對余老師也充滿了敬意。

在抵達大阪的第三天，余老師夫婦便和我們夫婦兩人乘坐新幹線前往福岡市九州大學，去參加由岡田武彥名譽教授主持的國際研討會，會期為四月八日（週五）至十日（週日），題為「東亞的傳統文化國際會議」在那裡舉行。哥倫比亞大學的狄百瑞教授（Wm

Theodore de Bary，一九一九—二〇一七）、哈佛大學的杜維明教授（一九四〇—）、北京大學的樓宇烈教授（一九三四—）、中國人民大學的張立文教授（一九三五—）、臺灣大學的黃俊傑教授（一九四七—）、日本東北大學的金谷治教授（一九二〇—二〇〇六，著有《秦漢思想史研究》，平樂寺書店，一九五九；《管子的研究：中國古代史的一個側面》，岩波書店，一九八七）等大師級學者匯聚一堂。余老師在會上作了題為〈現代儒學的回顧與展望〉的講演。九州大學自楠本正繼博士以來培養出了很多研究宋明儒學的學者，他們從他的演講中得到了極大的啟發，坐在我旁邊的一位研究生興奮地對我說：「余教授的研究使用歷史的視野，氣勢真大！」這次講演後來加了一個副題〈從明清思想基調的轉換看儒學的現代發展〉，被收錄在《現代儒學論》（八方文化企業公司，Global Publishing Co. Ing., NJ. USA，一九九六）一書中。

會後，我們與余老師夫婦在九州參觀了大宰府，並在回大阪的途中去廣島住了一晚，看了以「日本三景」之一著稱的宮島。我妻子沒去過宮島，所以她非常高興。我們還去了被登錄為世界文化遺產的國寶姬路城（Himeji Castle）。在陳淑平夫人回臺灣期間，我們在柯考特教授的陪同下看了比叡山山頂上的延曆寺（海拔八四八公尺）。該寺為將天臺宗傳給日本的遣唐使最澄（傳教大師，七六七—八二二）留學回國後所建，柯考特教授先生當時因研究需要而住在京都。

宇治市以出產日本茶而知名，在陳夫人不在期間，我和余老師去拜訪了住在那裡的島田虔次老師。去他家要爬一條名為「御藏山」的坡道，兩旁可看到茶田。島田老師在鋪有「榻榻米」的和式房間等待我們，壁龕上掛著章炳麟的字畫。他還帶我們參觀了他的書庫，雖然他說書庫很亂。四月十九日（週二）下午，島田名譽教授邀請余老師在他主持的講演會上作演講，會場安排在位於東一条的京都大學人文科學研究所的新館。京都大學研究中國文史哲的學者、研究生和本科生都趕來參加。演講的題目是「章學誠文史校讎考論」。

余老師在關西大學的那幾天都沒顧得上休息，或是回答研究生的問題，或是去圖書館看內藤湖南文庫、增田涉文庫，還看了尚未整理好的「長澤規矩也文庫」。長澤規矩也（一九〇二—一九八〇）不僅研究中國的戲曲和小說，還編輯漢和辭典和漢籍目錄，第二次世界大戰之後盡力於振興日本的漢文教育，有和漢藏書約三萬冊。在由島田老師主持的京都大學演講會的三天之前，即四月十六日，關西大學也舉辦了學術報告會，參加者為本科生、研究生和教師。余老師作了題為〈我走過的路〉的報告。報告的全文刊登在《關西大學中國文學會紀要》第十六期（一九九五年三月）上。

一個月之後，六十四歲的余老師返回普林斯頓。他作為關西大學的訪問學者，不僅給大阪、京都和福岡的學者、研究生和本科生，甚至給關大的行政人員也都留下了很深的印象，博得了人們的尊敬。余老師的這次訪日也加深了關西大學與余老師的關係。翌年四月，在朱子學研究方面取得很大成果的吾妻重二教授（一九五六—）為了獲得余老師指導，以訪問學者的身分前往普林斯頓大學。吾妻教授畢業於早稻田大學文學部，專攻東洋哲學，讀研究生時去北京大學留學，師從馮友蘭教授（一八九五—一九九〇）。他漢語水平比我高，是一位才華出眾的學者。還有專攻日本史的藪田貫教授（一九四八—，現任兵庫縣立博物館館長）為了獲得柯考特教授的指導，也作為訪問學者前往普林斯頓大學。

二〇〇三年九月，距余老師回國九年之後，經過教職員工的投票選舉，我意外地當選為關西大學校長。當我通過電話將這一結果告訴余老師時，曾當過新亞書院校長的他鼓勵我說：「做學問做研究的最終目標是將成果還原於社會。」「世界正在發生巨大的變化，現在是全球化時代，認準趨勢，大膽地去做就行。」在關西大學百年記念會館的特別會議室宣誓就任校長以後，我心裡想，一定要在這裡把關西大學「名譽博士」學位授予余英時老師。四年之後，這一願望終於得以實現。先是二〇〇四年，余老師在吾妻重二教授和黃俊傑教授在關西大學合辦的「東亞世界與儒教」國際研討會上作了主旨講演。二〇〇六年，余老師獲得美國國會圖書館頒發的「克魯格（J. W. Kluge）人文與社會科學終身成就獎」，該獎被認為是人文學科的「諾貝爾獎」。二〇〇七年，關西大學「東亞文化交涉學教育研究中心」項目被日本文部科學省選定為全球化卓越研究中心之一，負責人是陶德民教授。該中心舉辦成立儀式暨首次國際研討會（題為「探索文化交涉學的可能性——構建新的東亞文化共同體」）時，我們邀請余老師（當然是和陳淑平夫人一起）來作主旨演講。二〇〇七年十月四日（週四）上午十點，該會在關西大學百年紀念會館的特別會議室開幕，我有幸向余老師致敬，並頒發了名譽博士學位證書。之後，余老師作了題為〈中日文化交涉史的初步觀察〉的主旨演講，非常精采而意味深長。過了兩天，老師送給我一本他的著作，《知識人與中國文化的價值》（臺北：時報文化，二〇〇七）。打開扉頁，看到余老師的以下題詞，感激之情油然而生。這件往事，至今仍然歷歷在目。

河田悌一吾兄存念
平成丁亥秋分　悌一兄親贈關西大學榮譽博士學位　這是我平生最愉快的一件大事
特誌於此　以誌永久的友誼
余英時　〇七、十、六

• 本文作者為日本關西大學前校長，大學資產共同運用機構理事長。

附錄一

我走過的路

余英時

我求學所走過的路是很曲折的。現在讓我從童年的記憶開始，一直講到讀完研究院為止，即從一九三七年到一九六二年。這是我的學生時代的全部過程，大致可以分成三個階段：一九三七—一九四六，鄉村的生活；一九四六—一九五五，大動亂中的流浪；一九五五—一九六二，美國學院中的進修。

一、我變成了一個鄉下孩子

我是一九三〇年在中國天津出生的，從出生到一九三七年冬天，我住過北平、南京、開封、安慶等城市，但是時間都很短，記憶也很零碎。一九三七年七月七日，中日戰爭開始，我的生活忽然發生了很大的變化。這一年的初冬，大概是十月左右，我回到了祖先居住的故鄉——安徽潛山縣的官莊鄉。這是我童年記憶的開始，今天回想起來，好像還是昨天的事一樣。

讓我先介紹一下我的故鄉——潛山縣官莊鄉。這是一個離安慶不遠的鄉村，今天乘公共汽車只用四小時便可到達，但那時安慶和官莊之間還沒有公路，步行要走三天。官莊是在群山環抱之中，既貧窮又閉塞，和外面的現代世界是完全隔離的。官莊沒有任何現代的設備，如電燈、自來水、汽車，人民過的仍然是原始的農村生活。對於幼年的我，這個變化太大也太快了，在短短的三天之內，我頓然從一個都市的孩子變成了一個鄉下的孩子。也就從這時開始，我的記憶變得完整了，清楚了。

鄉居的記憶從第一天起便是愉快的。首先我回到了大自然的懷抱。我的住屋前面有一道清溪，那是村民洗衣、洗米、洗菜和汲水的所在，屋後和左、右都是山崗，長滿了松和杉，夏天綠蔭密布，日光從落葉中透射過來，暑氣全消。我從七、八歲到十三、四歲時，曾在河邊和山上度過無數的下午和黃昏。有時候躺在濃綠覆罩下的後山草地之上，聽鳥語蟬鳴，渾然忘我，和天地萬物打成了一片。這大概便是古人所說的「天人合一」的一種境界吧！這可以說是我童年所受的自然教育。

鄉居八、九年的另一種教育可以稱之為社會教育。都市生活表面上很熱鬧，到處都是人潮，然而每個人的感覺其實都是很孤獨的。家庭是唯一的避風港，但每一個家庭又像是一座孤島，即使是左鄰右舍也未必互相往來。現代社會學家形容都市生活是「孤獨的人群（lonely crowd）」，其實古代的都市又何嘗不然。蘇東坡詩句「萬人如海一身藏」，正是說在都市的人海之中，每一個人都是孤獨的。但是在鄉村中，人與人之間、家與家之間都是互相聯繫的，地緣和血緣把一鄉之人都織成了一個大網。幾百年、甚至千年聚居在一村的人群，如果不是同族，也都是親戚，這種關係超越了所謂「階級的意識」。我的故鄉官莊，有余和劉兩個大姓，但兩姓都沒有大地主，佃農如果不是本家，便是親戚，他們有時交不出田租，也只好算了。我從來沒有見過地主兇惡討租或欺壓佃農的事。我們鄉間的秩序基本上是自治的，很少與政府發生關係。每一族都有族長、長老，他們負責維持本族的族規，偶爾有子弟犯了族規，如賭博、偷竊之類，族長和長老們便在宗祠中聚會，高議懲罰的辦法，最嚴重的犯規可以打板子。但這樣的情形也不多見，我只記得我們余姓宗祠中舉行過一次聚會，處罰了一個屢次犯規的青年子弟。中國傳統社會大體上是靠儒家的規範維繫著的，道德的力量遠在法律之上。「道理」（或「天理」）和「人情」是兩個最重要的標準。這一切，我當時自然是完全不懂的。但是由於我的故鄉和現代世界是隔絕的，我的八、九年鄉居使我相當徹底地生活在中國傳統文化之中，而由生活體驗中得來的直覺瞭解對我以後研究中國歷史與思想有很大的幫助。現代人類學家強調在地區文化研究上，研究者必須「身臨其境（being there）」和「親自參與（participation）」，我的鄉居是一個長期的「參與」過程。

現在我要談談我在鄉間所受的書本教育。我離開安慶城時，已開始上小學了。但我的故鄉官莊根本沒有現代式的學校，我的現代教育因此便中斷了。在最初五、六年中，我僅斷斷續續上過三、四年的「私塾」；這是純傳統式的教學，由一位教師帶領著十幾個年歲不同的學生讀書。因為學生的程度不同，所讀的書也不同。年紀大的可以讀《古文觀止》、《四書》、《五經》之類，年紀小而剛剛啟蒙的則讀《三字經》、《百家姓》。我開始是屬於「啟蒙」的一組，但後來得到老師的許可，也旁聽一些歷史故事的講解，包括《左傳》、《戰國策》等。總之，我早年的教育只限於中國古書，一切現代課程都沒有接觸過。但真正引起我讀書興趣的不是經古文而是小說。大概在十歲以前，我偶在家中找到了一部殘破的《羅通掃北》的歷史演義，讀得津津有味，雖然小說中有許多字都不認識，但讀下去便慢慢猜出了字的意義。從此發展下去，我讀遍了鄉間能找得到的古典小說，包括《三國演義》、《水滸傳》、《蕩寇志》（這是反《水滸傳》的小說）、《西遊記》、《封神演義》等。我相信小說對我的幫助比經、史、古文還要大，使我終於能掌握了中國文字的規則。

我早年學寫作也是從文言開始的，私塾的老師不會寫白話文，也不喜歡白話文。雖然現代提倡文學革命的胡適和陳獨秀都是我的安徽同鄉，但我們鄉間似乎沒有人重視他們。十一、二歲時，私塾的老師有一天忽然教我們寫古典詩，原來那時他正在和一位年輕的寡婦鬧戀愛，浪漫的情懷使他詩興大發。我至今還記得他寫的兩句詩：「春花似有憐才意，故傍書臺綻笑腮。」詩句表面上說的是庭園中的花，真正的意思是指這位少婦偶爾來到私塾門前向他微笑。我便是這樣學會寫古典詩的。

在我十三、四歲時，鄉間私塾的老師已不再教了。我只好隨著年紀大的同學到鄰縣——舒城和桐城去進中學。這些中學都是戰爭期間臨時創立的，程度很低，我僅僅學會了二十六個英文字母和一點簡單的算術。但桐城是有名的「桐城派古文」的發源地，那裡流行的仍然是古典詩文。所以我在這兩年中，對於中國古典的興趣更加深了，至於現代知識則依舊是一片空白。

二、大動亂中的流浪

一九四五年八月第二次世界大戰結束時，我正在桐城。因為等待著父親接我到外面的大城市去讀書，便在桐城的親戚家中閒住著，沒有上學。第二年（一九四六）的夏天，我才和分別了九年的父親會面。這裡要補說一句：父親在戰爭時期一直在重慶，我是跟著伯父一家回到鄉間逃避戰亂的。我的父親是歷史學家，學的是西洋史，戰前在各大學任教授，一九四五年他去了瀋陽，創立了一所新的大學——東北中正大學。一九四六年六月我先到南京，再經過北平，然後去了瀋陽。

這時我已十六歲了，父親急著要我在最短時間內補修各種現代課程，準備考進大學。一九四六至四七這一年，我一方面在高中讀書，一方面在課外加緊跟不同的老師補習，主要是英文、數學、物理、化學等現代科目。我在這一年中，日夜趕修這些課程，希望一年以後可以參加大學的入學考試。我還記得，我第一次讀一篇短短的英文文字，其中便有八十多個字彙是陌生的。這時我已清楚地認識到，我大概絕不可能專修自然科學了，我只能向人文科學方面去發展。好在我的興趣已完全傾向於歷史和哲學，所以並不覺得有什麼遺憾。一九四七年夏天，我居然考取了東北中正大學歷史系。我的治學道路也就此決定了。

戰後的中國始終沒有和平，因為緊接著便爆發了國共內戰。我在一九四七年底讀完大學一年級上學期時，瀋陽已在共軍的包圍之中，我們一家乘飛機回到北平。於是我的大學生涯又中斷了。我們在北平住了十個月，然後又在一九四八年十一月從北平流亡到上海。半年多以後，上海也被共軍占領了。在這一年半的流亡期間，我自然沒有上學的機會。

但是一九四八年在北平的十個月，我自己在思想上發生了極大的波動。這是中國學生運動最激烈的階段，北平更是領導全國學運的中心。在中共地下黨員的精心策劃之下，北京大學、清華大學的左傾學生發動了一次又一次的「反內戰」、「反飢餓」、「反美帝」的大規模遊行示威。我的一位表兄當時便是北大地下黨的領導人，他不斷地向我進行說服工作，希望把我拉入「革命的陣營」。這樣一來，我的政治、社會意識便逐漸提升了，我不能對於中國的前途、甚至世界的趨勢完全置身事外。我不是在學的學生，因此從來沒有參加過左派或右派的學生活動，但是我的思想是非常活躍的，在左、右兩極中搖擺不定。我開始接觸到馬克思主義，也深入地思考有關民主、自由、個人獨立種種問題。當時的學生運動雖然由中共地下黨員所操縱，但在外面的知識分子並不瞭解內幕，他們仍然繼承著「五四」的思潮，嚮往的仍然是「民主」和「科學」。我在北平期間所常常閱讀的刊物包括《觀察》、《新路》、《獨立時論》等，基本上都是中國自由主義者的議論。不過那時自由主義者在政治上已迅速地向左右分化，左翼自由主義者向中共靠攏，右翼自由主義者以胡適為首，堅決擁護西方式的民主和個人自由。

我自一九四六年離開鄉間以後，曾讀了不少梁啟超、胡適等有關中國哲學史、學術史的著作，也讀了一些「五四」時期有關「人的文學」的作品。因此我在思想上傾向於溫和的西化派，對極端的激進思潮則難以接受。馬克思主義的批判精神是我能同情的，然而「階級鬥爭」和我早年在鄉村的生活經驗格格不入。我也承認社會經濟狀態和每一時代的思想傾向是交互影響的，但是唯物史觀對我而言是過於武斷了。總之，一九四八年在北平的一段思想經歷對我以後的學術發展有決定性的影響。我對於西方文化和歷史發生了深刻的興趣。我覺得如果我必須更深入地瞭解西方的文化和歷史，才能判斷馬克思主義的是非。

一九四九年夏天，我的父親、母親和弟弟在中共統治越來越緊的情況下，離開了上海，乘漁船偷渡到舟山，然後轉往臺灣。我是長子，父親要我結束上海的家，因此留下未走。這一年秋天，我考進了北平的燕京大學歷史系二年級。從八月到十二月，我又恢復了學生的生活。在燕大的一學期，除了修西洋史、英文、中國近代史等課程之外，我更系統地讀了不少馬克思主義的經典著作。這是中共統治的初期，大學校園的政治氣氛雖已改變，但嚴格的思想控制還沒有開始。我們還可以比較自由地討論馬克思主義的理論問題。

不過越討論下去，不能解答的問題也越多，而且也遠遠超出了我們當時的學術和思想的水平。

我本來是不準備離開中國大陸的。但一九四九年年底，我意外地收到母親從香港來信，原來他們又從臺北移居到香港。一九五〇年元月初，我到香港探望父母，終於留了下來，從此成為一個海外的流亡者。一個月之後，我進入新亞書院，這是我的大學生活中所走的最後一段路。

新亞書院是一所流亡者的學校，由著名的史學家錢穆先生和他的朋友們在一九四九年秋天創辦的，學生人數不多，也都是從大陸流亡到香港的。從此我變成錢先生的弟子，奠定了我以後的學術基礎。

錢穆先生是中國文化的維護者，一般稱之為傳統派，恰恰與西化派是對立的。他承認「五四」新文化運動在學術上有開闢性的貢獻，但完全不能接受胡適、陳獨秀等人對中國傳統的否定態度。坦白地說，我最初聽他講課，在思想上是有隔閡的，因為我畢竟受「五四」的影響較深。不過由於我有九年傳統鄉村生活的薰陶，對於傳統文化、儒家思想我並無強烈的反感。到香港以後，我又讀了一些文化人類學的著作，認識到文化的整體性、連續性，我也不能接受「全盤西化」的主張。但是我繼續承認中國要走向現代化，吸收西方近代文化中的某些成分是必要的，而且也是可能的。因此我對於錢先生的文化觀點有距離，也有同情。但是最重要的還是他在中國史學上的深厚造詣對我的啟示極大。我深知，無論我的觀點是什麼，我都必須像錢先生那樣，最後用學問上的真實成就來建立我自己的觀點。我必須暫時放下觀點和理論，先虛心讀古人的經典，而且必須一部一部地仔細研讀。我不能先有觀點，然後在古籍中斷章取義來證實我的觀點。這樣做便成了曲解誤說，而不是實事求是了。

另一方面，我也始終沒有放棄對於西方文化與歷史的求知欲望。我依舊希望以西方為對照，以認識中國文化傳統的特性所在。中西文化的異同問題，一個世紀以來都在困擾著中國的學術思想界，我也繼承了這一困擾。這不僅是學術問題，並且是現實問題。中國究竟應該走哪一條路？又可能走哪一條路？要尋找這些答案，我們不能只研究中國的傳統文化，對西方文化的基本認識也是不可缺少的。

西方人文與社會科學在二十世紀有巨大的進步，但也付出了巨大的代價。它的進步是愈來愈專精，代價則是分得過細之後，使人只見樹木，不見森林。怎樣在分析之中不失整體的觀點，對於今天研究歷史的人，這是一項重大的挑戰。帶著這許多不能解答的問題，我最後到了美國。

三、在美國的進修

我在新亞時代，在錢先生指導之下，比較切實地研讀中國歷史和思想史的原始典籍。

與此同時，我又在香港的美國新聞處和英國文化協會兩個圖書館中借閱西方史學、哲學與社會科學的新書。但我在香港時對西方學問仍是在暗中摸索，理解是膚淺的。一九五五年到哈佛大學以後，我才有機會修課和有系統地讀西方書籍。我的專門是中國思想史，在這一方面我至少已有了一段的基礎。在哈佛大學的最初兩三年，我比較集中精力讀西方的史學和思想史。所以我正式研修的課程包括羅馬史、西方古代與中古政治思想史、歷史哲學、文藝復興與宗教改革等。我並不妄想在西方學問方面取得高深的造詣。我的目的只是求取普通的常識，以為研究中國思想史的參考資料。

由於我從童年到大學時代都在戰爭和流亡中度過，從來沒有受過正規的、按部就班的知識訓練，我對於在美國研究院進修的機會是十分珍惜的。從一九五五年秋季到一九六二年一月，我一共有六年半的時間在哈佛大學安心地讀書。第一年我是「訪問學人」（visiting scholar），以後的五年半是博士班研究生。這是我一生中唯一接受嚴格的學術紀律的階段。這一段訓練糾正了我以往十八年（一九三七—一九五五）的自由散漫、隨興所之的讀書作風。依我前十八年的作風，我縱然能博覽群書，最後終免不了氾濫無歸的大毛病，在知識上是不可能有實實在在的創獲的。儘管我今天仍然所知甚少，但我至少真正認識到學問的標準是什麼。這是中國古人所說的「雖不能至，心嚮往之」。

我的運氣很好，在香港遇到了錢先生，在哈佛大學又得到楊聯陞教授的指導。楊先生特別富於批評的能力，又以考證謹嚴著稱於世。他和錢先生的氣魄宏大和擅長綜合不同，他的特色是眼光銳利、分析精到和評論深刻。這是兩種相反而又相成的學者典型。楊先生和日本漢學界的關係最深，吉川幸次郎和宮崎市定都是他的好朋友。在楊先生的鼓勵之下我也對日本漢學界的發展一直在注意之中。這又是我在哈佛大學所獲得的另一教益，至今不敢或忘。

由於時間所限，關於在美進修的一段，只能簡單叙述至此。我在學問上走過的路，以上三個階段是前期最重要的三大里程碑。後來三十年的發展都是在這條路上繼續走出來的，今天就不能詳說了。

（本文為一九九四年四月十六日在關西大學學術報告會上的演講，吾妻重二教授記錄整理。原載《關西大學中國文學會紀要》第十六期，一九九五年三月號。）

附錄二

中日文化交涉史的初步觀察

余英時

我十分感謝關西大學給予我這樣高的榮耀。頒賜名譽博士學位，我也同樣感謝國際聞名的澀澤財團捐助這個講座，使我有機會在「東亞文化交涉學研究中心」成立儀式的大會上作一次報告。

今天我有幸接受關西大學給我的榮譽，心中特別感覺親切，因為從河田校長算起，我在日本學術界的朋友以關西大學為最多。由於年齡的關係，我和內人陳淑平近年來已很少作海外旅行，但這次重訪大阪，我們都是很高興的。

首先我要鄭重祝賀「東亞文化交涉學研究中心」的創建。以關西大學在這一領域所積累的巨大業績，這個新「中心」必將開闢疆土，更上層樓，是可以預卜的。

我本來對於「東亞文化交涉學」的確切涵義不很瞭解。感謝陶德民教授為我提供了一篇〈文化交涉學的意義〉，我才知道關西大學的朋友們正在發展一門新的學術領域。〈文化交涉學的意義〉說，「文化交涉學」具體來說是要超越國家和民族等分析單位，設定一個具有一定關聯性的文化複合體，在關注其內部的文化生成、傳播、接觸與變貌的同時，以多角度的和綜合性的觀點來解析整體的文化交涉的樣態。為此，需要做到在兩個方面的「越境」，一個是超越以往人文科學各個學術領域的研究框架，另一個是超越國家民族性的研究框架。

這是一個很合理並富有啟示性的構想，但同時也直接涉及文化或文明研究的取向問題。我想借此機會將「文化交涉學」放在關於文明的一般思潮中，試作一點定位的考察。這是因為「文化交涉」既是一個獨立自主的（autonomous）「學術領域」，它必然具有普世性，不僅限於東亞地區。

一九九六年Huntington發表專書（*The Clash of Civilization and The Remaking of World Order*），全面討論了今天世界上幾個主要文明，及其互相衝突的可能性。他參考了現代史學家、哲學家、社會學家、人類學家的各種說法，一共列舉了七大文明：一、中國（Sinic）；二、日本；三、印度（Hindu）；四、伊斯蘭（Islamic）；五、西方；六、拉丁美洲（Latin American）和七、非洲（African）。為了顯示他已放棄了西方中心論的立場，他從東方數起，因此中國和日本在這張「文明」的名單中占據了第一、第二的位置。

不過，稍稍檢查一下他的立論依據，我們便立即發現，Arnold J. Toynbee（一八八九—一九七五）的研究成果為他提供了最重要的基礎。無論就概念或資料說都是如此。由於Toynbee在日本曾發生過相當重要的影響，讓我概括一下他在「文化交涉學」方面的特殊貢獻。

《歷史研究》是一部關於人類歷史上一切文明興衰的比較研究，一共列舉了二十一（或二十三）個文明，有的延續不斷，有的則中斷夭折。從「文化交涉學」的特殊角度出發，我在這裡想指出此書的三個重要論點：

第一，他有意識地脫出了西方文化中心論的陷阱，用一種平等的眼光看待歷史上一切出現過的文明。西方文明雖然在一百年中主宰了世界，但它的內在限制已清楚地顯現了出來，不可能單獨引導人類走出目前的困境，西方基督教文明和科技文明必須與其他文明（包括東亞儒教文明、日本文明、印度文明、伊斯蘭文明等）進行深度對話，共同尋求新的出路。他也看到不同文明在互相交涉中發生過衝突，然而他更強調文明與文明之間融合的可能性。在這一點上，與Huntington相對照，他的觀點不但更為全面而且也更為積極。

第二，Toynbee是第一個正式提出歷史研究的基本單位（unit）應該是「文明」，而不是民族國家（nation or national state），也不是時代（period）的史學家。文明，特別是世界上幾個主要的文明，如西方、遠東、印度、阿拉伯等，不但傳布的領域十分廣大，非少數、或單一民族與國家的局限，而且源遠流長，也不能限於某一時代。因此他認為只有以文明為對象，歷史研究才能窮盡人類發展的真相。

第三，史學本是一種綜合性的學術，舉凡人文社會科學各部門的方法和研究業績都可以為史學家所借用。Toynbee把史學界定為「文明」的研究，其範圍比傳統的史學更是廣闊的多了。所以從方法論的角度說，《歷史研究》基本上體現了跨學科的綜合精神。在

Toynbee的構想中，「文明」作為歷史研究的基本單位必須看作是一包羅萬象的整體，不是任何一個專門學科（discipline）所能單獨處理的。因此在《再思錄》中他一方面強調諸科並進的多元取向，另一方面又主張打破種種即成的學科壁壘以取得貫通的理解。

從以上的概括可以看出，上引〈文化交涉學的意義〉一文中關於「在兩個方面『跨越』」的研究方式，在Toynbee《歷史研究》的巨著中已獲得非常充分的展開。他的特殊歷史理論在最近二、三十年中已少有人注意，但是他所開創的文明研究今天卻成為一個有活力的新學術領域。「後冷戰」時期的國際狀態——Huntington所揭示的「文明衝突」——迫使我們不能不把注意力重新集中在各大文明之間的交涉上面。Toynbee無疑是「文化交涉學」的一位重要的先驅。

現在我要從一般的文化交涉學轉入東亞地區，特別集中在中國和日本之間的文化交涉方面，因為這是關西大學一向貢獻最為卓越的研究領域。我清楚地記得，一九九四年春季我在關西大學訪問期間，曾有幸向大庭修先生請益，他贈給我幾種有關中日交往的原始資料，主要是明清時期中國商船到長崎的詳細記載，其中不但包含著大量的貿易史料，也偶有關於中國士人和書籍附船而來的事蹟。關西大學這些出版物當時給我留下了很深刻的印象，使我親切地認識到，日本所保存的關於中日文化交涉的原始資料極為豐富，尚有待於專家去作深入而有系統的探究。

我早年寫《漢代貿易與擴張》（英文，一九六七）時曾接觸過早期日本（倭國）與中國的貿易來往。但早期的文字記載和考古資料都極為簡略，所知有限。漢魏以後的中日交涉史我完全沒有研究過，因此不具備發言的資格。下面我只想討論一個高度概括性但卻十分重要的問題，並陳述我的初步看法，請大家指教。

我的基本問題是：在「東亞文化」（或「文明」）這一整體概念之下，中國和日本之間的關係究竟應該如何理解？這個問題也可以說是Toynbee最先提出來的。在論及東亞文明時，他劃分了兩個歷史階段，分別稱之為「中國古代文明」（他的專門名詞是「sinic civilization」）和「遠東文明（far eastern civilization）」。「中國古代文明」上起商周，下迄漢代滅亡；「遠東文明」則繼起於六世紀，即中國隋、唐時期。但值得注意的是他把「遠東文明」（相當於「東亞文化」）分作兩支，一為「本幹（main body）」在中國，一為「分支（branch）」，則在日本。他雖然認為日本沒有創造出一個「獨立的文明（independent civilization）」，但「遠東文明」既有兩支，則他已肯定日本的「遠東分支」，具有相對的獨立性，不能包括在中國的「遠東主幹」之內。他的看法在Huntington手中又獲得進一步的修正。Huntington放棄了「遠東文明」的整體概念，而把日本看作與中國截然有別的另一種文明（a distinct civilization），不過他仍然承認，日本文明是從中國古代文明（sinic）中發展出來的。

Toynbee和Huntington都沒有深入研究過中日文化交流史，他們的觀察自然只能從大體上著眼；然而旁觀者清，視野反而比局中人更為廣闊。讓我試從一般的歷史事實上作進一步的澄清。

首先我要指出，日本無論是作為一個文明、社會或國家，歷史上基本不在朝貢系統之內，我遍檢隋至清的正史，可以斷定中日兩國的往來主要限於文化與經濟方面的交流。

其次，我要談一談中國文化對日本影響的問題。中國文化起步在前，日本深受影響，這是無可懷疑的。日本接觸中國文化，包括文字、儒教經典、佛法等，最先似乎是間接的，即通過朝鮮半島，特別是百濟。隋、唐以後，日本開始了一系列全面吸收中國文明的運動，這是不可否認的事實。總之，從隋唐至德川時代，日本先後幾乎引進了中國文化的每一方面，影響之大之久，自不必說。然而我們卻絕不能誤認日本文化的整體是從中國移植過去的。事實上，日本在大量引進中國文化的個別成分之後，卻根據社會內在需要另作組織與安排，其結果則是自成一格的日本文明——a distinct civilization。日本的語言文字便提供了一個最具象徵性的實例。向來有所謂中、日「同文」說，這完全是一個誤會。日本借用了大量的漢字，然而卻納進了自己的文化和語法結構之內，而且構成了一個獨特的語文系統，與漢藏語系根本不能混為一談，從語文推到思想、宗教、藝術、社會組織等其他方面，也無不如此。最近我讀了已故 Marius B. Jansen 先生的 *China in the Tokugawa World*，更加深了我的印象。德川時代是中國文化對日本發生影響的最高峰，但日本人自覺為一民族、國家的實體（national entity）也正是在德川時代充分展開的。德川儒學家和國學家表面上持論相反，但深一層看，卻殊途同歸，即同在肯定日本為東亞文明的主體；

這和當時關於national entity（民族、國家實體）的自覺是互為表裡的。儒學派的「聖人之道」是一種脫離了歷史的想像，與真實的中國已無任何關聯，他們不過把這四個字懸為日本文明的理想境界而已。國學派則否定中國文明對日本文明的影響，更直接地表達了一種新起的民族自覺的情緒。

英國的George Samson曾對日本文明提出過一個觀察：日本人雖然在表面上大量向外面「借用（borrowing）」許多東西，但卻從來沒有放棄他們的「內在文化堡壘（inner cultural citadel）」。這一觀察，如果不作極端化的理解，一直到今天還是適用的。在十八世紀以前，日本「借用」了無數中國文化的個別成分，但主要是提供了各種成分的建構材料，最後所造成的則是別具一格的日本文化。所謂「內在文化堡壘」便是在這一長期「借用」與建造的歷史過程中逐步形成，至德川時代而達到充分自覺的階段。我們可以肯定地說，「借用」本身正是日本文化精神的一種獨特表現。一八七六年森有禮和李鴻章的對話便清楚地表達了這個意思。

最後，我願意就明治維新以後中日之間的文化交涉稍說幾句話，以結束這篇講詞。

前面已說過，從隋、唐至明、清的一千年間，日本通過海上貿易和宗教、文化的接觸逐步深入地認識中國，所以到了德川末期（十九世紀），日本官方和民間已掌握了相當完整的關於中國的知識。他們和中國的公私交涉大體都保存在文學紀錄之中。相反的，清中葉以前，中國人對日本則缺乏系統的知識，而且無論朝野也都沒有表現出求知的興趣。這大概是由於日本既不在朝貢體系之內，朝廷和士大夫都不免忽視它的存在。

我為什麼要作這個鮮明的對照呢？這是為了說明：十八世紀以前的「天朝」心態使中國完全看不到東亞的另一支文明已悄悄發展到成熟的階段，很快便要領先了。從這個角度上看，一七九三年乾隆答英王George III書是最富於象徵意義的，因為它是中國「天朝」心態最後一次的公開表現。五十年後（一八四二）中、英簽訂《江寧條約》，施行了兩千年的朝貢體系便趨於死亡了。東亞從此進入了一個全新的世界，文明的動力也從中國轉入日本。

面臨著西方的挑戰，日本立即把它的「借用」精神從中國移向西方。德川幕府早在一八五五年便開始自造西式輪船，一八六五年日本更是直接求助於法國，建造了第一所現代船廠。明治維新以後，日本展開了一個全面「借用」西方現代文明的歷史階段。從政治體制教育系統到服飾，都在有計畫地學習西方。西化派如福澤諭吉「脫亞入歐」的口號曾震動一時，但在實際演變過程中日本卻並未喪失它的「內在文化堡壘」。像過去對於中國文化一樣，日本再一次運用外來的材料建構了一個新的東亞文明。前引Toynbee和Huntington的論斷不是沒有依據的。

在清朝的最後五十年中，日本已明顯地掌握了東亞文化的主流。中國士大夫也開始對日本另眼相看，最後不得不承認日本已找到了應付西方侵略的成功模式。「師法日本」的意識在他們的心中逐漸滋長，至甲午（一八九四）戰爭以後，則全面顯露出來了。下面讓我選三個例子來說明這一論點。

第一，全面以日為師的意識集中表現在戊戌（一八九八）變法這件大事上面，由康有為正式呼喚了出來，光緒完全為他的《日本變政考》所說服。一八九八年秋天伊藤博文訪北京，光緒特予召見。在談話中光緒不但對伊藤在明治維新中的貢獻頌揚備至，而且鄭重託他向親王、大臣等詳說維新的過程和方法，並提出積極的建議。

第二，張之洞在《勸學篇》（一八九八）中說：「西學甚繁，凡西學不切要者，東人已刪節而酌改之。」張氏以提供「中學為體，西學為用」著稱，但這句話明確顯示：他心中的「西學」其實是經過日本人「刪節而酌改」的「西學」。確實，在「五四」新文化運動以前，中國知識人所吸收的「西學」主要都是從日本轉手而得來的，其後來在中國的影響之大是難以估計的，可以說是近代中日文化交涉史上極為重要的一章。

第三，在企業經營和管理方面，日本也在中國發生了示範作用。最著名的例子是張謇（一八五三—一九二六）在甲午戰敗後棄儒就賈，決心走工業救國的道路。他一九〇三年訪日，在日記中對日本的政府體制與工業經營方法稱讚備至。

以上從政治、學術思想、企業三個主要領域各舉一例，我想已經足夠說明：由於「借用」西方的成功，明治維新以後的日本已取得東亞文明的主導地位，迫使過去以「天朝」自居的中國轉而處於求教的位置。

總結地說，以明治維新為分水線，中、日文化交流史可以清楚地劃為兩個時期：在此之前，日本長期「借用」中國的文化資源，建構了自己的獨特文明。而中國則對日本缺乏深刻的認識，因為日本不在朝貢系統之內。明治以後，情況恰好顛倒了。中國從「天朝」的幻覺中逐漸清醒了過來，開始看清日本文明在應付西方侵略上的成功。但這時日本的文化「借用」精神卻已從中國轉向西方，不少政治和文化精英（elites）對於中國也不免滋生了一種「後來居上」的優越感。在「富國強兵」的要求下，日本把西方現代武力擴張的精神成功地「借用」了過來，中國則成為擴張的對象。中日之間因此在相當長的時期中無法展開正常的文化交流。中國在清末民初雖有參照日本模式進行現代轉化的嘗試，最後也完全落了空。

文化交流與Toynbee所強調的文明對話互為表裡，這正是文化交涉學的研究對象。文明對話並不等於少數代言人之間的對話，因為這樣的代言人嚴格地說是不存在的。相反地，它是指文明與文明之間，通過種種管道進行雙向的溝通，其領域可以從貿易一直延伸到宗教。Toynbee認為這是增進互相瞭解，消除衝突的最有效的方式，他是最早擺脫西方中心論者之一人，所以一九五〇和六〇年代在日本全力推動東西文明的對話。今天西方中心論已全面退潮，全球化（globalization）的大趨向建立在多元文明並存的基礎之上，已取得世界的共識。文明對話也必須隨著多元化，不再限於其他文明與西方之間。不同的非西方文明之間的對話同樣是重要的。過去一個多世紀中，無論是日本還是中國，都把對話的重點放在西方，而中、日之間的文明對話反而受到了冷淡。關西大學「東亞文化交涉學研究中心」恰好在這一關鍵時刻應運而起，填補了一片重要的學術空白。這真是孟子所謂「天降大任」，讓我借此機會預祝它的成功。

（本文為二〇〇七年十月四日，在關西大學東亞文化交涉學教育研究中心，首屆國際研討會上的主旨演講。）

普林斯頓的陽光
——敬賀余英時老師九十大壽

林富士

在我早年的學術生涯中，一九八七、一九八九、一九九四是最具關鍵性的三個年分。一九八七年，我從國立臺灣大學歷史學系碩士班畢業，並獲聘為中央研究院歷史語言研究所助理研究員，算是職業生涯的起步。一九八九年，我赴美國普林斯頓大學（Princeton University）留學，首度進入西方的學術世界。一九九四年，我獲得博士學位，取得史家這個行業所需的最後一張憑證。這三個年分之中，一九八七和一九九四是喜慶的，一九八九則不然。

一九八九年，大約是春夏之交的時候，我同時接到哈佛大學和普林斯頓大學的博士班入學許可。就在我猶豫要前往哪個學校時，突然接到余英時先生的來信，表示歡迎我到普大進修。那是相當令人驚喜的一封信！我從大學部一直到碩士班，就不斷透過余先生的著作學習「歷史」，也曾經多次聆聽過他的演講，對於他的知識、才情、風骨，無不敬佩。因此，收信之後，我立刻決定要拜余先生為師。

出國在當年還算是件大事，對我而言更是如此。在一九八九年之前，我從未離開過臺灣的國境，不會開車，不會烹飪，英文口語溝通仍不通暢，對於美國社會和文化更是所知有限，獎學金的問題也尚未底定，因此，獲得出國進修的機會雖然令人欣喜，但心中的忐忑不安卻一直揮之不去。更不巧的是，在準備出國之時，家父做了心臟手術，且在手術過程中因輸血感染了當時還無法篩檢的C型肝炎，術後的健康狀態非常不好，而內人（那時我們尚未結婚）也隨後病倒。同時，中國則爆發了震驚全世界的「六四天安門事件」，國際局勢詭譎多變。在面臨諸多突如其來的事變時，我曾一度想要延後一年再出國，但我又怕一延宕，未來可能會喪失闖蕩天下的勇氣。因此，最後還是忍住近乎生離死別的傷感，在親友的祝福聲中，帶著母親在各寺廟求來的一串香火袋和兩只皮箱，在八月時，飛越太平洋，直奔美國，先在西岸短暫停留，再轉往前途未卜的紐澤西州（New Jersey State）。

所幸，飛機一降落美東，王汎森學長和孟文芳學姐伉儷已經幫我打理好一切。從接機，買汽車、家具和生活用品，一直到銀行開戶與環境導覽，全都在一、兩天之內完成，他們甚至請託一位來自上海的普大歷史系學長吳以義博士就近照顧我，教我開車、認識美國、瞭解中國。而我也經常成為王、吳二家的「食客」。由於有人照料、協助，在普大的生活，其實並無適應上的困難，想像中的「文化震撼」（culture shock）一時之間也未發生。但是，學習上的震撼，一開學馬上就來了。

最大的震撼是「歷史五〇〇」這門課。這是所有普大以「歷史」為主修的各系所博士生的必修課，由於學生人數眾多，還安排兩位教授聯合授課。指定教科書是一本那時剛出版的，厚達六百四十八頁的《那個高貴的夢：「客觀性問題」與美國歷史學界》（Peter Novick, *That Noble Dream: The 'Objectivity Question' and the American Historical Profession*, 1988），而每週都還有一、二本的指定閱讀，議題五花八門，政治、革命、經濟、社會、文化、宗教、族群、性別等，所挑的書或是經典之作或是當時火熱的書，但基本上是以美國史和歐洲史為主，那時才發現我在臺大歷史系、所的七年，所獲得的西洋史知識是多麼淺薄，幾乎每一本書、每個作者對我而言都是陌生的。日以繼夜的苦讀，一時之間還是難以消化。

不過，這門課給的兩個學期作業倒是很有意思。一是要從當代史家之中，挑選一位自己心目中「理想」的史學家，作為自己的楷模，並說明理由。二是要針對自己未來的史學專業領域，挑選重要的著作撰寫研究討論。

第一個作業給了我很好的機會介紹余先生，畢竟，他是我選擇到普大留學的主要緣由。根據我當時留下來的筆記來看，在課堂上，我先以余先生的一篇英文論文"The Study of Chinese History: Retrospect and Prospect"（1982）說明他的基本史學立場，亦即一方面要運用最嚴謹的方法建立「事實的真實性」（authenticity of facts），另一方面則要援用相關學科的最新成果，並以與時俱進的創新觀點去詮釋、釐清各種「史實」（historical facts）之間的關係。接著，我便以余先生本身的著作證實這不是空言、高論，但為顧及班上師生絕大多數都不諳中文及中國史，為了引發他們的興趣，在選書上還頗費一番思量。

首先，我介紹了《中國近代思想上的胡適》（一九八四）。胡適（一八九一—一九六二）是中國近代史上的名人，在美國也有一定的知名度，和普大也頗有淵源，因為他曾經擔任普大「葛思德東方圖書館」（Gest Oriental Library）館長（一九五〇—一九五二）。研究或談論胡適者相當多，但早年能從歷史的角度，基於史料，還原胡適一生言行、思想與事功，並給予評價者，其實不多。而余先生此書主要是從思想史的角度切入，藉用曾經任教於普大歷史系的孔恩（Thomas S. Kuhn，一九二二—一九九六）的「典範」（paradigm）概念，指出胡適如何樹立中國近代思想史上的「新典範」，並引領新一波的思想、文化革命，這才是胡適不斷引發注目與議論的緣由。

其次，我介紹的是《方以智晚節考》（一九七二，一九八六）。對於研究明清史、中國科學史、中西文化交流史的學者而言，方以智（一六一一—一六七一）都算是一位知名人物，西方漢學界似乎對他也不太陌生。當時擔任普大東亞系系主任的裴德生（Willard J. Peterson）早年就以研究方以智聞名，曾出版 *Bitter Gourd: Fang I-chih and the Impetus for Intellectual Change*（1979）。但是，學界對於方以智的興趣大多在於其學術和思想方面的成就，對於其「遺民」身分和文化認同較少著墨，尤其是其晚年的「自殺」一節，不僅史料記載隱晦不明，近人也不明所以。而在這本書中，余先生發揮了偵探式的本領，兼用傳統中國文史的「考證」和西方詮釋學的「解碼」（decoding）方法，不僅重建方以智的晚年生命史，還推斷方以智最後是在惶恐灘投水自盡，「完名全節以終」。他認為這種「殉節」就是涂爾幹《自殺論》（*Suicide: A Study in Sociology*）中所說的「為己型自殺」（egoistic suicide）的典型，而這種類型的自殺，在中國歷史上也是一種重要的社會現象。

最後，我選擇的是那時剛出版不久的《中國近世宗教倫理與商人精神》（一九八七）。當時，有不少中國學者熱中於討論中國為什麼沒有發展出「資本主義」的問題，而不少西方的社會學家則是援用韋伯（Max Weber）《新教倫理與資本主義精神》（*The*

Protestant Ethic and the Spirit of Capitalism）的論述，企圖以儒家倫理來解釋東亞世界（日本、南韓、臺灣、香港、新加坡）的經濟發展。余先生在這股浪潮中，選擇走不一樣的路。他改問一個一般性的「韋伯式的」（Weberian）問題：「在西方資本主義進入中國之前，傳統宗教倫理對於本土自發的商業活動究竟有沒有什麼影響？如果有影響，其具體的內容又是什麼？」而他回答問題的方式則是盡量「讓中國史料自己說話」。最後，他發現韋伯在其《中國宗教》（*The Religion of China*）中對於中國宗教（尤其是儒家）倫理的觀察必須修正。余先生認為中國宗教（包括佛教、道教、儒家）同樣經歷過「入世」轉向，其時代甚至還比西方的宗教改革來得早，而且，從明清時期（尤其是十六至十八世紀）的商人活動和所謂的「賈道」來看，當時的中國商人已經有了奠基於宗教倫理的「商人精神」和獨特的倫理規範。總之，他不認同韋伯所說的「入世苦行」（Inner-worldly asceticism）是新教獨有的宗教倫理，但是，他贊同人類的宗教信仰與經濟行為之間確實有緊密的關係。

總之，當年我最敬佩余先生的地方就在於他的博雅與通識，治學與論學能夠出入古今中外，不斷地進行中西歷史與文明的「比較」、「對話」與「疏通」。不尋找規律與通則，但也不強調獨特與例外，而是永遠能在異中求同，在同中求異。他其實也是中西文化與知識界的重要溝通「橋梁」，可惜的是，他的重要著作大都以中文出版，受惠者仍以華文世界為主。

那一次的課堂報告內容，我從未向余先生稟告過。但大約在一九九一年秋天的一次談話中，我約略提起過這段往事。那時，我已經修完所有的學分，完成日文和法文的課程和測試，剛從歐洲遊學返回普大，心情特別輕鬆，說話也膽大了些。余先生問我「最近在看些什麼書？」我因為正在準備學科考，開始注意西洋史研究的新動態，並稍稍瀏覽了一些當時的名家作品。因此，我便說明自己的主要閱讀方向，並說我觀察到當時歐美史學界似乎又開始注意人物研究，而且重視「敘述史學」（narrative history）或是「文化史」（cultural history）。事實上，無論是主要的倡導者史東（Lawrence Stone，一九一九—一九九九），還是一些著名的「寫手」，如戴維斯（Natalie Zemon Davis，一九二八—）、丹屯（Robert Darnton，一九三九—），都在普大歷史系任教。最後，我忍不住提起「歷史五○○」那堂課的課堂報告，並說，若能再來一次，我至少會介紹一下他的《論戴震與章學誠》（內篇）（一九七六），因為，無論是對於戴、章二人的時代與社會背景介紹、內心世界與知識活動的剖析，還是二人相晤的情節和「晤面事件」之後的餘波蕩漾，乃至藉此呈顯清代中期學術思想的主要風貌和轉折，此書絕對稱得上「敘述史學」的典範。

在普大的學習生活真的算是如饑似渴，無窮的新知不斷湧來，每天都必須在圖書館、在書店、在書桌前狼吞虎嚥一番，才敢闔上眼睛。所幸，除了一些老師的指導之外，我還有一位博學多聞的師兄王汎森先生，在他提點與帶領之下，我省卻不少摸索和錯誤嘗試的時間，不必吞下太多垃圾食物。但是，如何面對西方的「漢學」，依然是學習過程中我必須獨自處理的難題。災難是從我修余先生的第一門課開始。

先不談我的災難。一九八九年秋季那一學期剛開始不久，我第一次走進余先生的研究室，發現滿滿的都是書，只有一張上課討論用的長方形木桌上還有置物空間，我原本以為余先生會搬來一堆經典名著，結果發下來的講義竟然是薄薄的幾頁《漢書儒林傳》的影本，上課方式還是古老的逐字逐句地閱讀、翻譯、討論，而讀《漢書》自然會和《史記》比較，但余先生談《史記》時卻又不時會提到其中的〈游俠列傳〉。一開始我非常納悶這樣的選材。畢竟，支配中國二千餘年的儒家已經走入歷史，「最後的儒者」已死！當時中國和西方的年輕世代究竟還有多少人鍾情、關懷儒家及其思想，我頗懷疑。直到我細細品味〈游俠列傳〉引韓非子「儒以文亂法，俠以武犯禁」二語，我才大膽揣測這或許是余先生當時心境的一種潛意識投射。

無論時代怎麼變遷，我相信，對於余先生而言，儒家依然是人類共同的、珍貴的文化傳統，但這個傳統在二十世紀初先遭質疑、批判，又在中國文化大革命期間（一九六六—一九七六）被政治力量摧殘殆盡，而一九八九年剛爆發的「六四事件」則讓不少中國知識分子流亡海外，部分甚至離散到普林斯頓，仰賴余先生和余師母（陳淑平女士）的多方奔走和協助才得以安頓。但是，余先生在課堂上從來不談政治，他嚴守著西方學術殿堂高貴的紀律。然而，那段時間，他內心的悲憤與哀傷應該是有的。在我看來，他和余師母都是「外儒內俠」的人物，都是溫文儒雅的「反叛者」，勇於反叛威權、專制與迫害，勇於挑戰一切不義。只是，他們不走暴力路線，不真正涉足政治，而是以悲憫行動，以文字書寫，表達他們對於天下蒼生、文化傳統和普世價值的關懷。那時，我才知道他不只是個現代的書生、學者、知識分子，也是古典時代文武兼備的「士」。

對於余先生的新認識並沒有減輕我在面對「漢學」時的苦難。傳統的西方漢學奠基於翻譯，尤其是對於古典文獻的翻譯。在引述文獻時，必須逐字逐句，查其音義，標注人名的時代（生卒年）、地名的古今名稱和所在位置、行政組織和官職名稱的西文意譯、書名的作者及年代、典故的來源和含義，然後以適當的西文詞句，以近乎對譯的方式書寫。此外，還必須遵守特定的拼音系統以及漢學界約定俗成的一些名詞翻譯，碰到難以完整表達原意的語詞，還必須附上中文原文，供人商榷。這件事今日看起來似乎沒那麼難，但是，在欠缺各種線上工具書和資料庫的年代，個人電腦剛開始普及卻無法同時處理各種語文的年代，做這樣的事還真是苦不堪言，而我每學期都要交一、二篇這樣的報告，博士論文也是如此。我發現，光是處理「翻譯」及其所帶來的技術障礙，就已經耗掉我研究工作大半的精力。

此外，在閱讀西方漢學（包括歷史、文學、哲學、社會學、人類學、宗教學等）論著時，挫折感也不小。有些翻譯，查對原文之後，會發現錯誤百出。有些不翻譯而只陳述文獻大意者，查其史料來源之後，會發現根本是誤讀、誤解。有些田野調查或社會觀察，寫的明明是我熟悉的臺灣社會、習俗、信仰，我卻感覺有點陌生。

那時，我真的很困惑！尤其是讀完第一年之後，我正好三十歲，正是展翅高飛的年紀。我當時是以中研院助理研究員的身分「帶職進修」，自覺是要到「西天取經」，然後返回故里，貢獻所學，絲毫沒有居留美國、成為西方「漢學家」一員的打算。我不知道這樣的磨練對於自己的學術發展究竟會有何助益，我只覺得青春歲月就要被消磨殆盡了。反觀當時的臺灣，在一九八七年解除戒嚴之後，「民主化」、「本土化」、「多元化」的浪潮正全面的衝擊政治、社會、經濟、文化、學術等層面，各方也在爭逐引領臺灣新方向的話語權。在史學界，以中研院史語所為基地，也有一批中壯輩師長，正大張旗鼓的展開行動，企圖開創臺灣史學的新局。他們一方面出版《新史學》期刊以發表論著、展現成果，另一方面則辦理「歷史研習營」以培育人才、宣揚理念。而我在出國之前，其實已經涉身其中，因此，我也急於學成歸國，以便馳騁疆場，有所作為。一念及此，我甚至會興起「不如歸去」的輟學念頭！

這種急躁、貪競又躊躇的心緒，在平時和課堂的言談中大概也有所流露，余先生似乎也察覺到了，但他也沒說破，只是在一次個別的談話中，突然說起「讀書」之道。他的大意是說，「批判性閱讀」雖然重要，但如果過了頭，常覺得別人的著作「滿紙荒唐言」，那讀書就喪失樂趣，對自己也不會有任何助益。他認為學者是要透過交友、閱讀「壯大」自己的知識和心靈世界，重點在於吸收、學習別人的長處，而不是陷身於「糾謬」的泥沼。他似乎還用飲食為譬喻，大意是說，一桌菜，挑好吃的、有營養的吃，其他的不吃就好，不必因少數幾道不中意的菜而整桌「無處下箸」。此外，他還順便提到「人不知而不慍」的古訓，並說治學與為人都可以此為準繩。

那一次的談話對我算是「當頭棒喝」，也是「對症下藥」！因為，那番話正好是針對我性格上的缺失而發，從那時起，我不時都以此自我約束，不敢忘記師訓。一直到現在，即使我仍無法不踰矩，但至少能藉此不斷自省、自悔、自改，也漸有所進。

總之，在那次談話之後，我的讀書習慣有了很大的轉變，對於西方的漢學家也有較多的「同情的理解」和敬意。我開始著眼於他們掌握的材料、關切的問題，切入的角度、運用的理論和論述的方式，以及他們所置身的西方學術、文化情境。同時，在杜希德（Denis Twitchett，一九二五—二〇〇六）、太史文（Stephen F. Teiser，一九五六—）、傅飛嵐（Franciscus Verellen，一九五二—）三位教授的引導下，我也逐漸瞭解西方漢學界在敦煌學、中國中古史、佛教、道教這幾個領域的悠久傳統和獨特貢獻。此外，也因為放下了急躁的心情和歸鄉的情緒，我的閱讀也逐漸擴及中國史和史學以外的範圍，尤其是在一九九一年秋、冬準備學科考期間，以及一九九二年春、夏撰寫博士論文研究計畫的時候，得以全神貫注，閱讀和三個科目的老師商訂的書目，以及我自己搜羅的疾病史、宗教史、文化史和人類學方面的書單。將近九個月的苦讀，雖然眼力因而受損，但視野大開，心靈獲得前所未有的滿足。

我在普大東亞系的主修是中國史，指導教授是余先生，但依規定，還必須有兩個副修，我分別請了東亞系的杜希德教授和宗教系的太史文教授，學科考和博士論文計畫考試、博士論文考試也都由他們三位聯手。在這過程之中，余先生完全尊重我的選擇，也鼓勵我多向其他老師學習，他只在大方向上給予指引，其中最關鍵的一次是博士論文的選題。

一九九二年春天，我通過學科考後，馬上就要開始撰寫博士論文計畫。我當初申請到普大進修時所提的研究計畫是屬於疾病史的範疇，而我從碩士班開始便致力於宗教史研究，到了普大之後，這兩個領域仍然是我閱讀、研究的重心，但我希望擴展新的學術版圖，因此，特別以「夢」為主題，希望能貫穿宗教史、疾病史和文化史研究。事實上，我也做了不少準備，花了不少心思在心理學、人類學的相關研究上，也遍查葛思德東方圖書館的善本書室中的「夢占」專書和類書中的材料。當時，我打算以「中國的夢文化」作為博士論文的方向，探討中國人如何認知、解讀、對待、運用「夢」，完整的呈現中國與夢相關的宗教、禮俗、醫療、文學、藝術和文化傳統。不過，當我以口頭的方式向余先生報告大致的構想之後，他沉思片刻，只說這樣的題目要有很清晰、嚴謹、適切的「概念架構」（conceptual framework）才行。他雖然沒說不可以，但卻提醒了我要有闖難關的心理準備。我思考數日之後，發現自己的野心顯然超越了能力，夢想距離現實太遠，便毅然放棄了那個題目，乖乖回到我已深耕多年的巫覡研究，最後提出的研究題目是“Chinese Shamans and Shamanism in the Chiang-nan Area During the Six Dynasties Period（3rd-6th

Century A.D.)"（中國六朝時期江南地區的巫覡與巫俗）。

一九九二年夏天，我通過了博士論文計畫的口試和審查，決定返回臺灣進行一些田野工作並撰寫論文。返臺前夕，到余先生府上拜別老師、師母。臨別前，向余先生求字。他當場揮毫，書寫朱熹〈送林熙之詩五首〉中的第五首：「古鏡重磨要古方，眼明偏與日爭光。明明直照吾家路，莫指并州作故鄉。」當下我只覺得相當神奇，林熙之是朱熹門生，閩人（古田人），而我祖籍福建，又姓林，朱子則和余先生同為安徽人，再恰當也不過了。

但是，當我返回臺灣後，將贈詩裱掛在研究室，天天看著，這首詩卻困擾了我一段時日。因為，詩的內容畢竟是「論學」，而且充滿勸勉、教誨之意，我於是不時會思考：「古鏡」為何？「古方」為何？「吾家」何在？「故鄉」何在？而我既不知朱熹此詩的原意，也不解余先生要藉此詩指點什麼或只是隨手捻來。真是費盡思量！最後，我乾脆依自己想法「硬解」！我認為余先生要我恢復自己的「本來面目」，要明明白白知道自己的「根基」和「認同」。於是，我拋棄了所有的顧慮和牽掛，拋棄了中國史、臺灣史、世界史的畛域和界限，拋棄了歷史學、人類學、社會學的分野和區隔，自由自在地運用材料、方法、理論，而且開始走向臺灣宗教活動的現場，進行書齋與田野的互證，古今與中外的比較。

一九九四年的春天，我完成了博士論文的初稿，返回普大。原本打算給余先生和口試委員過目之後，會有一番大改，可能要再花上一年的時間才能畢業。沒想到他們看過之後不久，就安排了當年夏天的口試日期，要我邊修改邊準備答辯。當時既興奮又緊張！結果，口試當天，除了三位考官之外，還來了系上的中國史、日本史教授以及不少研究生，壓力頗大，而在口試過程中，偏偏余先生又不時進出考場，留我一人孤軍奮戰，還好最後全身而退，過了最後一關。事後，系上秘書才告訴我，就在我們進行答辯時，余師母在家被毒蟲螫傷緊急送醫，難怪余先生坐立不安，所幸並無大礙，否則我就成大罪人了。

或許是這個緣故，博論答辯當天余先生對我的論文提問不多，但有個問題卻花了我多年的時間才完整回答。他當時是問我：「六朝的道士和巫覡有何分別？如何分別？」我當下有點愣住，因為，在當今臺灣的儀式場合，光看服飾裝扮就可以辨別道士（師公）和童乩（巫覡），所以我根本不曾想過這個問題。在那時候，我只能憑藉幾條材料，約略說明兩者的基本差異。但是，我並不滿意那天的回答，因此，回到臺灣之後，我在進行了數年的六朝道教研究之後，終於撰成了〈試論六朝時期的道巫之別〉（收入周質平、Willard J. Peterson編，《國史浮海開新錄：余英時教授榮退論文集》（臺北：聯經出版公司，二〇〇二），頁一九—三八），並在二〇〇一年夏天重返普大，在余先生榮退紀念研討會上宣讀，這才算是圓滿完成我的學習。

這段留學生涯（一九八九—一九九四），我以為會永遠塵封在我的記憶庫裡，因為，我總覺得那是一段特別寂寞、孤獨的歲月，不忍回顧。那時，學問上是有所得，但是，生活過得太苦澀。普大校園以美麗聞名，其所在的紐澤西州又號稱「花園州」（Garden State），但我在那邊數年之久，因為專注於讀書，幾乎完全錯過了春花、秋葉，也錯過了夏林、冬雪。不過，普大雖然四季分明，雨雪霏霏的日子其實不多，經常陽光普照，而且，無論四季，陽光總是溫暖而不火熱，明亮而不刺眼。而余先生和余師母給我的感受，也就像普林斯頓的陽光一樣。如今想來，我其實很幸運，我不曾錯過他們給我的溫暖、愛護、指點和鼓舞。

二〇一八年十一月七日，立冬，寫於南港中央研究院學人宿舍

●本文作者為中央研究院歷史語言研究所特聘研究員，中央研究院數位文化中心召集人。

自由主義的薪傳
——從胡適到余英時

周質平

引子

一九八四年八月十日，時任耶魯大學Charles Seymour史學講座教授的余英時先生來到美國東北角維蒙特（Vermont）州的明德大學（Middlebury College）[1]暑期中文學校，接受榮譽博士學位。當時我初掌暑校，有幸得識久仰的余先生。

一九四一年，時任中華民國駐美大使的胡適也曾接受過明德大學的榮譽博士學位。胡適在一九四一年六月十六日的日記中有簡要的記錄：「在Middlebury College, Vt. 作畢業演講，並授『L.L.D.』名譽學位」[2]。明德大學立校在一八〇〇年，在過去兩百多年的校史中，余英時是繼胡適之後，獲此殊榮的第二位中國人。

一九八七年九月余先生受聘為普林斯頓大

余英時（左）與周質平（右）合影。

學東亞系（Department of East Asian Studies）胡應湘（Gordon Wu）講座教授，直到二○○一年退休。退休後，鄉居普鎮，前後已超過三十年，是余先生來美後工作居住時間最長的地方。過去三十多年來，我有幸和余先生同在東亞系工作，並同住普鎮，給了我許多就近請益的機會。每遇疑難不解的問題，向余先生請教，三言兩語之間他常能從高處大處，指出問題之關鍵，真讓我有「撥雲見日」之感，有時更直接指出參考之資料，資訊之來源。讓人驚歎其涉獵之廣，與記憶力之強。我相信凡是請教過余先生的人，都有類似的經驗和震撼。

余先生平易近人，在道德學問上「仰之彌高」；在待人接物上「即之也溫」。過去三十多年來，我何其有幸，在這兩點上，都能有近距離的觀察、接觸和感受。受益之深是我在普大工作，意想不到的最大收穫。

明年欣逢英時先生九十大壽，先生研究寫作不輟，新作源源不絕，真可謂「發憤忘食，樂以忘憂，不知老之將至！」這樣的生活工作態度真堪為我輩楷模。

---

1 臺北南港胡適紀念館在展出的胡適榮譽學位清冊上將Middlebury College音譯為「密達伯瑞學院」。「明德大學」之中文譯名，是普大東亞系已故教授牟復禮（Frederick W. Mote，一九二二—二○○五）的手筆，現已為美國中文學界所接受。

2 《胡適日記全集》冊八（臺北：聯經出版公司，二○○四），頁一○五。

余英時先生繼二〇〇六年獲頒美國國會圖書館克魯格（John W. Kluge Prize）人文終身成就獎之後，二〇一四年，又榮獲臺北中央研究院主辦之唐獎「漢學獎」，真可謂實至名歸。由余先生首膺「漢學獎」，反映了當今學界對漢學（Sinology）一詞的界定已不再局限於對古代中國之研究，而是廣義的「中國研究」，由古及今，史學、哲學、文學並包。余先生在學術上的成就已得到學界充分的肯定，然而，余先生絕不只是一位枯坐書齋，不問世事的學者，他的社會關懷是當今許多「公知」所望塵莫及的，是中國現代學術史上，繼胡適之後「以道抗勢」，最不容忽視的一股「清流」；而余先生在兩岸三地對一般讀者的影響，他的政治社會評論絕不在他的學術研究之下。

二〇一四年二月十七日，《紐約時報》國際版（*International New York Times*），在第七頁上，發表了專欄作家Nicholas Kristof題為〈教授們，我們需要你〉（“Professors, We Need You”）的評論，他指出當前學者所作的學術研究幾乎和現實不發生任何干涉。他引用前普林斯頓大學，威爾遜學院院長（Dean of Woodrow Wilson School of Public and International Affair，二〇〇二—二〇〇九），現任新美國基金會總裁（The President and CEO of New America）Anne-Marie Slaughter的話說道：「所有的學術研究在日趨專業化、量化的過程中，卻與一般大眾漸行漸遠。」（All the disciplines have become more and more specialized and quantitative, making them less and less accessible to the general public.）Kristof指出：例外不是沒有，但一般說來，當前美國大學裡的公共知識分子，和上一代相比，少

了很多。這個現象，據他分析，和美國大學的考核和長俸（tenure）制度有關。人文學者大多皓首於冷僻的小題目，作微觀深入的研究，以獲取終身教職，對國事天下事也就無從關切了。換句話說，美國學者之所以脫離現實，走進象牙塔，其根本的原因，與其說是學術的，不如說是經濟的。

當然，這種以經濟帶動學術的現象在中國學界也並不罕見。然而，若仔細推敲，則又不難發現同中有異。從魏晉人士的佯狂縱酒，到乾嘉諸老埋首小學訓詁，在一定的程度上，都是政治干預的結果。而今，在中國，作個冷僻的小題目，倒未必能名利兼收。要想獲致官方的研究經費，談談「中國夢」，「一帶一路」，「偉大民族復興」才是終南捷徑。換句話說，學術必須為政治服務，對當前政治的任何批評，都有可能被指為「妄議中央」的危險。這一罪名，輕則去職，重則下獄。在如此嚴峻的形勢之下，我們何忍對國內的知識人再以「氣節」相責。一個有人味的社會是「不責人以死」的，是允許人有不做「烈士」的自由的！

中國知識分子長久以來，有「以天下為己任」的胸懷，從胡適到余英時的自由主義傳統，體現了中國士人不屈服於極權暴力，並深信唯有民主自由才能凝聚中國人心。

自由主義，光焰不熄

一九六二年，胡適逝世之後，梁實秋以〈但恨不見替人〉為題，撰文悼念老友。[3]半個多世紀過去了，今日回看，不得不說，梁實秋「不見替人」之「恨」，說得有些過早，也有些悲觀。二〇一一年是胡適出生一百二十周年，二〇一二年則是逝世五十周年，兩岸的學術界都舉行了隆重的國際研討會來紀念這位「但開風氣不為師」的五四新文化運動領袖。只要到北京的各大書店看看，就不難發現，胡適的著作，正以驚人的速度，再版重印。

二〇一三年八月十八日，北京外文出版社在當年北大紅樓，舉行《胡適文存》、《胡適論學近著》和《獨秀文存》，影印版首發式。這兩套在中國現代思想史上發生過重大影響的著作，又得以當年原貌示諸國人。

二〇一六年十二月十七日是胡適一百二十五歲生日紀念，北京大學歷史系主辦了一場為期兩天的「胡適與中國新文化」國際學術研討會，邀集了大陸，港臺及海外各地研究胡適和近現代中國思想史的專家學者六十人會聚一堂，來緬懷這位中國新文化運動的開路人與奠基者。並同時舉辦「胡適與北大」的展覽。胡適終於又回到了他所摯愛的北大。

一九五三年，正當胡適思想批判進入高潮的時候，胡適曾以「野火燒不盡，春風吹又生」來描述胡適思想批判運動的必然失敗。[4]我也曾說：「封閉與獨裁是滋生胡適思想最肥沃的土壤，也是胡適思想始終不過時最好的保證。」[5]只要當道繼續否認民主、自由、人權的普世價值，關閉網路頻道，繼續不講「憲政」、「司法獨立」、「學術獨立」，就會有千千萬萬胡適思想的信從者從全國各地，像雨後春筍一樣的冒出來。胡適思想後繼有人！

嚴復（一八五四—一九二一）在翻譯英國亞當斯密（Adam Smith，一七二三—一七九〇）《原富》（*An Inquiry into the Nature and Causes of the Wealth of Nations*, 1776，簡稱*Wealth of Nations*）的按語中，有一段講到「人權」，至今值得我們深思猛省：

> 乃今之世既大通矣，處大通並立之世，吾未見其民之不自由者，其國可以自由也；其民之無權者，其國之可以有權也……故民權者，不可毀者也。毀民權者，天下之至愚也，不知量而最足閔嘆者也！[6]

嚴復的《原富》脫稿在一九〇〇年，當今世界「大通」的程度，遠非當年嚴復所能想

3 梁實秋，〈但恨不見替人〉，《梁實秋懷人叢錄》（北京：中國廣播電視出版社，一九九一），頁七〇—七一。

4 胡適，〈同情淪陷鐵幕的知識分子——對大陸文化教育界人士廣播〉，《胡適作品集》冊二六（臺北：遠流出版公司，一九八六），頁二一〇。

5 周質平，〈自序〉，《光焰不熄》（北京：九州出版社，二〇一二），頁五。

6 王栻主編，《嚴復集》冊四，共五冊（北京：中華書局，一九八六），頁九一七—九一八。

像。互聯網的發展真正的做到「天涯若毗鄰」，而資訊的傳遞，更是瞬息萬里，無遠弗屆。然而，一百二十年過去了，從國民黨到共產黨，除了孫中山的「三民主義」提到「民權」兩字以外，竟還沒有一個高瞻遠矚的政治領袖能夠體會到嚴復的深心遠慮。嚴復的這段話也就是胡適所說的：「自由平等的國家不是一群奴才建造得起來的！」[7]當道至今的邏輯是嚴復按語的反面：「民有權，則黨無權；民自由，則黨不自由。」於是，言論無自由，出版有禁忌。

孔子說：「天下有道，則庶人不議。」（《論語．季氏》）如今用高壓鉗口的方式，造成一個「庶人不議」的假象，而自我陶醉於「天下有道」的幻象之中。這是今日中國最可悲嘆的現狀。但千萬別忘了，我們也有「防民之口，甚於防川」的古訓：「川壅而潰，傷人必多，民亦如之。是故為川者，決之使導；為民者，宣之使言。」（《國語．周語》）如果提倡「言論自由」，是「海外反動勢力，別具用心」，那麼，聖人的古訓，在這個「儒學復興」的「偉大時代」，是不是也有值得「為民者」三思的所在？

「五四」至今百年，當年共產黨的創黨人陳獨秀請來中國的德先生（Democracy德莫克拉希），在神州大地竟不見蹤影。民主在中國的百年滄桑，也正是自由主義在中國的坎坷境遇。民主與自由，對中國人來說，至今還是個不曾實現過的舊夢。然而，雖不曾實現過，但也不曾破滅過。即使在如此暗淡的低氣壓之下，我們依舊深信：在高壓禁錮的社會中，胡適思想是不可能過時的，而胡適思想的信從者也正是那「野火燒不盡」的眾生。

梁實秋悼文中的「替人」，或許並不是我上面所說，胡適思想的信從者，而是指一個可以接替胡適在學術界、思想界的領袖人物。

今天的大陸當然已不是五四時期的中國，蔡元培、陳獨秀、胡適這批學者，能在短時期之內，鼓動風潮，開創新局，這需要有特定的時代和社會的條件，而這樣的客觀條件是不可能複製，也不可能復現的。胡適的「替人」當然也就無從產生了。更何況一九四九年的變局把原已「邊緣化」[8]了的知識分子，打進了社會的底層，成了罪孽深重、受到黨國唾棄的「臭老九」。能苟全不死，已屬萬幸，何敢更有「引領風騷」之想。從這個意義上來說，胡適的「替人」斷無可能出現在今日中國的土地上。然而，陳寅恪所標榜的「獨立的精神」、「自由的思想」[9]是可以傳承的。胡適的替人，當就這一點來探索。《莊子．養生主》所說：「指（脂）窮於為薪，而火傳也，不知其盡也。」脂膏有窮，而火傳無盡。自由主義的火炬並不會因為個人形體的消亡，而與之俱滅。

7 胡適，〈介紹我自己的思想〉，《胡適文存》第四集（臺北：遠東圖書公司，一九六八），頁六一三。

8 參看余英時，〈中國知識分子的邊緣化〉，《中國文化與現代變遷》（臺北：三民書局，一九九二），頁三三—五〇。

9 陳寅恪，〈清華大學王觀堂先生紀念碑銘〉，《金明館叢稿二編》，《陳寅恪先生文集二》（臺北：里仁書局，一九八一），頁二一八。

二〇〇四年十月二十五日，顧思齊在《南方都市報》上發表題為〈在沒有胡適之的時代讀余英時〉的書評，對余著《重尋胡適歷程》推崇備至。我相信，下面這一段文字代表了多數當代中國知識人對余先生的評價：

> 余氏乃兼具學院知識分子，公共知識分子之長，其治學不以文獻的堆砌及方面的駁雜取勝，而以歷史的通觀及分析的精闢見長。識見之通達，觀察之犀利，表達之明晰，在在有胡適遺風。我們應當慶幸，在沒有胡適的時代，至少還有余英時……由胡適看現代中國，是切入現代中國史的捷徑；而由余英時看胡適，又是深入胡適思想的方便法門。

由最後兩句話可以看出，大陸有不少人是透過余英時的胡適研究來瞭解胡適的。在這些人眼裡，余不但是胡的「替人」，也是胡的「化身」。這篇書評在網上流傳很廣，足見這一說法是有一定的「群眾基礎」的。胡適和余英時都是「學院精英」而兼為「公共知識分子」，他們都有各自學術上的專業研究，但也有「忍不住的」社會關懷。

一九九一年，胡適百歲紀念，他的母校康奈爾大學（Cornell University）東亞研究項目（East Asia Program）成立胡適基金（Hu Shih Endowment），並聘請余英時為第一任「胡適訪問教授」（Hu Shih Visiting Professor in Chinese Studies at Cornell）[10]。胡、余兩人

在思想上的承繼關係，海內外似乎有一定的「共識」。

胡適在今日中國大陸捲土重來，並受到廣大知識人的注意。主要是他以「公共知識分子」的身分所發表的政論時評，而不是他以「學院精英」所出版的學術專著。胡適的言論在今天能引起多數讀者興趣和關注的，絕不是他的《中國古代哲學史》，也不是他的《白話文學史》，更不是他的禪宗研究或《水經注》考證。而是他的政論，如一九一九年和李大釗「問題與主義」的辯論；一九二九年發表在《新月》，而後收入《人權論集》，批評國民黨和孫中山的文字；一九三〇年〈我們走那條路〉；抗戰前夕發表在《獨立評論》上數十篇的時評，如〈信心與反省〉等。這一現象印證了余英時在一九八〇年代初，對當時中國社科院院長胡繩所說的話：「胡適的學術研究早已被後來的人超過了，因為後浪推前浪，這是無可避免的；但胡適的政治主張因為自五四以來在中國根本未曾落實過，因此還是新鮮的，並沒有發生『過了時』的問題。」[11]

一九九一年，余英時寫〈胡適與中國的民主運動〉作為胡適百歲的紀念文字，強調胡

10 East Asia Program, Cornell University, *Newsletter*, Spring 1992. p.1.

11 這是二〇一一年十二月十七日，余英時接受《東方早報》的一篇訪談，收入《學思答問：余英時訪談集》（北京大學出版社，二〇一二），頁一八八—一八九。與胡繩的那段對話，又見陳致，《余英時訪談錄》，頁七四。

適思想對當代中國社會的意義在「民主，自由，人權」的提倡上。特別推崇胡適能在一九四七年八月，共產黨席捲大陸的前夕，發表〈我們必須選擇我們的方向〉，此時，他依舊深信「民主自由」是「世界文化的趨向」，而「反自由，反民主的集團專制」只是「一個小小的波折，一個小小的逆流」。[12]

一九四七年三月，也就是胡適發表〈眼前世界文化的趨向〉前五個月，儲安平在《觀察》雜誌上發表〈中國的政局〉，已經清楚的指出：「自由」，在國民黨統治下，是一個「多」「少」的問題；而在共產黨統治之下，就成了一個「有」「無」的問題了。儲安平是支持「民主」，同情「自由主義」的。他認為自由主義者雖有相當的影響，但散漫而缺乏組織。他們的力量，「只是一種潛在的力量，而非表面的力量；只是一種道德權威的力量，而非政治權力的力量；只是一種限於思想影響和言論影響的力量，而非一種政治行動的力量」。這正是當時以胡適為首的自由主義者在中國的處境。但是我們不能小看這種力量，因為「凡是道德的力量，常常是無形的，看不見，抓不著，但其所發生的力量，則深入而能垂久。這股力量在社會上有根，在人心裡有根」。[13]儲安平的分析是持平而中肯的。

「自由主義」絕非如許多人心目中想像的弱不禁風，如果「自由主義」真是不堪一擊，則又何勞共產黨在五十年代發動全國各階層對胡適思想進行長時期的批判和肅清呢？要知道批判和肅清的背後，往往是巨大的恐懼！而這種恐懼正是來自——自由主義的思想「在社會上有根，在人心裡有根」。「根」在表面上看不到，摸不著，但它深入地裡，從岩縫裡，在烈日下，依然能生長茁壯。一九一七年胡適回國後致力文化建設，而不走政治運動的方向，正是著眼於這個「根」的建立。正如余英時在〈脊梁——中國三代自由知識分子評傳序〉中所說：「我們所看到的並不是中國人追求自由的失敗與挫折，而是自由所展示的無盡潛力。」[14]

二〇一一年十二月十七日是胡適誕辰一百二十周年紀念，余英時接受香港《東方早報》的採訪，暢談胡適在學術、社會、政治各方面的影響，極為肯定的指出：「胡適是二十世紀影響力最大也最長久的學者和思想家」，[15]他在五四時期所提倡的科學、民主、自由等普世價值至今有引領中國人向前的意義。至於一九五〇年代初期對胡適思想的批判，「今天從思想史的角度看，正是對他最高的敬禮」。余英時認為「創造了現代中國的公共輿論」[16]是胡適重要的貢獻之一，而這也正是胡適「對於他的政治理想的一種實踐。他全

12 余英時，〈胡適與中國的民主運動〉，《民主與兩岸動向》（臺北：三民書局，一九九三），頁二三七—二四七；胡適，〈眼前世界文化的趨向〉，《我們必須選擇我們的方向》（香港：自由中國出版社，一九五〇），頁五—一七。

13 儲安平，〈中國的政局〉，《觀察》第二卷第二期（一九四七年三月八日），頁六—八。

14 余英時，〈脊梁——中國三代自由知識分子評傳序〉，《會友集》（香港：明報，二〇〇八），頁二八七。

15 彭國翔編，《學思答問：余英時訪談集》（北京大學出版社，二〇一三），頁一八〇。

16《學思答問》，頁一八八。

力宣導言論自由，思想自由，出版自由，便是為了爭取人民有批評執政黨及政府的合法權利」。[17]在此，余英時扼要的說明了胡適自由主義的精義。

胡適苦心經營了三十年的民主自由，一九四九年，一夕之間，摧毀殆盡。樂觀如胡適，一九四八年的除夕，與傅斯年在南京度歲，也不免相對淒然了。[18]然而，自由主義，並沒有因暴力的摧殘而消亡。一九四九年的變局讓許多中國知識分子和年輕的學生流落港臺、海外。臺灣的雷震、殷海光和胡適有直接的聯繫，《自由中國》雜誌的出版〈宗旨〉就是胡適的手筆。一九六〇年雷震入獄，《自由中國》停刊，一般都把這個結局看作自由主義在臺灣的挫敗。但臺灣在八〇年代開放黨禁、報禁，並實行直接民選。雷震和《自由中國》的貢獻是不能抹殺的。這段歷史已經受到學者的注意和承認。[19]相對於臺灣的情況而言，中國知識分子五〇年代在香港「反共抗暴」的努力還沒有受到學界足夠的注意。

飛鳥之影，似亡實在

一九四九年之後，美國學界，在費正清（John King Fairbank，一九〇七—一九九一）長時期領導下的現當代中國研究，左傾是主流，就如余英時在〈費正清與中國〉一文中指出：多數美國研究中國問題的專家都相信「中共的『新秩序』代表了中國人的集體意志和歷史傳統」。[20]一直到今天，斯諾（Edgar Snow，一九〇五—一九七二）一九三七年出版的《紅星照耀中國》（*Red Star Over China*）還是許多研究現代中國學生的必讀書。

中共立國後的頭十年，正是美國學者對這一新政權充滿浪漫幻想的蜜月期。一九五六年十一月十八日，胡適在寫給趙元任的信中提到：「在許多大學裡主持東方學的人，他們的政治傾向往往同我有點『隔教』。」[21]所謂「隔教」，也就是胡適反共，而他們親共。胡適在這十年之中，發表了一系列反共的文章，有的從歷史的角度來說明共產黨的得勢，並非所謂「農民起義」，在一夜之間擊潰了國民黨，而是共產黨借抗戰之名，行坐大之實；[22]有的從思想史的角度來說明，對權威的懷疑，是傳統中國思想中固有的權利；更多

17 同上。

18 參看胡頌平，《胡適之先生年譜長編初稿》冊六（臺北：聯經出版公司，一九八四），頁二〇六五—二〇六六。

19 如范泓，《雷震傳：民主在風雨中前行》（廣西師範大學出版社，二〇一三），此書在臺灣更名《雷震傳：民主的銅像》，二〇一三年由獨立作家出版社出版。

20 余英時，〈費正清與中國〉，《中國文化與現代變遷》（臺北：三民書局，一九九二），頁一六三。

21 胡適，〈致趙元任夫婦〉，耿雲志、歐陽哲生編，《胡適書信集》下冊，（北京大學出版社，一九九六），頁一二九一。

22 Hu Shih, "China in Stalin's Grand Strategy," *Foreign Affairs*, Vol. 29, No. 1 (October 1950), pp. 11-40.

的則是對當時共產黨的箝制思想，做了直接正面的揭露和控訴。[23]胡適是二十世紀五〇年代海外反共最有影響的一位學者。

一九五〇年代初期，正當胡適在紐約發表反共宏論的時候，一位流亡在香港的小同鄉，安徽潛山的余英時，正就讀於剛成立的新亞書院。在課餘，負責編輯一份名叫《中國學生周報》和《自由陣線》的週刊，並以筆名「艾群」發表了一系列時評和論學的文字，其主旨則是鮮明的反共。形成了美港兩地有趣的反共「唱和」。胡適長余英時三十九歲，幾乎相隔兩代。一九三〇年余英時出生時，胡適已名滿天下，這樣的隔海「唱和」，當然不是刻意的安排，而是兩代最優秀的中國知識人，隔著太平洋，對中國落入共產黨統治，不期然而然的表示出深切的憂憤。余英時的名字在胡適的著作中，出現過一次。一九五八年一月十六日，胡適在日記中有如下一條：

> 潛山余協中來訪。他是用Refugee Act來美國居留的，現住Cambridge。他說起他的兒子余英時，說Harvard的朋友都說他了不得的聰明，說他的前途未可限量。
>
> 我對協中說：我常常為我的青年朋友講那個烏龜和兔子賽跑的寓言，我常說：凡在歷史上有學術上大貢獻的人，都是有兔子的天才，加上烏龜的功力。如朱子，如顧亭林，如戴東原，如錢大昕，皆是這樣的，單靠天才，是不夠的。[24]

胡適和余協中是舊識，也是安徽同鄉。當時，胡適寓居紐約，計畫四月動身回臺北就任中央研究院院長。一九五八年，余英時二十八歲，到哈佛已兩年多，正師從楊聯陞讀中國史博士。胡適常用龜兔賽跑的故事勉勵年輕的學者，一九三六年十月三十日給吳健雄的信裡也提到此一寓言，他說：「龜兔之喻是勉勵中人以下之語，也是警惕天才之語。」[25]胡適日記中的這段話當然是意在「警惕天才」。錢穆在一九五六年寫給余英時的信中，也有類似勉勵的話：「學問之事，非畢生悉力以赴，則人之聰明，不相上下，豈能立不朽之盛績乎！」[26]

細看胡適的這段日記，似乎他相信余英時絕頂聰明，至於是否在學術上能有大成則不可言之過早，需視往後努力而定。當然，現在證明，余英時不但有「兔子的天才」，也有「烏龜的功力」。胡適提到的四位兼有天才和功力的歷史人物，其中朱熹和戴震，余英時

23 有關胡適的反共思想，參看周質平，〈胡適的反共思想〉，《現代人物與思潮》（臺北：三民書局，二〇〇三），頁二〇一—二二四。
24 曹伯言整理，《胡適日記全集》九，（臺北：聯經出版公司，二〇〇四），頁三三二—三三三。
25 耿雲志、歐陽哲生編，《胡適書信集》冊二（北京大學出版社，一九九六），頁七〇六。
26 錢穆，〈致余英時書〉，《素書樓餘瀋》（北京：九州出版社，二〇一一），頁三三九。

都有邁越前人研究成果的專著。[27]

普林斯頓大學，葛斯德東方圖書館（Gest Oriental Library）藏有一本一九五四年三月香港自由出版社印行的余英時著《民主革命論》，書首有作者的親筆簽名，上書：「適之先生教正，後學余英時敬贈，一九五四，三，廿六」書中還夾了一張雷震寫給胡適的便條：

適之先生：

送上香港寄來書一冊，敬祈詧收。肅此

道安

弟雷震上

四三（按：一九五四），三，廿九

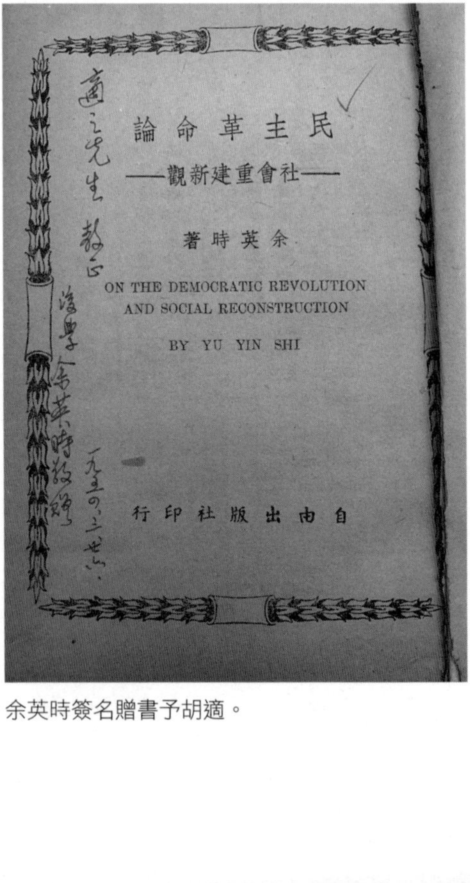

余英時簽名贈書予胡適。

二〇一三年九月九日，我向余先生請教贈書的事。他回憶說，一九五四年，他在香港，在報上看到為選舉總統、副總統事，胡適回臺參加國民大會第二次會議，此時，《民主革命論》剛出版，他就寄了一本到臺北《自由中國》雜誌社，請他們轉交給胡適。由雷震所寫的便條，可以看出，他在三月二十九日，把書轉交給了胡適。

從一九五〇到一九五二，胡適曾任葛斯德圖書館館長兩年，他對這個圖書館是有特殊感情的。在他一九五八年回臺任中央研究院院長之前，曾把部分圖書捐給葛斯德圖書館，[28]《民主革命論》或許就是其中一本。我之所以細述贈書的這段往事，因為這很可能是胡、余兩人交往的唯一文字紀錄了。

余英時雖然從未見過胡適，[29]但據他在閒談中提到，抗戰時期，他在家鄉，安徽潛山

27 余英時，《論戴震與章學誠》（臺北：三民書局，一九九六）；《朱熹的歷史世界》二冊（臺北：允晨文化，二〇〇三）。

28 有關胡適在葛斯德圖書館的兩年生活，參看周質平，〈胡適的黯淡歲月〉，《光焰不熄：胡適思想與現代中國》（北京：九州出版社，二〇一二），頁三七五—三九五。

29 余英時：「我和適之先生從無一面之雅。」見〈中國近代思想史上的胡適〉，在胡頌平編，《胡適之先生年譜長編初稿》冊一（臺北：聯經出版公司，一九八四），頁五。

官莊鄉，過了九年（一九三七—一九四六）農村山居的日子，除了傳統的私塾之外，接觸不到現代的教育。但家中有胡適送給他父親的一紙條幅，上面是胡適一九一七年據墨子「景不徙」的哲理所寫的一首小詩，這很可能是他初次接觸到胡適的作品：

飛鳥過江來，投影在江水。
鳥逝水長流，此影何嘗徙？
風過鏡平湖，湖面生輕縐。
湖更平靜時，畢竟難如舊。
為他起一念，十年終不改。
有召即重來，若亡而實在。[30]

至今，這首詩，余先生還能朗朗上口。胡適對他的影響，幾十年來，有如飛鳥之影，似亡而實在。余先生知道我喜歡讀胡適

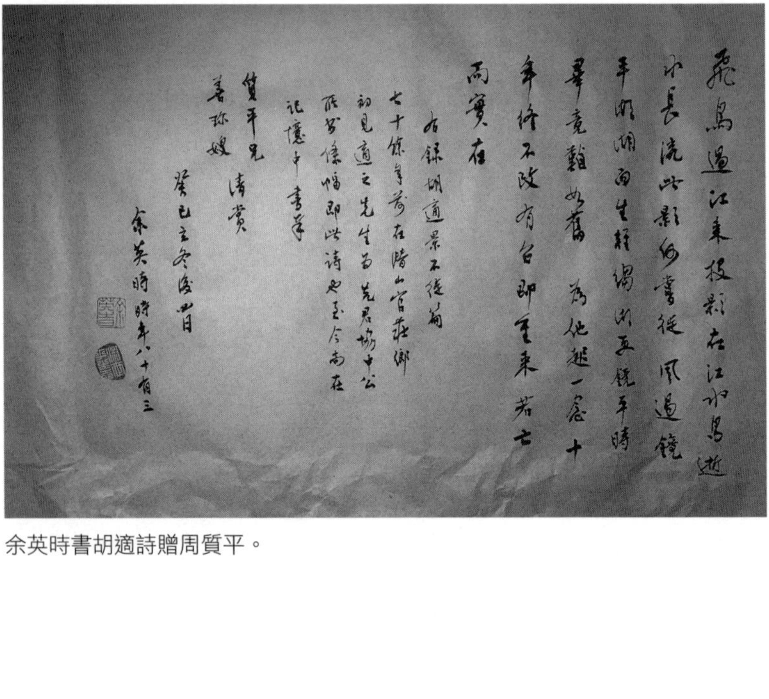

余英時書胡適詩贈周質平。

著作，承他手書此詩贈我，詩後，有一小跋：「右錄胡適〈景不徙〉篇。七十餘年前，在潛山官莊鄉初見適之先生為先君協中公所書條幅即此詩也。至今尚在記憶中。」余先生在他的回憶錄中也曾提及此事，並指出：「二戰結束以後，回到城市，我最早讀到的課外書是《胡適文存》，對於白話文起源的故事感到十分有趣，因此在不知不覺中接受了胡適對於『五四』的解釋。」[31]余英時初讀《胡適文存》當在十六、七歲。少年時期所讀過的胡適著作像一粒小小的種子，成年後生根發芽，為他往後在接觸共產主義的宣傳中，起了相當「免疫」和「抗暴防腐」的作用。這為胡適「社會的不朽」論，又增添了一個有趣和有力的佐證。

在余英時早年的著作中，很容易看出胡適的影響，他一向以自由主義者自任，[32]並毫不諱言他的反共立場。一九五三年，余英時在為自己的集子《到思維之路》寫的序言中，對一九四九年中國政局的變遷，所帶來的獨裁和思想上的箝制，表示了最深切的憤慨，他明確的指出，一九四九年的變局「剷除了中國舊有的一切思想的根基，也摧毀了西方學術界所傳布過來的一切思想的幼苗；而它所帶來的卻不是任何新思想體系的創見，恰恰相

30 此詩最早收入《藏暉室箚記》卷一五，即《胡適留學日記》（上海：商務印書館，一九四七），頁一一〇六。

31 參看，《余英時回憶錄》（臺北：允晨文化，二〇一八），頁二四—二五。

32〈我是一名自由主義者〉，在彭國翔編，《學思答問：余英時訪談集》，頁一一一。

反，乃是極權統治者的教條束縛了全中國人民的智慧」。[33]這是余英時二十三歲時所說的話，六十五年過去了，他的反共情懷隨著年齡的增長，變得更深刻，更全面也更堅定了。在序文的末尾，他引用了胡適一九三〇年在〈介紹我自己的思想〉一文中的話，表達了他「內心的願望」：

從前禪宗和尚曾說：「菩提達摩東來，只要尋一個不受人惑的人。」我這裡千言萬語也只要教人一個不受人惑的方法。被孔丘、朱熹牽著鼻子走，固然不算高明；被馬克思、列寧、史達林牽著鼻子走，也算不得好漢。我自己決不想牽著誰的鼻子走。我只希望盡我的微薄的能力，教我的少年朋友們學一點防身的本領，努力做一個不受惑的人！[34]

寫到此處，我們不難看出，青年的余英時多少有點以胡適的後繼者自任，企圖在一九五〇年代初期，香港遭受馬列主義狂潮衝擊的時候，做一些「挽狂瀾於既倒」的工作。在一九八一年同書的再版自序中，余英時說他自己「當時深受五四以來的自由主義傳統的影響：在政治上嚮往民主，在思想上尊重理性和容忍。」[35]這幾句話的背後，都有胡適的影子。在這篇序言的結尾處，余英時引用了周亮工《因樹屋書影》中「鸚鵡救火」的故事：

昔有鸚鵡飛集陀山，乃山中大火，鸚鵡遙見，入水濡羽，飛而灑之。天神言：「爾雖有志意，何足云也？」對曰：「常僑居是山，不忍見耳！」天神嘉感，即為滅火。[36]

余英時接著說道：「我當時並不敢奢望可以感動天神來滅火，但是我的確覺得自己是曾經僑居陀山的鸚鵡，不能不在故山大火之際盡一點心意。所以五十年（代）初期我在香港所寫的一些不成熟的東西都可以看作鸚鵡羽翼上所濡的水點。」[37]

余英時也曾以「常喬居是山，不忍見耳」為題，談自己的「中國情懷」。[38]「鸚鵡救火」是「知其不可而為之」的極致表現，也是對故土一種最深切的關愛。一九二九年胡適

33 余英時，《到思維之路》（臺中：漢新出版社，一九八四），頁一。感謝葛兆光先生提供此書複印。
34 余英時，《到思維之路》，頁四。原文見胡適，〈介紹我自己的思想〉，《胡適文存》第四集（臺北：遠東圖書公司，一九六八），頁六二三—六三四。
35 余英時，《到思維之路》，頁一。
36 原文見周亮工，《書影》（臺北：漢京文化事業有限公司，二〇〇四），頁四四。
37 余英時，《到思維之路》，頁二—三。
38 余英時，〈常喬居是山，不忍見耳——談我的中國情懷〉，《文化評論與中國情懷》（臺北：允晨文化，一九八八），頁三七五—三八一。

也曾把「鸚鵡救火」的故事引用在他所寫《人權論集》的序中。並加了一段按語：

> 今日正是大火的時候，我們骨頭燒成灰終究是中國人，實在不忍袖手旁觀。我們明知小小的翅膀上滴下的水滴未必能救火，我們不過盡我們的一點微弱的力量，減少一點良心上的譴責而已。[39]

胡適當時批評的重點是國民黨假「訓政」之名，行專制之實，遲遲不頒布憲法，老百姓沒有言論出版的自由，國民黨在胡適的筆下，成了一個在政治上獨裁、在文化上反動的政黨。[40]余英時特別重視胡適這一段和國民黨的衝突，認為是胡適「生命史上應該特筆大書的關鍵時刻」，因為「胡適的自由主義立場是在一九二九年與執政國民黨的激烈爭執中才獲得明確而具體的展現」。[41]換句話說，這也就是「以道抗勢」[42]的具體行動。

余英時所說的「大火」則是一九四九年之後，共產黨對傳統的中國文化和社會結構進行最徹底的破壞和剷除。全國人民在新政權的統治之下，完全喪失了獨立自主的人格和思想言論的自由。兩個人所面對的「大火」容或有不同，但所表現出來的社會關懷則初無二致。胡適說：「我們的骨頭燒成灰終究是中國人。」這一點，余英時也是有同感的。一九九八年，去國近五十年之後，他在《論士衡史》的序中，是這樣描述他自己的：

我自問在文化意識上始終是一個中國人。而且我也曾論證過，「中國」自始便是一個文化概念。我在海外生活了差不多半個世紀，但我在自覺的層面上，總覺自己還是一個「中國人」。[43]

「中國」和「中國人」，對余英時來說，與其說是個政治概念，不如說是個文化概念。他在〈美國華僑與中國文化〉一文中，清楚的指出：「『中國人』這個名詞自正式出現在春秋時代以來，便是一個文化概念，而不是政治概念。對中國人而言，文化才是第一序的觀念，國家則是第二序以下的觀念。」[44]對政治概念上的中國，他是抗拒的。過去六十多年來，除了學術研究之外，反共是余英時不懈的使命。其情緒之激昂，意志之堅定，真可以說愈老彌篤。至於中國文化對他而言，則是「安身立命」之所在，也是他「精神上

39 胡適等，《人權論集》（上海：新月書店，一九三〇），頁二。
40 參看胡適，〈我們什麼時候才可以有憲法〉，《新文化運動與國民黨》，在《人權論集》（上海：新月書店，一九三〇），頁二一一—三二；一一九—一四三。
41 余英時，〈從日記看胡適的一生〉，《重尋胡適歷程》（臺北：聯經出版公司，二〇〇四），頁二二。
42 參看余英時，〈道統與政統之間〉，《士與中國文化》（上海：人民出版社，一九八七），頁八四—一一二。
43 余英時，《論士衡史》（上海：文藝出版社，一九九九），頁一。
44 余英時，〈美國華僑與中國文化〉，《中國文化與現代變遷》（臺北：三民書局，一九九二），頁六二。

的歸宿」。[45]

胡適居留美國的時間前後近三十年，而余英時則超過六十年，在他們等身的著作中，中國幾乎是他們唯一的關懷。無論是政論也好，時評也好，學術研究也好，美國，這個他們實際生活了幾十年的社會，竟完全無足輕重！倒是萬里外的中國才是他們念茲在茲，不曾須臾離的關懷所在。「身在海外，而心繫中國。」這句話對胡適、余英時而言，絕不是一句空洞的口號，而是每天生活的實際內容。二〇一〇年，余英時又以「情懷中國」為題，輯錄了他多年來較為感性對故土追懷的文字。從「中國情懷」到「情懷中國」，還不足以說明此「情」之深切嗎？一九七八年十月，余英時率美國漢代研究代表團訪問中國，寫了兩首詩，志此行之所感：

鳳泊鸞飄廿九霜，如何未老便還鄉？此行看遍邊關月，不見江南總斷腸。

一彎殘月渡流沙，訪古歸來興倍賒。留得鄉音皤卻鬢，不知何處是吾家。[46]

這兩首詩道盡余英時「中國情懷」感性的一面。如果我們將「中國」這個成分從胡適、余英時這兩個名字中抽離，胡適、余英時立刻成了虛幻。他們一生的業績，唯有在「中國」這個大前提之下才有意義。余英時在他的回憶錄中說道：「我的生命只能和中國本土打成一片，是我早年無可動搖的一大信念。」[47]這一信念，不因時空之轉移而稍有增損，「我在何處，中國就在何處！」這是余英時的豪言，也是痛語。

在海外研究中國問題的學者，在國內常被稱為「漢學家」，漢學（Sinology）這個字在美國基本上已成了歷史名詞，美國各大學已經沒有以Sinology作為系名的了。代之而起的，是中國研究（China Studies）。名字雖然換了，但老派漢學研究的態度還相當普遍的瀰漫在美國學界。Sinology所代表的是把中國做為一個古文明，所有的中國學問到了這些漢學家的手裡，就像看一把陶壺，一個鐘鼎，在放大鏡底下，古物纖毫畢呈，但物是物，我是我。兩者之間，沒有任何有機的聯繫。這樣的研究態度，說得厚道些，是客觀；說得尖刻些，是不相干。但是作為一個海外的中國文史研究者，物我之間是很難截然分開的——物中有我，我中有物。一九七八年余英時第一次回到中國，就觀察體會到他自己的心情與「同行的美國朋友們迥然不同」：

他們所全神貫注的是怎樣通過這次訪問來改進他們的專題研究；或證實或修正他們

---

45 余英時，〈美國華僑與中國文化〉，《中國文化與現代變遷》（臺北：三民書局，一九九二），頁五五。

46 余英時，〈常僑居是山，不忍見耳——談我的中國情懷〉，《文化評論與中國情懷》（臺北：允晨文化，一九八八），頁三七八—三七九。

47 余英時，《余英時回憶錄》，頁九六。

已有的「工作假設」。中國對於他們只是一個客觀研究的對象。我雖然也有此客觀的一面，但是我的心情主要是一個千載後的子孫來憑弔祖先所踏過的足跡。[48]

余英時在此處所指出的華洋之別，絕不是說，他的中國史研究不客觀。借用陳寅恪評馮友蘭《中國哲學史》中的話來說，余英時的態度是一種「瞭解之同情」，「與立說之古人，處於同一境界」。[49]洋人治中國史，「瞭解」或有之，「同情」則極難，「與立說之古人，處於同一境界」就幾乎不可能了。這不是孰高孰低的問題，這正如一個中國人治西洋史，也會有同樣的局限和隔閡。「千載後的子孫」看祖先的業績，很難完全自外於「所觀」。這也正是「知識」與「情懷」不同之所在。「知識」是可以傳授，可以習得的。而「情懷」則「如人飲水，冷暖自知」，非自己親歷一番，是無從得知的。

以道抗勢

二○○九年十二月四日，傅建中在臺灣《中國時報》上發表了一篇題為〈余英時 vs. 楊振寧〉的短文，指出余楊兩人，在學術上地位相當，分別是當今中國人文和科學界的領袖人物，但在對政治的態度上，則截然異趣，余反共，而楊親共。他語帶幽默的說，有人認為余的反共已到了「病態（pathological）」的程度。如果說，「反共」確是一種「病」，那麼，余英時從不「諱疾」。看他早年所寫文字，我們可以斷定，他的反共，絕非「新病」，而是「舊疾」。病情初發在六十多年前，余英時流亡香港的那幾年。

一九五〇年初，余英時「避秦」來到香港，到一九五五年秋，進哈佛研究院，在這不到五年的時間裡，他在新亞書院讀書之餘，發表了大量的文章、專著，而反共則是貫穿其間的一個主旨。一九五二年夏秋之間，他主編了三個月的《中國學生周報》，不具名的寫了二、三十篇類似「社論」的短文。一九五二年七月二十五日出版第一期，題為〈負起時代責任！〉的「創刊詞」就是他的手筆，他用兩句反問的話點出了這份周報的創刊旨趣：「我們能眼看著自己的國家這樣沉淪下去嗎？我們能讓中國的歷史悲劇這樣延續下去嗎？」回答當然是「我們不能！」其實，過去六〇多年來，他在學術上的工作，都是在實踐他自己不能坐視中國文化，在暴力政治之下受到摧毀的努力。

在一九五二年八月一日出刊的第二期《周報》的「學壇」上，余英時以〈為爭取學術自由而奮鬥〉為題，進一步說明了一九四九年的變局為中國所帶來的災難：「極目中國大

---

48 余英時，〈常僑居是山，不忍見耳——談我的中國情懷〉，《文化評論與中國情懷》（臺北：允晨文化，一九八八），頁三七七。

49 陳寅恪，〈馮友蘭中國哲學史上冊審查報告〉，《陳寅恪先生文集二》（臺北：里仁書局，一九八一），頁二四七。

中華民國四十一年七月二十五日　中國學生周報　第一版

中國學生周報

The Chinese Student Weekly

每逢星期五出版　創刊號　每份售港幣壹毫

創刊詞

負起時代責任！

平津各大學院系再調整

美國哈特維克大學增設中國文化學系

中國學生成績特優

打破美國種族偏見

大陸文教拾零

第一次美洲學生會議

德國重建聲中

德國學生近況

《中國學生周報》創刊號，有余英時寫的創刊詞〈負起時代責任！〉。

陸，是一片黑茫茫的統治思想，黨化教育的悲慘景象。我們幾十年辛勤培育出來的一點學術自由的幼苗，已遭到了徹底的摧毀；無數學人正在被迫而『改造思想』，千千萬萬天真純潔的同學，正在不知不覺地被灌輸著可怕的毒素。自由的黯淡，文化的劫難，人類的危機，從未有過於今日者！」

同年十月十日，余英時在《中國學生周報》第十二期上，以〈且看明年今日〉為題發表「中華民國四十一年國慶獻詞」，慶幸自己能在香港「自由地讀書學習，自由地研究比較」。他對當時大陸的情況是這樣描述的：「目前祖國大陸在中共統治之下，固有文化已被摧毀，西方文化也被隔絕；國內同學們耳聞目睹，唯一可能接觸的只有馬列主義的教條，整個祖國文化已陷入可悲的黑暗世紀。」因此，「未來延續中國固有文化，介紹西方文化的責任，便毫無疑問的放在我們的身上。」這個精神也就是「士不可以不宏毅，任重而道遠」的現代翻版。年輕的余英時也偶有「壯懷激烈」的文字：

只有在民主社會中，中國才能獲得自由、和平與繁榮。而建立民主社會的當前最大障礙，就是中國的極權統治。因此，推翻極權統治，為民主社會開闢一條坦途，實是我們中國學生當前義不容辭的任務。50

50 未具名（余英時），〈且看明年今日〉，《中國學生周報》第十二期（一九五二年十月十日）。以上所引諸這是明目張膽的主張革命了！

一九五一年十二月，余英時以筆名艾群在《自由陣線》第八卷第二期上發表〈論革命的道路〉，他把近代民主革命分成英國式的溫和改良和法國式的激進流血革命兩類。雖然在內心深處，他希望中國能走英國式漸進溫和的道路，減少破壞；但殘酷的歷史事實又不能讓他無視於客觀的現實——溫和的改良是行不通的。他說：

> 譚嗣同臨死的時候慨嘆中國革命沒有流血，所以不得成功。話雖不錯，可是還沒有把握住本質。中國的革命，特別是當前的民主革命，一方面固然不能走溫和式的道路，但另一方面，也不能只是過去農民革命，那種流血式道路的重複。我們是要在民主主義理想的指導下，根本推翻專制制度而作流血的革命。[51]

上引這段話中，最值得注意的是「我們是要在民主主義理想的指導下，根本推翻專制制度而作流血的革命。」這樣明白主張「流血的革命」的激進主張，到了一九五四年有了明顯的緩和。〈論革命的道路〉一文收入《民主革命論》一書的第九章，題目改為〈論革命的路線〉，上引的這段話全部刪去，而代之以胡適一九三〇年發表的〈我們走那條路〉一文中「革命和演進本是相對的，比較的，而不是絕對相反的。」[52]這一看法，並成段引用了胡適原文，而歸結為：

> 把改良主義當作革命的大敵，顯然祇是共產黨人別具野心的誣衊；其淺薄不通之處不值得識者一笑。和平改良與流血革命無論在目的上或動機上都是相同的，所不同的祇是方法。[53]

幾十年來，共產黨譏評胡適的「改良主義」為「軟弱」。余英時的這段話是很用力地為胡適所主張的「改良主義」在辯護了。

一九五二年二月，正當中共發動大規模批判胡適思想運動的前夕，余英時在香港出版的《自由陣線》第八卷第十一期上，發表〈胡適思想的新意義〉，分析中共政權何以容不

文，經余先生寓目，並確定為其手筆。

51 艾群（余英時），〈論革命的道路——民主革命論之四〉，《自由陣線》第八卷第二期（一九五一年十二月十四日），頁七。

52 胡適，〈我們走那條路〉，《新月月刊》第二卷第十期，頁一—一六。收入《胡適文存》四集，頁四二九—四四四，所引文句在頁四三六。

53 余英時，《民主革命論：社會重建新觀》（香港：自由出版社，一九五四），頁一一九—一二〇。

得胡適思想，胡適思想究竟有哪些成分對共產黨造成了威脅。這篇文章最能體現他早年對胡適思想的理解，和他自己反共思想的形成。這是一篇六十六年前的舊作，目前已出版的各類余英時文集中均未收錄此文，是一篇極有史料價值的文字。[54]

在文章開頭，余英時稱胡適為「自由主義者」，最「值得我們景仰的」，則是他「堅強的反共意志」。余把胡定位為「中國反對共產主義最早期的理論家之一」。胡適的「實驗主義」、「個人主義」和懷疑的態度，與共產黨的辯證法、專制和獨裁是不能兩立的。一九五五年，清算胡適思想進入高潮，周揚指控胡適是「中國馬克思主義和社會主義思想的最早的，最堅決的，不可調和的敵人」。[55]這一指控證實了余英時分析的正確。

在〈胡適思想的新意義〉一文中，余英時指出，胡適溫和漸進的改良，其實是充滿革命熱忱的，他說：

> 胡先生今日反共立場的堅決已十足說明了他的革命熱忱，而他對國民黨反民主反自由作風的厭棄又恰恰是他那「自覺改革論」具體表現。溶革命與改良於一爐而又能隨時隨地運用適當，這正是一位偉大的自由主義大師應有的風格。僅此一點已足使我們敬佩不止了。[56]

年輕的余英時對胡適可以說是稱揚備至了。並極力是正共產黨加在胡適身上「反動」、「保守」的形象：

胡先生決不是像中共所誣衊那樣，是一個保守主義者，是阻礙社會進步的人，不過他卻是反對今天共產黨這種以暴易暴，捏造革命對象的偽革命。胡先生所預料的浪費精力，盲目殘忍，殘害，屠殺種種惡果，不幸現在在共產黨統治下都一一實現了。而且遠遠超過胡先生當時想像之外。[57]

余英時在文中，兩次以「我們從事民主自由運動的人」自任，並明確的表示胡適的反共事業應該由「我們這一代人」承繼下來。[58]胡適反共的火炬傳到了余英時的手中，並為之發揚光大。

54 余英時，〈胡適思想的新意義〉，《自由陣線》第八卷第十一期（一九五二年二月十三日），頁五—七。感謝王汎森、車行健、郭泳希三位先生提供此文。
55 胡適，〈四十年來中國文藝復興運動留下的抗暴消毒力量——中國共產黨清算胡適思想的歷史意義〉，《胡適手稿》冊九（臺北：胡適紀念館，一九七〇），頁四九三。
56 余英時，〈胡適思想的新意義〉，《自由陣線》第八卷第十一期（一九五二年二月十三日），頁七。
57 同上。
58 同上，頁六—七。

一九五〇年代前半，滯港的余英時除了發表大量對中共政權直接的批評之外，對民主與極權專制之異同與發展，也作了深入的研究，一九五三年成書的《近代文明的新趨勢》就是這項研究的成果。一九五五年出版《民主制度之發展》，依舊是這一研究的繼續，此書宗旨，在〈自序〉中有扼要的說明：

民主與共產制度最大的區別乃是前者順乎人性而後者違反人性。任何違反人性的制度與思想均不會維持長久，而順乎人性的制度與思想則愈久而基礎愈堅……讀了這本書的人們一方面可以增強本身對民主的信念，一方面可以揭穿共產黨人對民主的無端的誣衊。[59]

這兩本書的出版，就一定的意義上來說，是胡適一九四七年發表的三篇文章——〈兩種根本不同的政黨〉、〈眼前世界文化的趨勢〉、〈我們必須選擇我們的方向〉——的擴大和加深，並提供歷史的證據。胡適在上引三文中，三致其意的表明，民主和集權是根本不同的，民主是「眼前世界文化的趨勢」，而獨裁只是「小小的逆流」。[60]這也正是余英時在書中所反覆強調的。

余英時除了從思想史上來梳理「民主」與「極權」的形成與發展之外，這段時期特別引起他關注的是對「自由」與「平等」這兩個概念的歷史分析和重新界定。一九五三年，他翻譯湯姆生教授（Professor David Thomson）的《平等》（*Equality*），由香港人人出版社出版。在〈編者的話〉裡，他指出：「假定，中國知識界早三十年讀到這本書，恐怕就很少人會中共產主義的『經濟平等』之毒，並相信共產國家是存在著平等了。」[61] 換句話說，二十世紀，二、三十年代共產主義之所以能迷惑許多知識分子，「平等」，尤其是「經濟平等」，起了相當迷幻的作用，其實，沒有政治上的自由，經濟平等只是一個虛幻！為了進一步闡明這一點，一九五五年，余英時又有《自由與平等之間》的出版。這是從哲學和邏輯的層面來反共，並揭穿共產主義的虛假本質。他在〈平等的社會涵義〉一章中，明白的指出：

> 一般人都知道極權社會中沒有自由，其實它也同樣沒有絲毫平等。在極權制度對照之下，我們無疑應該更堅決地相信，真正的平等只有求之於具有數百年傳統的近代民主自由制度之更進一步的發展。[62]

59 余英時，〈自序〉，《民主制度之發展》（香港：亞洲出版社有限公司，一九五五），頁一。
60 這三篇文章收入胡適，《我們必須選擇我們的方向》（香港：自由中國出版社，一九五〇），頁一——一七。
61 湯姆生教授著，艾群（余英時）譯，《平等》（香港：人人出版社，一九五三），序頁二。
62 余英時，《自由與平等之間》（九龍：自由出版社，一九五五），頁一〇三。

一九四九年十一月，傅斯年在《自由中國》的創刊號上發表〈自由與平等〉一文，指出兩者互相依存的關係，在結論中，他說：

> 沒有經濟平等，固然不能達到真正的政治自由，但是沒有政治自由，也決不能達到社會平等……在「自由」「平等」不能理想的達到之前，與其要求絕對的「平等」而受了騙，毋寧保持著相當大量的「自由」，而暫時放棄一部分的經濟平等。這樣將來還有奮鬥的餘地。[63]

余英時對自由平等兩個概念深入的探討，傅斯年的文章未嘗沒有啟發的作用。

一九五〇年代，胡適寫了一篇題為〈中國為了自由所學到的教訓〉（"China's Lesson for Freedom"）的英文講稿。分析了何以共產主義能在中國風靡一時的原因：

1.至今未曾實現過的烏托邦理想的吸引；
2.對激烈革命過度的憧憬，以為革命可以改正一切的錯誤和不公正；
3.最後，但絕不意味著最不重要的一點是：一些抽象的，未經清楚界定的名詞發揮了魔幻而神奇的效力。

1. the idealist appeal of a hitherto unrealized Utopia;

2. the emotional appeal of the power of a radical revolution to right all wrongs and redress all injustices, and

3. last, but not least, the magic power of big and undefined words.[64]

這是一篇未經發表過的講演稿。余英時在一九五〇年代所發表的許多反共文字，由上述的分析中，可以看出，卻頗有針對性的對上述三點進行了分析。所謂「經濟平等」，正是胡適所說的「抽象的，未經清楚界定的名詞」。余英時的研究則是指出「經濟平等」的虛幻和不切實際，使這一迷幻了無數中國知識分子的名詞，顯出它虛假的本質。

一九四九年，在胡適和余英時的眼裡，絕不是中國人民得到「解放」的一年，而是中國人民喪失自由，苦難開始的時刻。一九五〇年十一月，胡適在一篇題為〈自由世界需要一個自由的中國〉（"The Free World Needs A Free China"）的英文講稿中，提出一九四九年的政權轉移不但使全體中國老百姓失去了自由，就是中共政權的本身也因此喪失了自由和獨立：

63 傅斯年，〈自由與平等〉，《自由中國》第一卷第一期（一九四九年十一月二十日），頁一〇。

64 Hu Shih，'China's Lesson for Freedom'。收入周質平編，《胡適未刊英文遺稿》（臺北：聯經出版公司，二〇〇一），頁五九九—六〇九。

不只是中國人不自由，更重要的是自由世界要瞭解中國政權本身也是不自由的。毛澤東，中國共產黨，還有整個中共政權都是不自由的：它們都在蘇聯所加於它衛星國的枷鎖之下。他們一向是聽命於克里姆林宮的，因為他們深知共產中國會繼續依賴蘇聯軍事和工業的力量，所以他們必須繼續聽命於克里姆林宮。

But it is not the Chinese people alone who are not free. It is more important for the free world to understand that the Chinese regime itself is not free, Mao Tse-tung, the Chinese Communist Party, and the entire Chinese Communist Government are not free: they are all under the bondage, which the USSR imposes on the satellite countries. They have always taken orders from the Kremlin, and they must continue to take such orders because they are fully conscious that Communist China has been and will long continue to be dependent on the military and industrial power of the Soviet Union.[65]

這是一篇未經發表的英文講稿，我相信余英時當時不曾看過，但他對一九四九年以後中共向蘇俄一面倒的政策的評論，與胡適的說法卻又前後呼應：

今天中國人無論自願的或強迫的都被「馬克思，列寧，史大林牽著鼻子走」了。偌大的中國竟向蘇俄一面倒，這不僅是中國人民的奇恥大辱，中國文化的大不幸，同時也是文明人類的最大諷刺。66

余英時在他的回憶錄中將一九四九年的變局歸結為無非是以「一個有效的『一黨專政』來代替一個無效的『一黨專政』」，並斷送了「民國以來緩緩出現的『公民社會』（civil society）雛形」。67其痛心疾首的程度已溢於言表了。

在改良與革命的爭論中，余英時對胡適「一點一滴，一尺一寸」的漸進改良主張是深表同情的；對激進暴力的革命則深惡痛絕。他在《民主革命論》的序言中，開宗明義的指出：

> 近百年來我們一直浮沉在革命的浪潮之中：革命洪流的氾濫沖毀了舊中國的堤岸，也淹沒了新中國的禾苗；革命曾給予我們以希望，也加予我們以苦難；革命曾摧垮了腐敗的舊統治者，卻又帶來了兇暴的新統治者……對於我們廣大的善良人民，我們所

65 這篇英文稿藏紀念館，編號為「6-1　10，美國1」。有胡適手改的筆跡。收入周質平編，《胡適未刊英文遺稿》，頁三三七。
66 余英時，〈胡適思想的新意義〉，《自由陣線》第八卷第十一期，頁一二四〇。
67 《余英時回憶錄》，頁七四。

實際感受到的不是幸福而是災害，不是光明而是黑暗，不是天堂而是地獄！[68]

這段話結尾處所說的革命，明眼人一看就能瞭解，並非泛指晚清以來的革命，而是直指一九四九年的變局。上引的這段話在二〇〇六年廣西師範大學所出十卷本的《余英時文集》第六卷中遭到刪除。大陸所出余英時的文集數量雖多，但激烈的反共言論都被「和諧」掉了。使許多鋒芒畢露的文字失去了耀人的光彩，這是不得已，也是深可惋惜的。大陸廣大余著的愛好者在閱讀余文時，還得多個「心眼兒」，「眼見」的未必「真」，也未必「全」。余英時在十卷本文集的序中說：「出版社方面根據既定的編輯原則，曾作了一些必要的處理，基本上仍是尊重原作的，僅僅減少了一些文句而無所增改」。[69]這幾句話說得很婉轉，很客氣，也多少有些勉強。「減少了」的恐怕不僅僅只是文句，也是文章的氣勢，甚至於也是文章的內容。

我所參考的《民主革命論》是文前提到余英時送給胡適的那一本。我看著泛黃的書頁上，余英時的親筆題簽，特別能感到兩代中國最優秀的知識人對國事的關切和憂憤是有著承繼關係的。這種「天下興亡，匹夫有責」的情懷，從范仲淹、顧炎武，下至康有為、梁啟超、陳獨秀、胡適、余英時，一脈相承，不絕如縷，是中國知識人中最可寶貴、最值得景仰、驕傲的品質。這一品質和季羨林生前所一再申說的「祖國即母親」的所謂「愛國」是截然異趣的[70]。胡適、余英時所代表的是中國士人「以道抗勢」的優良傳統。這一傳統在一九四九年之後的中國大陸蕩然無存，代之而起的是「以道輔勢」或更其不堪的「以道就勢」。[71]

「以道抗勢」之「道」是學術與道德的一個結合，東漢的清議、北宋的太學生、明末的東林、復社、晚清的公車上書、一九一九年的五四運動、抗戰前夕的《獨立評論》，以至於一九四九年創刊的《自由中國》，都體現了中國士人對國事的關切，對眾生的悲憫。這也就是梁漱溟所謂的「吾曹不出如蒼生何？」[72]的情懷。梁漱溟此處所謂的「出」，未必是「做官」，甚至於不是「參政」，而只是「議政」、「論政」，是「處士橫議」之「橫議」。是面對「無道」的不忍袖手旁觀！胡適雖然做過中華民國駐美大使、北大校長、中央研究院院長，但我們始終覺得他是「清流」，而非「當道」。這點清流與當道之別也正

68 余英時，〈〈代序〉建立新的革命精神！〉，《民主革命論》（九龍：自由出版社，一九五四），頁一。

69 余英時，十卷本文集序，《民主制度與近代文明》卷六（廣西師範大學出版社，二〇〇六），頁二。

70 參看周質平，〈祖國即母親——季羨林的愛國主義〉，《現代人物與思潮》（臺北：三民書局，二〇〇三），頁三六八—三七六。

71 參看余英時，〈道統與政統之間——中國知識分子的原始形態〉，《士與中國文化》（上海：人民出版社，一九八七），頁八四—一一二。

72 梁漱溟，〈吾曹不出如蒼生何？〉，一九一七年作，收入《漱溟卅前文錄》（臺北：文景出版社，一九七二），頁三九—五五。

是「道」與「勢」的分野之所在。

余英時在〈從日記看胡適的一生〉的長文中指出，胡適是二十世紀中國「始終能在知識青年的心目中保持著『偶像』地位的唯一人物」，而最值得注意的是這種「胡適崇拜」（The Hu Shih Cult）現象的造成並不是來自「政治權威」，恰恰相反的，「在很大的程度上象徵了向政治權威挑戰的心理」。[73]這段話是「以道抗勢」最好的現代闡釋。余英時一九七八年之後拒絕回大陸，並在海外發表大量反共文字，也正是他向政治權威挑戰的實踐。

「以道就勢」之「道」，則既非「學術」，更非「道德」，而只是用學術來包裝的政治工具。如馮友蘭之以馬列觀點修訂其《中國哲學史》，如郭沫若對毛赤裸裸之歌功頌德，皆屬此類。改革開放之後，「以道就勢」的手法翻新，用西洋社會學或人類學的理論，為「文革」辯護。似乎中國晚近四十年的發展，幸賴有頭三十年的階級鬥爭，而文革十年的殺人放火，則為「大國崛起」，埋下了浴火重生的種子。千千萬萬中國人的家破人亡，輒轉溝壑，全不在這些人的心中。

在余英時等身的著作中，中國歷代「士」的研究始終是他重點的關懷之一。而他在大陸出版的第一本文集則是《士與中國文化》，這或許並非全出偶然，而是別有深心。在經過共產黨三十多年，對知識分子極權血腥的清算鎮壓之後，他希望在中國改革開放的初期，以傳統中國士人在「天下無道」之時，要有「澄清天下之志」的懷抱來喚醒中國的知識界，要知識分子擔負起「社會良心」的責任。他在〈自序〉中是這樣界定「知識分子」的：

所謂知識分子，除了獻身於專業工作之外，同時還必須深切的關懷著國家、社會，以至世界上一切有關公共利害之事，而且這種關懷又必須是超越個人（包括個人所屬的小團體）的私利之上的。所以有人指出，知識分子事實上具有一種宗教承當的精神。[74]

這種「家事，國事，天下事，事事關心」的東林精神才是中國傳統「愛國主義」的正脈！上引所謂的「知識分子」，也就是當下所說的「公共知識分子」。就余英時對知識分子的定義來看，一個知識分子不應自足於僅對自己所處的文化和社會進行解釋，同時也必須進行改造。此處所謂的「解釋」是就理論言，而「改造」則重在行動。[75]余英時在一次訪談中，明確的指出：「二十世紀真能繼承『以道抗勢』的傳統的，他（胡適）是最突出的一個例子。」[76]

一九四九年之後，中國成了一個「有勢無道」的社會，知識分子唯恐其「道」之不能

73 余英時，〈從日記看胡適的一生〉，《重尋胡適歷程：胡適生平與思想的再認識》（臺北：聯經出版公司，二〇〇四），頁四一。
74 余英時，〈自序〉，《士與中國文化》（上海：人民出版社，一九八七），頁二。
75 余英時，〈自序〉，《士與中國文化》（上海：人民出版社，一九八七），頁五—六。
76 陳致，《余英時訪談錄》（北京：中華書局，二〇一二），頁七六。

為「勢」所用，更不用說「以道抗勢」了。即使堅貞如梁漱溟、陳寅恪、吳宓都不足以自保苟全，更無論一般的知識分子了。全國人民之是非全視黨中央之是非為轉移，而黨中央之是非又以毛澤東一人之是非為最後歸宿，「以道抗勢」已成了歷史陳跡，但誠如明末呂坤（一五三六—一六一八）在《呻吟語》中所說：

> 天地間，惟理與勢為最尊。雖然，理又尊之尊也。廟堂之上，言理，則天子不得以勢相奪；即相奪焉，而理常伸於天下萬世。[77]

這也就是余英時在訪談時所指出的：「以暴力硬壓的日子終究維持不了太久。文化生命比任何政治組織都要長得多。」[78]一九四九年之後，余英時接下了胡適「以道抗勢」的這一火炬，胡余兩人，成了二十世紀中國前後輝映的「公知」典範。

二〇一八年十二月五日修訂

• 本文作者為美國普林斯頓大學東亞系教授。

77《明呂坤呻吟語全集》卷一之四（臺北：正大印書館，一九七五），頁一二。

78 陳致，《余英時訪談錄》（北京：中華書局，二〇一二）頁二一八。

余英時先生的「歷史世界」
——《余英時回憶錄》讀後

陳玨

二〇一九年初余英時先生欣逢九十大慶，聯經出版公司將出版祝壽文集。我受邀撰稿時，正在細讀連載中的余先生回憶錄，遂有感而發，謹以此讀後感，奉為老師壽。

——陳珏

一、讀後感的緣起

早些時候，我聽說余英時先生將以他早年在大陸、香港和美國生活的經歷，寫成回憶錄，後來讀到去年香港《二十一世紀》上率先披載的《余英時回憶錄》（以下簡稱為《回憶錄》）前三個片段，感到字裡行間極富歷史穿透力，頗受到震動。同時，也有點驚訝的是，這些片段剪裁和行文的風格，不僅與時下的一般回憶錄迥異，而且其思路和筆法，也與余先生以前的種種回憶文字，有不盡相同之處。今年又陸續讀到香港《明報月刊》一月至八月連載的《回憶錄》中間八個片段，以及臺灣《印刻文學生活誌》十月和十一月所連載的《回憶錄》結尾兩個片段（全書連載完畢後，旋由允晨出版社出版）。[1]我讀完全部《回憶錄》之後，去年初讀時的感受再次油然湧上心頭：這絕不是一部普通意義上的回憶錄，而是余先生於九秩將屆之際，用爐火純青功力，奉獻給讀書界的一部別開生面的作品。此書比之於余先生五十多年來出版的其他各部大著，在交相輝映之餘，別具一番神采。

余先生這部《回憶錄》時間的跨度，從上世紀三十年代末的童年時代開始，到六十年代初獲得哈佛博士學位為止，正是中國現代史上社會發生翻天覆地變化的一個大時代。在回憶錄中，余先生通過回憶抗戰時童年在安徽潛山故鄉的鄉居生活，戰後年輕時在東北中正大學、北平燕京大學和香港新亞書院的求學生涯，以及五十年代中期赴美的哈佛留學經歷，運用滴水觀日的史筆，對於這個大時代中所發生的種種深刻歷史變革，發表了自己獨樹一幟的觀察、思考和批評。全書以從小我見大我的筆法，展示出了一種「納須彌於芥子」的「史法」的格局，而余先生「筆端常帶感情」的具體生動描繪，又細針密線、有血有肉地充實了這個大格局，字裡行間自然而然地湧流出強大的生命力和歷史透視感。環顧今日國際人文學界，以九十之高齡，仍能寫出創造力如此充沛著作者，得有幾人何？

日前，無意中又看到，以上香港和臺灣連載的余先生《回憶錄》片段，眼下正通過互聯網傳入大陸，引起對岸知識人的熱讀，開始受到海峽兩岸越來越多人的關注，並激發討論；但是，對這部《回憶錄》之重要性和特殊處的所在，似乎還無人展開深入探討。我雖然不是余先生的受業弟子，但上世紀九十年代有幸在普林斯頓從遊門下，親炙余先生；而從那時起到現在，每遇有疑難，向老師當面或電話請益，余先生都有求必應，問無不答，二十多年如一日。我因而對余先生博大精微的學術，稍有粗淺認識，於是在此欣逢老師九十大壽之際，情動於衷，不揣鄙陋，將一己對這部《回憶錄》的讀後隨感寫出，與讀者諸

1 參余英時，《余英時回憶錄》（臺北：允晨文化，二〇一八）。

君分享。

我讀後最強烈的一個總體感受是，余先生是把這部回憶錄當作史書來寫的。余先生自上世紀六十年代初獲得哈佛博士學位至今，超過五十年的學術生涯主要在哈佛、耶魯和普林斯頓三校度過，其間出版過六十多部專書和五百多篇論文，涉及到中國史幾乎所有時段中的許多重要課題，其貢獻學界早有定評，在此處無須贅述。十多年來，我在國立清華大學中國文學系和歷史研究所開設研究生課時，常有博、碩士生索問：上世紀後半葉以來，中國古典文史研究的重要著作中，你最推薦哪幾部？面對這個類似「青年必讀書」的問題，我每每毫不猶豫，舉出下列兩部大書應之：一部是陳寅恪先生的《柳如是別傳》，[2]另一部是余英時先生的《朱熹的歷史世界》。[3]這兩部劃時代著作都是陳先生和余先生晚年的爐火純青的力作，雖然寫成的時間，相距近四十年，研究的對象也完全不一樣，卻有一個共通點，即它們打破了形式主義的學術規範束縛，見人之所未見，言人之所不言，無論在取材上和寫法上，都與時下幾乎所有學術著作迥然不同，因而對學術史的貢獻，也自非普通「凡品」所可比。余先生剛出版的這部《回憶錄》，無疑也是一部顛覆了通常回憶錄約定俗成寫法的「回憶錄」。以我的看法，若將此書視為一部抗戰以來的「須彌芥子」型的思想文化變遷史，亦毫不為過；而其在出版後受到讀者的歡迎，也許將不亞於《朱熹的歷史世界》。

余先生於九十大壽將屆之際，通過在這部《回憶錄》中回憶往事，以「須彌芥子」法觀察歷史，詮釋歷史；與其說這是一部通常意義上的回憶錄，毋寧說它是余先生在史學領域中，數十年如一日披荊斬棘、不斷拓荒前行的一幅最新寫照，本文因此將標題訂為〈余英時先生的「歷史世界」〉。我在本文開頭時提到，這部回憶錄的與眾不同之處，在於它不僅不像是一部普通回憶錄，甚至與余先生本人以前所寫的種種回憶性文字，在筆法和立意上，也不盡相同。因此，要瞭解這部回憶錄的不同尋常之處，需先從它與時下一般的回憶錄有何不同入手，以及它與余先生此前所寫的其他回憶文字在風格上的區隔談起，而總焦點是圍繞余先生的「歷史世界」而展開的。

二、回憶錄的「模板」

回憶錄是一種頗受今天讀書界青睞的文類，其中的佳作，無論在西文世界，還是在中文世界，都擁有廣大的讀者。西方的各界社會名流，在到達其職業生涯頂峰之後，往往都會留下一部或數部暢銷一時的回憶錄，[4]而《紐約時報》每年的暢銷書榜單上，回憶錄也

2 參陳寅恪，《柳如是別傳》上、中、下（上海：上海古籍出版社，一九八〇）。
3 參余英時，《朱熹的歷史世界》上、下（臺北：允晨文化，二〇〇三）。
4 舉例說，美國前國務卿 Henry Kissinger 的《回憶錄三部曲》，便是一套在讀書界名聞遐邇的多部頭回憶錄

占有一個相當醒目的位置。下面僅舉近年出版的三部美國各界名流回憶錄為例，以略見一斑：例如前國務卿 Hillary Clinton 回憶如何在美國二〇一六年總統大選中惜敗的過程之《真相》（*What Happened*）；[5]又如流行歌手兼演員 Justin Timberlake（此君十年來曾兩度入選《時代》雜誌「世界最具影響力百人榜」，甚至中文世界也有大量歌迷和影迷，人稱「賈老闆」）描述其燦爛演藝生涯和曲折心路歷程之《後見之明》（*Hindsight*）；[6]再如傳奇式的美國摔角運動員兼教練 Dan Gable（此公為世界摔角冠軍、奧運金牌得主，追捧者中不乏 Tom Cruise 這樣的影壇明星）展現其如何從一個少年時代經歷心靈創傷的男孩成長為世界冠軍之《摔角生涯》（*A Wrestling Life*）。[7]這類回憶錄都極受讀者歡迎。

在西方文學史上，回憶錄雖然是一個源遠流長的文類，但成為「非虛構類」暢銷書中的一支突起的生力軍，則是近一百多年來，逐漸而來的發展。作為「非虛構類」（non-fiction）圖書的一個重要文類，回憶錄撰寫需要遵循一定的規矩，按照一定的「模板」。今天西方回憶錄寫作的模板，主要是百年來由一些重要的小說家和記者，通過創作出一系列經典性作品，提供約定俗成的樣本，而在漸次中形成的。這一歷史的過程，大致以上世紀中葉為界，分前後兩期。限於篇幅，此處不能詳及，只能在英語世界的此類經典中舉出兩例，以滴水觀日法，來稍窺其中的堂奧。

從十九世紀末葉至上世紀初葉，是回憶錄的文類模板型塑之初期。我在此處所舉的兩部經典，分別出自於上世紀初葉的英美兩位大作家兼記者之手：一為 George Orwell（一九〇三—一九五〇）三十年代撰寫的《巴黎倫敦落魄記》（*Down and Out in Paris and London*）；[8]另一為Ernest Hemingway（一八九九—一九六一）之《流動的饗宴》（*A*

（Memoirs of Henry Kissinger Book Series），其撰寫和出版的時間跨度長達二十年之久：第一部*White House Years*（Boston: Little Brown, 1979）；第二部*Years of Upheaval*（Boston: Little Brown, 1982）；第三部*Years of Renewal*（New York: Simon & Schuster, 1999）；其中第三部初版印數即達十五萬冊之高。

5 比之於Henry Kissinger，同樣曾任美國國務卿的Hillary Clinton在回憶錄撰寫方面的鋒頭，也不遑多讓。她過去近十五年中，出版了三部代表不同人生階段的回憶錄，其中第三部便是回憶其如何投入美國二〇一六年總統大選，並且遭受挫敗的*What Happened*（New York: Simon & Schuster, 2017）。另外兩部則是*Living History*（New York: Simon & Schuster, 2003）和*Hard Choices*（New York: Simon & Schuster, 2014），從童年寫到成為美國第一夫人，再寫到其擔任美國國務卿的燦爛生涯。

6 參Justin Timberlake, *Hindsight: & All the Things I Can't See in Front of Me*（New York: Harper Design, 2018）。

7 參Dan Gable & Scott Schulte, *A Wrestling Life: The Inspiring Stories of Dan Gable*（Iowa City: University of Iowa Press, 2015）。此書之第二作者Scott Schulte係一位專業作家，助Dan Gable撰寫本書（他本人也是摔角愛好者，曾任高中摔角教練多年）。

8 參George Orwell, *Down and Out in Paris and London*（London: Harper, 1933）。此書回憶Orwell二十年代末在倫敦（一九二七—一九二八）和巴黎（一九二八—一九二九）的生活。此書中文本有孫仲旭譯，《巴黎倫敦落魄記》（南京：譯林出版社，二〇一四）。

Moveable Feast），[9]是Hemingway在晚年據其本人二十年代留下的記錄巴黎生活的手稿重寫的回憶錄。上世紀二十年代，年輕的Orwell和Hemingway均尚未成名，先後懷著成為作家的夢想，不約而同到巴黎去體驗人生，磨練創作的才能。兩人雖都住在巴黎同一個街區Quartier Latin，[10]所過的卻是兩種完全不同的生活。Orwell靠在餐館洗碗維生，一面掙扎著餬口，一面觀察底層各色人等的眾生相，還要練筆投稿，備嘗了艱辛；但Hemingway卻因為有一份為*Toronto Star*供稿的收入，[11]無需為衣食發愁，從容地打入巴黎文藝圈，[12]領略了同一座都市中的另一個社會階層的眾生相。

儘管兩書中的巴黎「眾生相」有如此大的落差，但作為回憶錄的「樣本」，它們卻為該文類提供了同一個「模板」：即以「我」為視角（point of view）的中心，用真情實感輻射出「我」周圍的人、事、物，[13]並將作者有血有肉的人生經歷，通過細節，凝結在紙上，傳達給讀者。隨著時光流逝，這一「模板」漸漸成為了後來的回憶錄撰寫的主流：依據它寫成的作品，往往在各個角落都充滿了「我」的存在，並且擁有通常在小說和新聞記者報導中才有的大量逼真生活細節。隨著時間的推移，上世紀後期的回憶錄，雖然比起《巴黎倫敦落魄記》等前期的作品，要顯得更加成熟，表現手法也更加複雜和多姿多采，但其基本的文類「模板」，卻並沒有發生根本的動搖。這種約定俗成的「模板」，又會向讀者發出一種明確的「文類信號」（generic signal）：[14]它使讀者翻開一部回憶錄的時候，會期待看到圍繞作者人生的起伏，而鋪陳出的一系列通過「軼事」展現的逼真生活細節，

9 參Ernest Hemingway, *A Moveable Feast*（New York: Scribner, 1964）。根據他本人一九二七年離開巴黎時留下的兩大箱筆記和草稿，Hemingway於一九五七年開始撰寫這部回憶錄，回憶其年輕時（一九二一—一九二六）在巴黎的生活。以時間而言，在Hemingway回憶錄中所記錄的巴黎生活，比Orwell的要稍早，但這部回憶錄在Hemingway生前未及面世，身後才由其夫人整理出版。此書中文本有成寒譯，《流動的饗宴：海明威巴黎回憶錄》（臺北：九歌出版社，一九九九）。

10 此地為巴黎左岸著名的文化區，歷來是夢想成為作家和藝術家的年輕人的聚居地。

11 Hemingway和Orwell的燦爛文學生涯，都是從為報紙寫稿起家的，而巴黎又都是兩人年輕時新聞體寫作的練兵場。在這一方面，Hemingway比Orwell走在了前面，當前者已經有了*Toronto Star*（加拿大歷史悠久的大報之一，創辦於十九世紀末，至今仍為多倫多週銷量最大的日報）的特約版面時，後者尚未開始起步。

12 Hemingway當年在巴黎文化界名媛Gertrude Stein（一八七四—一九四六）的沙龍中（上世紀二十年代，Stein女士在巴黎的沙龍，是一個名流群賢畢至的地方），結識了包括小說家James Joyce（一八八二—一九四一）和Francis Scott Fitzgerald（一八九六—一九四〇），畫家Pablo Picasso（一八八一—一九七三），以及詩人Ezra Pound（一八八五—一九七二）在內的一群朋友。這些人是當時正在崛起的一代文藝界中、青年才俊，日後均成為大家，詳參Jeffrey Meyers, *Hemingway: A Biography*（New York: Harper, 1985）。

13 這種以「我」為中心視角的回憶錄「模板」之形成，是上世紀上半葉的英語世界主流作家群，共同之努力的成果，Orwell和Hemingway只是其中代表性的人物而已。

14 參Alastair Fowler, *Kinds of Literature: An Introduction to the Theory of Genres and Modes*（Cambridge: Harvard University Press, 1982）。

並得到一種恍如在讀小說，而又勝似讀小說的特殊美學感受。

這一主流回憶錄「模板」，或可稱之為「文學性模板」。與英語世界遙相呼應，近百年來華人的回憶錄，[15]也是精采紛呈，佳作疊出，始終受到讀者歡迎，經久不衰。若以「模板」而言，這些華人的回憶錄，大體上亦循以上所談及的西洋之體，而略加變通。這一點，證之於上世紀初以來，華人各界名流所撰的有代表性的回憶錄——例如，華僑界容閎（一八二八—一九一二）之《西學東漸記》，[16]演藝界梅蘭芳（一八九四—一九六一）之《舞臺生活四十年》，[17]學術界錢穆（一八九五—一九九〇）之《八十憶雙親》以及《師友雜憶》，[18]圍棋界吳清源（一九一四—二〇一四）之《以文會友》，[19]政商界陳香梅（一九二三—二〇一八）之《一千個春天》，[20]教育界沈君山（一九三二—二〇一八）之《浮生三記》系列[21]等等——便可一望而知。這些華人回憶錄的成功之作與西洋的回憶錄經典一樣，以作者作為敘事視角的中心，筆端常帶感情；使讀者閱讀時，從名人生活軼事中，可以活潑看到其中所輻射出來的特定歷史時段和社會階層的「眾生相」，進而步入當時僑界、戲曲界、學界、棋界、政商界和教育界的各個特定角落去神遊。

余先生作為傑出的歷史學家，名滿天下；但較少有人注意到，他不僅是一位歷史學家，而且是一位多才多藝的藝術家。余先生的舊體詩、書法和圍棋，修養和造詣都很高；此外，余先生從上世紀九十年代初開始，寫過一系列短篇和中篇的回憶錄，例如〈一生為

故國招魂——敬悼錢賓四師〉、[22]〈「猶記風吹水上鱗」——敬悼錢賓四師〉、[23]〈誰期海外

---

15 據我見聞所及，近代的華人之有影響的回憶錄，最早出現於十九世紀末，如孫中山（一八六六—一九二五）之*Kidnapped in London*（London: Bristol, 1897）即為其一，並以甘作霖所譯之中文版《倫敦蒙難記》（上海：商務印書館，一九一二）行於世。

16 參Wing Yung, *My Life in China and America*（New York: Henry Holt, 1909）。徐鳳石、惲鐵樵中譯本題為《西學東漸記》（上海：商務印書館，一九一五）。

17 參梅蘭芳、許姬傳，《舞臺生活四十年》一、二集（上海：平明出版社，一九五二、一九五四）及梅蘭芳、許姬傳，《舞臺生活四十年》三集（北京：中國戲劇出版社，一九八一）。

18 參錢穆，《八十憶雙親．師友雜憶》，收入《錢賓四先生全集》卷五十一（臺北：聯經出版公司，一九九七）。

19 參吳清源，《吳清源回憶錄：以文會友》（北京：北京聯合出版公司，二〇一七）。

20 參陳香梅，《一千個春天》（上海：文匯出版社，二〇〇八）。

21 參沈君山，《浮生三記》（臺北：九歌出版社，二〇〇一）、《浮生後記》（臺北：天下遠見，二〇〇四）、《浮生再記》（臺北：九歌出版社，二〇〇五）。

22 參余英時，〈一生為故國招魂——敬悼錢賓四師〉，載《聯合報．聯合副刊》一九九〇年九月六—七日，後收入余英時，《猶記風吹水上鱗：錢穆與現代中國學術》（臺北：三民書局，一九九一），頁一七—二九。

23 參余英時，〈「猶記風吹水上鱗」——敬悼錢賓四師〉，載《中國時報．人間副刊》一九九〇年九月二十六日，後收入余英時，《猶記風吹水上鱗：錢穆與現代中國學術》，頁一—一五。

發新枝——敬悼楊聯陞先生〉、[24]〈費正清與中國〉、[25]〈追憶牟宗三先生〉、[26]〈我所認識的錢鍾書先生〉、[27]〈一座沒有爆發的火山——悼亡友張光直〉等等。[28]這些回憶錄，大都以與余先生有深度交往的學界師友為對象。它們篇數雖然不多，但無論以內容之豐富，筆法之精妙，還是感情之誠摯而言，無疑均為當代第一流筆墨，都應該作為回憶錄主流「模板」——即「文學性模板」——的範文，收入高中的國文課本。

但是，剛剛出版的這部余先生的《回憶錄》，使用的完全不是上述約定俗成的回憶錄通用之「文學的模板」，因此甚至與余先生本人以前所寫的回憶性文字，也有不太一樣的地方。它不以追溯「個人生命史的發展」為己任，而是試圖超越出「小我」周圍的人、事、物，用如椽的大筆，寫出一個大時代的社會史、思想史、學術史的多稜之側面。余先生在《回憶錄》序中，對於此書的宗旨和抱負，有如下的一段「夫子自道」：

> 從一九三七年抗日開始到今天，是中國現代史上變亂最劇烈的一段時期。我深切感到：如何將這一特殊歷史階段的重大變動在訪談稿中呈現出來，其意義遠大於追溯我個人生命史的發展。[29]

正是由於這部《回憶錄》的宗旨和抱負在於透過個人的人生回憶，將中國現代史上社會發生翻天覆地變化的一個大時代展示出來，其思路和筆法與普通的回憶錄當然會有所不同。

這使它不僅具備通常回憶錄的歷史資料意義和文學審美意識，而且更進一步擁有歷史縱深的觀照，即所謂「納須彌於芥子」，以「小我見大我」的史筆。這種史筆中的縱深波瀾壯闊，超越出了回憶錄約定俗成的「文學性模板」之外，發出的也絕非僅是普通回憶錄的「文類信號」（generic signal）。

我暫把這種新的「模板」，稱之為「歷史性模板」，因為在我讀過的各種回憶錄中，

24 參余英時，〈誰期海外發新枝——敬悼楊聯陞先生〉，載《中國時報・人間副刊》一九九一年一月二十二、二十四—二十六日。

25 參余英時，〈費正清與中國〉，載《中國時報・人間副刊》一九九一年十二月十六—二十六日，後以〈開闢美國研究中國史的新領域——費正清的中國研究〉為題，收入傅偉勳等編，《西方漢學家論中國》（臺北：正中書局，一九九三），頁一—四四；後又以〈費正清與中國〉原題，收入沈志佳編，《余英時文集》卷五（桂林：廣西師範大學出版社，二〇〇六），頁四三〇—四五四。

26 參余英時，〈追憶牟宗三先生〉，載《中國時報》一九九五年四月二十日；後並收入沈志佳編，《余英時文集》卷五，頁三七六—三七九。

27 參余英時，〈我所認識的錢鍾書先生〉，載《中國時報》一九九八年十二月二十四日；後並收入沈志佳編，《余英時文集》卷五，頁三八〇—三八五。

28 參余英時，〈一座沒有爆發的火山——悼亡友張光直〉，載《聯合報・聯合副刊》二〇〇二年二月四日，後並收入沈志佳編，《余英時文集》卷五，頁四二四—四二九。

29 參余英時，〈序——從「訪談錄」到「回憶錄」〉，《余英時回憶錄》，頁六。

恐怕只有邱吉爾（Winston S. Churchill，一八七四—一九六五）的六卷本《二次大戰回憶錄》（*The Second World War*），[30]在這方面與余先生此書比較接近，其他我找不到第二個例子。[31]我在這裡可以肯定，邱翁在《二次大戰回憶錄》中是有意要另闢蹊徑，繞開了百年來回憶錄常規的「文學性模板」的。他在回憶錄的序言中，毫不諱言地點明，此書的「模板」不同於流俗，而另有出處。此出處不在上世紀初，甚至也不在十九世紀內，而需要上溯至十八世紀笛福（Daniel Defoe，一六六〇—一七三一）的《一個騎士黨徒的回憶錄》（*Memoirs of a Cavalier*）。[32]邱翁本人這樣說：

> 我竭力師法笛福《一個騎士黨徒的回憶錄》之格局，將作者一己切身經歷，化作歷史繫年的主線，並依託這條主線，來辨析種種軍、國大事之來龍與去脈。[33]

笛福的《一個騎士黨徒的回憶錄》，通過偽託一位十七世紀中葉英國的「騎士黨」徒（即「保皇黨」徒）對其在歐洲三十年戰爭（Thirty Year's War，一六一八—一六四八）和英國內戰（English Civil War，一六四二—一六五一）中個人經歷回憶，以展現那段延續長達近半個世紀的血與火的歷史。此書橫跨文學和歷史的領域，內容和手法十分複雜，七分實事三分虛構，其微旨歷來為學術界爭訟不已。[34]邱翁大膽借用笛福此書結構的骨架，推陳出新，留其實事，去其虛構，作為自己的名山事業《二次大戰回憶錄》的「模板」，自是看中了笛氏書中借該騎士黨徒的「一己切身經歷」之「芥子」，來收納「三十年戰爭」之「須彌」的手法，令人不得不佩服邱翁的學問和膽識。

乍看來，邱翁的回憶錄和余先生的回憶錄，有非常多不同的地方，不僅兩書的篇幅大小相去甚遠，行文風格各異，而且兩人職業生涯、社會角色和生活環境，也大不相同；但

30 參Winston S. Churchill, *The Second World War*（Boston: Houghton Mifflin, 1948-1953）。邱翁的這部多卷本名著有四卷本、六卷本和十二卷本等多種版本（也有濃縮之單卷本）。我在此用初版之六卷本，該版本為邱翁於一九五三年獲得諾貝爾文學獎的主要依據之一。

31 眾所周知，邱翁不僅是上世紀最重要的政治家之一，而且「才兼文史」，也是傑出的文學家和廣義的史學家。余先生本人也在〈史學、史家與時代〉文中稱邱翁為「大史家」，參余英時，〈史學、史家與時代〉，載《幼獅學刊》第三九卷第五期（一九七四），頁二一—一一；後收入余英時《歷史與思想》（臺北：聯經出版公司，一九七六），頁二六二。

32 參Daniel Defoe, *Memoirs of a Cavalier*（Oxford: Oxford University Press, 1991）。此為笛福的這部作於一七二〇年的作品的最新重刊版本之一。

33 參Winston S. Churchill, *The Second World War I: The Gathering Storm*（Boston: Houghton Mifflin, 1948）, iii.（中文為我所譯）。

34 參Nicholas Seager, "'A Romance the Likest to Truth that I ever Read': History, Fiction, and Politics in Defoe's *Memoirs of a Cavalier*", *Eighteenth-century Fiction* 20.4（2008）: 479-487。

儘管如此，邱翁和余先生無疑卻共享著一種不同於時流的宗旨和抱負，即寄望於通過個人親身經歷的回憶，以一斑窺全豹，透視出各自所處的大時代、大世變中的風雲變幻。也許正是這種抱負和宗旨，使這兩部相隔整整七十年的回憶錄，不約而同地選擇了跳脫常規回憶錄敘事的「歷史性模板」。

余先生《回憶錄》共分五章，內容之豐富，絕非這篇讀後感的篇幅所能全面涉及。在以下三節中，我嘗試將余先生《回憶錄》中的「歷史性模板」分成社會史、思想史、學術史三部分，並從第一章和第五章中選出「官莊的意義」、「五四運動的性質」和「余先生的『《書目答問》』」三部分作為例子。這樣的安排，是希望能以小見大，以點帶面，通過此三例略窺余先生「歷史世界」中的三大層面：社會層面，思想層面和學術史層面。

三、官莊的意義

余先生的《回憶錄》，是從一九三七年七歲時，因抗戰爆發，回到故鄉安徽潛山官莊鄉開始的。[35]在官莊鄉間，余先生度過了童年和少年時代，到抗戰勝利後的一九四六年才返回城市。如果按照普通回憶錄「模板」所發出的「文類信號」，讀者會期待看到對於無憂無慮的兒童玩伴嬉戲——如鬥蟋蟀、玩彈弓、捉蝴蝶——的回憶；余先生的《回憶錄》中，我們看到的卻不是這些，而是普通兒童不會感興趣的對社會性質的深邃認知。具體說，那是余先生對當年「官莊」鄉間社會型態的印象；而這種童年印象，對於我們今天用回顧的視野，來瞭解上世紀中國經歷的巨大之世變，也會有極大之啟發，無疑是余先生「社會史世界」的一個重要部分。

眾所周知，上世紀後半葉中國經歷的最大世變之一，是幾十年間，徹底摧毀了已經存續幾千年的中國傳統社會；皮之不存，毛將焉附，源遠流長、博大精深的中國文化，從此不得不進入了「花果飄零」的新階段。然而，從三十年代末到四十年代中，官莊還保留著未遭徹底破壞前的傳統社會格局。這個今天已消亡的社會格局，深深印入當時尚未成年的余先生腦海中。余先生這樣寫道：

> 官莊鄉是一個典型的窮鄉僻壤，是萬山之中的農村，當時與安慶之間還沒有公路，步行需要三天。相信我當時所看到的官莊鄉，和一兩百年前的情況沒有本質上的差異，不過更衰落、更貧困而已。那裡沒有電燈，只用油燈照明，也沒有自來水、汽車之類的現代設備，鄉親依然過著原始的農村生活。那時我們鄉下基本上就是一個自治社會，很少與政府發生關係。人與人之間、家與家之間都互相聯繫，地緣和血緣把一鄉之人織成了一個大網，大家都是親戚朋友，靠家族的族規維繫生活秩序。異姓家族

---

35 參余英時，《余英時回憶錄》第一章〈安徽潛山的鄉村生活〉，頁一四—一九。

之間，或同族之內，有時免不了發生這樣或那樣的衝突，但大致都可通過鄉紳或本族長老而得到調解，從不向官府訟告。[36]

余先生筆下的那個存在於安徽潛山官莊的傳統社會，其格局是以「地緣和血緣把一鄉之人織成了一個大網」，用族規來維繫「人與人之間、家與家之間」的生活秩序；它少與官府發生關係，是一個典型的中國原始鄉村自治社會的原型。這樣的原型，從先秦到民初，已經延續了幾千年，直到抗戰以前，在中國各省應該仍是一個相當普遍的存在。至少，在鄰近安徽的江蘇省，我們還可以從當時學者的各種不同類型的文獻記載——例如錢穆回憶錄《八十憶雙親》裡的無錫「七房橋」和費孝通（一九一〇—二〇〇五）社會調查《江村經濟：中國農民生活》裡的吳江「開弦弓」等——中得到證實，清晰地看到它的存在。[37]

換言之，直到上世紀初葉，中國的傳統自治社會（如余先生所描繪，該社會以「地緣和血緣把一鄉之人織成了一個大網」，鄉里的「異姓家族之間，或同族之內」的人際衝突，主要依靠「鄉紳或本族長老」來調解，而極少向官府爭訟為特點）仍是一個典型的存在。這一點，並非余先生的獨見，而是當時許多知識人——如錢穆和費孝通——的共識。但我們今天回顧歷史，隨之而來的一個更為重要問題是：在這樣的傳統社會中，「階級鬥爭」是不是占據了其中的焦點與核心地位呢？以我的見聞所及，當時中國學術界的名流，很少在他們的著作——包括《八十憶雙親》和《江村經濟：中國農民生活》——中，討論和研究過此問題，似乎他們並未充分認識到這一點的重要性。余先生卻以一個少年的視角，敏銳地捕捉到了它，可謂目光如炬，令人讀來印象極為深刻：

> 我在鄉下生活了那麼多年，無意中對中國傳統社會獲得了親切認識，這是我後來才發現的。這一段經歷使我和同一代的知識青年略有不同。在我大學時期的同學中，很多人是在都市長大的，談到中國鄉村生活，沒有切身經驗：傳統社會的種種生活是怎麼樣的，他們往往不甚清楚，因此很容易接受一種政治意識形態的宣傳，認為地主和農民之間只存在著剝削和被剝削的關係，是兩個互相仇視的階級。就我所見，地主和農民並不是兩個截然不同的階級，彼此不能容忍、對立的。在我們安徽那一帶，實行永佃制，佃戶只要租了地主的田，地主便不能趕走他，也不能欺負他；佃戶上交得不多，也就算了。我在鄰縣桐城縣舅舅家裡，有一次看到他去收租，看佃戶打稻子，打稻子是有藝術的，打得不乾淨，有三分之一還在裡面沒打出來，地主一點辦法都沒有，也沒有那麼深的階級意識。有些租田的佃戶還是地主的長輩，過年過節地主還要

36 參余英時，《余英時回憶錄》第一章〈安徽潛山的鄉村生活〉，頁一六。

37 參錢穆，《八十憶雙親．師友雜憶》，頁一—三二；以及費孝通《江村經濟：中國農民生活》（香港：中華書局，一九八七）。

向他磕頭，這就是階級界限減輕了。我常常說，中國這麼大一個社會，比整個歐洲還大，不可能每個地區都是一樣的。不能說沒有衝突，佃戶與地主的衝突到處都發生，但是那個衝突是不是提高到所謂「階級鬥爭」呢？個人所見是不同的。有的是佃戶欺負地主，地主如果是孤兒寡婦，那是沒有辦法的；地主如果是很強的退休官員，有勢力，欺負佃戶也是有的，不能一概而論。

由生活體驗中得來的直覺瞭解，對我以後研究中國歷史與思想有很大幫助。38

上文剛談到上世紀後半葉中國經歷的最大世變之一，是在短短的幾十年中，竟然徹底摧毀了已經延續幾千年的中國傳統社會，而這種摧毀直接的後果，乃使源遠流長、博大精深的中國文化，從此不得不進入了「花果飄零」的階段。這股摧毀一切的業力，來源十分複雜，但幾十年間不間斷地進行的人為階級鬥爭，無疑是其中的一個主要因素。當然，階級鬥爭提倡者自有言之鑿鑿的理由：階級的矛盾是二十世紀中國社會的最大癥結所在，要使中國社會進步，唯有進行徹底的階級鬥爭一條路可以走。這一種理由，經過長時間和大覆蓋面的重複宣傳，在好幾代中國人的心中，似乎已經成為無庸置疑之事。但當年的事實果真是如此嗎？

緣於此，我們今天回顧歷史的時候，顯然必須打破砂鍋問到底：「在上世紀初葉的中國傳統社會中，階級鬥爭究竟是否占據焦點與核心的地位？」如果答案是否定的，那等於說並非一定要經過持續長達半個多世紀的人為階級鬥爭，中國社會也能通過其他途徑取得進步和現代化。若果真如此，那麼今天的中國又會是如何的一番景況呢？至少，中國人不需要經歷過去幾十年血與火的煎熬，而中國社會的現代化也不需要以徹底摧毀傳統社會和依附於其上的傳統文化作為代價。當然，歷史不能真的重演，以上這個假設的問題，是一個所謂「可變歷史」（alternative history）問題。[39]但是，總結歷史教訓，需要「可變歷史」；甚至可以說，「可變歷史」的重要功能之一，正在於可以幫助人們總結歷史教訓。然而，歷史早已悄然流逝，傳統社會不復存在，解答上述問題的線索又從何處可以找到呢？

余先生《回憶錄》中所呈現的官莊社會，正通過「滴水觀日」的「史法」，以直感的「縮影」形式，圍繞上述問題，給了讀者一條富於啟發性的思路。以我看，這便是余先生筆下「官莊」的意義之所在。血與火的抗戰八年，適逢余先生從兒童步入少年，又從少年漸入青年之際，正是人生中最能接受新事物和新思想的時段；而這個重要時段，余先生卻是在深山中封閉的官莊度過的。這種特殊的人生際遇，一方面使余先生失去像在大城市中的同齡人一樣，直接觀察中國不斷發生的翻天覆地的世變的機會；另一方面，卻也幫助了余先生在心無旁騖的腦海中留下有關傳統社會特質的深刻記憶。這種兒童從日常生活得來

38 參余英時，《余英時回憶錄》第一章〈安徽潛山的鄉村生活〉，頁一六—一七。

39 參Karen Hellekson, *The Alternate History: Refiguring Historical Time*（Kent: Kent State University Press, 2001）。

的對社會的直感，往往會比當時的有些人類學家、社會學家的農村調查，更加接近歷史的真實；[40]此直感，可以說正是余先生《回憶錄》中「歷史立體感」的重要來源之一。

抗戰勝利後，余先生從鄉間回到城市，進入高中和大學。如果按照普通回憶錄的「模板」，讀者期待看到的是回憶錄主人公如何融入五光十色的都市，如何展開個人的抱負，乃至如何開始戀愛等等；但在余先生《回憶錄》中，我們看到的也不是這些，而是剛剛走出大山的余先生，如何聚精會神地瞭解周圍所發生的深刻複雜世變及其來龍去脈，以彌補過去九年中失去的機會。其中尤其精采的是余先生對「五四運動」的認識，展示出了一種迴異於普通回憶錄的歷史立體感。明年是五四運動的百年紀念，而余先生當年走出大山時，離「五四」的發生則只隔開四分之一個世紀的時間。余先生在《回憶錄》中以個人的經歷現身說法，向讀者強調：當時和今天的人們，對於「五四」的認知，存在著多層次的巨大落差。這些落差一經凸顯，人們即會看到今天教科書中所通行的對「五四」的界定，若回頭去用歷史來檢驗，往往不符合事實。以我看，余先生對這種多層次認知落差的綜合性分析，也是在《回憶錄》中「歷史立體感」的重要來源之一。

換言之，「官莊」尚直感，「五四」重分析，分別代表了余先生《回憶錄》中的「社會史世界」和「思想史世界」的不同之特色，而又共同構成了其中「歷史立體感」的來源。下文讓我們繼續共讀余先生筆下的「五四」之性質。[41]

四、五四運動的性質

余先生的回憶，是從分析如今和當時的人們，對「五四運動」社會影響力的認知落差開始的。余先生寫道：時至抗戰勝利，「五四運動」雖有巨大影響力，但局限於城市（尤其有大學的城市）中，「似乎從未在鄉村生過根」，他本人一九四六年回到城市以前，便從未聽說過有「五四」其事；而即使城市中，「五四」影響的傳播，也不如現在的人想得那樣的快。今天不少人「以為五四發生以後整個中國的精神面貌便立即煥然一新」，實為一種不瞭解歷史事實的誇大之「幻想」。[42]這只是落差的第一個層次。余先生隨之進一步點出了落差的第二個和第三個層次。第二個層次的焦點是「時段」：「五四運動」究竟是

40 兩者相比較，余先生認為社會調查報告往往不太可靠：「這種體驗不是從書本上得來的，所以我後來讀到有些人類學家、社會學家的中國調查，在我看來有隔靴搔癢的感覺，並沒有真正抓住生活的經驗與精神，只是表面上的、數字上的，因為社會學調查通常都是問卷方式。然而中國人對問卷的態度跟西方人不一樣，中國人答覆常常不可靠。外國人答的問卷基本上是真實的，他們有這個傳統。中國人就怕我這個話說錯了，將來出問題，所以要保護自己，許多話都不肯說真的，或者有相當保留，甚至於歪曲的。」引自《余英時回憶錄》第一章〈安徽潛山的鄉村生活〉，頁一七。

41 參余英時，《余英時回憶錄》第一章〈安徽潛山的鄉村生活〉，頁二三—三七。

42 參余英時，《余英時回憶錄》第一章〈安徽潛山的鄉村生活〉，頁二五。

一場只局限於一九一九年五月四日這一天的學生愛國運動，還是一場自一九一七年胡適和陳獨秀等發動「文學革命」開始，先後持續了十年以上的思想、文化或知識的革新運動？第三個層次的核心則是「主旨」：「五四運動」究竟只是一場學生「愛國運動」，還是擁有遠超出「愛國運動」的意涵？當時和今天對這些重大問題的主流詮釋，竟有極大落差：

當時一般人對「五四」的瞭解並不限於一九一九年五月四日這一天的學生愛國運動。我們都把「五四運動」等同於自一九一七年以來的文學和思想運動。最先是白話代文言而成為雅俗共用的文字媒介，這是胡適首創而得到陳獨秀的有力響應所造成的，即所謂「文學革命」。其次則陳、胡及其他同輩學人通過《新青年》、《新潮》等刊物和北京大學的講堂不斷地攻擊舊禮教、傳播新思想，終於激起了青年學生求新求變的熱情。「五四」學生運動之所以發生，正是由於兩三年來他們的知識和思想都起了根本的變化。孫中山在南方觀察北京的形勢便得到這一結論。胡適一九一九年寫了一篇〈新思潮的意義〉，提出「研究問題、輸入學理、整理國故、再造文明」四大綱領，在當時很有代表性，多數人大致是接受的。他在文章中曾用「新思潮運動」一詞來界定「五四」的性質。後來有人改用「新文化運動」或「新思想運動」的，其實大同小異。總之，「五四」在一般理解中是一個先後持續了十年以上的思想、文化或知識的革新運動，在長期進程中發生巨大的影響力。一九一九年五月四日這一天的學生抗議示威便為這一運動的影響力提供了具體的例證。如果把這一天單獨提出來作孤立的理解，則將無從說起。今天頗有人強調這一天的學生運動而將「五四」界定為「愛國運動」，這未免有故意挖空「五四」的精神內容的嫌疑。中國知識人針對外國強權侵略而爆發的「愛國」運動早始於晚清，何須等到一九一九年？如果「五四」的意義僅在於「愛國」，它和以前的許多同類運動，如一八九五年的「公車上書」又有何區別？所以，我雖然承認「愛國」是整個五四運動（包括五月四日那一天的學生運動）的基本動力，但必須鄭重指出：「愛國」是十九世紀下葉以來中國知識人的共同情操，而不是「五四」所獨有的特色。[43]

從以上引文可以清晰看出，余先生在《回憶錄》中，圍繞「影響力」、「時段」和「主旨」三層面，通過並列和對比當時和今天的兩種涇渭分明的主流意見之落差，用簡潔的筆法，繪出了一幅具有高度「歷史立體感」的「五四運動」詮釋速寫圖。經過余先生分析，落差兩端，孰真孰偽，誰高誰低，讀者一眼便能看明白，所謂「雅俗既陳，妍媸自別」是也。令人感慨的是，七十年前的大眾對「五四運動」的理解，竟然會比今天很多人對這個運動的認知更加符合歷史真相，可見「歷史是個任人打扮的大姑娘」現象之如水銀瀉地，無孔

43　參余英時，《余英時回憶錄》第一章〈安徽潛山的鄉村生活〉，頁二五—二六。

不入。余先生因而強調，以上他當年所形成的對於「五四運動」的基本認識，「到今天都沒有重大的改變」。[44]

如上文所述，余先生對「五四運動」的基本認識，乃以三層面為一體，其中「主旨」層面——「五四運動」是一場內容豐富複雜的「新思潮運動」，而並非單純的學生愛國運動——無疑占據了中心的位置。那麼，該運動的根本性質究竟是什麼呢？余先生對此問題「心中藏之，何日忘之」。雖然在余先生等身的著作中，「五四運動」研究所占的數量比重並不大；但幾十年來，他始終站在海外「五四運動」研究的最前沿，自上世紀五十年代中葉進入新亞研究所開始，到本世紀初從普林斯頓榮退的近五十年中，從來也沒有完全停止過對「五四」性質複雜性的全方位研究。這些研究以論文形式日積月累，至上世紀末形成了一套完整立體的詮釋；[45]而余先生這次復以極清晰和概括的形式，將「五四」性質的複雜性以及立體感，充分呈現在《回憶錄》的字裡行間，所謂神來之筆，躍然於紙上。

余先生對「五四」性質的研究，是建立在對於以前各大流行理論的再分析——或者說，「重考」——的基礎上的。例如，胡適從一開始便大聲疾呼，「五四」的性質乃是「中國的文藝復興」，而三十年代的馬克思主義派——包括陳伯達（一九〇四—一九八九）和艾思奇（一九一〇—一九六六）等——則認為其性質是「啟蒙運動」。[46]這兩種當年主流的詮釋，不同程度上影響了好幾代學人對「五四」的理解。余先生認為，兩者都在方法論上落入了比較文化學中常見的「比附」之陷阱，絕不能盲從：

西方文藝復興和啟蒙運動的精神源頭都在古希臘、羅馬的古典思想，是歐洲文化的內在發展，而中國的「五四」主要是受西方文化侵入中國而引起的反響，其中雖也有中國文化內在因素的接引，但精神源頭不在儒、釋、道，而在西方。

我不否認西方文藝復興和啟蒙運動都曾影響到「五四」新思潮的出現，但「五四」是中國現代文化與思想史上的一個獨特的事件，西方未見其例。如果堅持「五四」必須與「文藝復興」或「啟蒙運動」相比附，那便會陷入一個極危險而毫無根據的歷史預設之中：所有民族或文明都必須經過相同的發展階段，這是所謂「必然的歷史規律」，西方既比中國先發展一步，中國當然只能亦步亦趨；凡是西方發生過的運動也

---

44 參余英時，《余英時回憶錄》第一章〈安徽潛山的鄉村生活〉，頁二六。

45 余先生對「五四」的研究，始於上世紀五十年代中期，至九十年代末，陸續有近十篇重要的文章在香港、臺灣和美國發表。

46 參 Ying-shih Yu, "Neither Renaissance Nor Enlightenment: A Historian's Reflections on the May Fourth Movement", in Milena Delezelova-Velingerova and Oldrich Kral, eds., *The Appropriation of Cultural Capital: China's May Fourth Project* (Cambridge: Harvard University Press, 2001), pp. 299-324；此文中文本題為〈文藝復興乎？啟蒙運動乎？——一個史學家對五四運動的反思〉，後收入余英時等著，《五四新論：既非文藝復興亦非啟蒙運動》（臺北：聯經出版公司，一九九九），頁一—三一。

> 一定會在中國重複一次。但今天的歷史知識已不允許我們盲目接受這一預設了。[47]

一望而知，無論「文藝復興」說，還是「啟蒙運動」說，來頭都非常大。作為史學家，余先生絲毫不為其權威感所動，他對「文藝復興」說的第一次公開質疑，是早在五十年代末發表的〈文藝復興與人文思潮〉中提出的，[48]而對「文藝復興」說與「啟蒙運動」說的全面總結批評，則呈現於九十年代末的“Neither Renaissance nor Enlightenment: A Historian's Reflections on the May Fourth Movement”。[49]這樁「公案」重考，從「大膽假設」到「小心求證」，前後花費了長達四十年的時間。

由此可見，在「五四」問題上，余先生對於前人的主流觀點，無論是認同，還是有修正，都經過長期反覆的思考。這一點，在「五四反傳統」的命題上，有更清晰的呈現：

> 在不斷修改關於認識「五四」的進程中，有一個改變特別值得提出來一談。從早年到中年，我一直接受流行的看法，即以「五四」為全面反中國文化傳統，特別是反儒教的運動，因此，「五四」徹頭徹尾是一個激進化歷程，而且激進的步伐一天天加速。但最近十多年來，我覺得這一看法必須重新加以檢討。五四運動中確存在著這一股激進思潮，但不能代表整個「五四」的新文化或新思潮運動。[50]

眾所周知，在百年來「五四運動」的認知史上，有一個「五四的主流是反傳統」的命題，比之於「文藝復興」說和「啟蒙運動」說，此說的音量還要大得多，對普通大眾而言，簡直到了如雷貫耳、定於一尊的地步。如上文所引，余先生同意「五四」確有「反傳統」的激進思潮，但認為它不能代表整個「五四」的新文化運動。余先生證成此說之根據，本身極具歷史的立體感。余先生從實證的角度，舉出一系列經過「五四」洗禮的著名知識人——包括梁啟超（一八七三—一九二九）、王國維（一八七七—一九二七）、陳寅恪（一八九〇—一九六九）、梅光迪（一八九〇—一九四五）、梁漱溟（一八九三—一九八八）、湯用彤（一八九三—一九六四）、吳宓（一八九四—一九七八）、錢穆、馮友蘭（一八九五—一九九〇）、梁實秋（一九〇三—一九八七）等——為例子，指出他們不僅不「反傳統」，而且在繼承和發展傳統，並使傳統現代化方面，發揮了其功厥偉的作用，而他們的貢獻，正是「五四」成績的一個不可或缺的部分。如果把他們排除在「新文化」之

47　參余英時，《余英時回憶錄》第一章〈安徽潛山的鄉村生活〉，頁二九—三〇。
48　參余英時，〈文藝復興與人文思潮〉，載《新亞書院學術年刊》第一期（一九五九），頁一—二四；後收入余英時《歷史與思想》，頁三〇五—三三七。
49　參注47。
50　參余英時，《余英時回憶錄》第一章〈安徽潛山的鄉村生活〉，頁三〇。

外，則「五四」只是一場空喊口號的「運動」，在學術上便全成一片廢墟了。[51]

那麼，我們應該如何解釋上述「五四的主流是反傳統」的命題，為何多年來在大多數人的心中，會成為一個不容置疑的「事實」呢？這恐怕主要是因為，在上世紀後半葉的長達半個多世紀以來，「五四」的「主旨」被定位為一場發生在一九一九年五月四日這一天的「反帝反封建」的愛國政治運動，而這種政治定位又透過各種渠道，「潤物細無聲」地漸漸滲入到人們的認知中，所謂「冰凍三尺，非一日之寒」所造成的結果。這便使得上文所引發生在「五四」新文化運動中的那種既反傳統，又發展傳統的矛盾現象，雖然明顯存在，人們卻會往往對之視而不見。余先生認為，事實上，「只要把『五四』看作一個長期的新文化或新思潮運動（如所謂『文藝復興』或『啟蒙運動』），而不過分看重其政治作用，那麼我們馬上便會看出：上述的看法是站不住腳的」。[52]

在此，余先生回到上面談「五四」的「主旨」時，所引到的胡適〈新思潮的意義〉，[53]並詳加申論，認為從時隔近百年後的今天往回看，此文的歷史意義方更顯豁；尤其是胡適文中所提出的以「『評判的態度』作為所有參與者共同精神」，以及這種「態度」應表現在「研究問題、輸入學理、整理國故」三方面（「再造文明」是以上三者的結果），乃是擊破「五四反傳統」說的關鍵。[54]余先生進一步分析：「這三項工作都是需要無數知識人的長期努力才能取得真實成績的。我們無法想像，參加這些實際工作者，每一個人都必須先在意識形態上採取反傳統、反孔子的激烈觀點。無論是『研究問題』、『輸入學理』或『整理國故』，我們都只能要求工作者具備『評判的態度』便足夠了，至於他們個人的思想或信仰取向，則是完全不相干的問題」。[55]

余先生上文所舉各例中，梁啟超、王國維、陳寅恪、湯用彤、錢穆、馮友蘭無疑是典型的「整理國故」；梁漱溟的轟動一時之作《東西文化及其哲學》可作「研究問題」的代表；梅光迪、吳宓和梁實秋以《學衡》雜誌為地盤，有系統地引進白璧德（Irving Babbitt，一八六五—一九三三）的人文主義學說，則可謂是「輸入學理」的樣板。[56]胡適〈新思潮的意義〉發表於一九一九年的《新青年》，從余先生的分析可見，文中提出的諸綱領，不僅「在當時很有代表性，多數人大致是接受的」，[57]而且在「五四」到上世紀中葉的三十年內，取得了豐碩的收穫。我們甚至可以說，此文的諸綱領，有「先知」的意味。不過，從五十年代中到七十年代中的二十多年間，這些綱領在大陸學界非但不被認為

51 參余英時，《余英時回憶錄》第一章〈安徽潛山的鄉村生活〉，頁三一—三六。
52 參余英時，《余英時回憶錄》第一章〈安徽潛山的鄉村生活〉，頁三一。
53 胡適此文發表於一九一九年十二月出版的《新青年》第七卷第一號。
54 參余英時，《余英時回憶錄》第一章〈安徽潛山的鄉村生活〉，頁三一—三六。
55 參余英時，《余英時回憶錄》第一章〈安徽潛山的鄉村生活〉，頁三一—三二。
56 參余英時，《余英時回憶錄》第一章〈安徽潛山的鄉村生活〉，頁三一—三六。
57 參余英時，《余英時回憶錄》第一章〈安徽潛山的鄉村生活〉，頁二六。

是「五四」精神的代表，而且還相反被視為是一股反「五四」精神的逆流，受到群起而攻之，[58]成為胡適阻撓「五四反傳統」的大罪狀之一。余先生力翻此案，胡適倘若地下有知，或也當莞爾。無怪乎大陸知識人中間，此語近年在流行：「在沒有胡適之的時代，讀余英時。」[59]

五、余先生的「《書目答問》」

我今年十一月初，讀完《印刻》連載的余先生《回憶錄》第五章〈美國哈佛大學〉，[60]發現其中藏有一張精選的「西學」書目表，不由得浮想聯翩，彷佛回到了二十五年前，在普林斯頓向老師從遊問學的時候。上世紀的九十年代初，堪稱是普林斯頓漢學的黃金時代（Golden Age），而余先生是以博極群書，聞名於校內諸大儒間的。當時在中國史領域，余先生治漢史，杜希德（Denis Twitchett，一九二五—二〇〇六）治唐史，劉子健（一九一九—一九九三）治宋史，再加上雖已榮退、但仍每年定期返校的普林斯頓漢學創始人牟復禮（Frederic W. Mote，一九二二—二〇〇五）治明史，使美國研究漢、唐、宋、明史的權威雲集在一個校園，實為一時之盛。余先生所任校聘講座教授（University Professor）為美國大學中最高的教銜，而他又乃是漢學界一位百科全書式的人物，雖然早期研究以漢代為中心，其實對各個時代的許多領域裡的尖端問題都有極深入的研究。對此，牟復禮先生極為推重，我不止一次地聽他由衷讚歎過：「Professor Yu is for everything.」（余教授無所不通）。[61]

余先生在錢穆傳統的基礎上，承先啟後，繼往開來，打開中學和西學會通的新生面，已久為海內外之共識與定評矣。余先生本世紀初榮退時，普林斯頓大學東亞系周質平和裴德生（Willard Peterson）兩教授主編的紀念論文集之標題「國史（按：指錢穆的史學扛鼎之作《國史大綱》）浮海開新錄」一語，是以上共識極佳的形象化注腳。[62]以我個人當年讀書時的體會，余先生「無所不通」的廣博，並不僅僅表現在對於中國文、史、哲各領域和各時代的通盤深入掌握，更令人驚異的是，他對西洋的人文社會各領域之古今學術流變，也修養極高，歷歷如數家珍，研究中國題目時，信手拈來，觸類旁通，頓成妙品，毫無生硬勉強之感。這是在西方的絕大多數漢學家都做不到的，也可以說是上引「浮海開新

58 胡適此文的諸綱領中，當時最受攻擊的是「研究問題」（所謂「少談些主義，多研究些問題」），其次便是「整理國故」。

59 參顧思齊，〈在沒有胡適之的時代讀余英時〉，載《南方都市報》二〇〇四年十月二十五日。

60 參余英時，《余英時回憶錄》第五章〈美國哈佛大學〉，頁一五二—一三一。

61 參陳玨，〈漢學家牟復禮雜憶〉，載《大公報》二〇〇八年二月二十八日。

62 參周質平、Willard J. Peterson編，《國史浮海開新錄：余英時教授榮退論文集》（臺北：聯經出版公司，二〇〇二）。

錄」一語的學術史背景。

我在普林斯頓主修比較文學，故而粗知中西之人文社會領域學術，各有源遠流長之傳統；兩者表面之「同」處，往往即深層之異處，而表面之「異」處，往往即深層之同處。最忌者，乃生硬的套用和比附，除貽笑大方，不會有任何其他結果；最難者，為具「正法眼」，捕捉到這兩種傳統神貌契合無間的瞬間之點，拈出其精髓示人，如庖丁解牛然。我讀余先生書中所見的，正是後者。余先生所使用的方法，他本人稱之為不同文化間的「接引」，大不同於通常意義上的簡單化或機械性之「比較」。若將此法比之於張之洞（一八三七—一九〇九）的「中體西用」，高明處實不可以道里計。因此我在普林斯頓讀余先生所著書時，每見書中所引之西洋人文社會名家的名著，先從圖書館借閱原書，稍一瀏覽後，輒取一紙記錄梗概，以備將來細讀，數年所積，數以百計。

研究中國學問，需以「中學為體」是毫無疑問的；但「拿來主義」的「西學為用」，其實用主義的思路往往導致某種程度的斷章取義，實不足為訓。如真要循中西比較途徑，闡發中國文史精義，需先對於西學傳統脈絡有一個全面切實的瞭解，如此才能談得上「接引」。商務印書館費時半個多世紀出版的「漢譯世界學術名著叢書」，洋洋灑灑，提供了一個入門書目，但所選主要為西方古典時代的文、史、哲、政、經領域的要籍，而十九世紀末以來的各家各派名著則極少。我當年初讀余先生著作時，之所以將其中提到的西學名著，一一作紀錄，是因為隱隱感到其中藏有一張涵蓋近代西洋人文社會領域的完整要籍書單，可彌補商務叢書之不足，預備作為獲得博士學位後繼續進修西學的門徑。說來慚愧，我畢業二十多年以來，為教學研究「俗務」所累，竟然年復一年，無意中忘記了當年的初衷；直到日前讀了余先生《回憶錄》第五章，猶如遇當頭棒喝，驀然方知為何自己這麼多年蹉跎歲月，而學業不進的根本原因，乃未從根本處下功夫是也。

我這次一面讀《回憶錄》第五章，一面找出當年的紀錄書單對覽，不禁油然想起張之洞那部名聞遐邇的《書目答問》。[63]張之洞以封疆大吏身分，作為「洋務運動」主將之一，在晚清以「中體西用」為法，推動中國現代化方面，固未獲得成功；但他在「西學東漸」從根本上衝擊「中學」的大變動時代，推出的《書目答問》，卻是一部廣博精到、「存亡繼絕」的國學入門津梁，為時人和後代保存了文化精義血脈，至今無可替代，為人津津樂道。反觀上世紀中葉以來，在全世界逐步變成「地球村」的背景下，海內外華人學術界的中、西文化之會通呼聲日高，但至今也沒有一部擁有類似《書目答問》分量的著作，給有志於此的年輕知識人指明西學門徑，作為未來展開文化比較研究的基石。我在對照《回憶錄》第五章中的西學書目十餘種，與余先生其他著作所引的數以百計的同類書目之後，發現後者似是前者在門類和數量上的展延，而前者又極像後者在讀法上的「解題」；兩部分在心中相合，隱隱然即為一部條貫分明而廣約互濟之西學《書目答問》矣。

---

63 參張之洞，《書目答問》（臺北：臺灣商務印書館，一九六八）。

以上個人讀書之經驗，我在此不敢藏私，乃逕自寫出，與讀者分享，尤其是為下一代有志於中、西文化之會通的年輕的學人提供參考。限於本文篇幅，讓我逕從《回憶錄》第五章的十餘種書目入手，舉例擇要談起。余先生這裡的書目，主要是他在哈佛求學時，所修西學課程的諸位任課教授——包括布林頓（Crane Brinton，一八九八—一九六八）、[64]帕森斯（Talcott Parsons，一九〇二—一九七九）、[65]賽門（Ronald Syme，一九〇三—一九八九）、[66]紀柏特（Felix Gilbert，一九〇五—一九九一）、[67]基爾莫（Myron Gilmore，一九一〇—一九七八）、[68]懷特（Morton White，一九一七—二〇一六）[69]等人——之著作，還有與這些課程有關的其他重要學者——如艾理克遜（Erik Erikson，一九〇二—一九九四）和以撒．柏林（Isaiah Berlin，一九〇九—一九九七）[70]——所著之書。這八位學人無一不是上世紀西洋人文社會各主要學術領域中影響力極大人物，展現開闊的不同學科光譜。遺憾者，乃以上諸公其人其書，雖在歐美名聞遐邇，但至今卻仍然鮮為中文世界的知識人所留意，似乎不太知道他們對於中國文史研究，有何參考價值？

具體說，上列八人中有四人是史學學門以外的代表性人物：懷特是哲學家，帕森斯是

64 布林頓是哈佛歷史系名教授，重要著作有*English Political Thought in the Nineteenth Century*（London: E. Benn, 1933）、*The Anatomy of Revolution*（New York: Vintage, 1938）和*Ideas and Men: the Story of Western Thought*（New York: Prentice-Hall, 1950）等。

65 帕森斯是哈佛社會學系名教授，重要著作有*The Social System*（New York: Free Press of Glencoe, 1951）和*The Structure of Social Action*（New York, McGraw-Hill, 1937）等。

66 賽門是牛津大學羅馬史名教授和上世紀古羅馬研究的頂尖權威，重要著作有*The Roman Revolution*（Oxford: Oxford University Press, 1939）等。

67 紀柏特是普林斯頓高等研究所（Institute for Advanced Studies）歐洲史名教授，重要著作有*Machiavelli and Guicciardini: Politics and History in Sixteenth-Century Florence*（Princeton: Princeton University Press, 1965）、*The End of the European Era:1890 to the Present*（London: Weidenfeld & Nicolson, 1970）和*History: Politics or Culture? Reflections on Ranke and Burckhardt*（Princeton: Princeton University Press, 1990）等。

68 基爾莫是哈佛歷史系名教授，重要著作有*The World of Humanism, 1453-1517*（New York: Harper & Row, 1952）和*Humanists and Jurists: Six Studies in the Renaissance*（Cambridge: The Belknap Press of Harvard University Press, 1963）等。

69 懷特是哈佛哲學系名教授，後任普林斯頓高等研究所歷史教授，重要著作有*Toward Reunion in Philosophy*（Cambridge: Harvard University Press, 1956）和*The Foundations of Historical Knowledge*（New York: Harper & Row, 1965）等。

70 艾理克遜先後為哈佛、加大柏克萊和耶魯心理學名教授，重要著作有*Young Man Luther: A Study in Psychoanalysis and History*（New York: Norton, 1958）和*Gandhi's Truth: On the Origins of Militant Nonviolence*（New York: Norton, 1969）等。以撒・柏林是牛津大學哲學和政治學名教授，重要著作有*Karl Marx: His Life and Environment*（London: Thornton Butterworth, 1939）和*The Hedgehog and the Fox: An Essay on Tolstoy's View of History*（London: Weidenfeld & Nicolson, 1953）等。

社會學家，艾理克遜是心理學家，以撒・柏林兼哲學家和社會政治學家於一身。另外四人乃史學學門中，各分支領域翹楚；其中，布林頓是思想史大家，同時治法國史；還有三位分係西洋斷代史的掌門人物，研究範圍接力涵蓋從公元一世紀到十九世紀的漫長歷史時段：賽門是羅馬史頂尖的大權威，基爾莫是文藝復興史的公認巨擘，紀柏特是歐洲的早期現代史（大致從文藝復興，經宗教改革到啟蒙運動）和現代史（始於英國工業革命和法國大革命）的一代名家。以上八大家涵蓋的領域十分開闊；如果說，西方近代人文社會研究大致可分為文、史、哲、政治、經濟、宗教、社會、人類諸學門，以上諸公涵蓋的範圍至少可說已經「三分天下有其二」了。

眾所周知，余先生數十年來治中國史，涵蓋的範圍從「堯」到「毛」，善以「經、史、子、集」之原始文獻，接引近代西洋人文社會領域各學門之理論發現，推陳出新，融中西為一爐，發人之所未發。從《回憶錄》中，看得出此允推獨步之研究特色與格局，實形成於哈佛求學時代。如果我們進一步參閱余先生後來在哈佛、耶魯和普林斯頓三學府中任教時所撰寫的各種著作，與上列諸公相對照，可以發現這種接引的明顯軌跡。其中，對帕森斯的接引，在韋伯的宗教社會學說；對懷特和以撒柏林的接引，在歷史哲學；對布林頓的接引，在思想史和社會史的交叉；對賽門的接引，在古羅馬史；對基爾莫和紀柏特的接引，在文藝復興史；而對艾理克遜的接引，則在歷史人物的人格心理分析。在接引過程中，自然凝聚了文、史、哲、政治、經濟、宗教、社會、人類等學門的相關經典書目；比之於張之洞《書目答問》之「經、史、子、集、叢」五類，乃有左右逢源之效，異曲同工之妙。

讓我們依照中國史的時序，來對此作一個簡要回顧。余先生上世紀六十年代問世的最初兩部漢學著作，均以漢代研究為中心：一部是博士論文《東漢生死觀》（*Views of Life and Death in Later Han China, AD 250-220*），另一部則是專書《漢代貿易與擴張》（*Trade and Expansion in Han China*）。[71]《漢代貿易與擴張》的焦點乃是中外交流史，余先生認為「羅馬適可與漢代中國互相對照，以凸顯東西兩大統一帝國之異同所在」；[72]以此為出發點，余先生在書中接引的學術影響除了賽門的羅馬史名著《羅馬革命》（*The Roman Revolution*），還有上世紀古羅馬考古學的大家Cyril Bailey（一八七一—一九五七）和Mortimer Wheeler（一八九〇—一九七六）諸公的著作，以及遠東人類學大家Schuyler V. R. Cammann（一九一二—一九九一）的著作等。《東漢生死觀》焦點是思想史，余先生在討論東漢文本時，成功吸收了布林頓的社會上層「正式思想」（formal thought）與社會下層「民間思想」（popular thought）的區隔說，後來又在對中國思想史和社會史學科交叉研

---

71 參Ying-shih Yu, *Views of Life and Death in Later Han China, AD 250220*（Harvard Ph.D. Thesis, 1962）和Ying-shih Yu, *Trade and Expansion in Han China*（Berkeley: University of California Press, 1967）。

72 參余英時，《余英時回憶錄》第五章〈美國哈佛大學〉，頁一八三。

究中，遍讀了從歷史心理學家Henry Stuart Hughes（一九一六—一九九九）到人類學家Robert Redfield（一八九七—一九五八）和George M. Foster（一九一三—二〇〇六）等各家各派對於這種區隔的詮釋。我舉此兩書為例，旨在說明余先生早期的漢代研究專書中，便在接引西學的過程中，隨手建有一個相關領域的小型但經典的「書目庫」，即使對今天的學者也仍非常有用。

眾所周知，余先生有一部涉及從魏晉到明清間大量世俗和宗教文獻的名著《中國近世宗教倫理與商人精神》，[73]而它與現代最偉大的社會學家之一韋伯（Max Weber，一八六四—一九二〇）的學說，結有不解之緣。讀了《回憶錄》後，我們知道帕森斯是余先生和韋伯間精神的紐帶。余先生指出，帕森斯「行動的理論」（The Theory of Action），可以「追溯到十九世紀末至二十世紀初歐洲一群社會科學家的身上，其中最重要的有英國馬歇爾（Alfred Marshall）、義大利的柏勒托（Vilfredo Pareto）、法國的涂爾幹（Émile Durkheim）和德國的韋伯（Max Weber）。但帕森斯對韋伯尤其推重，他可以說是韋伯在美國的繼承者和發揚者。無論如何，韋伯學術之所以能傳入美國而成為一派顯學，帕氏的功績無人可及。最顯著的，《新教倫理與資本主義精神》（*The Protestant Ethic and the Spirit of Capitalism*）一書便是帕氏在一九三〇年譯成英文而流傳天下」。[74]余先生後來對帕森斯社會理論，「興趣逐漸轉淡，但通過講論而接觸到韋伯有關歷史社會的多方面觀察卻越來越感到引人入勝」，[75]於是不僅深入研究大量韋伯的原著，並且廣泛閱讀歐美重要的「韋伯學」著作。從以上的接引過程，我們生動看到，余先生的這一最初萌發於帕森斯講堂的「韋伯興趣」，如何中經三十年的醞釀，擴展書目庫，終於能以中西文化比較研究的成熟型態，而出現在《中國近世宗教倫理與商人精神》一書中。

再如本文緣起中所提到，余先生問世於本世紀初的《朱熹的歷史世界》，是一部堪與陳寅恪先生《柳如是別傳》相媲美的鉅著。余先生在書中討論宋孝宗的心理之謎時，創造性地運用了艾理克遜的心理分析學說中的「生命史」（life history）概念，來展開別開生面的分析。余先生以艾理克遜作為軸心，從不同學門入手，廣引各家各派，除了佛洛伊德（Sigmund Freud，一八五六—一九三九）著作外，還有當代著名法國哲學家Paul Ricoeur（一九一三—二〇〇五）和美國史學家Peter Gay（一九二三—二〇一五）等人的著作，極富啟發性，使宋孝宗「生命史」成為《朱熹的歷史世界》中最引人入勝的章節之一。余先生這次在《回憶錄》中，披露了此事的原委：上世紀五十年代末，艾理克遜以「生命史」角度研究馬丁路德的名著《青年路德》（*Young Man Luther*）剛問世，余先生即在哈佛課

73 參余英時，《中國近世宗教倫理與商人精神》（臺北：聯經出版公司，一九八七）。
74 參余英時，《余英時回憶錄》第五章〈美國哈佛大學〉，頁一七三。
75 參余英時，《余英時回憶錄》第五章〈美國哈佛大學〉，頁一七三—一七四。

堂上認識到此書的原創性，它對「後來研究中國學術思想史很有啟發作用」。[76]我讀《回憶錄》至此，方恍然大悟，原來這正是余先生後來用西洋心理學諸名著，來接引宋孝宗「生命史」研究的「前因」。

余先生以清代學術史接引懷特的「歷史哲學」之例，也十分重要。《回憶錄》指出：「由於懷特自覺是在開闢一個新的人文園地，他在講堂上時時流露出一種推動新潮流的激情。這激情對不少聽講者發生了感染的力量，好像也在參預其事，我便是其中之一人。這大概相當於中國學術思想史上所謂的『預流』。其影響所及，使我感到有必要對中西史學之間的異同作較深入的考察，以彰顯中國歷史與文化的特色所在。因此在懷特課上，我提出以章學誠與柯靈烏（R.G. Collingwood）史學思想的比較，作為期中論文的題旨。……我在一九五七年四月所寫〈章學誠與柯靈烏的歷史思想〉，便是由這篇期中論文擴大與修訂而成。（現收在《論戴震與章學誠》一書中。）……懷特此課對我此後的學術影響相當大；七十年代初我以章學誠與戴震為中心而展開的清代學術史研究，便是從這裡開端的。」[77]更值得注意的是，這種影響並非單向；懷特晚年定居普林斯頓，與余先生時相過從，因而認識了其他漢學家，竟表示「對於中國文化和思想也越來越感興趣了」。[78]

最後，我要舉出基爾莫之例。他是當年余先生博士口試的三導師之一，[79]與余先生後來的「五四」研究，有很大的關聯。余先生回憶到，基氏是當時「美國中年一輩中最傑出的歐洲早期近代（early modern）史家之一……對文藝復興人文主義的研究開拓了新視野」，他的《人文主義的世界》（*The World of Humanism*, 1453-1517），「其實便是文藝復興最重要階段的歷史」。[80]余先生師從基氏，希望能多讀些西方文藝復興時代的歷史著述，以認識歐洲是怎樣從中古演變成近代；而這將有助於將來研究中國文化如何從傳統轉移到現代的整體歷程。[81]余先生同時也選修過時任哈佛訪問教授紀柏特（紀氏「不僅是最有貢獻的文藝復興專家之一，而且也被公認為具有通識的史學大家」）的文藝復興史課。[82]這使我不由得聯想到在本文的上一節曾談到：余先生於一九五九年十月發表的〈文藝復興與人文思潮〉長文，是學術史上對胡適提出的「五四」是「中國文藝復興運動」說的首次公開質疑；[83]而當時余先生正在基氏的文藝復興課班上，中間的接引，隱隱斑然可見。

---

76 參余英時，《余英時回憶錄》第五章〈美國哈佛大學〉，頁一九四。

77 參余英時，《余英時回憶錄》第五章〈美國哈佛大學〉，頁一八五—一八六。

78 參余英時，《余英時回憶錄》第五章〈美國哈佛大學〉，頁一八六。

79 余先生的另外兩位口試委員是楊聯陞（一九一四—一九九〇）和費正清（John King Fairbank，一九〇七—一九九一）兩位漢學家。

80 參余英時，《余英時回憶錄》第五章〈美國哈佛大學〉，頁一九二—一九三。

81 參余英時，《余英時回憶錄》第五章〈美國哈佛大學〉，頁一七八。

82 參余英時，《余英時回憶錄》第五章〈美國哈佛大學〉，頁一九三。

83 參注49。

余先生在〈文藝復興與人文思潮〉中，引用到十九世紀以來，文藝復興研究的許多傑作，除了基爾莫外，包括Jacob Burckhardt（一八一八—一八九七）的*The Civilization of Renaissance in Italy*、John Symonds（一八四〇—一八九三）的*Renaissance in Italy*、Hans Baron（一九〇〇—一九八八）的*The Crisis of the Early Italian Renaissance*、Wallace Ferguson（一九〇二—一九八三）的*Renaissance in Historical Thought*、Paul Kristeller（一九〇五—一九九九）的*Eight Philosophers of the Italian Renaissance*以及*The Classics and Renaissance Thought*，還有John Whitfield（一九〇六—一九九五）的*Petrarch and the Renaissance*等。[84]在以上大部頭著作外，余先生文中的徵引，亦多涉及重要專業學報中的論文，[85]也包括紀柏特發表於*Studies in Renaissance*創刊號上的"The Concept of Nationalism in Machiavelli's Prince"一文。[86]余先生此文中書目，網羅了十九世紀以來，歐美該領域最重要的學術研究成果。對中文世界讀者言，其廣度和深度，足可以構成一部西學的《書目答問》中之史學「部」的文藝復興「目」之主體矣。

由以上諸例可見，余先生在相關著述中大量引用近代西方人文社會各學門之經典文獻的目的，為的是構築一座座橋梁來接引中國文史的現代化研究的不同之側面。但因為余先生的研究遍及中國「經、史、子、集」的各個領域，而其用以接引的橋梁又橫跨西方文、史、哲、政治、經濟、宗教、社會、人類等各大學門，無意中為後學留下了一部沒有編印成書的西學「《書目答問》」。這部「《書目答問》」條目豐富，散見在余先生的各種著作中，等待著研究中國文史的我們去檢索。它具有極大的彈性，每一條子目，都可能在與其他子目的交叉中發生變化，給檢索者帶來新的靈感，或為之點出接引中國文本的新的途徑。以上這種動態的變化，在我們腦海中創造了一方可塑的空間，讓我們在檢索中看到過去波瀾壯闊的學術史，也幫助我們在檢索的啟發下，試著去邁出學術的新腳步。換言之，若有一百個檢索者，這部「《書目答問》」可能就會有一百個彼此不完全相同的版本，它的生命之火花如「隨風潛入夜，潤物細無聲」。其之用也大哉！

六、回到「猶記風吹水上鱗」

如本文第二節末尾所談，余先生《回憶錄》的內容十分豐富，以上粗淺讀後感，只是從《回憶錄》的第一章和第五章中選出三個例子，以略窺余先生「歷史世界」中的「社會世界」、「思想世界」和「學術世界」之一斑而已。現在本文將近於尾聲，我想回到上世

84 參余英時，《歷史與思想》，頁三二八—三三七。

85 如*Studies in Renaissance*（美國文藝復興研究會主辦）和*Journal of the History of Ideas*（美國思想史研究權威學報）等。

86 參余英時，《歷史與思想》，頁三三三。

紀八十年代錢穆先生九十大壽時，余先生的一首賀壽詩，來結束這篇讀後感。詩云：

海濱回首隔前塵，猶記風吹水上鱗。
避地難求三戶楚，占天曾說十年秦。
河間格義心如故，伏壁藏經世已新。
愧負當年傳法意，唯餘短髮報長春。

余先生這次將此詩醒目地再度用行楷鈔錄在《回憶錄》的扉頁，注曰：「二十一世紀戊戌回憶舊事敬錄之」，情見乎辭，躍然紙上。

余先生是錢先生學術法脈的傳人，對錢先生的畢生學術追求旨趣心領神會。錢穆先生逝世後，余先生在〈一生為故國招魂——敬悼錢賓四師〉一文中，開宗明義指出：錢先生從少年時代讀到梁啟超（一八七三—一九二九）大聲疾呼「中國不亡論」的長文〈中國前途之希望與國民責任〉後，「便為一個最大的問題所困擾，即中國究竟會不會亡國？……但是錢先生和大多數青少年讀者不同，他讀了此文之後沒有走上政治救國的道路，而轉入了歷史的研究。他深深為梁啟超的歷史論證所吸引，希望更深入地在中國史上尋找中國不會亡的根據。錢先生以下八十年的歷史研究也可以說全是為此一念所驅使。」[87]

余先生此詩與此言，直指心源，徑登佛地，使人頓悟到錢先生以畢生精力，沉浸史學研究，原來不是為了別的，其背後念茲在茲、無時或忘的原動力，乃是要探討在當時內憂外患的強大壓力之下，「中國究竟會不會亡國」？筆者不由得在此聯想到，余先生作為錢先生在當代推陳出新的繼承人，在其等身的歷史研究著作背後之整體終極關懷，其實也許正在於：今天我們面臨中國傳統社會的基礎被徹底摧垮的大變局時，中國會不會亡文化？以我之讀後感受，余先生《回憶錄》通篇，委婉的敘述中始終貫穿著一種強烈的信念和力量，無論如何要將中國文化的真精神傳承下去，即詩中所謂之「唯餘短髮報長春」。

我想這也許正是余先生《回憶錄》中展現出來的「歷史世界」的核心，也是余先生為什麼有一次會說：「我在哪裡，哪裡就是中國。」

• 本文作者為國立清華大學中國文學系教授。

87 參余英時，〈一生為故國招魂——敬悼錢賓四師〉，收入余英時，《猶記風吹水上鱗：錢穆與現代中國學術》，頁一七—二九。

有關余英時老師的回憶

陳弱水

余英時老師的九秩壽慶即將來到，我在二〇〇九年曾經寫了〈回憶耶魯歲月的余英時老師〉，收入他的八十歲壽慶論文集《文化與歷史的追索》「前言」。那篇文章刊載於論文集，可能流傳不廣，現在增寫該文，訂定新題，為老師的九十歲生日獻壽。增加的文字有兩部分。首先是關於我在前往耶魯大學求學，成為老師的學生之前，對於老師的瞭解和印象。我在一九八一年八月到耶魯前並沒有和老師正式見過面，但他對我已經發生了很大的影響，我對他也有一些瞭解。我把這部分寫出來，除了可以算作臺灣知識界對余老師「接受史」的一個樣本，說不定還有有助於大家對余老師的認識。其次，我也對十年前的舊文有所增訂。現在這篇文字可以代表余老師在我心中絕大部分的印象。另外要注明，本文增訂的部分，大多已另行刊載於二〇一八年十月號《印刻文學生活誌》。

——陳弱水　二〇一九年一月一日識

一

第一次聽到余老師的名字，是在電視新聞上。余老師在一九七四年七月十六日當選中央研究院第十屆院士，當晚我從電視上看到新聞。我當年正好考大學，七月十六日還沒放榜，但我已知道自己大概會進臺灣大學歷史系，我從來沒有聽過余老師的名字，對他充滿好奇，入學後就留意有關他的訊息。

在我到耶魯之前，余老師對我發生的影響大概有三個方面，先從最重要的說起。余老師的長文〈反智論與中國政治傳統——論儒、道、法三家政治思想的分野與匯流〉於一九七六年一月一連七天在聯合報副刊連載。這篇文章引起很大的震動。當時我並不知道其他人的反應，但自己深受吸引，記得文章連載期間，我每天一早就從家裡走到北投市場去買報紙，完全處於「先睹為快」的心情。幾個月後，這篇文章的姐妹篇〈「君尊臣卑」下的君權與相權——「反智論與中國政治傳統」餘論〉刊出。很明顯，這兩篇文章奠下余老師在臺灣知識界與人文學術界的影響力與重要地位。

我當時是大二學生。大一下學期時，林毓生先生來臺大歷史系客座，開授一門「思想史方法論」的講演課，我前往旁聽，得知世界上有思想史這門學問，深受啟發，開始閱讀有關著作，其中也有余老師的作品。但〈反智論與中國政治傳統〉兩文性質不同，它們是在專門研究的基礎上以通貫的方式探討中國思想與政治史上核心問題的宏大之作，而且具有現實的意義，對當時很多年輕知識人帶來衝擊。我自己不但被文章中的問題和論點吸引，而且因為我是學歷史的，不知不覺也想把這樣的取向帶入自己的學習與思考。自此之後，我就更留心老師的著作了。

前面說過，我開始接觸余老師的著作，是在〈反智論與中國政治傳統〉刊出之前。我最早接觸的著作之一是《方以智晚節考》——一本有關明末遺民方以智（一六一一——一六七一）的研究。我是在當時位於羅斯福路四段口的學生書局發現這本書的。這應該是余老師一本比較冷門的著作，它是考證之作，又是用文言文寫的，我卻深受吸引。這本書文詞優美，而且從余老師何以會發現方以智晚節這個問題，就深具偵探的趣味，考證的終局又有嚴肅的心靈與文化意義，這也是最早啟發我如何進行考證的作品。我讀來興趣盎然，不時跑到學生書局去看，就這樣倚著書架幾乎讀完。《方以智晚節考》是香港新亞研究所出版的，對當時臺灣的大學生而言，香港的原版書有如天價。我不斷站著讀，不知什麼時候，終於狠下心買下來。除了這本書，我還託人到香港買了余老師在龍門書店出版的《論戴震與章學誠》（一九七六），這兩本港版書現在還在我研究室的架上。

主要透過《方以智晚節考》與《論戴震與章學誠》中的論文，我發掘了自己的第一個研究興趣：明清之際思想史。我也閱讀梁啟超和錢穆的經典著作《中國近三百年學術史》（同名的兩本書），又根據錢穆《宋明理學概述》的指引，閱讀一些明代中晚期的文集。《方以智晚節考》其實顯現了余老師學術工作的一個特殊風格。這本書寫作的因緣，是再偶然不過了。余老師一九七一年夏天初次到臺灣，無意間聽說學生書局已影印黃宗羲《授書隨筆》問世，老師聽了大感疑惑：黃宗羲此書雖然見於著錄，三百年來無人實際看過，天地間是否曾有此作，也不能確定，為什麼現在能夠出版？後來取得該書，考索後得知，這其實是方以智之子方中履的《古今釋疑》，探討此事過程中，又發現方以智晚節與死節的疑案，老師遂放下考證《古今釋疑》之文，另外撰成《方以智晚節考》。一本書因一篇十餘頁的文章而起，卻先於文章完稿，實在是趣事。余老師的其他研究，也頗有起於偶然事端的，他對陳寅恪、《紅樓夢》、胡適、朱熹歷史世界的探討，都有這樣的性質。余老師對這些課題，偶然發端之後，往往又繼續追索，而終有重大的成果。他不斷透過偶然的機緣迸發出深刻精彩的著述，不能不說是平日素有準備而又習於深思的緣故。

在大學期間，我對余老師另一方面的印象來自他的香港生涯。余老師在香港住過兩段時間，第一段是一九五〇至一九五五年，在新亞書院就讀，也活躍於流亡至香港的知識人圈；第二段是一九七三至一九七五年出任香港中文大學新亞書院校長（當時新亞書院是中文大學的成員校之一，一九七七年始降低位階，校長改為院長）。我大一下學期時，在臺大研究圖書館有系統翻讀臺灣幾十年來被黨國體制壓抑而坊間難以見到的雜誌，如《自由中國》、《民主潮》，我也看一些早期的香港雜誌如《民主評論》、《人生》。我注意到余老師到哈佛大學深造之前，在香港發表了很多文章，出版好幾本書。老師是《人生》雜誌的作者，我在該刊的一張作者合照中看到他年輕清瘦的身影。其實，在一九五〇年代，余老師大多數文章發表於《自由陣線》和《祖國周刊》，這兩份是自由派（所謂「第三勢力」）的刊物，因為政治因素，難以進口，臺大幾乎都沒有收藏。

余老師香港時期的著作主要討論民主、自由、平等、文明、革命等問題，我沒有讀過書，也許看過幾篇文章，但光從書名和文章題目，就可以看出他的基本關懷和價值取向，他思考中國變局與馬列主義的關係，追求自由、民主的道路。余老師發表作品，除了本名，最常使用筆名「艾群」，我猜「艾群」是「愛群」的諧音，透露了他關心人群集體命運的心情。根據余老師的著作目錄，僅一九五三到一九五五這三年間，他就在香港出版了六本關於近代西方文明與民主問題的書籍，這是非常驚人的，因為他當時正在中國典籍和歷史方面下功夫，也參與雜誌和出版社的編務。這些著作大概都是在深夜不眠中寫出的，除了青年的體力與活力，對真知和理想的追尋更是支持這項工作的動力。

我進大學時，余老師正在擔任香港中大新亞書院校長，我因為特殊的個人機緣，從小有閱讀香港報章、雜誌的習慣（但進口管制甚嚴，能看到的很有限），因此偶爾就在臺大圖書館翻覽新亞書院的院刊《新亞生活》，瞭解了余老師的一些動態。事有湊巧，二〇〇九年四月，我到中文大學歷史系履行我擔任該系外部監察員（external examiner）的職務，歷史系安排我住進一間校內的招待所，剛好就是余老師擔任新亞校長時的寓所，我特別告訴了老師和師母這件事。這間房子現在已拆除，原地成為伍宜孫書院的一部分。

我到耶魯之前只看過余老師一次。那是一九七六年八月八日，他暑假來臺，當天在臺北重慶南路二段現在中華文化總會的大樓舉行演講，主題是清代學術，我前往聆聽。到場的人很多，我的座位在相當後面，遠遠地看余老師，感覺面目有些模糊。演講的主持人是屈萬里先生，余老師演講結束後，他給了幾句結語，主要的意思是：「聽君一席話，勝讀十年書。」我雖然出國前沒有機會和余老師見面，他從臺大的一些師長、學長間對我有所聽聞。我在金門服兵役時，他託人帶話，表示我如果考慮留學，可以申請耶魯。這是我成為他的學生的緣由。

二

我是從一九八一年秋天到一九八七年春天在美國耶魯大學歷史系從學於余英時老師的。一九八七年秋天，余老師轉任普林斯頓大學教職，當時我的博士論文大約完成百分之六十。余老師離開耶魯後，我一面受聘教授他負責的課程，一面繼續寫作論文。我的論文在一九八七年底完成，授課則至一九八八年春天。我一共從學於老師六年半，其間在耶魯大學相處六年。

耶魯大學在康乃狄克州的新港（New Haven, Connecticut）。新港是個小型城市，位於紐約市地方交通網的北方頂點，搭火車到紐約大約一百分鐘。由新港往北，距離余師原先任教的哈佛大學車程約三小時，回頭往南，越過紐約，離普林斯頓大學也是差不多的車程，耶魯剛好在哈佛、普林斯頓兩校間的中點。就工作地點而言，余老師是一路往暖和的地方移動。耶魯雖然是名校，跟哈佛、普林斯頓相比，位置比較孤立，哈佛在波士頓郊外，普林斯頓接近紐約，來往的人都相當多。耶魯的孤立造成小型學術社群的氣氛，在其間，師生、同學關係易於密切，我就是在這樣的環境中和余老師共處，受到無窮的益處。

回想起來，我跟老師接觸最密的時段大概是在耶魯的第三、四年。我到耶魯的前兩年，忙於適應環境，鍛鍊語文，花很多力氣在歐洲史的課業上，跟余老師在課外的接觸不算特別多。從第三年下學期開始，一方面由於準備博士候選人資格考，一方面因為自己求知的需求，幾乎每星期都跟老師見面一、兩個小時，談話的內容絕大部分在學術方面，這樣的日子可能持續將近兩年。不少人知道，余老師慣於在晚上進行研究寫作，直至深夜凌晨，他在耶魯期間，除了有排在上午的大學部講演課（每隔一學期一門），通常在中午前到校，下午上討論課，處理事務，會見學者、學生。我跟他應該多是在正規的會客時間（office hours）之外見面，這樣才能久談。我自己教書以後，才瞭解這種情況是很特殊的，我很感謝他的慷慨，也覺得自己很幸運，在一九八〇年代前半，耶魯中國研究領域的研究生不多，才使我有可能占用老師那麼多的時間。

在我和余老師的談話中，政治有時也是話題。老師常說他對政治只有「遙遠的興趣」，但他對重大的政治問題是很關心的，也很有洞見。老師從來沒在臺灣住過，我談的一些事、表達的一些看法，或許對他有過幫助。老師也會談民國政治，談中共，我也受益。老師有極深的民族情感，我親眼見過這種情緒的表達，但他對政治實態有很清明的觀察，也有他的價值取向，因此能夠穿透表象和宣傳，不為民族主義所輕惑。這也是他幾十年來基本立場一直堅定不移的原因，即使一九七〇年代前期保釣運動風起雲湧，牽動了多少在美國的華人學者、學生，余老師仍然沒有因之搖擺。

除了單獨會面，最主要和余老師接觸的機會是上課。在老師的學生當中，我最特別的經歷就是長期擔任他的助教。在老師工作過的學校，不算密西根大學的話，哈佛、耶魯、普林斯頓之中以耶魯最為重視大學部教育，起碼在一九八〇年代是如此。它有完整的助教制度，所有大學部的基礎課，不管修課人數多少，都配有助教，專門的課有時也有。我到耶魯的第二年就擔任老師的助教。其實，以我當時的英文能力以及對美國瞭解的程度，都不足以當此任，但余老師原來的助教Kandice Hauf學長因故無法續任，我只好硬著頭皮頂上。老師找我任此職時，我也看得出他的為難，這件事後來勉力撐過，也奠下我爾後長任助教的基礎。我一共擔任過余老師三或四次的助教，記得除了一次是「中國思想史」（Chinese Thought in Historical Perspective），其他都是傳統中國史的導論課（The History of China to 1600）。透過一再聆聽老師的講演課，我得知他對中國歷史有著通貫的瞭解，這對我有很深的影響。往後我自己做研究，無論課題有多專門，很自然就會考慮起這些課題或所牽涉現象的各種歷史意義。

跟余老師接觸，還有一個令我深為懷念的時機，這就是到老師家聚會談天。我在耶魯就學期間，年節時分，余老師和師母陳淑平女士往往邀請學生和同事到他們家過節，有時大群人，有時小群，年節則包括感恩節、耶誕節和中國農曆新年，都在冬日，老師的兩位女兒也常加入聚會。其他時候我也有些機會到老師家，例如我在耶魯前兩年時，當在哈佛的黃進興學長前來找老師，我跟在耶魯的康樂學兄也會一同前往。余老師住在距離新港約二、三十分鐘車程的橘鄉（Orange），聚會多在晚上，從新港到橘鄉之間有路燈的地方很少，往往漆黑一片，我開著車，感覺車燈就像神奇的挖路機，從寒林之中開出一條通往余府的路。我印象最深的是跟婉窈以及康樂、黃進興一同前往，談話一定到深夜，然後盡興而歸。談話的內容無所不包，但往往有嚴肅的課題，我也在談聽之中得以成長。譬如有一次觸及「文化」或「中國文化」的問題，老師立刻強調，文化是為生活而存在、而服務的，不能顛倒過來，讓生活屈就文化。即使在二十多年後的今天，這還是個值得人們省思的洞見。如今，康樂兄已經長往，除了有不勝今昔之感，我也覺得，學術文化和人間其他種種一樣，都是集體的事業，同世代中有人早走，後死者就多做一些事吧。

在耶魯時，余老師在我心中最鮮明的影像是，他是一位深刻、博學而充滿活力的知識人、學者。這是他創造力爆發的時期，他的許多重要著作都寫於這幾年，以下是其中篇幅較大的：《從價值系統看中國文化的現代意義》、《中國近代思想史上的胡適》、《中國近世宗教倫理與商人精神》、〈漢代循吏與文化傳播〉、〈清代學術思想史重要觀念通釋〉、〈方以智自沉惶恐灘考〉、〈陳寅恪的學術精神和晚年心境〉、〈陳寅恪晚年詩文釋證〉、〈陳寅恪晚年心境新證〉。這段時期的作品有的原為單獨刊行，後來都集入《中國思想傳統的現代詮釋》、《陳寅恪晚年詩文釋證》（增訂新版）二書之中。[1]在耶魯時期，余師也發表了一些英文論文，其中有兩篇他未曾改寫成中文稿："Morality and Knowledge in Chu Hsi's Philosophical System"，以及收入劍橋中國史第一冊秦漢卷的"Han Foreign Relations"。[2]後面一篇應該是在七〇年代寫就，出版已在一九八六年。就對余老師學術生涯的瞭解而言，這些著作有的是他青年時期漢史研究的持續，有些是中年早期明清學術思想史研究的擴展，有的則是新開創的課題。關於後者，最明顯的是《中國近世宗教倫理與商人精神》，這本書除了本身的原創性貢獻，也開啟了余老師後來對於商人文化、明清儒學轉向的研究。透過對胡適、陳寅恪的探討，他也開始大量撰寫有關中國近代思想的論著。另外值得一提的是"Morality and Knowledge in Chu Hsi's Philosophical System"，這原係一九八二年七月在夏威夷國際朱子學會議提出的論文，於一九八六年正式刊布。[3]這是老師第一篇關於朱熹的著作。在我的印象裡，他為寫此文重讀《朱子語類》，應該至少是他第二次讀此大著。余師後來會有《朱熹的歷史世界》、《宋明理學與政治文化》問世，背後是有極深的積蓄的。

我在耶魯，親身觀察到余老師勤奮澎湃的寫作歷程。老師常跟我談論他的研究構想，有驚奇或得意的發現，或研究中出現趣事，他也會特別告訴我，我也見過他因思緒深陷問題而略為恍惚的神態。論文完成，我常可拿到稿件，先睹為快，偶爾表達自己的看法。我

1 前書由聯經出版事業公司於一九八七年刊行，後書由東大圖書公司在一九九八年出版。

2 後文見Denis Twitchett and Michael Loewe, eds., *The Cambridge History of China, vol. I: The Ch'in and Han Empires, 221 B.C.-A.D. 220* (Cambridge: Cambridge University Press, 1986), pp. 377-462. 此二文都有中文翻譯，收於：田浩（Hoyt Tillman）編，楊立華等譯，《宋代思想史論》（北京：社會科學文獻出版社，二〇〇三）；楊品泉等譯，《劍橋中國秦漢史：公元前二二一—公元二二〇年》（北京：中國社會科學出版社，一九九二）。

3 In Wing-tsit Chan, ed., *Chu Hsi and Neo-Confucianism* (Honolulu: University of Hawaii Press, 1986), pp. 228-254.

記得曾多次細讀老師的英文文稿，領略當中的見解和論證之外，也趁機揣摩英文寫作的要領。這些稿件，有的在很長時間內都未發表，現在應已全部收入他於二〇一六年出版的的兩巨冊論文集：*Chinese History and Culture*（New York: Columbia University Press）。在耶魯追隨余老師的六年，我自覺像是從後臺看到了一場絕妙的學術好戲，且不論受用如何，問學之樂，論學之樂，此生恐難再。

世事如夢，我雖然在耶魯度過了充實的求學生涯，其間的細節大都已隨時光化去。現在試著捕捉關於余老師幾件印象極深的事。有一次，我以助教的身分去上他的大學部講演課。當時老師剛從臺灣回來，課後他告訴我，他這次到臺灣，在去程的十七小時旅途中，一口氣讀完Hannah Arendt的*The Human Condition*，空中小姐覺得很奇怪，哪有人坐那麼久的飛機不休息的？余師應該是坐頭等艙，服務人員很清楚他的動靜。他以聊天的輕鬆口吻告訴我這件事，我聽了卻大吃一驚，*The Human Condition*是一本三百多頁的思想巨著，余老師在一次飛行中就通讀此書，實在反映了他在求知思考上的超人動力。

另一件事發生於我在耶魯的第四年，可能是上學期。當時在成功大學任教的張永堂先生來耶魯歷史系擔任訪問學人，一天我和他以及余老師一起進午餐。老師的辦公室在研究生院大樓（Hall of Graduate Studies，簡稱HGS）三樓，他通常在大樓外York Street的一家餐廳吃簡餐，我們那次也在這個地方。席間不記得張先生問了什麼，余老師回應之間說了一句話，意思是「我每天都在想問題」。我聽到愣了一下，心裡想，這話是不是說得有些隨意，沒想到張先生立刻反問：「你是說每天都想問題嗎？」重點在「每天」二字。老師正色作答：「是每天，我沒有一天不想問題的。」這一句「夫子自道」讓我真正認識到，他的學術生命是什麼樣的狀態。余老師向來主張學思兼顧，但從對他的觀察，我感覺，要有真知灼見，「思」的相對重要性可能還是高一些。當然，這個「思」不能是個人鑽牛角尖，而必須帶有嚴肅的自我省視的習慣和能力。

再來談印象最深的一堂課。這是我在通過博士候選人資格考後旁聽的課，課名叫「中國史學」（Chinese Historiography），是傳統中國史領域的研究生基礎課。這門課我一到耶魯就修了，不知為什麼後來又去旁聽。這門課通常上的人不多，但我旁聽的那一次卻有不少人修，可能大多是歷史系之外來的。課上念趙翼的《廿二史箚記》，同學們各自選擇條目，上課時大家一起閱讀、討論。余老師事前大概沒準備，學生拿出什麼條目他就臨時看。有一次，他跟著大家讀，碰到窒礙難通處，他發現是趙翼錯了，誤解了自己所引的材料，老師並由此得出正確的答案。這是很不容易的事。《廿二史箚記》是一部學術研究集，我們閱讀這樣的著作，通常跟隨作者的理路走，余老師卻一面閱讀，一面照顧到趙翼所引文字的自身義涵，很快發現問題，立刻予以解決。這個「現場考證」的展示帶給我很深的啟示。最主要的啟示是，人文學者做研究最終要依靠自己的心和頭腦，應該隨時處在嚴謹、具有批判性的狀態中。

剛剛提到我一來耶魯就修老師的「中國史學」。當時修課的只有我和另外一位同學，就在老師的研究室上課，兩人有自己的材料，輪流主讀。我選讀《史記》，以「太史公曰」的部分為主。讀的速度很慢，功用主要在培養歷史研究的基本能力，在我而言，也開始訓練如何使用英語討論中國學術問題。記得有時我提《史記》中的一、兩句話，余老師就接著念出一大串，讓我驚羨，看來他對某些基本典籍頗有成誦的能力。

對於老師的性格，我也有一些觀察。他名利心淡薄。從世俗的觀點看來，他是位成功的人，但成功者也有選擇的問題，當機會來臨時，他都是選擇對自己的學術研究有利的路途。而且對他而言，選擇並不困難。他的決斷力很強，能按自己的性情做事，少受外界影響。他性格上的另一個特點是從容，能夠涵泳學海，順其自然。他對我治學的指導意見，常常就是要「從容」，「厚積薄發」。「從容」我難以做到，至於「厚積薄發」，經過在學術路上跌跌撞撞幾十年，也能體會其重要性，看今後是否能再多找時機，強化基礎。

另外，老師和師母也都是古道熱腸的人。不久前無意間在網路上看到民運領袖、前中國社會科學院政治學研究所所長嚴家其（家祺）先生的文章〈訪問余英時教授隨感錄〉（二〇一七年九月四日）。文中說「余英時的著作充滿理性，但他的為人真摯熱情」，並舉出見聞（包括師母）。確實如此。嚴先生這段話讓我想起一件事。我在耶魯留學前期，余老師負責的歷史系傳統中國史和中國思想領域先後來過兩位附讀生——耶魯稱為「特別生」（special students）。這兩位是碩士級的學生，他們大約都是出於對「東方」的嚮往來耶魯上課，但並沒有相關的知識基礎，很難留下來成為正式學生，後來也的確如此。余老師對他們兩位非常親切。有一次我和老師談話，不記得因為什麼事提到其中的一位，余老師說我們要幫助他，人家有需要，我們就要幫忙。我當時的心理，大概是感覺這位同學上課說話不著邊際，對他有點煩，余老師的話猛然點醒我，也讓我深為感動。

余老師從二十餘歲開始投身學術，待過的機構、接觸過的人很多。他在耶魯治學、生活的樣貌，聞見的人則比較少。我雖深知記憶的不可靠，但還是勉力追思往事，盼有助於補充大家對余師的認識。

• 本文作者為國立臺灣大學歷史學系教授。

攬才禮士憑身教，浮海招魂以人文
——余英時先生九十壽慶志感

彭國翔

日前，臺北聯經出版公司的林載爵先生郵件邀稿，說是要出余英時先生九十大壽的祝賀文集。今年四月王汎森先生訪問武林時，我們曾經說起為余先生祝壽事。所以林先生的來信，我並不感到意外。不過，回想上次田浩（Hoyt Tillman）先生為余先生八十壽慶論文集約稿，其事猶在眼前，而倏忽十年已過，仍然不免心生感慨。特別是，林先生交代這次祝壽文集以記述和感懷為主。於是，在我思索撰文之際，以往余先生（當然還有余師母）在我生命歷程中的一幕一幕，便自然不斷浮上腦海。這些場景，早已成為我個人生命不可或缺的組成部分。因此，其中每一事件和情景的湧現，同時都伴隨著相應的感受。觸「景」而生之「情」，因「事」而起之「感」，一直心頭激盪，尤其強烈。

下面，就讓我根據當下的記憶所及，記錄我和余先生及師母近二十年來交往中的一些事件和情景，包括最初在臺北和余先生及師母的相遇，後來和余先生及師母在普林斯頓的相聚，余先生和師母在生活和事業上對我的信任、關愛和支持，余先生和師母的「中國情懷」和「淑世平生志」，特別是我自己因這些事件和情景而觸發的感受，作為我個人對余先生九十大壽的慶祝。

余先生和我在臺北的初次相遇

在大學期間，我已經受到余先生的影響。余先生在大陸出版的第一本書《士與中國文化》，當時也成為我讀後的典藏。但是，我和余先生的初次見面，則要到二〇〇〇年。那一年的三至六月，我在臺北訪問，恰逢六月初中研院召開第二屆國際漢學會議。記得還是王汎森先生告訴我，余先生要在大會第一天做主題演講。於是，我那天從淡水的住處專門趕到臺北南港中研院的會場。由於淡水離南港頗有一段距離，我抵達時還是晚了，中研院學術報告廳的禮堂已經坐站俱無虛席。幸虧王汎森先生提早給我占了一個座位，我才擠過人群，坐下來聽完了余先生的演講。這是我第一次看到余先生本人。接下來的兩天中，余先生也曾參加在文哲所分會場舉行的分組發言和討論。我雖然也去旁聽，更近距離和小範圍內看到了余先生，但仍然只是「目擊道存」，並未主動前去討教。記得當時在場的還有柳存仁、張灝等幾位前輩學者。那次也是我第一次和唯一一次見到柳存仁先生，對他的博學和京腔印象深刻。

我雖然景仰余先生的學問，最初卻並未有和余先生攀談的打算。但會議期間的一個偶然，讓我和余先生有了第一次面對面的交談。正是從那次起，余先生不再只是一個我書中的人物，而作為一個真實不虛的人格進入到了我的生命歷程之中。

記得是一次會議間歇期間，在中研院學術活動中心的大堂，我正與也參加漢學會議的陳來先生說話，恰好余先生走了過來，陳來先生就轉而與余先生交談。兩人交談的主題是當時余先生正在撰寫的《朱熹的歷史世界》。大概是看到一個青年人一直站在旁邊，卻不說話，余先生就主動跟我打招呼，並說將來也會送一本給我。在當時的情境之中，余先生如此說，應該是照顧年輕人的感受，不使人感到被冷落。不過，余先生完全發乎自然，顯然是心地善良（「仁」）和長期修養（「禮」）的雙重結果。

余先生的這一表示，讓我心中溫暖，但當時我竟忘了說感謝的話。晚上回到住處，我益發覺得感動，就決定給余先生打個電話，表示一下感謝。我當然不知道余先生住處的電話，想到來開會的學者多半都住在學術活動中心的客房，就打到總機，請對方轉余先生。結果電話順利接通，而且接電話的正是余先生本人。我表達了謝意之後，沒想到余先生對我說：「明天中午院士會議休息期間，你來找我，我們一起吃午飯。」我當然喜出望外，但放下電話，才意識到這真是一個難得的請益之機。第二天中午，我按時到中研院會議室門口，沒想到余先生竟然是第一個出來的。我想，他一定是一直記著我們的約定而不願讓我在門外久候。

二〇〇〇年兩岸的學術交流還並不頻繁，尤其我當時還是博士生的身分。由中研院會議室到後面餐廳的途中，余先生就問我是如何到臺灣訪問的。話語之中，我即感到余先生心中對大陸有著深深的關切。本以為就是和余先生兩人一起午餐，不料在餐廳門口偶遇杜維明和張灝兩位先生。記得杜先生說要余先生請客，還說不要Buffet，要吃海鮮。雖然多半是戲言，余先生也一口答應。所以，那次午餐，本來是余先生約的我，但在座的還有杜、張兩位先生。不過，席間余先生全無客套，一直在諄諄教誨，並沒有因為其他兩位的在座而減少了與我的交流。我本不是一個喜歡客套的人，見余先生如此，也就一掃最初的些許拘謹，直接就學問上的問題和想法向余先生討教起來。余先生當時給我至今印象最深的一句話，就是「年輕人治學首先要建立客觀的知識，不要流於種種意見」。我相信，對於那些慣於想像而疏於理解的學者，無論新進還是少壯，余先生的這番話都實在是對症的良藥。在我後來的學界閱歷中，這一點日益得到正反兩個方面的印證，讓我的感受益發深切。

席間還發生了一個小插曲，至今難忘。余先生取餐還座之際，杜維明先生突然指著我向余先生說：「他剛才問你怎麼不回中國大陸。」這令我十分錯愕，因為我完全沒有在余先生取餐之時向杜先生提出這一問題。他為何要採取這種「借問」的方式向余先生突然發問，實在出乎意料，不知何故。余先生大概也沒有想到，因為這完全接不上我們之前的語境。記得余先生稍一沉吟，只淡淡地說了一句：「平時研究和教學實在太忙，抽不出時間。」

我之所以對這一插曲至今印象深刻，是因為後來常常聽到有人對余先生不回中國大陸做出某種負面評價。不過，在我看來，余先生不回中國大陸，非但不能說明他缺乏關切，反而恰恰是他始終深切關心中國大陸國計民生的反映。我的這一判斷，在日後與余先生的交往中不斷得到了證實。根據我的親身經驗，我可以負責地說：在我所知的海外華人學者中，余先生對於中國大陸的關切，尤其是民生的疾苦和民權的改善，幾乎無人可及。余先生的「中國情懷」，不僅見之於他「嘗僑居是山，不忍見耳」的一再表述，更見之於他為了中國的「公平與正義」和「人文與理性」長期以來不斷的慷慨陳詞和種種實行。這當然是余先生自己價值立場的反映，而所有良知未泯和頭腦清醒者，恐怕都會認同余先生所認同和體現的價值。因為那種價值，正是發乎人性之善的「平」與「常」。我對余先生這一方面的感受，文章最後會有專門的交代。

午飯之後，餐廳的服務生為我們四人照了一張合影。這是我和余先生第一次合影。我在結束了臺灣的訪學返回北京之後，曾經寄了一張給余先生。而我再次見到這張照片時，則是四年之後在普林斯頓余先生的家中了。

余先生及師母和我在普林斯頓的多次相聚

二〇〇三年九月，經安樂哲（Roger Ames）教授提名和夏威夷大學一個專門遴選委員會的投票，我獲聘擔任 Arthur Lynn Andrews Chair Visiting Professor。去時我尚不知此講席的來由，後來才得知這是夏大為紀念首任文理學院院長 Arthur Lynn Andrews 而設的一個客座講席，每年輪流邀訪亞太地區不同領域和專業的一線學者。我當時年資尚淺而獲此榮譽，除了安樂哲教授和那些不知名的投票委員之外，我也一直感念夏大的「不拘一格」。正是夏大之行和隨後的哈佛之旅，使我首次踏上美國的領土，為在普林斯頓見到余先生和師母，提供了可能。

二〇〇四年八月，結束了夏大的客座之後，我緊接著到哈佛進行了三個月的研究工作。我初到普林斯頓拜訪余先生，就是二〇〇四年十一月結束哈佛訪問的前夕。初次電話聯絡之後不久，余師母回電，特意提到四年前臺北的那張合影，說是一直保留著。而那一次到余先生家中落座不久，師母就拿出那張照片給我看。事實上，二〇〇〇年臺北的初次相遇，我並不只是見到了余先生。會議第一天的晚宴上，我隨劉述先先生而坐，恰好和師母同桌。雖沒有和師母說上幾句話，但對師母的優雅、智慧和風趣，已經留下了印象。這一點，在日後也得到了不斷的印證。

我到達普林斯頓那天，出了火車站的門口，就看到了站在不遠處等我的師母。而我剛剛向師母揮手致意時，余先生便從師母身旁的車中走出，顯然是已經等候多時了。我沒想到余先生也會搭乘師母的車子一起來接我，脫口而出：「余先生您怎麼也親自來接我？」余先生的回答只有兩個字：「當然。」那天和兩老談了一下午之後，去一家中餐館晚飯。席間余先生曾說過一句讓我迄今不忘的話：「如今有人打儒家的旗號，一定是別有用心。」飯後步行至停車場的途中，我和余先生談到他的〈錢穆與現代新儒家〉一文以及引發的爭論。當時我問：「您不同意錢先生歸入這一名下，自己也不接受這個稱號，是不是因為不願與一些您認為名不副實的人為伍呢？」余先生應聲而答的仍是「當然」兩字。那一次到普林斯頓初訪余先生和師母，從下午到晚上，所談從學術思想到家國天下，涉及很多。內容雖然已不能一一記憶，但當晚住在師母安排好的賓館中，睡前腦海中久久激盪的情景，卻至今難忘。

從二〇〇四年普林斯頓的初次促膝長談開始，我自覺和余先生已經可以無話不談了。在懷念劉述先先生的文字中，我曾說過：有些人是「望之儼然」，最初接觸或許會有距離感，但「即之也溫」，久之會向你展示內在真實一面。有的人一見面就會給人「平易近人」之感，但相處再久，也始終把自己包裹得很好，讓你無法瞭解其真實的內心世界。與這兩種情形相較，余先生在臺北與我初次見面時，並未給我「儼然」之感，既無過分的矜持，也無多餘的客套；在後來近二十年的交往中，更是讓我感受到其待人的真誠。我想，正是由於余先生一開始即有的真誠相待，令我原本直率的個性完全得以表露。回想每次敞開心扉和余先生暢所欲言，都會讓我感到十分的愉快。

第二次在普林斯頓和余先生及師母見面，是在二〇〇六年三月一日。當時我應安靖如（Steve Angle）教授之邀，到衛斯理安大學（Wesleyan University）的Mansfield Freeman Center for East Asian Studies擔任訪問學人，時間在二至三月期間。巧得很，當我告知安靖如教授，我會在訪問期間到普林斯頓看望余先生和師母時，大學出身耶魯的安教授告訴我，他大學期間正式上過余先生的課；雖然余先生未必記得他，但他可以說名副其實是余先生的學生。結果，當我回來告訴他已經轉達問候而余先生說記得他時，他喜出望外。後來他的*Sagehood: The Contemporary Significance of Neo-Confucian Philosophy*一書出版時，專門注明獻給的老師之一，除了他在密西根的導師孟旦（Donald Munro）之外，就有余先

生。我想，這也是余先生在英語世界作育英才的一例。中文世界的讀者恐怕未必熟悉，我順便記述在此。

這次在普林斯頓再訪余先生和師母，在我個人的生命史中具有特別的意義。因此，我將那天晚飯前出門時在余先生家門口師母親手給拍的我和余先生的一張合影，附於此段之中，以為紀念。

還記得當時晚飯是在一家西餐廳，因為師母問我想吃西餐還是中餐，我選了西餐。那是一家很好的館子，我點的牛排口感極好，師母還特別推薦了生蠔。就是在那次晚飯的席間，因為談起某人某事，我和余先生的關係進入到了一個新的歷史階段。雖然當時一切都是自然而然，余先生再次表現了他率直真誠的一面，我也毫無擬議，但事後想來，仍然讓我覺得內心激動。事實上，余先生和師母多年來一直對我給予信任、關懷和支持。在後面的文字中，我會就這一方面專門記事志感。

第三次到普林斯頓看望余先生和師母，是二〇〇八年六月一日。那一次是我二〇〇七年八月至二〇〇八年八月在哈佛擔任訪問學人期間。由於我有一年的時間在哈佛，去普林斯頓的之前與之後，和余先生及師母經常電話往復。要說的話不必只有見面的那天才可說，所以感覺與往不同。記得赴普林斯頓之前，有一天晚上，在給我的電話中，余先生談起他當初在香港中文大學擔任副校長和新亞書院院長期間的故事。我之前對那一段掌故略有所知，但余先生的講述很細緻，讓我知道了很多以往一無所知的細節。如今當然已經不能全部記憶，但是，余先生的重點，我卻始終記得。他是在以親身的經歷告訴我，一個純粹的學人應當禁得起權力的誘惑，堅持自己的價值選擇。我覺得，在一個民主機制的社會，在學術機構負責行政工作，雖然無疑會影響自己的學術研究，畢竟還可以對學術的發展盡一己的心力，起到一定的推動作用。而在一個政治權力籠罩一切的「官本位」機制之下，學術機構中的學人如果要對某種行政崗位汲汲以求，為的是獲得權力所能帶來的種種利益和享受，那麼，這無疑也只能是另一種價值選擇的反映了。我非常認同余先生所說，因此，對那次電話中余先生所說的意旨，印象極為深刻。

那一次和余先生及師母見面，晚飯是在離余先生家不遠的Chauncey Hotel and Conference Center，這是師母給我預定的住處。之前二〇〇四年和二〇〇六年兩次的住處，分別是普林斯頓大學對面的Nassau Inn和Peacock Inn，也都是師母給預定的。當時是我第一次住到Chauncey Hotel and Conference Center，立刻被那裡的環境所吸引。那天到達時雖然已是傍晚，但天色很好，光線充足，我們就先照了幾張相。下面這張照片，就是我給余先生和師母照的合影。余先生不用電腦，我回哈佛之後即去CVS將照片洗出，給余先生和師母寄了過去。我自覺給兩老照得這張合影不錯，就多洗了一些，以便兩老贈送親朋好友。有一次師母說照片用完了，我又沖印了一些寄去。後來我放大並裝在鏡框中送給兩老的這張照片，兩老放在了客廳沙發旁的茶几上。由此可見，余先生和師母對這張照片也是比較滿意的。由於Chauncey Hotel and Conference Center不但距離余先生家最近，風景也極好，加上還有

這張照片的緣故，從此以後，那裡就成了我迄今為止去普林斯頓最常住的一個地方。

從二〇〇四到二〇〇八年，我恰好每兩年去普林斯頓看望余先生和師母一次。每次都是從下午到晚上幾乎連續的暢談，晚飯時依然不斷。二〇〇九年由於我獲得了洪堡基金會和德國教育部頒授的「貝塞爾研究獎」（Friedrich Wilhelm Bessel Research Award），接下來直到二〇一四年間遠離東亞的幾次訪學，主要都在以德國為基地的歐洲。一直要到二〇一五年以後，我到普林斯頓探望余先生和師母的機會，才又再多起來。

不過，二〇一三年四月六日，我也曾借赴會Rutgers之便，到普林斯頓看望余先生和師母。雖然春寒尚在，但余先生和師母興致很高，專程帶我到校園及附近遊覽。普大東亞系所在的壯思堂（Johns Hall）有一面牆，基座部位刻有「1930」的字樣。師母特意為余先生在那兒拍了一張照片，笑著說「這座房子和老師是同年」，後來還專門將這張照片寄給了我。那天晚飯前，師母把我送到Chauncey Hotel，讓我先休息一下，約好五點半再和余先生一道來吃晚飯。不料因時差原因，我竟完全沒有聽到鬧鐘的提醒鈴聲。將我喚醒的，還是師母敲門的聲音。原來余先生和師母早已準時到達，等我半個多小時了。但我開門之後，師母的第一句話卻是：「我知道你肯定是因為時差的原因睡著了。」而余先生則站在一旁，笑咪咪地看著我，全無不耐之色。下頁就是那天晚飯時我們的合影。

無論在我多次和余先生及師母相聚普林斯頓的經驗中，還是近二十年來我和余先生及師母的交往中，這只是一個小小的插曲。事實上，余先生和師母對我一直以來的信任、關愛和支持，無論是生活還是事業，這麼多年來一直不斷。

余先生和師母對我的信任、關愛和支持

在余先生及師母和我的交往中，談論最多的當然是學術思想、家國天下。如果說這是我在理智方面不斷成長、獲益良多的一個重要來源，那麼，余先生和師母在生活和事業上對我的信任、關愛和支援，則是我在情感方面不斷深切感受到溫暖的一個重要來源。其實，我歷來認為，以「傳道、授業、解惑」來界定「師者」，還只是主要揭示了「師」之為「師」的理智的一面。除此之外，我覺得「師者」還應當有不可或缺的情感的一面；而「師」之為「師」的這一面，可以借用錢穆先生「溫情與敬意」一說中的「溫情」二字來界定。

余先生和師母對我信任、關愛和支持這一「溫情」的一面，我想用生活中的幾個事例來加以說明。而我的真切感受，正是來自於我生命歷程中一系列這樣實實在在的親身經驗。

信任、關愛和支持作為三種情感取向，其劃分只能是相對的，非但無法涇渭分明，更常常彼此交織。不過，以下幾件事情，我覺得尤其能夠反映余先生和師母對我的信任。

二〇〇六年十一月余先生獲「克魯格獎」時，我有感而發，寫了一篇題為〈人文諾貝爾獎的啟示〉的小文，發表在二〇〇七年第一期的《讀書》上。這篇文章由余先生獲獎的啟示而發，圍繞「全球語境中的中文寫作」和「如何做一個真正的知識人」這兩個問題，針對時下中國學界存在的相關問題，談了我自己的一些看法。言辭之間，不免犀利，以至於當時《讀書》的編輯建議我刪除了一些字句。不過，余先生讀到此文後，頗為肯定。我至今清楚地記得，他在電話中談及此文時對我說：「你這篇文章寫得很好，在我看過的所有評論中，品味最高。」余先生主要的意思，我相信是認同我文中對於時下學界一些問題的看法和批評。他對我文章的稱讚，我更多地理解為是對自己的鼓勵。不過，這當然也是余先生對我的信任。

在我們的日常交往中，余先生常常將一些尚未發表的文字寄給我，啟發我的學思，這顯然是出於對我的信任。這裡我僅舉一例。二〇〇七至二〇〇八學年我在哈佛訪問期間，有一次電話中和余先生討論近現代思想史上的一些問題。沒過幾天，我收到了余先生的來信和一份文稿。這份長達三萬餘字的文稿，原來是余先生剛審讀完一部書稿而寫的評議，所涉內容正與我們討論的問題有關。余先生在信中有這樣的話：

> 寫了三萬字的評論，特檢寄一份供參考。此稿我不會輕示他人，除了二三相知者。

以書稿的評議而論，如此長篇的大概有史以來極為罕見。正如余先生寫序而成書一樣，這恐怕也創造了審讀書稿而成長篇專題論文的紀錄。除了對我的信任之外，這也足見余先生令人欽佩的敬業精神。

另外兩件事例，是余先生全權委託我編輯他的兩部文集。一是二〇〇八年由香港明報出版社出版的《會友集》和二〇〇九年由臺灣三民書局出版的《會友集》增訂版；一是二〇一二至二〇一三年由北大出版社出版的「余英時作品系列」四部，包括一部散文集《中國情懷》、一部自序集《卮言自紀》、一部懷舊集《師友記往》和一部訪談錄《學思問答》。余先生對我的信任，他在該書的序言中已有說明，我在後記中也有志感。這裡我想特別補充交代一點。三民書局出版增訂版時，余先生在電話中特別叮囑我，要我提供一張我們兩人的合影，用於該書封口作者和編者的簡介。正因如此，我才將二〇〇六年三月一日在余先生家門口的那張合影，提交給了三民書局。由於編後記此前已經寫就，當時和書稿一道正在編印中，余先生特意囑我提供合影之事，就未及寫入編後記中。至於北大出版社的「余英時作品系列」，余先生不僅專門寫了序言，還特別給出版社的編輯朋友寫信，告訴他們此套作品系列的一應事宜由我全權代理。《師友記往》中有一張錢穆和楊聯陞兩位先生的合影，是余先生和師母專門寄給我的。在寫給我的信中，余先生和師母告訴我，這張照片還是第一次公開示人。

至於余先生和師母對我（包括家人）的關愛，近二十年來，已經到了不勝枚舉的地步。如果一一寫出，將極大增加這篇文章的篇幅。這裡，我僅略舉幾例，相信任何讀者閱後，設身處地的話，都會和我一樣心中湧出暖流。

二〇〇七年我剛到哈佛時，因故一時銀行無法開立帳戶。當我在電話中偶然提及此事時，余先生和師母都很關心，掛念是否因我的社會保險號被盜所致。兩老不但立刻給我傳真過來一些相關的資訊資料，教我萬一發生那種情況如何應對，還特別詢問我是否需要一些應急的錢。師母其間不斷給我電話，詢問情況，直到我弄清原委並解決了問題為止。

二〇〇八年十月一天的清晨，我突然接到余先生和師母打來的電話。原來，他們聽說了當時國內曝光的三鹿奶粉事件，擔心當時正在服用奶粉的小女，說是要給我們寄奶粉來。我一再告訴他們，小女並未服用過三鹿品牌的奶粉，國內也可以買到品質較有保障的進口奶粉，請他們一定放心，余先生和師母方才作罷。這件事同時也說明，余先生和師母對中國大陸的民生和社會問題極其關注。這正是兩老「中國情懷」的表現。對此，我同樣有著很深的感受，下面會專門談到。

自從得遇余先生以來，余先生凡有著作，都一定惠賜給我。第一次到普林斯頓拜訪余先生和師母時，即蒙贈書，包括北京三聯書店新出的《朱熹的歷史世界》以及其他幾本。第二次去時，我向余先生提起他五十年代在香港出版的幾本書，包括《到思維之路》、《自由與平等之間》和《文明論衡》等。余先生當即到書房去找出了這幾本書，題字贈我。由於年久曾經水浸，余先生在題字中還特意寫道：「舊作曾經水浸，供國翔弟研究之用。」還有一次在普林斯頓，余先生將其一九六七年出版的*Trade and Expansion in Han China a Study in the Structure of Sino-Barbarian Economic Relations*題字贈我。師母當時在旁對我說：「這可是老師壓箱底的書，老師也只有最後這一本了。」二〇一四年余先生的《論天人之際》出版時，曾請中華書局的編輯給我寄了一本。後來一位四川的年輕朋友向余先生索書。余先生一時手邊沒有，就囑我將書局給我的書寄給那位朋友。當我下次去普林斯頓時，余先生還記得此事，專門題字送了我一本毛邊本。二〇一六年，余先生的兩卷本英文文集*Chinese History and Culture*由哥倫比亞大學出版社作為「Masters of Chinese Studies」系列之一出版，那一年我到普林斯頓看望余先生及師母時，余先生即將剛剛拿到的書題字贈送給我。而就在不久前，我也同樣在第一時間得到了余先生親手贈送的《余英時回憶錄》。其實，不僅余先生自己的著作，其他一些研究成果，與我的研究興趣和計畫有關的話，余先生有時也會轉贈給我。比如，有一次我提到，想對二十世紀初國民黨元老中一些人物的文化意識做些研究，後來余先生就將一位學者有關的專書贈送給我。前後時隔近一年，可見余先生一直記得。這一點，當然也反映了在我學術道路上余先生對我的支持。

此外，每年春節之類的節日，不論在哪裡，我都會收到余先生和師母寄來的賀卡。並且，上面一定都有余先生的親筆以及兩老聯署的落款。每次和余先生及師母見面，幾乎都會收到兩老贈送的無比精美和雅致的禮物。有時，余先生和師母甚至不遠千里專門寄來。其實，所有這些，與其說是禮物，不如說是溫情所在的心意。有一年，我收到的是一盒三支的鋼筆，以「歲寒三友」圖案命名和製作，是著名品牌Sheaffer公司的紀念版禮盒裝。除了清雅秀美之外，我更珍惜這件文具所承載和象徵的精神價值。在我看來，「歲寒三友」所代表的高潔與勁節的品格，作為我高度認同的精神價值，在余先生和師母身上得到了充分的體現。

日常生活中的關愛之外，余先生和師母在事業上給予我的支持，同樣帶著滿滿的溫暖，深深地留在我的心底。

二〇〇七年七月間，我在清華校園偶遇時任某大學哲學系主任的一位教授。由於之前我曾多次應邀到該校參加學術會議，與他也算相識。出於禮貌，我邀其午飯。未料飯間他突然明白對我說，希望我能到該校哲學系與其成為「同事」。當時我不免覺得突兀，但對方熱情洋溢，言之鑿鑿，不似信口開河。暑期未竟，我八月初即到哈佛訪問。期間曾向余先生提起此事，余先生認為是一個不錯的選擇，鼓勵我認真對待。但二〇〇八年一月我應狄培理（W. T. de Bary）教授之邀赴會哥倫比亞大學時，遇到了也去參會的那位教授。他並未再提此事，我自然也沒有問他。後來有局內友人相告：因內部有人蓄意阻撓，事遂不行。此事原不在我的考慮之中，事既止，我也就當其從未發生。未料二〇〇八年底，收到余先生的一封書信，我才知道，原來余先生為了支持我，曾給當時的該校校長寫過一封長達數頁的推薦信。余先生寫信時並未告訴我，所以事先我全不知情。也正因此，余先生對我的愛護和支持，讓我覺得無比珍貴，格外感動。

二〇〇九年秋，我在德國訪問期間，受到國內所在工作單位宵小之輩的刁難和欺壓，不免情緒波動。我早已對余先生和師母無比信任，無話不談，因而在和余先生及師母通話時，偶有流露。余先生瞭解情況之後，主動說要為我想辦法另謀出路。電話裡的聲音，言猶在耳，至今不忘。我當時身在孤立無援之際，正為仗勢欺人之徒的無理和蠻橫感到憤懣。余先生的一番話，不啻一股暖流，讓我感受到了莫大的支持。

二〇一〇年底，余先生和師母得知我即將轉任北大，曾給我寄來賀卡，上有余先生親筆撰寫的一副聯語：「國子監中新講席，未名湖畔舊遊蹤。」二〇一二年北京大學出版社出版「余英時作品系列」時，我的編後記中有「燕園之內，未名湖畔，都曾經有過余先生的『遊蹤』」一句。這其中「遊蹤」兩字的用典，即是來自余先生贈我的這一聯語。而此聯之前，余先生還特別寫道：

國翔弟移席北大，即燕園舊址。六十一年前，余嘗作息於是者半載，宿舍在未名湖畔第二食堂。因撰聯志賀。

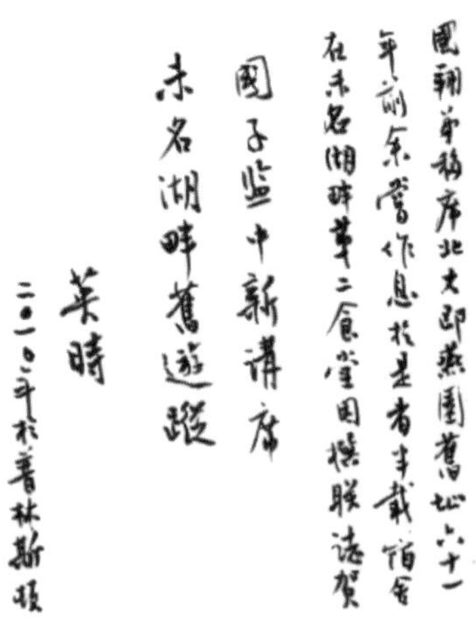

二〇一四年暑假，我在法蘭克福大學擔任洪堡學人期間，收到了美國國會圖書館邀請我擔任「北半球國家與文化克魯格講席」（Kluge Chair in Countries and Cultures of the North）的來信。獲信之初，我對這一講席全無瞭解。查閱之下，方知是一項極高的榮譽。該講席二〇〇一年設立，授予對北美、歐洲、俄國或東亞的歷史與文化有精深研究並獲得普遍認可的資深學者。在我之前獲此榮譽的八位西方學者，都是相關領域的傑出代表。該講席由國會圖書館館長任命，並不接受申請。因此，在我收到的邀請函上，署名的正是時任館長畢靈頓（James H. Billington，一九二九—二〇一八）先生。畢靈頓先生擔任館長達二十八年，之前曾任哈佛和普林斯頓大學的教授，一生所獲榮譽無數。二〇〇六年余先生獲得素有「人文諾貝爾獎」之稱的「克魯格獎」（Kluge Prize），典禮上為余先生頒獎的，即是畢靈頓先生。我大概是他正式簽發擔任「北半球國家與文化克魯格講席」的最後一位，因為到二〇一五年九月，他就正式退休了。我本應擔任二〇一五年度講席，但因轉任浙江大學不久，家中事務較多，就商請延後一年。於是，由克魯格中心安排，本應擔任二〇一六年度講席的John Witte Jr.教授和我互換。如此一來，我便和畢靈頓先生失之交臂。這是讓我不免感到遺憾的。同時，時任克魯格中心主任的Carolyn Brown博士，也在二〇一五年退休。我也成為她任期內經辦的最後一位「北半球國家與文化克魯格講席」。所幸的是，她退休之後和她的先生Tim Eastman（一位傑出的物理學家和哲學家）經常來圖書館工作。我們交往至今，已經成為很好的朋友。

我之所以較為詳細地介紹獲任「克魯格講席」一事，因為這一榮譽的獲得，正是源自余先生對我的支持。二〇〇六年三月，我去普林斯頓看望余先生和師母時，兩老特意拿給我一份國會圖書館克魯格中心Fellowship的介紹冊子，鼓勵我申請。余先生二〇〇五年到國會圖書館克魯格中心擔任特邀傑出訪問學人，所以知曉這一進修的機會。當時我年資尚淺，那種Fellowship正好適合我。二〇〇七至二〇〇八年度的申請，雖有余先生和王汎森先生的推薦，卻並未成功。不過，在我看來，正是從那一次余先生的介紹開始，我的研究才進入了國會圖書館克魯格中心的視野，引起了他們對我持續的關注。就此而言，我二〇一四年接獲國會圖書館「克魯格講席」的邀請，余先生和師母八年前的介紹顯然應該是源頭和緣起。並且，我相信，在這八年期間，一定還有余先生繼續的支持。因此，二〇一七年一月舉行「二〇一六年度北半球國家與文化克魯格講席」公開演講的時候，我首先即向余先生、畢靈頓先生、Brown博士還有同樣幫助過我的國會圖書館亞洲部主任邵東方先生表示了衷心的感謝。

余先生對我的關愛和支持，還表現在其他的方面。例如，二〇一三年我的《近世儒學史的辨正與鉤沉》繁體字版在臺北允晨出版時，余先生為其賜序。二〇一五年此書在北京中華書局出簡體字版，余先生為此書題寫了書名。二〇一六年我的《智者的現世關懷：牟宗三的政治與社會思想》在臺北聯經出版時，余先生又為此書撰寫了長達萬餘字的序言。我在該書後記寫道：「他（余先生）十分瞭解本書的研究所具有的學術與時代的雙重意義。正如我在本書前言最後指出的，牟宗三和余英時先生，充分體現了二十世紀以來儒家知識人中的『清流』，他們在『solitude』中所淬煉的操守，正如中秋之夜的月光一樣皎潔。」這是我多年以來內心深處十分真切的感受。

無論在生活還是事業方面，余先生和師母讓我深深感受到的溫情，自從我們臺北初遇迄今，點點滴滴，一直不斷。我想再舉對我來說無比珍貴的一例，以見余先生和師母對我的厚愛以及我心底的感念。

二〇一〇年一至五月，我在香港中文大學擔任客座教授期間，曾收到余先生分別寫於一月二十三日、三月五日和五月四日的三封信。第一封信是余先生和師母寄來的一幅書簽，余先生在信中特別對我說：

國翔吾弟：茲寄上普大書簽一紙（其實當說「幅」）存為紀念。其他書簽，我都用市上所賣自來水墨筆寫了「XX吾弟　英時致謝」。但我不久將為弟寫一幅字，所以不在簽上寫了。其他所寄各件都是情意重於禮物，且不是禮物。故弟切不可寄禮物來，作為還禮。如此往來不應發生在我們之間，因為太循俗也。

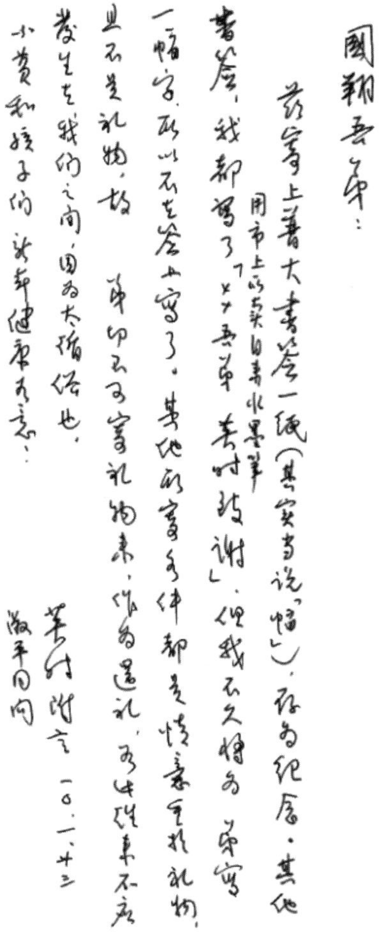

國翔吾弟：

茲寄上普大書簽一紙（其實當說「幅」），存為紀念。其他書簽，我都用市上所賣自來水墨筆寫了「XX吾弟 英時致謝」。但我不久將為弟寫一幅字，所以不在簽上寫了。其他所寄各件都是情意重於禮物，且不是禮物。故弟切不可寄禮物來，作為還禮。如此往來不應發生在我們之間，因為太循俗也。

英時附言 一〇、一、十三

小黃和孩子們新年健康如意。

淑平同問

這封信中提到「不久將為弟寫一幅字」，說的是余先生為我四十歲初度專門題寫的一首詩。余先生五月四日寫給我的第三封來信，正是與這幅賜字一道，用特快專遞（EMS）

寄來的。余先生為我題寫的這首詩，讓我無比感動。因為余先生親口告訴過我，他為友生題贈詩篇，往往是錄自己的舊作或前人之作，此詩專為我作，是比較少見的。此外，正如余先生在信中告訴我的：

> 此詩是在大風雨無電之夜，擁厚被在黑暗中口占而成，次早才筆之於記事本上。這一點倒是很可紀念的。

余先生此信寫於「五四」紀念日的當天，所以，他也在信中「五、四」的字眼旁特意加了著重號，以示特別和紀念。不過，此信雖寫於五月四日，但余先生「在大風雨無電之

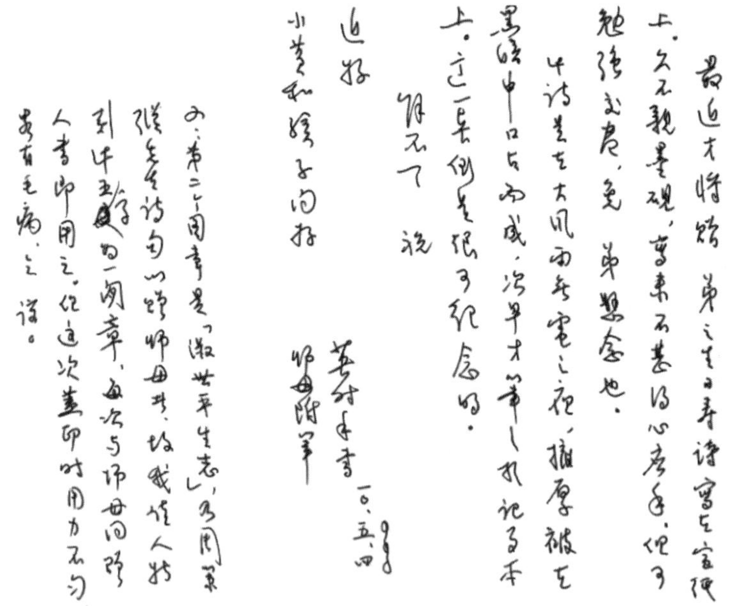
國翔弟：
最近才將賀弟之生日壽詩寫在宣紙上，久不親筆硯，寫來不甚得心應手，但可勉強交卷，免弟懸念也。
此詩是在大風雨無電之夜，擁厚被在黑暗中口占而成，次早才筆之於記事本上。這一點倒是很可紀念的。
順頌
近好
英時手書　一〇、五、四日
師母附筆
小董和嫂子問好
又：第二個圖章是「微世平生志」，乃周策縱先生詩句，以贈師母者，故我請人將此五字刻為一閒章，每次與師母同時贈人書畫用之。但這次蓋印時用力不勻，或有毛病，乞諒。

夜，擁厚被在黑暗中口占而成」詩，並於次早「筆之於記事本上」，顯然應當是在更早的春寒料峭之時，否則不會有「擁厚被」之說。

美東地區常有暴風雨，嚴重的情況會導致電力和燃氣系統阻斷。而美國的取暖系統多由燃氣供應，燃氣阻斷的話，春寒季節夜間的低溫是可想而知的。遇到這種情況，美國電力和燃氣的救援都是依照電話呼救的先後順序逐一解決，並無特權可享。余先生和師母那幾天曾經度過了一個黑暗和冰冷的夜晚，一度不得不住進當地的賓館。警員依序清除積水及電力和燃氣系統恢復，兩老才得以返回住處。每念及此，我都感慨萬千。可以想像，余先生和師母如果回到中國大陸，即便不唱讚歌，只要不唱反調，所到之處，勢必眾星捧月，可以享受無數的特權。這種榮華富貴和特權，正是一些海外回歸人士孜孜以求的。而余先生和師母不止一次向我表示，他們不習慣那種被眾人簇擁的生活。余先生在二〇〇六年十一月二十日寫給我的信中，也明確表示「我是『低調俱樂部』中之一人」。僅此一例，已可見余先生這種自處之道的節操和風骨。

余先生為我四十初度題寫的這首詩：「不惑能教混沌開，達摩為此始東來。龍場一悟緣何事？發得良知結聖胎。」我請人裝裱後懸掛於書房正中的牆上。它不僅意味著余先生對我個人的厚愛，更時時提醒著我如何做一個真正的知識人。正是在這個意義上，它是我個人生命史上最值得紀念的一件意義載體。每次看到，我的腦海中都會浮現出風雨黑暗的夜裡，余先生擁被而坐的景象。那豈是單憑知識的累積所能支撐，非有極堅定的價值信守而不能為。只有在那種時刻，價值信守所閃耀的光輝，才真實不虛，絕非天花亂墜的「騰口說」可比。

必須要說的是，這首詩並不只是余先生贈我的，同時也是師母贈我的。余先生在信末特別說明：「第二個圖章是『淑世平生志』，乃周策縱先生詩句以贈師母者。故我請人特刻此五字為一閒章。每次與師母同贈人書即用之。」

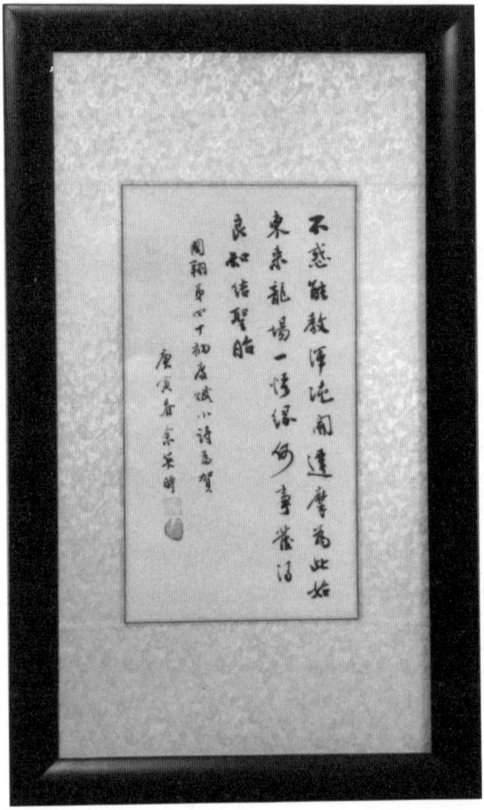

「淑世平生志」這句話固然是將師母的名字隱含其中，其實也恰可以視為余先生的寫照。讓我感慨至深的，除了余先生和師母對我個人的信任、關愛和支持之外，還有他們對於天下蒼生、全球華人尤其中國人的關懷。之所以中國的社會和民眾受到余先生和師母更多的關懷，以至於「中國情懷」成為余先生心中筆下一再出現的一個詞語，在我看來，實在是因為那裡的民眾二十世紀以來一直承受著太多的苦難。這一感受，我也很想在如今余先生九十壽慶之際將其寫下來，以為銘記。

余先生的「中國情懷」和「淑世平生志」

在我的記憶中，和余先生及師母所談最多的，自然是學術思想和歷史文化。雖然中西比較的視野是余先生歷來治學的方法和自覺，但中國的學術思想和歷史文化，無疑是余先生研究和關注的中心。因此，以我的所感，余先生的「中國情懷」和「淑世平生志」，首先表現在他對中國學術思想和歷史文化的關懷。

例如，在二〇〇五年九月十八日給我的信中，余先生有這樣的話：

> 今日認真讀書做學問者太少，知識之商品化、瞻望未來神州，大可畏懼。物質日盛，精神日耗，敗壞人心，莫此為甚。

> 昔人云：人生如白駒過隙。此語今日更應有時代意義。否則匆匆數十年徵逐浮華，老去方知萬事空，豈不可惜？但願莽莽中原仍能留得少數讀書種子，真能為復興文化奠定基礎。

二十一世紀以來，中國大陸的學術界被商業化侵蝕到何種程度，相信有目共睹，無需贅言。如果不是一直密切關注和關心中國大陸學界的動向，余先生是不會說出這兩段話的。在我看來，這兩段話不僅切中時弊，更清楚不過地流露出余先生對中國學術思想和歷史文化的一片愛護之心。在信的末尾，余先生囑我將拙作「隨時寄下」，以便「先睹為快，當可大慰老懷」，還說：「我現在只願看到後起學術人才之崛起也。」這當然是對我個人的鼓勵，但顯然更是冀望中國學術思想能夠薪火相傳的殷切之情的鮮明流露。

「公共知識人」（public intellectual）如今至少在中國大陸的語境中不幸已經淪為一個貶義詞，所謂「公知」，意指那些缺乏相關專業知識，卻喜歡在公共領域和各種媒體拋頭露面、對各種社會熱點都要發表議論的人士。由於這些人士往往具有知識界的職業身分，比如大學教師，所以常常可以「眩外以惑愚瞽」。但現代社會專業知識的高度分化，不容許任何一個人能夠在所有領域都可以提供深入和中肯的觀察與評論，尤其那些「徵逐浮華」、到處「登壇說法」的淺薄之徒。究其實，此類人士並不以建立知識、創造思想為追求；博取大眾關注的最終目的，不過逐名求利而已。由於缺乏「知識」，只有「公共」，所以我常戲稱其為「公共人」。

那麼，「public intellectual」一詞的本意究竟是什麼？或者說，什麼才是真正的「公共知識人」？在我看來，余先生在其《士與中國文化》的自序中曾有一個最好的界說：

> 這種特殊涵義的「知識人」（按：即公共知識人）首先必須是以某種知識技能為專業的人；他可以是教師、新聞工作者、律師、藝術家、文學家、工程師、科學家或任何其他行業的腦力勞動者。但是如果他的全部興趣始終限於職業範圍之內，那麼他仍然沒有具備「知識人」的充足條件。根據西方學術界的一般理解，所謂「知識人」，除了獻身於專業工作以外，同時還必須深切地關懷著國家、社會以至世界上一切有關公共利害之事，而且這種關懷又必須是超越於個人的私利之上的。

以此衡量，余先生本人正是一個真正的「public intellectual」或「公共知識人」，因為余先生恰恰是在「獻身專業工作以外」，不僅關懷學術思想和歷史文化，同時對於政治、社會的種種問題，常發「不平之鳴」。這是余先生「中國情懷」與「淑世平生志」在學術思想和歷史文化之外另一個極為重要的方面。

余先生在這一方面給人的感受，首先是他一直反對任何形式的專制和獨裁，支持全世界華人對於自由、民主的追求。這一點舉世皆知，毋庸贅言。這裡，我僅舉一個自己親身經歷的例子，來談談我對余先生這一方面的感受。

前文提及，二〇一〇年一至五月我在香港中文大學客座期間，余先生曾有三信寄我。第一和第三封信的內容，前面已經有所交代。而隨三月五日寫給我的信一併寄來的，還有一份《紐約時報》某版的影印件。關於這份影印件，余先生在信中是這樣寫的：

現寄上《紐約時報》報導廖亦武被扣事。此事在西方（歐美）甚轟動，但大陸封鎖甚密，一般人甚至不知有此人。可歎！本月（三月份）香港《開放》雜誌出「廖亦武專號」，弟可就近買一冊讀之，即知其人其事也。

余先生信中說得一點不錯，當時我完全不知道廖亦武這個名字，遑論其人其事。直到今天，恐怕中國大陸絕大部分民眾依然完全不知道這個名字。正是余先生的介紹，讓我瞭解到中國社會還有像廖亦武這樣的人士，自從一九八九年以來，一直不屈不撓地在為追求自由和揭示中國社會的真相而抗爭。

除此之外，我想著重談談余先生讓我同樣感受至深的另一方面，那就是余先生對於中國大陸民間疾苦的關心。當然，這一點和余先生批判專制獨裁、支持自由民主是一體兩面、相互蘊含的。前文講過，我在臺北初遇余先生時，已經感覺到余先生對中國大陸有著特別的關懷。

從一九九九年到二〇一七年，余先生應邀在海外的中文電臺堅持發表政論和社評，近二十年不斷，最頻繁的時候每週兩次。談論的內容，雖然廣泛涉及天下大事，但絕大多數都與中國大陸的種種政治事件和社會問題有關。除了對專制和獨裁的批判和對自由和民主的支持，余先生談論最多的一個主題，就是平民百姓尤其弱勢群體的疾苦。例如，二〇〇七年四月十日，余先生從重慶楊家坪的吳萍抗議政府拆遷談起，對中國社會的「釘子戶」和《物權法》發表了看法。二〇一〇年三至四月間，福建、廣西、廣東、江蘇和山東五省連續發生數起殘害幼稚園兒童的惡性事件。余先生在五月十七日發表的評論中，在呼籲此類問題必須得到重視和防範的同時，一如既往地指出了產生此類問題的根源。二〇一一年，浙江樂清市寨橋村村長錢雲會被殺事件，一度引發了海內外廣泛的關注。雖然有關此事的討論後來很快在中國大陸境內偃旗息鼓，但余先生卻在二〇一一年一月十九日的評論中，專門對百姓因社會不公而採取的抗爭予以聲援。其他如二〇一二年烏坎村選舉、二〇一四年香港出版商姚文田被捕、二〇一六年維權律師王宇懺悔等事件，余先生都有深入的評論和相應的呼籲。

每每聽到、看到余先生的這些議論，我都忍不住要想：余先生自從一九五〇年離開中國大陸之後，除了一九七八年短暫回來之外，從未再踏上中國大陸的領土。這一點，常常成為一些人動輒以「民族大義」甚至「愛國主義」責人的口實。可是，難道我們不應該想一想，如果「中國」不只是一塊土地，更不只是某一個政權，而是千千萬萬生活在那塊土地上的民眾，那麼，余先生長期以來關懷中國大陸百姓的疾苦，聲討種種的不公與不義，豈不正是為了千千萬萬的中國人過上幸福而有尊嚴的生活嗎？這難道不是對中國最大的熱愛嗎？如果對於中國的熱愛可以單單只用回國次數的多寡來衡量，那麼，無法不讓人產生疑問是：那些頻繁出現在中國大陸各種觥籌交錯的場合，享受榮華富貴，滿口仁義道德，卻對百姓疾苦視而不見，從不為社會大眾所遭受的種種不公與不平發聲的海外華人，是他們更有「中國情懷」？還是像余先生這樣更有「中國情懷」呢？那些人頻繁回到中國甚至長時間的居留，究竟是熱愛這塊故土以及這裡的人民？還是不甘寂寞，要到這塊土地上享受眾星捧月的虛榮以及特權和金錢的實惠呢？幾年前我研究清初儒者彭定求（一六四五—一七一九）時，對其《儒門法語》開篇所謂「明義利之辨，決誠偽之幾」這句話極有感觸。余先生所體現的「義」與「誠」，和那些口說「道義」而身赴「名利」的虛偽之徒，可以說適成鮮明的對照。

我曾在「余英時作品系列」編後記之一中指出，在我看來，余先生各種著述的背後，除了學術思想自身的理路之外，「中國情懷」可以說是一個最大的原動力。陶淵明的詩中篇篇有酒，余先生的文字中則篇篇都飽含「中國情懷」。這一點，相信不只是我個人的感受，而是很多人一致的看法。既然本文是給余先生九十壽慶的志感，就讓我將自己關於余先生「中國情懷」的感受再次寫在這裡。正如余先生的「中國情懷」一以貫之一樣，我的這種感受也不是一時的感興，而早已成為心中的定見。

在余先生的文字中，「中國情懷」一詞最為人熟知的，大概出自他一九八五年發表於《聯合報》和《明報月刊》的那篇〈「嘗僑居是山，不忍見耳」——談我的中國情懷〉一文。一九八八年，余先生的《文化評論與中國情懷》出版之後，其「中國情懷」更是廣為人知。有目共睹的是，余先生每次提及自己的「中國情懷」時，幾乎都會引用那個「鸚鵡救火」的佛教故事。所謂：

> 昔有鸚鵡飛集陀山，乃山中大火，鸚鵡遙見，入水濡羽，飛而灑之。天神言：「爾雖有志意，何足云也？」對曰：「嘗僑居是山，不忍見耳！」天神嘉感，即為滅火。

至少在一九八一年，余先生為其一九五四年香港版的《到思維之路》一書撰寫的〈再版自序〉中，已經引用這個故事來抒發自己的「中國情懷」了。在那篇自序中，余先生特意提到，在他一九五〇至一九五五年就讀香港新亞書院期間，這個故事是最讓他感動的。

正如中國歷史上「中國」一詞本身主要的涵義一樣，對余先生來說，「中國情懷」中的「中國」是一個超越了地域和政治的文化概念。如果我的理解不差，在余先生的心目中，「中國」代表的是一種承載了價值與文明的文化連續體。余先生之所以有這樣一種「情懷」，之所以情繫於此，正反映了他在情感上對於「中國」的眷戀。這種情感之所以在余先生那裡格外沉重，原因不在別的，正在於他親歷了這個悠久的文化連續體被內憂外患特別是中國人自己凌遲的過程，在於他親眼目睹了這一文化連續體幾乎「隨風而逝」的命運。余先生的「中國情懷」，正是在這一特定歷史時期由心而發。他在香港電臺製作的《傑出華人系列之余英時》電視節目中所說的「我在哪裡，哪裡就是中國」這句話，必須放在這樣一個歷史背景和思想脈絡之中，才能得到恰當和相應的理解。顯然，這樣一種對「中國」的熱愛，絕不是一般狹隘與膚淺的民族主義者所能理解的。

一九八五年四月，香港《明報月刊》發表了劉紹銘先生一篇關於大陸「遊學生」文學的文章，其中引了當時國內一位文化官員「義正詞嚴」的「愛國主義」質問，所謂「『為有犧牲多壯志，敢教日月換新天』！你芝加哥的和紐約的、三藩市和洛杉磯的美籍華人都加在一起，能懂得這兩句詩的含義嗎？」對此，余先生首先指出：「『美籍華人』顯然都是一九四九年以後出現的。一九一一年辛亥革命之後，一九二七年國民革命之後，甚至一九四五年抗戰勝利以後，都沒有聽說過世界上有所謂『美籍華人』這種奇怪的動物。」繼而，余先生引了陳垣（一八八〇—一九七一）《通鑒胡注表微》〈民心篇〉第十七中如下的一段話，作為「不是答案的答案」：

> 孟子曰：「三代之得天下也，得其民也；得其民者，得其心也。」恩澤不下於民，而責人民之不愛國，不可得也。去國必有可愛之道，而後能令人愛之，天下有輕去其國，而甘心托庇於他政權之下者矣。《碩鼠》之詩人曰：「逝將去汝，適彼樂國」何

為出此言乎？其故可深長思也。

陳垣先生歷來被認為是一位最富愛國情操的史學大師。他撰寫《通鑒胡注表微》之日，正是在愛國情緒昂揚的抗戰時期。他能寫下以上這段話，並指出「其故可深長思也」，絕非偶然。在我看來，余先生對於中國社會種種問題的關注，作為其「中國情懷」最為突出的表現，也只有在這一值得「深長思」的思想與時代雙重背景之下，才能獲得相應與深切的理解。當然，我相信，余先生之所以屢屢引用「鸚鵡滅火」的故事，一方面是其「不忍見耳」之情的自然流露；另一方面，故事裡天神助鸚鵡滅火之喻，也反映了他對於未來的某種堅定不移的信念。

就此而言，余先生的「中國情懷」，也可以說正是他的「淑世平生志」。一句話，這種「淑世平生志」就是希望中國能夠成為一個自由與民主的國度，希望人文與理性、公平與正義成為中國社會認可和遵從的核心價值與行為準則，希望中國的老百姓能夠過上富足而有尊嚴的自由自在的生活。

余先生歷來不接受「新儒家」的名號，遑論以之自我標榜。但是，在我看來，他的這種「中國情懷」和「淑世平生志」，正是出於他不願中國老百姓承受各種苦難的「不忍之心」。余先生的這一「不忍之心」與孟子、陸象山和王陽明的「惻隱之心」、「本心」和「良知」同樣千古不磨，而落實在具體的時空之中，即直接表現為其「溥博淵泉」而躍動不已的「中國情懷」。事實上，在界定「公共知識人」中「公共」一詞的涵義時，余先生所謂「深切地關懷著國家、社會以至世界上一切有關公共利害之事」，與孟子所謂的「思天下之民，匹夫匹婦有不被堯舜之澤者，若己推而納之溝中，其自任以天下之道如此。」恰可謂心同理同，先後一揆。因此，正是在這個意義上，我歷來認為，余先生不僅是一位真正的公共知識人，更是一位儒家公共知識人的典範。試問：如果沒有為社會的公平與正義和黎民百姓疾苦的不平之鳴，如何做到所謂「為生民立命」？又如何能夠稱得上是「儒家」呢？縱使舌綻蓮花，滿口仁義，恐怕也不過是「扮戲子」的「口頭禪」而已。

如果說余先生的「中國情懷」和「淑世平生志」是一種「古道熱腸」，那麼，這種「熱」，又恰好和余先生平生淡泊寧靜、遠離熱鬧的「冷」相映成趣。中研院近史所的友人呂妙芬研究員，曾於某年秋冬在普林斯頓高等研究院住訪，她曾感觸頗深地對我說：「余先生可以一連幾個月足不出戶，我們可真是做不到。」她的觀察和我的經驗完全一致。前文提及，余先生曾在給我的信中自稱是「低調俱樂部」一員，這是正是其「冷」的一面的寫照。和余先生的「冷」與「熱」正相反，那些頻頻在各種熱鬧場合拋頭露面、熱中於在大眾的仰望中滔滔不絕者，在是否關懷百姓疾苦、是否為民請命的問題上，卻往往又表現得非常之「冷」。這種「冷熱」不同的對照，在我看來，其實正是「誠偽」之辨的體現。真正的「公共知識人」、「儒家」和那些欺世盜名之輩的分辨，在如此「冷熱」的對照之下，無所遁其形。我在二〇一七年九月二十八日孔子誕辰那天發表於《南方周末》

的訪談〈真偽與冷熱：對儒學熱的觀察與思考〉，很大程度上正是對這一問題的有感而發。

在剛剛出版的回憶錄中，余先生專門談到自己大約十三歲時在老家潛山官莊闖下的「文字禍」。那是因聲討一名盤踞當地、貪贓枉法並欺壓鄉間百姓的桂系營長而起。如果說那時余先生的這一行為多半是出於一位少年人天性中的正義感，我相信，從那以後直至今日，余先生近八十年來一直不斷地為民請命，為中國政治與社會的進步不懈陳詞、傾注心力，其天性中的正義感早已和深沉學思所淬煉的價值理性融為一體，成為余先生人格光輝所煥發出的一道最耀眼的光芒。魯迅說過：「我們從古以來，就有埋頭苦幹的人，有拚命硬幹的人，有為民請命的人，有捨身求法的人，……這就是中國的脊梁。」我也相信，余先生之所以贏得舉世尤其全球華人的高度尊敬，除了其學術思想上的傑出成就之外，正是其「中國情懷」和「淑世平生志」所表現的那種作為「脊梁」的風骨、氣節和精神。

在這篇慶祝余先生九十大壽的「志感」文字中，如果要對我所「志」之「感」做一總結，我想其實不外兩個字：「敬」與「愛」。敬，既是對余先生的學術與思想，也是對余先生的品格與節操。愛，則是由於余先生和師母對我的信任、關愛和支持。當然，正如「敬」不只是「理性」，也是「情感」之一種，「愛」與「敬」的分別，只能相對而言。就實際的情感狀態來說，二者往往是交織在一起的。就像對作為余先生學術思想載體的各種著作，從大學時閱讀《士與中國文化》開始，我的感受就始終不只是「敬佩」，也包含著「喜愛」。至於我對余先生和師母的「愛戴」，作為一種更為強烈的個人情感，固然是在與他們多年的交往過程中，因兩老對我的信任、關愛和支持自然生起並與日俱增，但仔細想來，又何嘗不是因為其人其學讓我由衷感到的敬意所使然呢？正如我在開頭所說，在撰寫這篇文字的期間，回想和余先生及師母近二十年的交往，真是點點滴滴，不斷湧上心頭。書不盡言，言不盡意，許多還沒有來得及在這篇文字中寫下的事情，許多因這些事情自然而產生的諸多感受，就讓我留待余先生白壽、茶壽之日，再撰續篇吧。

祝余先生和師母福如東海、壽比南山！

寫於二〇一八年十月十日至十一月十一日

• 本文作者為浙江大學求是特聘教授。

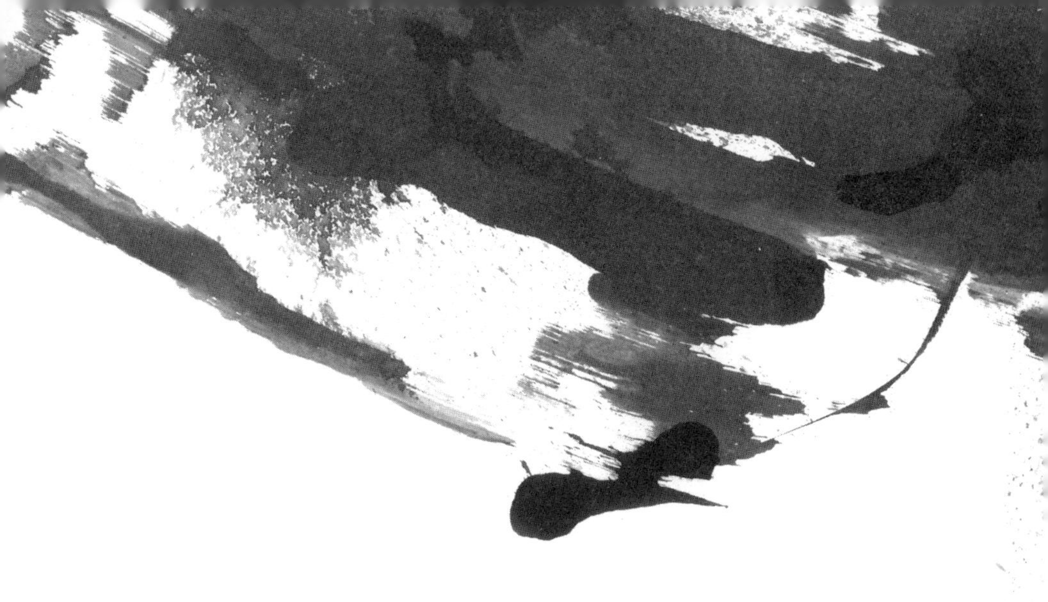

幾回林下話滄桑*
——我們認識的余英時先生

葛兆光

* 題目來自余先生所贈詩句。

我和余英時先生見面，算是相當晚的。

記得是二〇〇七年的十月，在日本大阪的關西大學。那一年，關西大學授予余先生名譽博士稱號，同時召開「東亞文化交涉學會」第一屆會議，我就是在那個簡單而隆重的授予名譽博士稱號典禮上，第一次和余先生見面的。雖然是第一次見面，但正如後來余先生常常說的，我們好像是「一見如故」，因為共同話題特別多。那天余先生送我一冊剛剛出版的《未盡的才情》，接著就和我天南海北地聊天，話題從顧頡剛說起，接著說到

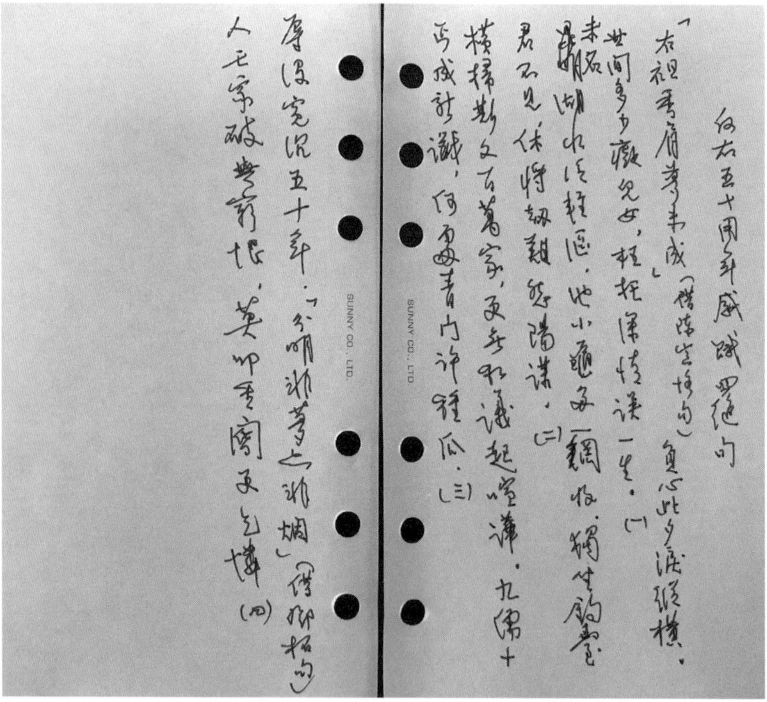

余英時書〈反右五十周年感賦〉四絕句。

范文瀾、周一良以及馮友蘭，我不敢說「英雄所見略同」，但是可以說「關注大略相近」。之所以會這樣，我當然知道，就像余先生筆下的錢穆先生一樣，「一生為故國招魂」，余先生的關懷始終在中國，所以才特別願意和我這個來自大陸的學者聊天吧。第二天，在去內藤湖南的恭仁山莊參觀之前，我們又開始聊中國這幾十年，余先生拿過我的記事本，在上面默寫了他剛剛所作的〈反右五十周年感賦〉四絕句，第二首是「未名湖水泛輕漚，池小龜多一網收。獨坐釣臺君不見，休將劫難怨陽謀。」這是講大陸的事情，我當然不陌生，便給這一首中的「池小龜多」和「陽謀」作了詮釋，兩人相對，想起五十年前發生在中國的那場大劫難，不免感慨萬端。

回到上海，和內人戴燕說起與余先生見面。她說，一九九三年她在日本京都大學訪問的時候，就見過余先生。

二

不過，讀余先生的書，卻是很早的事情。

大陸出版余先生的著作，最早是一九八七年底的《士與中國文化》，這部書在當時風靡一時，引起學界（甚至超出學界）對「士」的關注。那時，大陸正處在叫作「文化熱」的大潮流中，對於古代中國文化以及士大夫傳統，不免多以批評為主，這主要是無法直接批評專制政治導致的落後，轉而由傳統文化為現實政治擔責，我曾戲稱之為「鞭屍」。余先生對古代士大夫「同情之瞭解」的研究，自然是接續錢穆先生的思路，和這個大潮流不很吻合，但他對士大夫傳統的看法卻與當時文化熱中高揚的啟蒙思潮和批判意識並不衝突，因為他從另一側面提醒了知識階層如何關注自己的歷史，以及知識人如何發掘傳統精神，用「道統」對抗「政統」，以傳統中的「不事王侯，高尚其事」的氣節，給知識階層保留一些尊嚴。

不過我最早讀到的，卻是早些年的《從價值系統看中國文化的現代意義》。大概是在一九八六年初罷，那個時候我剛剛研究生畢業，寫完《禪宗與中國文化》不久，一個北京朋友給我帶來一冊，記得是時報文化公司出版的單行本。前面提到，那時候大陸剛剛走出文革噩夢，普遍對傳統文化導致「落後」與「專制」，有深切的反思和激烈的批判，這種反思和批判最終引出的，大家都知道就是後來的電視專題片《河殤》。乍看到余先生這本書，針對西方「現代之後」指出傳統中國文化「正是一種值得珍貴和必須重新發掘的精神資源」，心裡多少有一點不習慣，因為大家都期待八十年代的中國能重新續上五四新方向，很擔心文化上中國重新回歸舊傳統，因為舊傳統中那種專制與封閉，在文革中已經登峰造極，讓剛剛走出夢魘的人們不寒而慄。我那時的心情也一樣，所以，在一篇評論中我寫到，自己和余先生看法略有不同，覺得「中華民族並不是處在『即將進入現代之後』的階段」，而是「處在迫切需要邁進『現代』，贏得科學技術起飛的『臨界』階段」，所以還是覺得傳統文化「步履蹣跚，包袱沉重，除非它經過一個脫胎換骨式的革命」（〈尋找傳統文化與現代文化的聯接〉，載《書林》一九八六年第六期）。對錢穆先生到余英時先生這種對傳統的「溫情」與「敬意」（錢穆先生語），多少有一點基於現實關懷的疑惑和憂慮。

不過，這種疑惑和憂慮在讀到《士與中國文化》後渙然冰釋。我清楚地記得，這部收錄了八篇有關古代「士」的歷史論文集在當時那種洛陽紙貴的盛況，我的朋友中，幾乎人手一冊，而且激起了有關知識分子使命的議論紛紛。眾所周知，在經歷了十年文革，知識分子被當作「臭老九」打入十八層地獄的時代過去之後，八十年代知識人確實有一種理想主義、使命意識和昂揚精神。而這部文集中，不僅那篇關於「道統」與「政統」的論述，激勵了八十年代「文化熱」中知識階層對政治權力的反抗勇氣；那篇有關「新自覺」和「新思潮」的史學論文，也觸動了學界中人對於古今「士」傳統的自覺反思；而那篇針對宗教倫理和商人精神的論述，也使得關心中國命運的學者們，重新思考和理解韋伯的論述，考慮原本同樣具有商人精神的中國，何以在現代化的道路上步履蹣跚。特別是，在余先生為這部書專門撰寫的序文中，把中國傳統的「士」與近代歐洲的「知識分子」（現在余先生更願意用「知識人」一詞）比較，指出古代中國的「士」與西方「知識分子」極為相似，都是「社會的良心」，是「人類的基本價值（如理性、自由、公平等）的維護者」，這種對於「士」的歷史定位和對於「知識人」的現實要求，恰恰和八十年代中國學人的追求一致。有時候，和臺北的朋友聊起來，臺北的朋友常常會提到余先生「反智論」的論述在戒嚴時期臺灣的衝擊意義，其實，《士與中國文化》在八十年代對大陸學界的刺激，恐怕不比「反智論」一文對臺灣的意義遜色。

差不多二十五年之後，《士與中國文化》在大陸再版，應出版社之邀，我給這部在大陸發生深刻影響的著作寫了一段推薦詞，這段推薦詞其實就是我反覆重讀此書的感想。這段話是這樣的：「一部學術著作何以能在當時『洛陽紙貴』，而且在四分之一世紀後還需一版再版？我想，這是因為現代中國人仍然會關注『士』之社會意義如何延續，也仍然要思考『中國文化』如何重建。余英時先生既在歷史中考察知識人及其『道統』，也在現實中反思知識人及其『擔當』，既借深厚的西方歷史知識作為參照，又有豐富和翔實的中國史料支持，加上彷彿梁任公『筆端常帶感情』的激揚文字，給當時的中國學界帶來了新的論述風氣。」也許，很多人讀了這部書後會有一個疑問，就是對傳統文化的「溫情」和對士人精神的「敬意」，與來自西方的現代知識人維護理性、自由和平等之類的普世價值，這兩方面如何能夠在一個學者心中筆下並行不悖、水乳相容？後來，我多次和余先生聊起這一點，才漸漸能體會，在余先生的心中既有來自對傳統文化的歷史理解，也有來自接受現代的價值觀念，這一點，和我這種生長在大陸環境下的人有點兒不同。

我想，這也許與他的人生經驗和教育經歷相關，他既受到錢穆先生的教育（余先生在香港新亞書院作為錢穆先生的弟子，儘管與錢先生理念偶有不同，但始終尊敬和捍衛他老師的思想，有關這方面可以看〈猶記風吹水上鱗〉和〈一生為故國招魂〉），也受到胡適先生的影響（他說，他小時候在潛山鄉下就讀過胡適的白話詩，離開潛山後又讀了《胡適文存》，他在哈佛的老師楊聯陞就是胡適的學生兼密友）。他既在中國成長，對傳統文化有親身體驗和深切理解，他又在美國受到專業教育，長期浸潤於美國的文化環境之中。在他的心中和筆下，士大夫以「道統」制約「政統」也就是所謂「以道抗勢」，與薩依德（Edward Said）《知識分子論》所謂「知識分子的公共角色是局外人、『業餘者』、攪擾現狀的人」，多少可以相通；而那種「志於道」（孔子）、「澄清天下之志」（陳蕃、范滂）、「事事關心」（東林黨人）的士人傳統，如果在現代，也一樣可以轉化為對國家和社會的「公共利害之事」的理性關懷。正如余先生在〈士與中國文化自序〉中所說，「如果根據西方的標準，『士』作為一個承擔著文化使命的特殊階層，自始便在中國史上發揮著『知識分子』的功用」，而這恰好是八十年代文化熱或者新啟蒙的時代中，知識分子的自期和追求。

只是在中國近代以來，「士」也就是近代的知識人很不幸，正如余先生後來所說，他們一次又一次地「（被）邊緣化」。

二

我也是從研究傳統士大夫，才開始進入歷史學界的。一九八〇年代中到一九九〇年代初那一段時間，我正熱心於研究傳統中國士大夫和佛教、道教之間的關係，出版了《禪宗與中國文化》和《道教與中國文化》，和余先生的《士與中國文化》同屬於「中國文化史叢書」，都在上海人民出版社出版。因此，後來陸續讀了余先生的一些著作，對余先生的思路、學識和文筆都格外喜歡也格外欽佩，便留心收集余先生的著作。

一個很巧的機緣是，一九九三年（或一九九四年）王汎森兄第一次到北京，緣於我的弟弟葛小佳和他在普林斯頓的同窗羅志田兄的介紹，所以我去機場接他。在北京的幾天裡，天南海北地聊得很暢快。他知道我喜歡讀余先生的書，但那時在大陸尋覓不易，回臺北後便委託他弟弟王昱峰先生給我寄來一包臺灣出版的余先生著作，記得有《中國知識階層史論（古代篇）》（聯經）、《史學與傳統》（時報）、《方以智晚節考》（允晨）、《中國近世宗教倫理與商人精神》（聯經）、《紅樓夢的兩個世界》（聯經）、《中國思想傳統的現代詮釋》（聯經）等。有趣的是，在其中一本裡，無意中夾著一份複印材料〈文化決定論〉，是針對連續四天在《中國時報．人間副刊》上發表的余先生長文〈論文化超越〉的批判，原本發表在一九九〇年三月五日的《自立早報》，作者自稱站在本土國際主義（Local internationallysm）立場，來批判余先生的漢族沙文主義的民族主義立場。我猜想，或許這是汎森弟弟偶然留存下來的，寄書的時候忘記了。不過，無意中隨手夾在書中的這篇文章，倒讓我也看到，臺灣對余先生也有很激烈的非議甚至攻擊，只是這篇文章用「老生常談」、「工具性」、「扭曲馬克斯主義」等來批判余先生，說余先生是「典型老一代的中國知識分子」倒也罷了，更不像話的，是最後一句居然說，「余先生請以『平靜的心情等待生命的終結』」。這就不是學術或思想的論辯，而幾乎是充滿敵意的詛咒。但是，這篇文章卻成為我後來為余先生《朱熹的歷史世界》寫一篇書評的緣起，這一點我下面還會提及。

「在沒有胡適之的年代裡，至少我們可以讀余英時。」這是大陸知識界一句很流行的話，這句話曾被用在擁有上萬粉絲，不久前卻被封殺的豆瓣（一個用戶眾多的知識社群）「余英時小組」，作為這個小組的口號和標籤。我想，這大概說出了很多大陸讀者對余先生的印象，我當然也不例外。其實，大凡讀過余先生有關胡適的那本著作的人，我相信都會贊同周質平兄在〈自由主義的薪傳——從胡適到余英時〉（《明報月刊》二〇一四年十月號）那篇文章中說的，余先生繼承胡適先生，接過了「以道抗勢」的火炬，成為「二十世紀前後輝映的『公知』典範」。所以在這方面，旅居美國的他與同在域外的西方中國學家顯然有別，同樣研究中國歷史，面對中國的歷史，心情和感受卻不同。正如余先生一九七八年回到大陸學術訪問後——這是他離開大陸後唯一一次——所說的，同在大陸考察歷史，域外中國學家「他們全神貫注的是怎樣通過這次訪問來推進他們的『專題研究』，或證實或修正他們的『工作假設』」，而余先生卻懷著別樣的心情，按他自己的說法，彷彿「千載後的子孫來憑弔祖先所踏過的足跡」。

不過，在余先生的論著中，除了像極了胡適的那種對自由、民主、平等的一貫立場，以及來自錢穆對中國傳統文化的那種溫情和敬意之外，我也注意到，作為一個專業史家，余先生對於古代中國思想、文化和歷史的論述，真是另闢一個天地，另有一種風格。用汎森兄的話說，余先生是「上到堯，下到毛」，視野極廣大，而他那種既注意「內在理路」，又不忽略「外在背景」的研究取徑，實在很難有人企及。特別是在歷史敘述和論證上，他有從容不迫紆徐有致的風格，絕不使用生澀拗口的術語或概念，其實一方面來自對歷史文獻的理解深入，一方面來自對中西知識的融貫自如，才能夠達到如此純熟的境界。

當然，作為思想史的研究者，二〇〇三年余先生出版的《朱熹的歷史世界》一書更引起我極大的興趣，因為余先生對過去宋代理學研究中把思想抽離出歷史語境，作為純粹哲學的做法的批評，正好和我的想法一致。這一年的下半年，我有機會到臺灣大學歷史系擔任一個學期的客座教授，在臺北第一時間讀完了這部兩卷大著，也恰好在各種場合聽到臺灣學界的一些不同反應，有的批評甚至超過了學術範圍，苛酷得變成意氣用事。這讓我想起了汎森兄的弟弟寄書時無意中夾在書中的那篇文章，原來在臺灣，余先生也有這麼一些從政治到學術的批評者。於是，忍不住寫了一篇書評〈拆了門檻就無內無外〉，這篇文章後來大幅修改補充之後，改題〈置思想史於政治史背景之中〉，收在為余先生八十壽慶出版的論文集《文化與歷史的追索：余英時教授八秩壽慶論文集》中。

其實，並不是說我全部贊成余先生的歷史判斷，比如從王安石到朱熹的脈絡，比如對宋孝宗有意安排道學家群體等，我也有一些疑問。但是從根本上說，我覺得，正如胡適對禪宗史的研究一樣，儘管也有誤判，卻成就了中國禪宗歷史研究的典範（我最近寫的一篇有關胡適禪宗研究的論文，即題作〈仍在胡適的延長線上〉），余英時先生的宋代理學與朱熹的歷史世界研究，「置思想史於政治史背景之中」，不僅給我們以宋代思想的新脈絡，而且「給我們提供了思想史研究的新思路、新方法和新角度，換句話說就是提供了新的典範」。它明確改變了籠罩在宋代哲學史或宋代思想史研究領域上的「道統敘事」，也就是把宋代理學「從宋代歷史的脈絡中抽離了出來」的那種研究方法，重新把看上去抽象和玄虛的「心」、「性」、「理」、「氣」等等概念，放回到政治史、社會史和文化史的語境中，造成了研究範式的「哥白尼式的革命」。

那個時候，我的兩卷本《中國思想史》剛剛出版不久，學界有很多爭論，也有不少批評，余先生《朱熹的歷史世界》呈現的這種研究思路，和我大有相似處，這無疑給了我很大的鼓舞。

三

前面說到，我是二〇〇七年在日本大阪的關西大學，才第一次見到余先生。不過從那時起，與余先生的往來就漸漸多起來了，特別是我二〇〇六年底從北京清華大學轉赴上海復旦大學，創辦文史研究院，還請余先生為新創建的這個研究院說幾句話，余先生不僅接連給我寫了兩封信加以鼓勵，而且還專門題詩：「卿雲爛兮糺縵縵，日月光華旦復旦。文史英才聚一堂，國魂未遠重招喚。」最後一句讓人想起他追憶錢穆先生的名文〈一生為故國招魂〉，也許，那時候他對我們也有這番期待。只是十幾年後的現實環境變遷，當初的理想已經遍體鱗傷，現在想起來，不免心頭另有一些感慨。

二〇〇九年以後，內人戴燕和我，與余先生，也與陳先生（對余先生的夫人陳淑平，我們不叫「余師母」或者「余太」，而是叫「陳先生」）有了更多的親近機會。有朋友曾說，內人戴燕和我都特別幸運，因為我們可能是近些年和余先生、陳先生見面最多，也是談話最多的人（至少是之一）。這當然是機緣湊巧，因為剛好有四年——從二〇一〇年到二〇一三年——我作為普林斯頓大學第一屆Princeton Global Scholar，每年有機會在普林斯頓大學小住兩個月。就像余先生給我們寫的一首詩裡所說，「每逢花時開講論，幾回林下話滄桑」，前一句是說我應聘訪問普大，每年春天花開時節來美（最後一年改為冬天），後一句是說，那幾年我們多次到竹林掩映的余宅談天說地，成了余宅的常客。

第一次到普鎮余宅看望，倒不是二〇一〇年，而是前一年，即二〇〇九年九月二十三日。我們趁著秋天去哈佛燕京學社訪問的機會，順道經紐約到普林斯頓大學，辦理今後幾年擔任訪問教授的手續。說是「順道」，其實主要目的就是專程看望余先生。那天，我們從波士頓經紐約去普鎮，從Princeton Junction下車後，陳淑平先生開車把我們直接接到余宅，並在他家裡吃了午飯。余先生見了我們特別高興。據陳淑平先生說，余先生二〇〇八年生病之後，很少在家招待客人，我們是第一批在余宅用餐並聊天的客人。除了吃飯的時間，我們在余宅客廳裡，從十一點半聊到四點半，然後才依依惜別。

究竟那天的五個小時裡面聊些什麼，現在想不起來了。依稀記得有胡適和錢穆兩種思想取向的看法，有對島田虔次學問的評價，對大陸流行的新左派的認識等。還記得余先生說，他完全贊成我的看法，現代學者必須具備三點，一是對普世價值和對近代歷史觀的認同，二是論學必須立場清晰和邏輯簡明，三是表達思想和學術的文風應當通暢明白。其實，我覺得余先生就是這三點的最好體現。可惜的是我的記性並不好，交談對話中余先生很多精彩論述，現在已經不能完全記住。這裡順便說一下，我們後來那麼多次與余先生陳先生見面談話，都心照不宣地遵守一個約定，就是不記錄、不錄音。那時，上海的友人陸灝正在編輯《上海書評》，他也是余先生的熱心讀者，他曾建議我們，有那麼好的機會，何不把聊天錄下來整理成文？但我總覺得不合適，聊天畢竟是私人談話，在閒聊中話題忽東忽西，一旦興會所至，也許不免說深說淺。一旦有一個答錄機在側，便彷彿有一個「監聽者」或「旁觀者」，聊天沒法兒盡興，話題既不能隨意，尺度也必須小心。

就像前面所說，此後的幾年裡，內人戴燕和我常常在普林斯頓和余先生陳先生閒聊，我曾經在二〇一二年寫過一篇〈日日是好日——重訪普林斯頓〉，裡面有一段說到我們愉快的閒聊，不妨抄在下面：

在普林斯頓最愉快的事情，莫過於可以常常與余英時先生夫婦聊天。余先生和我一樣喜歡天南海北地聊，雖然談的始終是「中國」，但話題卻時而歷史，時而政治，有時學術，有時趣事。陳淑平先生和內人戴燕有時一起聊，有時也分了撥兒對談。

沒有錄音，沒有邊際，也沒有主題。有時在考試中心，有時在Nassau街上魚餐廳，有時是在大千美食林，最多的是在余家客廳。事後回想起來，話題真是變幻多多。像最近王汎森兄所說的「執拗的低音」，余先生就談到他對邊緣史學與被壓抑之歷史資源，始終相當注意。對於我所關心的禪宗史，余先生也很贊成我對胡適在禪宗史研究的肯定。他還特別說到胡適為人之不可及處，他說，胡適看來為人從容大度，頗為隨和，但其實很重視思想立場和獨立人格。他提到在新公開的蔣介石日記中，有蔣私下裡對胡適的極度怨懟，蔣居然認為胡適是對其最大的羞辱，但胡適對政治的態度和對蔣的態度，卻始終不卑不亢，一以貫之；有時候，余先生也會說到他的興趣，和我一樣，他特別喜歡閱讀前輩的日記，余先生對胡適日記讀得極熟，現在正讀鄧之誠日記。

我告訴余先生，我曾經在哈佛通讀楊聯陞先生四十餘冊日記，讀到楊先生患病被電擊之苦，讀到楊先生對於回北京的期待與顧慮，讀到楊先生對種種學人觀察深刻的評價，都很有意思。余先生便向我講述了他這位老師的種種往事，不免也相對感慨。此外，近年來余先生和我都曾細讀過《吳宓日記》正編與續編二十冊，我們聊起這個既冬烘又新潮，既軟弱又固執的學者，對其日記中呈現當代中國的歷史背景很是唏噓，對這個出身陝西鄉下卻留學哈佛，執著於理想甚至幻想的怪人很是同情。

當然，有時也聊一些學界軼事，如楊聯陞與何炳棣當年的故事，錢鍾書與李慎之在美國的故事，還說到余先生的老師錢穆先生的無錫口音與日常趣話，張光直的壯懷激烈和晚景淒涼。余先生是長輩，和這些前輩學者都是舊識，那些親見的故事，常常讓人遙想學者風采，讓我們這些不及親炙前輩的人感到親切。更讓我印象深刻的是，余先生對各種學人評價的寬容與克制。常言道「誰人背後不說人」，但在背後議論仍然能秉持公道與公心，對任何人都懷抱善意，能夠如此的人卻不多見。當然，我們最多的還是聊歷史中國和當下中國，余先生有一本書的書名叫《中國情

懷》，確實，他也始終眷念故國鄉土，但他更看重的是文化傳統。有一次，他接受香港電視訪問，曾這樣說到，「我在哪裡，哪裡就是『中國』」。可他身在美國，何嘗有一天忘記中國。五月底，我們要回國，臨別時他給我們寫了一幅字，用了他三十三年前重訪大陸，也是唯一一次回到中國時寫的一首詩：「鳳泊鸞飄廿九霜，如何未老便還鄉。此行看遍邊關月，不見江南總斷腸。」

四

現在寫這篇文章，回想和余先生的閒聊，不知怎麼地特別多想到的，卻是前輩學者不可企及處不止在思想學問上，更是在待人接物上。我一直特別喜歡胡適，常常引用胡適的一句話，意思是「對人要在有疑處不疑，對學問要在不疑處有疑」。儘管有魯迅那樣的人，揣測他唱的只是空城計，敞開的大門裡有刀兵無數，但人們都傾向於相信胡適對人，無論是對敵人還是朋友的大度和真誠，所以，那時才有「我的朋友胡適之」的說法。

在物欲橫流、爾虞我詐的時代，保持這種風度和胸懷，好像沒那麼容易。對人的這種謙和、厚道和坦率，彷彿成了老輩學者的專利。我特別注意到，余先生對老師，無論是新亞時代的錢穆先生，還是哈佛時代的楊聯陞先生，那種尊敬和愛護始終如一。比如錢穆先生，儘管余先生並不完全贊同錢穆先生一些思想觀念（見余先生的自述，收在上海辭書出版社二〇一四年出版的何俊《師英錄》中），在《反智論》的觀念上，也曾受到錢穆先生的委婉反駁，但余先生覺得他和錢穆先生不僅有「超出一般師生」的感情，而且對錢穆先生「一生為故國招魂」的理想，和錢穆先生對歷史的「溫情」，卻始終懷有最大的「敬意」；對錢穆先生作為歷史學家，與新儒家諸公不同的立場，也始終努力解釋和闡揚。除了前面我提到的〈猶記風吹水上鱗〉和〈一生為故國招魂〉（都收在《錢穆與中國文化》中）之外，直到前年，已經八十六歲的余先生還專門為重印《國史大綱》寫了相當長的一篇〈《國史大綱》發微〉（發表在《古今論衡》第二十九期），深入解釋錢穆這部名著的內在結構和外在影響，闡發了他在新亞時期就熟讀的這部名著的意義（余先生說，他一九五〇年代在新亞時期就精讀《國史大綱》，並且對每章都做過筆記和報告）。很顯然，一九七三年余先生之所以回香港，也和他對老師的承諾有關，就像他給楊聯陞先生辭行前說的，「已甘寂寞依小鎮，又逐喧譁向海隈」，儘管那時余先生在哈佛的生活已經安定，正順風滿帆地在美國漢學界開拓新的天地，但之所以還是答應擔任新亞書院之事，正和他重師生承諾有關。有人說，現在這個世界上最缺乏的是為人「厚道」和懂得「感恩」，我在余先生對錢穆先生的一生敬意上，我看到了這種稀缺的教養。

和余先生見面多了，談得多了，就知道他不僅是一個純粹的學者，卻也是極重感情的人。我在這裡，想更多說幾句有關余先生和他的老師楊聯陞。因為我曾通讀楊聯陞先生的日記，在閱讀日記中，特別注意了楊聯陞先生有關余先生的記載文字，所以很有一些感想。

余先生能夠由哈佛燕京學社訪問學人身分轉為哈佛大學正式攻讀博士學位，取得博士學位之後，又能夠從密西根大學回到哈佛大學任教，當然和楊聯陞先生的厚愛和力薦分不開。而余先生對楊聯陞先生的敬意，也讓我看到那種師生之間相互關愛的情感，如何伴隨了余先生一生，並影響了余先生自由主義的立場和歷史學家的取徑。一九六五年八月二日，即將回到哈佛任教的余先生曾經寫過一首詩給楊聯陞先生：「七載師門無限思，重來桃李又盈枝。如來升座天花墜，便是伽藍解笑時。（最後這一句余先生後來改作『伽葉當年解笑時』）」他用「拈花微笑」的典故，表達他對老師授業解惑的謝意和光大師門的心情。而楊聯陞則答詩曰：「古月寒梅繫夢思，誰期海外發新枝。隨緣且上須彌座，轉憶當年聽法時。」余先生的詩和楊聯陞先生的答詩非常巧妙，剛好象徵著師生之間薪火相傳的脈絡。余先生在楊聯陞和胡適的通信集《論學談詩二十年》的序文中，特意引用了楊聯陞先生這首詩，並且說到：「古月指（胡）適之先生，寒梅是清華大學校長梅貽琦先生。他（楊聯陞）飲水思源，最念念不忘的還是胡適之當年『說法』的一番鍾煉」。（〈論學談詩二十年——序胡適楊聯陞往來書箚〉，《論學談詩二十年》，聯經出版公司，一九九八；頁xi）顯然，楊聯陞先生用聽胡適、梅貽琦「說法」為喻，期待余先生在「海外發新枝」，恰好和余先生以摩訶迦葉微笑的典故，表示禪宗傳續佛陀拈花奧旨，意思前後相續，象徵著從胡適、楊聯陞到余英時的那一個學脈。

二〇〇九年和二〇一四年，我兩次在哈佛燕京圖書館細讀四十幾冊楊聯陞日記，從日記的零星記載中，我看到余先生和楊聯陞先生那種互相關心、互相愛護的情感，讓我非常感動。楊聯陞先生的日記有不少生活瑣事，也偶有學術感想。我看到，很多學術問題他們互相討論，很多生活瑣事他們互相幫助。我猜想，余先生之所以愛圍棋嗜京戲，也許都和老師影響有關，余先生曾送給我們一張他穿著戲裝的照片，據說是在楊聯陞先生鼓勵下，他才粉墨登場的。而楊聯陞先生看金庸武俠小說，大概也與余先生特意幫他借書有關，在日記中可以看到楊聯陞對金庸的濃厚興趣，顯然是余先生給他借書帶來的。而楊聯陞對自己的另一位老師陳寅恪先生自始至終的關注，也一定影響了余先生。在日記中看到，余先生時常為他打探陳寅恪的行蹤，給他帶來各種消息，還給他帶來當年友聯印製的陳寅恪未刊稿《論再生緣》（據日記說，還是余先生出資印刷的）。儘管一九七七年余先生離開哈佛大學轉赴耶魯大學，余先生曾說離開哈佛，「從私人感情上說，我對他（楊聯陞先生）的歉意是永久的」。但事實上，他們的師生情誼依然深厚，絲毫不因為距離遠近有任何改變，他們仍然時常通過信箚和電話論學談詩，正如余先生所說，楊聯陞為余先生《中國近世宗教倫理與商人精神》撰寫序言〈原商賈〉，是「他（楊聯陞）晚年最用氣力的論學之作」。就是楊聯陞一九九一年去世之後，余先生仍在為楊聯陞先生的身後事操心，他不僅編了楊聯陞和胡適的往來信函《論學談詩二十年》，而且還整理訂正了楊聯陞先生的詩集。

關於楊聯陞詩集，不妨再多說幾句。記得是二〇一五年，余先生託周質平兄把他整理校訂的楊聯陞詩集交給楊聯陞先生在大陸的兒子，余先生知道我關注楊聯陞先生，順便也請周質平兄轉送給我一份。那是厚厚的一包，打開看過後，我的心情很難平靜。這部詩集一共近百頁，從一九二八年起，到一九八九年，編年編次，外加輓聯、輓詞、輓詩，間有注釋。原來，這是經過余先生一首一首親自訂正過的，直到最後的列印稿，還保留著余先生再三校正的筆跡。而這時候，楊聯陞先生已經過世二十多年，而余先生也已經八五高齡，我在想，今後能有多少學生，能在幾十年後仍然對過世已久的老師，始終懷著感恩的心情，並且用心用力地為他整理遺稿？

五

二〇一三年的冬天，記得是十二月九日，正是普鎮下第一場雪的後一天，也是普鎮下第二場雪的前一天，那天下午，路上積雪稍稍化開，我正好有事外出，突然余先生和陳先生駕車來到Lawrence Drive我的住處，把厚厚一疊文稿交給內人戴燕，說這是二〇一四年一月臺北聯經出版公司即將出版的新書《論天人之際：中國古代思想起源試探》的最後一校，上面還有他自己若干親筆校改的痕跡，余先生囑咐我們看一看。傍晚，我從外面回來開始拜讀，越讀越覺得興味盎然，略有感想便匆匆記下，有時也拿起電話來和余先生亂聊，記得我一口氣看了兩個晚上加一個白天，不知不覺，普鎮又已是漫天飛雪，遙望窗外，已經是白茫茫的一片。

這是我給余先生《論天人之際》一書寫書評〈向內在超越之路〉的緣起。我覺得，余先生這部書的問世，使余先生對於中國知識人的歷史和思想文化的歷史，完成了最後的一塊拼圖，形成了他「從堯到毛」、貫通上下的一個清晰、獨特和完整的歷史敘述。如果說，在前此的余先生各種著作中，我們可以看到這種注重「內向超越」的思想文化，如何在漢代成為主流並順流而下，在《中國知識階層史論（古代篇）》中看到了漢晉以來「士」的新自覺和新思潮，以及名教危機與魏晉士風演變，在《朱熹的歷史世界》及《宋明理學與政治文化》中又看到唐宋以後士大夫的「得君行道」，以及理想主義受挫之後逐漸發展出「覺民行道」，在《戴震與

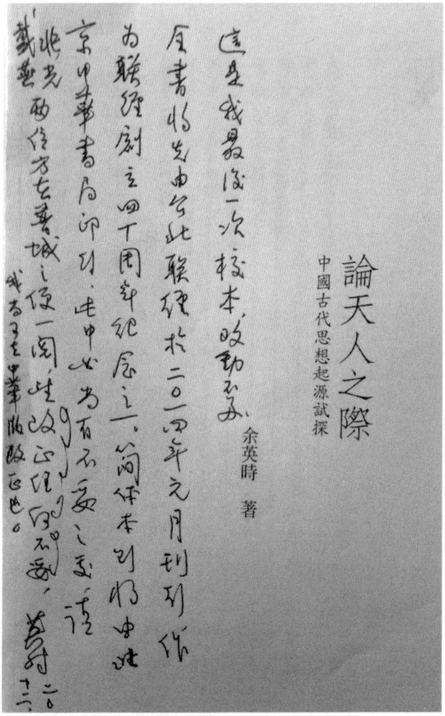

余英時親筆校改手跡。

章學誠》等清代學術史論著中看到知識階層中的兩種取向，最終在二十世紀看到了中國知識人的「邊緣化」，在《重尋胡適歷程》和《未盡的才情》中更看到了二十世紀知識人如胡適和顧頡剛的思想、學術、生活和命運。那麼，在《論天人之際》中余先生上溯源頭，在古文獻與考古發掘中尋找古代禮樂傳統、祭祀儀式中的「巫」，指出他們如何逐漸「蛻變」，把「天命」、「鬼神」這些外在於人心的神秘力量，轉換為超越的精神力量和道德責任，在「軸心時代」奠定了古代思想文化的基調。這是貫穿古今的一個中國思想史，也是綿綿不絕的一個中國文化史。

當然，有人看到他上到堯，下到毛，唯獨沒有重點寫一部書討論唐代，有人也傳聞余先生曾經做了很多準備，要寫唐代佛教與知識人的著作，我也曾經為此當面問過余先生。余先生笑而不答，說：「這個題目該你來寫呀！」

六

可是，我哪裡有能力像余先生那樣，把政治史、文化史、社會史水乳交融地彙集在一起，寫一部唐代知識人與佛教的歷史！我當然知道，這是余先生的厚愛和期望，這些年的往來中我充分感受到，余先生其實是充滿感情的長者。「平生不解藏人善，到處逢人說項斯」，他對每個後輩學人幾乎都抱有天然而巨大的熱情。記得我在普林斯頓客座，每年一次的公開演講，已經很少在東亞系露面的他，大多會親自出席，他的光臨使很久沒有見到他的普大東亞系同事和學生，也覺得意外和驚喜。我聽到不少朋友說到，和余先生談話，總是讓人如沐春風，因為他無論面對任何人，總是那麼坦誠、專注和熱情。我當然知道，余先生讓我寫唐代佛教與知識人這個題目，乃是對我的鼓勵，我當然會更多地在學術與思想上步武先賢。好在同樣是中國思想史的研究者，對於中國知識人的歷史命運和思想取向，既是余先生的關注重心，也是我學術研究的關注重心，而余先生那種通過兼顧「外在背景」（政治文化和制度）和「內在理路」（思想和學術脈絡）的方法撰寫的著作，也始終可以作為我思想史研究的學術典範。當然我相信，余先生覺得更重要的一定是，我們生在這個時代，無論如何，自當「做一個有尊嚴的知識人」。

寫到這裡，我彷彿又回到那個風雪漫天的普林斯頓，二〇一三年，我在普大擔任Global Scholar的四年聘期將滿，這是最後一個學期在普林斯頓了。余先生、陳先生和我們都意識到，分手之後，從容而頻繁見面的機會可能不多，所以，格外珍惜在普鎮的那兩個月。在那兩個月中我們多次約見，有時在普大中心的花園，有時在普鎮公共圖書館旁餐廳，當然最多是在余先生家裡。記得有一次在余先生家，陳淑平先生特意下廚，親手烤了兩隻鴨子，而余先生則難得地親自動手用刀剪「解剖」烤鴨，他笑道好久沒有「重操舊業」，之所以說是「重操舊業」，據說是因為過去烤鴨曾是余宅的拿手菜，而余先生的任務，就是負責烤鴨上桌之後，操持刀剪分解以享客人。

又是歲末初冬了，上海的天氣也漸漸寒冷下來，離開那個普鎮飛雪的冬天已經五年。儘管我們在二〇一三年以後，仍然有機會重訪普林斯頓余宅，仍然和余先生、陳先生有過痛快而愉快的談話（當然更多的是電話聊天），但畢竟不像那幾年那麼方便了。可是，每當我們聽到余先生、陳先生的聲音，無論是當面還是通過電話，知道他們身體健康，就格外欣慰。特別是看到余先生年屆米壽，仍然筆耕不輟，不僅常常有新作問世，而且剛剛出版了《余英時回憶錄》。雖然只是前半部，卻在幾天之內就風靡兩岸三地。近日，與林載爵先生在香港見面，他特意從臺北給我帶來剛剛印出的這部回憶錄，翻開書頁，看到熟悉的文字，想起新澤西州普鎮那片竹林，想起余宅客廳灑進的陽光，彷彿也能看到余宅窗外的魚池，我們能說什麼呢？內人戴燕和我想了半天，都覺得只能不避俗套，借用他人的一句老話，即「豈止於米，相期以茶」。

二〇一八年十一月匆匆寫於上海

•本文作者為上海復旦大學資深特聘教授。

英時我師九秩嵩壽別序

鄭培凱

我的老師余英時先生今年九十歲了，受業小子當然要寫篇壽序，以表我師數十年來諄諄教誨之情。余先生對我耳提面命，盡心盡力教導提攜，從來未曾間斷，迄今已有四十二年，算起來已經超過了孔夫子「四十而不惑」的歲數。不禁令我感到十分慚愧，有負師恩，到了七十歲，才逐漸體會學問的門徑，進入摸索「不惑」的門庭。

先生於二〇一四年接受第一屆「唐獎漢學獎」，譽之為當代漢學研究第一人，可謂當之無愧。頒獎讚詞引太史公「究天人之際，通古今之變」，表彰先生學術之成就，《論語．子罕篇》記顏回對老師的敬仰之情：「仰之彌高，鑽之彌堅；瞻之在前，忽焉在後。夫子循循然善誘人，博我以文，約我以禮。欲罷不能，既竭吾才，如有所立卓爾。雖欲從之，末由也已。」我愧不如顏回，也幸不似顏回，浪跡於學問之道，到了七十之後仍然可以感謝師恩，想來想去，顏回之嘆卻湧上心頭。孔安國解釋這段話，說得相當清楚：「言夫子既以文章開博我，又以禮節節約我，使我欲罷而不能，已竭我才矣。其有所立，則又卓然不可及，言己雖蒙夫子之善誘，猶不能及夫子之所立也。」其實，顏回的感歎有四層意義，都讓我想到跟隨余先生問學的體會：第一，老師的學問高深無比，越學越覺得學問之道無窮；第二，老師的學問無所不包，古今中外，上下東西，從漢代交通擴張到明清思想，從方以智到章學誠到陳寅恪，從西方民主自由到《紅樓夢》再到胡適、顧頡剛與錢穆，從古代的士到現代知識人的追求，從帕森斯上溯到韋伯到馬克思，從儒釋道的社會功能到朱熹的歷史世界，從現代中國人的政治困境到上古天人之際的超越困惑，讓人看得眼花繚亂，瞻之在前，忽焉在後；第三，老師強調博文約禮，指導我如何做學問，更教我如何做人，跳出叛逆卻蒙昧的自我意識，發現真實的自我堅持，以學術與文化建設作為終身職志；第四，老師鑽研學術，思考中國文化的當代處境，孜孜不倦，身體力行，讓學生望而興歎，難以企及。

前些年我從香港城市大學退休，余師贈詩題字，仍然對我期許有加，詩云：「卅年道藝繫情思，動便開壇靜賦詩。今日烏溪眺山海，退身正是著書時。」詩後附有明確的指示，說：「培凱退而未休，卜居烏溪沙，觀海望山，潛心著述，此人生至境也。」我不禁有些好奇，問他，為什麼如此清楚烏溪沙的周遭環境。

他說，一九七〇年代初曾暫離哈佛教職，擔任香港新亞書院校長及中文大學副校長，帶領學生到大學海灣對面的烏溪沙，舉辦新生訓練之類的活動，而我退休生活的所在，正是他與香港學生弦歌篝火之處。那段經歷涉及香港中文大學改制的紛爭，眾聲喧嘩的煩惱，以及理想抱負與政治現實的衝突，並不是十分愉快的回憶，但猶記烏溪沙海面波光粼粼，林木蒼鬱，遠離世囂，頗有野趣，正是退休著書的好地方。老師的指示想是有感而發，退休之後可以潛心著述，正反映了他退休之後，隱居普林斯頓郊區，在林木掩映之中，以結合中西學術的素養，繼續發皇深刻的思想光輝，闡釋中國文化作為歷史傳統的博大精深與幽暗危微，寫出了《朱熹的歷史世界》與《論天人之際》等著作。

老師的題詩也讓我想起，自己在一九九八年離開生活了近三十年的美國，到香港城市大學創立中國文化中心，摒棄填鴨式的歷史教程，推展多元教學，很大的誘因是余師的影響與鼓動。我在耶魯讀書期間，受教於史景遷與余先生，對中國歷史文化的理解與教學方式有了全新的認識，要以綜合宏觀與微觀的視角，以大視小，以小見大，反覆思考人生處境，呈現文化傳統與具體個人經歷的關係。歷史教育有很具體的社會功能，可以凝聚文化共識，與每個人的生命經歷與選擇息息相關。對年輕人來說，學習歷史文化，培養人文精神，建立獨立思考的能力，充分完成自我的生命意義，是歷史教學的首要任務。因此，當香港城市大學校長張信剛邀我去香港，到一個急功近利的商業社會，在極端強調實用為主的理工科大學，創立中國文化教學科目，作為大學的六學分必修課程，占所有本科生三年大學百分之七的學時，我不禁有所心動。動念的一個特殊原因，是我個人的中國情懷，總希望對中國社會有所回饋，盼望香港年輕人在脫離殖民統治之後，認識自我與文化傳統的關係，對自己的身分認同有清晰的歷史認識，做出比較透徹的生命選擇，至少可以緩解香港回歸帶來的心理焦慮。

那時我在美國教書已經二十年，駕輕就熟，生活穩定而且安逸，香港是我從未居留過的異邦。放棄早已習慣的美國生活，在「知天命」的年紀，接受全新環境的挑戰，使我有點猶豫。對於是否應該赴港，我專程去請教余先生，希望他能夠為我指點迷津。先生深知我受國民黨政府迫害所遭遇的迍邅，卻還想為中華文化盡一份力，就從我個人經歷的由否而泰，鼓勵我去香港，開創一番學術教育事業。他指出，我的個性隨和但執著，形似叛逆卻只是擇善固執，適合開創前人未有的事業，而提升人文教育正是當今世界的困局，能把中國文化教學作為培養青年獨立人格的途徑，才是中國文化的前景。先生對我的勗勉，使我下定決心，來到當時人稱「文化沙漠」的香港，從校園到社會，努力建設可以持續發展的綠洲，以完成先生未竟之志。

我有許多同門都在學術上卓然有成，他們在學習階段都能領從師教，循規蹈矩，只有我在青年時期桀驁不馴，經常頂撞余師。我年輕的時候，看不慣臺灣政府的白色恐怖政策，也看不起父輩等因奉此的因循苟且作為，一離開臺灣的精神樊籠，到了自由開放的美國，就傾向現代派的文化顛覆與自由主義的左翼思想，醉心馬克思的人道主義精神。這與老師的保守自由主義思想，從理論到社會實踐都大相徑庭，因此，師生探討學問，就從明代思想與社會變化，討論到馬克思與韋伯、帕森斯的思想取向差異，一直論辯不斷。回想起來，與老師論辯是很有趣的事，而他能夠忍受我不斷的質疑與頂撞，也多少有悖中國傳統的尊師重道常情，每次都讓我懷有歉意，覺得師生好像在排練一齣「吾愛吾師，吾更愛真理」的話劇，而我對每次演出總是不甚滿意，也就需要不斷排演。胡適曾經說過，「容忍比自由更重要」，我不知道老師對我左翼思想的容忍，是否希望我在論辯中看清自己思維的我執，才會不厭其煩，跟我探討人道主義理想可以有不同取向，而社會實踐的具體歷史展現，才是我們歷史家不能或忘的根本。我們會從王安石與張居正新政引出的社會變革，辯論理想與現實的衝突，轉而爭辯美國民主黨與共和黨的理念與政策，雖然從未得出實證理性的結論，倒也不減師生對世事的關懷。論辯歸論辯，到頭來總有師母淑平大姐準備好豐盛的餐點，有時還有精心烹製的八寶鴨，讓師生偃旗息鼓，大快朵頤。

我早年對歷史的認識，傾向歷史的大趨勢，從思想史、政治制度史的理論架構，逐漸轉向社會經濟史的實體影響，但對具體個人在歷史中的實存生命體驗，有所忽視，總是不自覺落入傳統思維的圈套，囿於「先憂後樂」的抽象理想信念，相信「完成大我，犧牲小我」的觀念，甚至引用孫中山的名言：「天下大勢，浩浩蕩蕩，順之者昌，逆之者亡」，作為理解中國近代革命與共產黨崛起的理論基礎。師生的論辯，經常涉及歷史潮流中個人處境的問題，如何看待歷史的順流與逆流，如何客觀理解歷史的必然與偶然，如何在歷史大浪淘沙情況下做出個人的選擇，如何評價在歷史長河中逆流爭搏的行為？我與先生都屬於廣義的文化遺民，可算是前後兩代流亡海外的中國知識人，雖然在思想層面的終極關懷是人類前途，但最切身關心的畢竟還是中國面臨的歧路。

有一次我們辯論革命對中國現代化的影響，討論到社會主義理想與革命實踐的差距，就涉及天下大勢的歷史理解。我認為中國近代翻天覆地的變化，是客觀歷史發展的現實，是農耕文化傳統與工業文明碰撞，為了國族生存，而出現「師夷之長技以制夷」的共識，強調富國強兵，憧憬現代西方的民主與科學，以最慘烈最激進的革命方式，打起社會主義與愛國主義的大纛，濫用民主與科學的概念，「反戈一擊」，以文化自戕的手段，犧牲千千萬萬人民的生命，摧毀自己的文化傳統。先生基本上同意我籠統的看法，但特別指出，中國近代革命歷史的一個盲點，是以烏托邦理想為號召，蒙蔽了知識人急切追求改善中國現狀的心理，開始一系列的激進行動，摧毀了文化傳統的延續。

我正和老師辯論歷史發展的脈絡，就突發奇想，指出，歷史發展不以個人的意志為轉移，因此，革命的激進傾向便無可避免，是天下大勢在中國近代的歷史現實，也是歷史無情的客觀展現。中國革命的激進化過程，一波未平，一波又起，或許是為了實踐烏托邦理想的可能性，在中國進行人類史上最大膽的社會實驗呢？

我正順著理性邏輯的推衍，說得振振有詞，先生突然從座位上站了起來，正色對我說，我們學歷史，要有歷史的同情，也就是對人的同情。你分析客觀歷史，講天下大勢，只是套了些高頭講章的理論，忽視了真真正正活在世上的人，忘記了他們經歷的苦難。你說的大膽社會實驗，造成了民不聊生的局面，就是億萬中國人經歷的苦難。人類歷史的確有過不少革命性的社會實驗，帶動了歷史的變革，也經常給人民帶來無窮無盡的苦難。我們是中國人，我不希望中國人經歷這種社會實驗！一席話石破天驚，我愣在那裡，驀然進入失語狀態。老師說得對，我學歷史，學來學去，都是高頭講章，理論掛帥，在哲學範疇支持社會正義，擁護社會資源的公平分配，甚至肯定社會革命的歷史意義。我學了各種歷史理論，自認為歷史的關鍵是理性分析人們過去的行為，是建築在文獻與數據上的專業學問，盡量不要摻入個人主觀的情感取態。然而，我苦心孤詣探索社會正義，分析革命推翻階級壓迫與剝削的法理性，是否只是象牙塔裡的理論自慰，而從來沒有真正考慮過歷史上有血有肉的活生生的人，是如何面對排山倒海而來的革命海嘯？我曾經認認真真體會過他們經歷的橫逆，同情過他們遭遇的苦難嗎？

那次論辯對我的衝擊很大，從此不再跟先生爭辯，也徹底改變了我學習歷史的態度，開始關注歷史人物的具體生活體驗。歷史不再是冷冰冰的客觀數據，而是充滿了溫暖與悲情的人生經歷，有歡樂，有痛苦，有喜悅，有悲傷，和我們自己經歷的人生一樣，有喜怒哀樂，有生離死別。傾聽人類歷史的豐碑，你會聽到風聲、雨聲、笑聲、哭聲，聽到英雄叱咤疆場，聽到嫠婦嗚咽荒野，聽到寺院的鐘聲在夜半傳到客船，聽到荒漠的沙礫哭訴流放的苦役。人類的歷史有血有肉，是有情感，有靈魂的，就好像我們自己，有血有肉有情感有靈魂一樣。研究歷史，講授歷史，不可能像研究自然科學一樣，只講實證理性，只相信工具理性，排除對理想的嚮往，排除對情感的依戀。

從一個飛揚跋扈的左翼青年，逐漸變成謙和沉潛的文化人，我個人性格的變化，固然來自本身的經歷與選擇，但有很大的成分也來自余師的勗勉與鼓勵。記得三十多年前，師生還不斷論辯的時候，我強調自己反傳統的叛逆傾向，要繼續五四反傳統精神，對儒家保守封閉的意識形態進行批判。老師靜靜聽我慷慨激昂了一陣子，緩緩說道，我看你的個性，其實就是個儒家。說得我一愣，實在不知道他在說什麼，還以為先生說的是反話，只是讓我降降溫，從亢奮的情緒回到理性的陳述。七八年前，我和妻子到普林斯頓去探望老師，師母為了犒賞老學生攜眷來拜候，特別做了香酥鴨與豉油雞宴客，講到當年經常做八寶鴨給我吃，又講起師生總是爭辯的往事。妻子笑說，當年那個學生也太不像話，吃了人家精心烹調的鴨子，自己已經像煮爛的鴨子一樣，還要嘴硬，真是桀驁不馴。她有點好奇，就問余師，為什麼要花那麼多時間，費那麼大的勁，跟一個愣頭愣腦的學生論辯呢？先生哈哈大笑，坐在沙發上，兩手一攤，說，我那時就知道，他早早晚晚一定轉回頭來，會變成今天這個溫良恭儉讓的樣子。說完，繼續哈哈的笑，十分得意，惹得師母與妻子都跟著笑，我也只好在旁陪笑。

我到香港傳授中國歷史文化，經常跟學生說，中國文化博大精深，源遠流長，是偉大的傳統。但因其博大，就一定龍蛇混雜，有光輝燦爛的事跡，也是齷齪骯髒的淵藪；因其流長，就有許多忠義感人的故事，也充滿了邪惡奸詐的陰謀。這種歷史現象也不限於中國歷史，西方歷史也一樣。有孔孟老莊，就有蘇格拉底、柏拉圖，就有釋迦牟尼、耶穌基督；有秦始皇就有尼祿王；有李白、杜甫、蘇東坡、湯顯祖，就有荷馬、但丁、莎士比亞、歌德。我們學習歷史文化，是希望從中吸取美好善良的文化資源，摒棄令人髮指的歷史教訓，做一個有良心的人。我們沒有奢望，並不期冀人人成為聖賢，只希望年輕人充分發展自我，理解過去的歷史經驗，三思而後行，永遠不因博取自私的利益，去做害人的事。我想，我對歷史文化意義的理解，並用這種方式進行歷史教學，應該會得到先生的首肯的。

余師學究天人，是歷史事實，不必我在此多說。我受業四十多年，如沐春風，深感師恩深重，無以回報，只能獻芹一葉，草此別序，為先生壽。

●本文作者為香港非物質文化遺產諮詢委員會主席，集古學社社長。

有教無類的老師

冀小斌

我第一次見到余先生，大概是一九八七年秋天。三十多年來，老師影響了我很多方面。作為他帶出來的博士生，按理說應該以談學術影響為先，但是和學長和同學們相比，我在學術上的成績實在算比較差的。我跟一位同學說過，在老師的眾多弟子中，我的存在大概最能折射出老師有教無類的胸襟。所以本文主要談學術研究以外的事。

一九八七年秋天，我正讀大三。那時我基本上不知道余先生是誰，也沒讀過他的任何著作。貿然去找余先生選課，完全是為瞭解決一個具體問題：我進普林斯頓讀本科時，最初志向是比較文學。比較文學系的老師建議我在本科期間先系統學習英語文學，等讀研時再利用中文優勢去做中英比較。我聽了他的話，就去讀英文系。等大三第一個學期（秋季），我開始考慮下一年申請研究所，就突然想到一個問題：我來美國時才十五歲，如果在申請材料上說我會讀文言文，人家信不信？那時正好有朋友告知東亞系從耶魯挖來一位非常有名的華人學者，我就想如果我下學期去上這位學者教的研究生課，不就可以證明我的中文能力嗎？按規矩，本科生上研究生課是需要老師預先簽字的。我拿著表格去余先生辦公室找他，他問了問我的情況，就爽快地答應了。因為知道我沒有歷史方面的背景，他建議我在寒假期間先讀錢穆先生的《國史大綱》，還推薦了三種英文通史，又送我一套費正清和賴肖爾的東亞通史。也許因為不想讓我感到緊張，他又說來上他的課就是「讀一些中國書」。臨告別時我請他簽字，他還拿那門課的編號跟我開玩笑：「五一六啊，那不成了五一六了嗎？」（按大陸文革時代的「五一六反革命集團」成員簡稱「五一（音『一幺』）

六」。）當時我並沒有意識到，那次見面其實是我人生的一個重大轉折點。

後來的經歷，既如余先生和我的預期，又超出了預期。如余先生所料，歷史方面我確實需要補課。我寒假中讀《國史大綱》，第一反應居然是「怎麼老不講打仗？」可見我對史學多麼外行。但是，我證明中文能力的目的也確實達到了。在一九八八年春季的研究生課上，我第一次讀沒有標點的文言，發現好像也沒有那麼難。這說明我從小自己看書培養的文言語感還是比較管用的。但是其他的發展，就非始料所及了。

余先生的課把我引進了一個對我來說全新的奇妙世界。這以前我就沒有想到過一門課可以這樣上法。那門研究生課號稱「宋元明史」，但並不完全按既定的規劃教。開頭大家一起讀錢穆先生的《讀明初開國諸臣詩文集》，老師讓每個學生分一段精讀、查原始資料。然後進入各人自選題目階段，就是每人按興趣和學業需要自己選題研究，然後在課上報告進度，由老師和同學點評。這時題目就很多樣了。一位學姐竟是做書法理論，老師也能指點。我當時就覺得這位老師太神了，怎麼學生感興趣的題目他都會！而且跟他學習充滿樂趣，而學到的知識卻比別的課多得多。這門課讀完後，我就決定雖然本科還是要以英文系畢業，但同時要繼續選中國史的課程，然後爭取畢業以後轉行、跟余先生讀研。

一九八八年暑假以後和余先生商量，他居然不嫌我基礎差，馬上表示支持。但是我們遇到一個問題，就是按普林斯頓傳統，一般本科生畢業以後不能馬上留校，需要在外面一段時間才能再回來。於是余先生又介紹我一九八九年畢業以後去亞利桑那州立大學跟田浩先生讀碩士，讓我在田先生那兒受到兩年的細心教導和無微不至的照顧。我按計畫又從亞利桑那申請回普林斯頓跟余先生讀博，這才如願以償。

我在普大本科畢業跟余先生告別時，他建議我在亞利桑那期間先自己讀《資治通鑑》，打一打基礎。他說，《通鑑》共二九四卷，如果每天讀一卷，加上有些日子不能讀書，大概一年可以完工。他提醒我要注意讀胡三省的注，要有耐心，不要貪心圖快，如果一下讀太多會消化不了。又說《通鑑》讀久了會對歷史有感覺，例如人到什麼時候就會倒楣之類。我聽了他的話，馬上就跑到紐約中國城買了一套大陸中華書局版《資治通鑑》，拿起來就讀。但是我有點貪心，有時一天會讀三卷，於是果然消化不良。到了亞利桑那以後又有很多天因為準備考試、趕寫作業沒有讀，所以第一遍反而用了遠遠不只一年，正所謂「欲速則不達」。當然我第一次讀《通鑑》的時候，並沒有想到我後來會選司馬光為博士論文題目。可惜我過於魯鈍，對司馬光的研究並沒有完全達到原來的目標。我正式開始研究司馬光以後，老師和很多宋史界同行都希望我在史學史上有所突破，尤其對《通鑑》的「考異」部分拿出好的分析。但是這條路我轉來轉去都沒有走通，最後還是從政治史入手寫了博士論文和書。這倒是應了余先生當年說的話：讀《通鑑》真的會培養對政治史的感覺！

從開始跟余先生讀書起，我就很喜歡聽他說話。讀博的頭幾年尤其喜歡賴在他辦公室不走——或者聽他和我的學長們聊天，或者我自己和他聊天。其實我哪有那麼多話說，主要就是要聽他說話而已。不論是哪種情況，我每次從他辦公室出來，都感到自己特別有精神，好像剛充過電一樣。當然這也表現出我那時多麼不懂事。因為老師那時那麼忙，簡直有做不完的事、還不完的文債。他從來沒有趕我走，可是我卻沒有意識到自己應該為老師想一想。回首往事，實在慚愧。不過我雖然慚愧，卻不敢說後悔。因為從學習效果來說，聽老師聊天的功能是不能用上課、讀書代替的。這大概也是老師不趕我走的原因之一吧。

跟余先生久了，我對他的印象也有變化。剛開始的時候，用大陸網絡語言說，老師就是「神一樣的存在」。時間長了，就逐漸認識到老師也是有血有肉、有所不能的人。但是，開始把老師「當人看」以後，對老師的尊敬反而更真切了。因為神有什麼優點都是天經地義的；而跟我同樣是人，卻比我強那麼多，就更值得思量。老師的好處配著「弱點」看反而更真切。

很多人都知道，余先生抽了幾十年菸。退休以前無法戒掉，因為不抽菸就無法做事。他後來戒菸也是有半年不能寫作，然後才調整過來。我本科畢業以前，就已經勸余先生戒菸。他雖然沒有戒，卻一直記得我勸過他，認為小孩子能關心老師的健康，說明心好。我知道老師戒菸不易，好像也就沒有再勸。老師很多年間處理和抽菸相關的問題，也很能表現他對人的態度。

余先生在普大的辦公室是內外兩間。裡間是他自己的空間，外間兼做教室，牆壁上裝滿書架。如果單人或少數幾人和余先生聊天，則都坐到裡間。當然，如果在裡間抽菸，菸味也會瀰漫到外間。有一次上課，余先生大概剛抽過菸，所以外間菸味就稍重一些。一位同學剛一進門，馬上就動手開窗通風。我嚇了一跳，心想「你這樣不等於罵人嗎？」這時但見余先生匆忙起身，幫那位同學開窗！因為窗框木頭有點變形，那位同學有點推不動！我是文革開始那年在大陸出生的，十五歲就到美國，所以對傳統禮節既不太懂，也不會操作——但是我當時第一反應卻是「長幼有序」；而老師雖然有時被人誤會為「儒家」，可遇到學生嫌菸味太重，第一反應卻是「不要嗆到學生」。老師的境界比我實在高太多了。

尤其讓我慚愧的是，我嘴上雖然不再勸老師戒菸，我的身體卻不夠合作。我開始在新澤西某校工作以後有一次去看余先生和余師母，因為那幾天我嗓子不太好，就碰巧在余先生抽菸的時候咳嗽了幾聲。然後，我就再沒有見到他抽菸了。我知道他沒有戒，只是不願意嗆到我，雖然他和師母都沒有明說。正因為如此，余先生真正戒菸以後，我得等他告訴我了才知道，因為光面對面坐在一起是看不出來的。

余先生退休以後，我去看他都是到家裡。於是跟余師母見面就比以前多了，得到師母的照顧也多了。多年以來老師和師母給我很多照顧，這裡不一一列舉，只講幾個例子。我在新澤西教書期間，一度因為緊張、勞累，胃會經常罷工。有時喝了涼水以後再嘔吐出來，水居然還是涼的。當時周圍找不到好的中醫，西醫好像也沒有辦法。按傳統方法，胸口不舒服可以抱熱水袋，可那時在新澤西又不知到哪去買。有一次我去看老師、師母，師母就送我一個她親手做的「手工熱水袋」，外加幾個手工饅頭，讓我吃烤饅頭片養胃。雖然幾年後我的毛病被舊金山的老中醫陳熊大夫治好了，但是師母做「手工熱水袋」的方法我還一直記得。

二〇〇四年我因為在東岸供職的學校評長俸失敗，決定到加州和在加州大學聖塔芭芭拉分校教歐洲史的妻子團聚，並不再在全美國範圍內求職。這以後和余先生、余師母見面的機會就少了。但是我有時還會打電話問安，心裡並沒有疏遠的感覺。我在加州求職不利，逐漸轉入以內人事業為中心、自己找機會兼課的狀態。再後來終於有了孩子，我因為太想自己親手帶孩子，又變成以做「奶爸」為主，學術研究和偶爾兼課為輔的狀態。對我這種「家庭第一」的選擇，有的老朋友不以為然，甚至「恨鐵不成鋼」地說我帶孩子之餘仍做學問的打算純屬自欺欺人。但是余先生、余師母並沒有因為我事業「失敗」而嫌棄我。老師反而一再說我心態很好，師母也說她很理解人生每一個階段只能有一個中心。

我兒出生不久，老師、師母給孩子寄來了紅包和禮物。紅包上面竟然有毛筆題字，讓我不免有點羨慕孩子。後來師母又一再以他們兩個人的名義從普林斯頓的書店給孩子訂英文童書。師母對我說，我們都是讀書人，所以希望孩子也能讀書。這等於是老師、師母在幫我教育孩子了。所以孩子雖然和他們見面不多，心裡卻跟「余爺爺」、「余奶奶」很親。從我兒五歲那年起，我就開始試著教他漢字，但只是試驗他對漢字的敏感和興趣，等待最佳時機。幾個月前孩子自己要求學，我才「正式」開始教。前些日子孩子畫了一幅畫，第一次用漢字簽上他自己的名字。我一高興，就脫口而出問孩子：「要不要寄給余爺爺、余奶奶？」兒子馬上說「要」。這時我才想起他是隨便抓張背後印了字的廢稿紙畫的。我想反悔，但是兒子卻非常堅決地說非寄不可。我又正好剛在教孩子說話要算數，就只好安慰自己「老師、師母不會見怪」，硬著頭皮寄出了。

當學生的，如果心裡一直有老師，有時就會突然會對老師很久以前的話有所領悟。例如，余先生一直是「不立門戶」的。我第一次聽說的時候根本不明白這有什麼意義，覺得「不論立不立門戶，學生不還都是學生麼？」但是現在回想起來，區別還是很大的。有的大學者立了門戶，學生就成了擴大「本門」影響的棋子。於是誰是掌門弟子、誰是打擂臺撐門面的弟子，簡直有點武俠小說的感覺了。余先生不立門戶的原意我不能妄加解釋，但是從當學生的角度看，老師不立門戶也許就是讓大家按自己的性情、志向走自己的路。學生即使從擂臺上掉下來，甚至根本不想再上去，也不妨仍為學生，只要師生的緣分還在。這大概就是現代學者版的有教無類吧。祝老師和師母健康長壽，看書、著述、享受生活之餘，看著一代又一代受他們影響的人逐漸成長起來。

• 本文作者為獨立學者，時在加州大學聖塔芭芭拉分校兼課。

余英時先生論學的築基功夫、方法與視野芻議

謝政諭

在一次與王汎森院士請益的機會中，聯絡了聯經出版公司林載爵發行人，將年來科技部資助研究余英時先生的一篇文章加以補充提交，謹以此文恭賀余先生九秩華誕、壽比南山，感恩先生與師母多年的賜教。

——謝政諭

一、前言：以方法論探討余先生的論學

德國社會學家韋伯（Max Weber）在《社會科學方法論》一書中花了大篇幅討論邁爾（Eduard Meyer）的著作《論歷史的理論及方法》，邁爾一開頭就告誡對歷史實踐的方法論研究的意義不要作過高的估計，「最全面的方法論知識也不會使人成為一個歷史學家，方法論不是富有成果的思想工作的先決條件」……韋伯進而提出，「能揭示出、並解決實質問題（substantive problems），在純認識論和方法論的反映上，從來沒有起過決定性的作用」。[1]邁爾與韋伯對「方法論」在解決問題所產生的效果都不抱以太大的希望。但韋伯晚年在完成《世界諸宗教與經濟倫理》的系列著作之後，於一九二〇年的〈序言〉中說道，「中國有高度發達的歷史學，但是卻沒有修昔底德（Thucydides, B.C. 471-400）的方法」（意指歷史研究必須堅持求真的原則、必須堅持理性和批判的態度，修昔底德的巨著《伯羅奔尼薩戰爭史》影響二千多年來的西方史學，被尊稱為史學之父）。他又說，印度

也有過追求馬基亞維利的先驅，但是印度所有的政治思想都缺乏一種可以與亞里斯多德相提並論的系統方法，也就是沒有理性的概念。韋伯總結說：「在印度和近東其他國家的法律書籍中，都不曾有嚴謹而系統的思想邏輯形式，這種思想邏輯形式對羅馬法及受其影響的西方理性法學來說，是不可少的」。[2]韋伯的第二段論說似乎又相當重視方法論在歷史研究的重要性。韋伯論述中國、印度史學不重視方法論，筆者相信余英時先生看過韋伯如是的看法，他必然心有所感。吾人認為余先生花大氣力所鑽研的《中國近世宗教倫理與商人精神》，就是從方法論上以求真的精神與論據，以理性與批判的態度來回應韋伯對中國的若干曲解，尤其是韋伯沒有看到「中國宗教」中「新禪宗」、「新道家」、「新儒家」的突破與流變所產生的「士魂商才」。

梁啟超在談思想史的研究時，先列舉了數十本經學與子學的著作，在研究政治史的學問時也列舉了數十本歷史重要名著，這是基本的「修養」。他認為進學校如不看課外書，只是求文憑，並不是求學問，你的人格，已先不可問了。「中國學問界，是千年未開的礦

1 韋伯著；黃振華、張與健譯，《社會科學方法論》（臺北：時報文化，一九九一），頁一三二。

2 Max Weber, translated by Talcott Parsons, introd. by Anthony Giddens., The Protestant ethic and the spirit of capitalism, New York: Charles Scribner's Sons, 1976, p. 14.

穴，礦苗異常豐富，只要你絞一份腦筋一份汗水，當然還你一份成績，所以有趣」。[3]梁啟超認為做學問的方法，就在於養成讀書的趣味，讀課外書，是求學問中不可或缺的「方法」，必須在博學上下功夫，否則就是自己剝奪自己終身的幸福。梁啟超的弟子蔡尚思在《中國思想研究法》也說道，博學與方法的輕重難易、方法與博學二者孰難孰易……皆難而不易。但治學以方法為首要，「研究的方法」就是學問家的探照燈和顯微鏡。[4]研究方法的重要性，可為研究者開出一盞盞明燈、明鏡。著名的方法論學者開普南（Kaplan）就指出方法論是一個講究邏輯的心靈、重視觀察的過程、經驗的基礎、概念的功能、特殊的意義、衡量的尺度、理論的建構、法則的尋找、結構的模型、模型的解釋與價值的探究等等。[5]另一位方法論學者伯溫斯坦（Bernstein）也在《社會與政治理論的再建構》中指出在實證理論的研究中，語言的分析、現象學的轉換以及批判理論的重要性在社會科學中不可或缺。[6]余英時先生曾援引顏之推所說：「觀天下書未遍，不得妄下雌黃。今天當然沒有人能夠觀遍天下書。但是相對於一己的研究題旨而言，每一個史學工作者首先便必須能夠充分的掌握著基本史籍。」[7]余先生認為先求學問的築基，也就是博學的意思。史學家懷特（White）認為史學方法在於探究文獻，以便判斷什麼是真實的，或者最具善辯又似合理的故事（plausible story）是什麼。而真正的敘事與其說是一種歷史學家詩學才華（poetic talents）的產物，不如說是「史學方法」正確運用的必然結果。[8]這段話觸動筆者以方法論的角度，探討具有詩學才華的余英時先生，讀其書如同看《伊索寓言》般生動有趣的歷史敘事一樣。

綜合上述中外知名的歷史學、社會科學的名家之論說，本文揉合東方的用語，以築基功夫（代表概念、假設、廣求知識定理等）、方法（論文寫作的特點、架構與技巧等）與視野（包括研究態度、主軸思想與實踐等）來論述余先生的論學特點。余英時先生曾提到「史無定法」，此說並不表示余先生不重視方法論，個人解讀認為是不應只依循前人的方法，歷史學者與社會科學學者不應拘泥於一法、一技的普遍原則。吾人在閱讀余先生的浩瀚著作中，觀察、涵詠歸納出他獨特的一些「方法論」問題，雖然從一九七六年開始接觸余英時先生的思想世界，也曾有半年的時間在普林斯頓大學請他當adviser，也追索聽了他近二十場次的演講或就近請益，但相對於他傑出的弟子們，個人恐怕連三等旁聽生都排

---

3 梁啟超，〈國學入門書要目及其讀法〉，載梁啟超等著，《文史研究方法論集》（臺北：泰華堂出版社，一九七四），頁一—三六。

4 蔡尚思，《中國思想研究法》（臺北：臺灣商務印書館，一九九一），頁一—一二。

5 Kaplan, Abraham.The conduct of inquiry: methodology for behavioral science, San Francisco: Chandler, 1964.

6 Bernstein, Richard J., The restructuring of social and political theory, New York: Harcourt Brace Jovanovich, 1976.

7 余英時，〈中國史學的現階段：反省與展望——代發刊辭〉，《史學評論》第一期（臺北：史學評論社，一九七九），頁二一。

8 Jenkins, Keith., On "what is history?": from Carr and Elton to Rorty and White, London: Routledge, 1995, p. 88.

不上，加上非史學的專業，四十年來雖斷續研讀他的著作，但要將他片片語絲串聯起來卻不是一件容易的事情，時有走入迷宮之感。為了追尋一道思想的線索，常有越陷越深之感，而為他思想的光彩體系所籠罩；又像攀登層層高峰，峰峰相連一山高過一山，豈止是「三奇五絕」的自然魅力，每個思想脈絡如同探尋中西智慧的頂峰，美不勝收。[9]誠如子貢所說：「夫子之牆數仞，不得其門而入，不見宗廟之美，百官之富。」今天呈現的恐怕只是走入「萬仞宮牆」的幾個臺階而已，本文「方法論」是在余先生龐大精深的論著中以歸納法得出。芻議也，一者，余先生從未以方法論為文，再者，引「述」的層面多於「論」的層面，三者，許多論點為初探、值得再議。

二、余英時先生論學築基功夫的養成

筆者先探討余先生學術築基的養成，以下就從二個方面來探討他廣博知識的建立與養成。

（一）、在漂泊生活中自覺與奮進

余英時先生一九三〇年在天津誕生，一九三七年七月抗戰開始，該年十月余先生隻身回到了先祖居處的故鄉——安徽潛山官庄鄉，這個山區的小城，今天坐公共汽車大約兩個小時可到附近的大城安慶，但是那個時代沒有公路，步行需三天的時間。在這個偏僻的鄉間余先生居住了近九年的時間，余先生回顧在這段期間和父親隔得很遠，「但他的影響在我心中發生作用。第一是從他那裡得到重視知識和學問的價值。父親受上一輩人如陳垣、洪業等人影響，尊敬有學問的人，自己也時時進修。第二父親編著的一部幾十萬字《西洋通史》對我很有啟發。小時候看不太懂，但漸漸入門，對著作很肅然起敬。這大概是我學歷史、又好讀西方文化史之書的一個背景因素。」[10]從城市回到鄉村，事事新鮮，鄉居生活是愉快的，是一種生活在大自然的懷抱之中。血緣、地緣的關係讓人緊密的連結，並沒有現

9 例如，Jaspers「軸心突破」的觀念其實根源於Weber的《經濟與社會》，也是韋伯信徒——美國社會學家T. Parsons曾追索的，Parsons認為韋伯對先知角色的看法，先知援引道德權威，使個人承擔起責任，從而取得道德與經濟倫理的正當性，如此直接引人進入意義與秩序的問題，是韋伯將「突破」思想導入到「宗教」議題的作用。而余先生又是Parsons的學生，「中國宗教倫理」、「軸心文化的超越與突破」等書直、間接地受Weber、Jasper、Parsons的影響，不言可喻，可謂是峰峰相連。參閱Max Weber The Sociology of Religion Translated by Ephraim Fischoff, T. Parsons, "Introduction" Boston: Beacon Press, 1964. pp. xxxiii-xxxiv.；余英時，〈天人之際——中國古代思想的起源試探〉，陳弱水主編，《中國史新論：思想史分冊》（臺北：聯經出版公司），頁三八。

10 余英時，〈余英時回憶錄（一）安徽潛山的鄉村生活〉，《二十一世紀》第一五九期（香港，二〇一七年二月），頁九九。

代社會學家所說的一種「孤獨的人群」（lonely crowd）的感覺，這是余先生年少的自覺。

一九五〇年初余先生從北京到香港探望他的父母，因緣巧合在香港留了下來，並進入錢穆先生所辦的新亞書院。在余先生最近的回憶錄中他提到在香港的五年，「一直生活在流亡知識人的小世界中，和香港作為英國殖民地的工商社會根本沒有接觸的機會」。英國人對香港的統治是「相對徹底的法治，只要不犯法，人人都享有言論、結社、出版等的自由」。除了英國統治的自由氛圍之外，另一股為追求中國民主的「第三勢力」，也讓他留下印記，他說：「流亡到香港數以萬計的自由派知識人，這一群體普遍被稱作『中國第三勢力』，他們企圖在國民黨和共產黨兩個『專政』的政權之外，建立起一個以民主、自由、人權等普世價值為終極目標的精神力量。」由於對政治組織沒有興趣，因此他們的各種聚會一次也沒有參加。但是「在政治思想上同情第三勢力」，並且「深信中國必須建立一個開放與寬容的民主體制，才能走上現代化之路」。[11]被視為第三勢力的流亡青年余先生，在出版社工作、並勤於寫作打工，一九五一年集結成書出版《到思維之路》，在三十年後的再版自序中說：「這本小書從開始撰寫到現在，已整整三十年了……我在流亡知識分子所辦的一個週刊《自由陣線》兼任一部分編輯工作。我所負責的是『青年天地』一欄，用艾群的筆名闢了一個專欄，名曰：『山外叢談』，取蘇東坡『不識廬山真面目，只緣身在此山中』之意……『山外叢談』所談的大體不出理性和容忍這一主題。後來我和幾位朋友合作，成立了一個出版社——高原出版社。三十年前在香港的難民生活已不是今天國內的青年們所能想像。我們飄零在一個殖民地的社會裡，四顧無依，也看不到任何前景，正如杜甫所說的：『我生無根蒂，配爾亦茫茫。』無論是做編輯或是寫文章，一大半都是為生活所迫，不得已而為之。龔定庵『著書都為稻粱謀』之句正是我們那些流亡知識分子的最好寫照。」[12]

少年余英時因政治與武裝衝突的動亂而未能上學，過著漂泊的生活，只能鄉居自學讀「經典」，在此情況下，余先生以閱讀傳統啟蒙書及章回小說，如《三字經》、《百家姓》、《羅通掃北》、《蕩寇誌》、《三國演義》、《史記》、《四書》、《五經》、《戰國策》等為主，但真正引起讀書興趣的不是經、史、古文而是小說。[13]余先生的文章中經常引述的英國政治史家以撒．柏林（Isaiah Berlin），他出生於帝俄時代的拉脫維亞的猶太家庭，一九一六年柏林舉家遷往聖彼得堡，這段期間柏林沒有上學，他在家中的書房裡自學看小說，因為被列寧政權監禁、監視，家人在對蘇維埃政權霸道橫行，感到孤立與無助，決定離開俄

---

11 余英時，〈中國自由知識人——香港與新亞書院〉，《明報》月刊第五十三卷第五期（香港，二〇一八年五月），頁一七、二〇。

12 余英時著；彭國翔編，《卮言自紀：余英時自序集》（北京：北京大學出版社，二〇一二），頁七—八。

13 余英時，〈我走過的路〉，收入彭國翔編，《中國情懷：余英時散文集》（北京：北京大學出版社），頁三七〇—三七七。

國，於一九二一年柏林舉家遷往英國。[14]這些情境與余英時先生小時候的境遇如此的神似。大部分人處在故土與移民國度的矛盾與衝突時，常產生文化學界所稱的猶太人「離散」觀念，[15]而變成漂流異鄉「無根的蘭花」。橫布在十九世紀下半葉的列強侵華，暨二十世紀的意識形態對壘與爭戰，導致了近、現代中國軍閥征戰、國共鬥爭所引起的中華民族的世紀大漂流至今未息。余英時先生在祝壽其業師錢穆的詩文可深刻的表達流離的悲苦，曰：「海濱回首隔前塵，猶記風吹水上鱗。避地難求三戶楚，占天曾說十年秦」。[16]錢先生「遺民」的苦楚在悲痛中呈現。此詩不僅表達出對他老師錢穆九十大壽四處漂泊良深的感懷，在二〇一八年出版的《余英時回憶錄》又再次將此詩詞放入首頁。說離散太強烈了，本文以漂泊者論之。漂泊的知識人很容易就跌入「文化遺民」的情境，論者以為在近代東亞遺民的儒者，常會產生兩個兩難式的處境，第一個兩難式：「仕與隱的抉擇」。第二個兩難式：「文化身分認同與政治身分認同」的融合與撕裂。[17]「遺民」的身分與心境，有無造成漂泊者的兩難處境？或者帶給他們什麼樣的困擾與影響？余先生對「遺民」是審慎看待的，他從不周旋於仕途，也沒有政治認同的矛盾，他在為劉再復《西尋故鄉》作〈序〉說道：「漂流曾經是古今中外無數知識人的命運，但正因為『漂流』，人的精神生活才越來越豐富，精神世界也不斷得到開拓。」[18]余先生在回顧自己同處離散生活所憂慮的是「中西文化的異同問題，一個世紀以來都在困擾著中國的學術思想界，我也繼承了這一的困擾」。[19]

余先生說道：「百餘年來中國人民的苦難以及知識分子所應有的良知時時在激發著我。此時此地殊不容我『兩耳不聞窗外事，一心只讀聖賢書』。」[20]此種讀聖賢書所學何事的家事、國事、天下事事事關心的胸懷貫穿二十世紀中西漂泊知識人的一生，錢穆（一

14 Ignatieff Michael著；高毅、高煜譯，《自由主義思想大師：以撒．柏林傳》（臺北：立緒出版社，二〇〇一），頁四二—四六。

15 離散，英文字母為大寫的Diaspora原本用來指猶太民族二千多年來的四處離散，今日指稱外國的猶太社群仍可用Diaspora這個詞，不過，小寫字母開頭的diaspora已被指涉為現今因戰爭的關係而產生顛沛流離的普遍性名詞。廣義而言是指一種跨界流動的現象。更進一步指涉多方向的文化遷徙和混雜以及占有不同地域的能力。

16 余英時，《猶記風吹水上鱗：錢穆與現代中國學術》（臺北：三民書局），頁一。
余英時，《余英時回憶錄》（臺北：允晨出版社，二〇一八），頁首。

17 黃俊傑，《東亞儒學：經典與詮釋的辯證》（臺北：臺大出版中心，二〇一一），頁一六三—一八六。

18 余英時，〈劉再復《西尋故鄉》序〉，彭國翔編，《會友集（下）：余英時序文集》（臺北：三民書局，二〇一〇），頁二七六。

19 陳致訪談，《余英時訪談錄》（北京：中華書局，二〇一二），頁一〇。

20 余英時，〈《自由與平等》自序〉，何俊編，《余英時學術思想文選》（上海：上海世紀出版股份有限公司，二〇一〇），頁一五—一六。

八九五—一九九〇）如此，施特勞斯（Leo Strauss，一八九九—一九七三）[21]、以撒·柏林[22]、余英時（一九三〇—）亦復如此。

（二）、從中西名著與名師中錘鍊

余先生的學問來自於他的勤學與聰慧，又有記憶驚人的本事。有人問到他的師承問題，他毫不猶豫的指出，其研究中國是受兩位老師的薰陶最深，「第一位是錢先生（錢穆先生），第二位便是楊先生（楊聯陞先生）」，他常常感念這兩位先生是塑造他個人學術生命上的宗匠。兩位先生對他在治學方面的影響何在？他在與錢先生的談論中「領悟到中國傳統學術一方面自有其分類和流變，另一方面又特別注重整體的觀點」。而楊先生的影響則在「其學問淵博又嚴謹，我每立一個說法，楊先生並能從四面八方來攻我的隙漏，使我受益無窮。因此我逐漸養成了不敢妄語的習慣」。[23]總結而言，兩位大師重視史學的綜合性、流變與批判的態度影響余先生甚深。錢穆先生曾說：「治史者貴能上下古今識其全部，超越時代束縛。故首當虛心耐煩，先精熟一時代之專史，乃能深悉人事繁賾之一般。而對於各方面事態之互相牽涉影響，及其輕重大小，先後緩急之間，亦漸次呈露。」[24]錢穆先生為學的方法對余英時的影響很大，但對於中國專制政治的看法，錢、余兩先生的史觀有其不同，但從不影響兩人深厚的師生之情。

筆者以為余先生無論受名師的指點或者他個人的學術中心旨趣，主要在於人文與民主

21 施特勞斯於一八九九年出生於德國，一次世界大戰期間在軍中服役。從漢堡大學獲得博士學位後，成為柏林猶太人研究學院的助理研究員。一九三八年移居美國，從德國到美國的旅程，同時也是他竭力理解流亡存在及其政治架構，努力掙脫保守威瑪猶太人身分意識，走向現代自由主義的思想歷程……他努力在猶太教與哲學、古人與現代人、柏林與紐約之間逡巡定位，最終建構起複雜且激動人心的思想工程和獨創性的解釋學成果。施特勞斯思想發展有四個獨特軌跡：(1)一九二一—一九三二年，作為一個激進的保守主義威瑪猶太人是政治猶太復國主義運動和猶太學術團體中的活躍分子，對當時新的哲學思潮廣泛吸納並做出反應；(2)一九三二—一九三七年，作為一個困惑、反抗的流亡者發現了中古伊斯蘭啟蒙運動，進而改寫了現代政治思想的理論地基；(3)一九三八—一九四八年，作為一個移民試圖在思想和寫作方面適應他的新家，即自由民主制的美國；(4)一九四八年以後的學術生涯，他對自己的智慧之旅，尤其是猶太人問題進行了成熟思考和重新評估。他學術最後的志趣在於反思古希臘雅典所傳承的「理性哲學」與古耶路撒冷所傳承的「啟示哲學」，這兩種思想傳統所引發的「現代性」矛盾與危機。參閱Eugene R. Sheppard著；高山奎譯，〈引言〉，《施特勞斯與流亡政治學：一個政治哲人的鍛成》（北京：華夏出版社，二〇一三），頁一—一三。

22 孤獨使柏林的智力早熟。他十歲時就讀了《戰爭與和平》、《安娜．卡列尼娜》、《塔木德經》、《海底兩萬里》、《三劍客》等小說。柏林的朋友阿維沙伊．馬格利特追念他時稱他為「流亡者之王」。……在倖存者的內疚心情始終使他的幸福蒙有陰影。他怎能忘記那黑暗的年代？這黑暗年代也造成了他自己的苦難時期。由於對無辜者的生活恣意摧毀，由於偽裝成理性行為的謀殺狂行為，這個世紀是「有史以來最糟的世紀」……他向世人表明：智者的一生，應該是懷疑的、嘲諷的、冷靜的，並且是自由的。柏林年輕時的漂泊，也讓他面臨兩個民族、政治與文化的矛盾與衝突，而這種衝突並沒有打垮他，反而激勵出他思想的超越留下無數經典的作品。參閱：Ignatieff Michael著；高毅、高煜譯，《自由主義思想大師：以撒．柏林傳》（臺北：立緒出版社，二〇〇一），頁四五五—四五七。

23 余英時，《猶記風吹水上鱗》（臺北：三民書局，二〇一五年二版），頁一七七—二〇七。

24 錢穆，《中國歷史研究法》（臺北：東大圖書，一九九一），頁三四。

的精神。余先生論學中深刻地注意到現代中國史學名家梁啟超、胡適、吳宓、陳寅恪等人為學的方法與態度。他論述胡適在中國哲學史當中，認定古代並沒有什麼「名學」即「為學的方法」，他甚至認為「程、朱和陸、王的不同，分析到最後只是方法的不同」。胡適所最重視的民主與科學也還是可以化約為方法。胡適曾說：「一切主義，一切學理，都該研究。但只可認作一些假設的見解，不可認作天經地義的信條，只可認作參考印證的材料，不可奉為金科玉律的宗教。」[25]適之先生對「方法與為學的態度」，余先生相信這是「他的思想能夠發生重大影響的主要原因之一」。又如吳宓闡揚美國哈佛大學白璧德人文主義學說，再如《學衡》雜誌為當時人文主義思想的代表性刊物等，在那離亂的時代，能獨立的、自由的思考問題是不容易的，這些學術的堅持與觀點經常為余先生所引述與推崇。陳寅恪歷經艱困，但守持自由與人文精神一生不渝。錢穆亦然，他的「開放性、氣韻性、深邃性」的人文品格，為中國歷史傳統文化寫出無數開創性的篇章。[26]在亂世流離、霸道橫行的時代，我們看到了余先生傳承了那一代深具人文與自由精神的學者風骨與「方法」，並進一步發揮其光芒。

一九五〇年代余先生在香港，除了在新亞書院唸書之外，他經常到英國與美國在港設立的文化中心自學，他在五〇年代初期一篇文章〈論進步〉的文章中，就說，進步乃是一個近代的概念，雖然遠在希臘時代進步的觀念已存在於哲學家如Anaximander、Empedocles、Aristotle諸人的思想體系中……，近代的進步觀念是近代歷史的產兒，一九二〇年布里（J. B. Bury）、法國史學家施亨利（Henri See），喀特林（George Catlin）在他的《政治哲學史》（*A History of Political Philosophers*）……說進步是文藝復興的特徵；社會學者凱倫（Horace M. Kallen）所寫的《進步之類型》（*Patterns of Progress*），高德文氏的《論政治的正義》（*Political Justice*）。赫胥黎氏在「進步的新定義」提出自然選擇（Natural Selection）與人文選擇（Artificial Selection）兩個概念等，無論是個人主義、集體主義，不能走向極端否則進步將成為一個虛幻的觀念，唯有「承認進

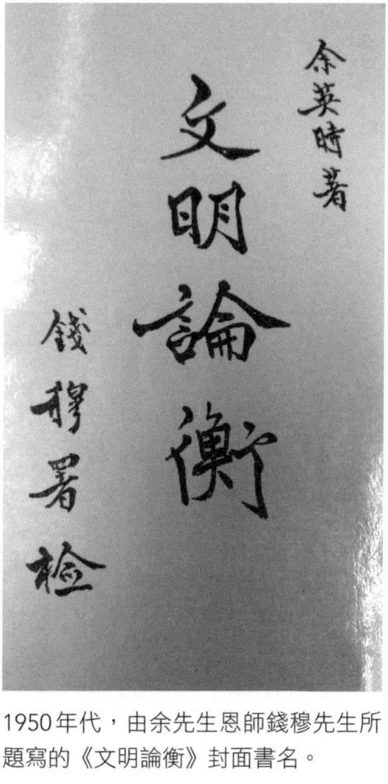

1950年代，由余先生恩師錢穆先生所題寫的《文明論衡》封面書名。

25 余英時，《重尋胡適思想歷程：胡適生平與思想再認識》（上海：上海三聯書店，二〇一二），頁一九八—一九九。

26 趙建軍，〈人文主義的存續視角——論錢穆人文主義的思想品質〉，黃兆強主編，《錢穆研究暨當代人文思想國際學術研討會論文集》（臺北：錢穆故居管理處，二〇〇〇），頁二一一—三七。

步的事實，並瞭解進步的本質」。在引證將近三十位西方名著與名人的立論後，余先生又提到儒家所講的修、齊、治、平，「內聖外王」的一套程序便說明了進步應該從個人發端而後才逐漸擴張，終至於遍及天下。[27]在二十出頭的青年余英時針對一個主題，一方面遍覽西方名著，一方面又引東方的思想加以比附，中西相互論證與匯通的功夫，在年輕的時代就逐步建立。

余先生引法國漢學大師戴密微（Paul Demieville）對楊聯陞的評論說道：「他擅長於對於浩博的資料進行精密的分析並從而得出綜合性的結論。」比「擅長」，余先生可謂可與比肩。[28]到了哈佛大學，余先生師從西方的古典學著手，並持續關注他在香港時期就嚴肅注意到的西方人文主義、自由主義等等學術著作。一九五七年〈清代學者章實齋與柯靈烏的歷史思想〉這篇文章，是他修莫頓．懷特（Morton White）歷史哲學的期中報告。他也師從在西方中國史學相當著名的菲利浦．吉爾伯特（Phillis Gillbert）的中國史研究，以及在古典學和史學史方面有很深造詣的莫米利亞諾（Arnaldo Momigliano）也深深影響余先生。[29]剛出版的《余英時回憶錄》中提到：「我選布林頓的歐洲近代思想史……他特別提出社會上層有系統的『正式思想』（formal thought），如西方的『哲學』或中國的『經學』、『子學』，與流行在社會下層的『民間思想』（popular thought）的區別和關係。……他在一九三三年出版的《十九世紀英國政治思想》（*English Political Thought in the Nineteenth Century*, Loudon, 1933）已成經典之作。」後來他在撰寫博士論文，就以布林頓的「高」層次和正式思想，另一個是思想的「低」層次和民間思想作為兩個獨立的分支來加以探討《東漢生死觀》。[30]再者，布林頓評介當時各種不同的研究取徑及其優點和缺點的所在深受啟發，……並進一步對「觀念史」（history of ideas）的研究方法有所認識，便得自他的講課。[31]做學問能得到名師的指點，加上余先生個人把握精微的創作，可謂青出於藍，繼而成為一代史學的宗師。

三、余英時先生論學的方法

余先生對方法論的基本看法認為：「『為學如扶醉人，扶得東來西又倒。』我們一方面雖然主張史學必須不斷地吸收新方法，但另一方面則要鄭重提出警告：『千萬不可迷信

27 余英時，《文明論衡》（香港：高原出版社，一九五五），頁二二—四八。
28 余英時，《猶記風吹水上鱗：錢穆與現代中國學術》（臺北：三民書局，二〇一五年二版），頁一〇、一七七—一七八、一八三。
29 王汎森，〈史家與時代：余英時先生的學術研究〉，《書城》（二〇一一年三月），頁一六。
30 余英時著；何俊編；侯旭東等譯，《東漢生死觀》（上海：上海古籍出版社，二〇〇五），頁三。
31 余英時，《余英時回憶錄》（臺北：允晨文化，二〇一八），頁一七五—一七七。

方法。』……而任何新方法的使用又隱藏著無數的陷阱；這一事實充分說明在史學研究上是沒有捷徑可走的，一切都要靠史學家自己去辛苦而有耐心地摸索。」[32]再者，又如余先生在《朱熹的歷史世界：宋代士大夫的政治文化》巨著中，就另闢蹊徑，從傳統理學是繼承孔孟的絕學，來分析其中的差異。或者以哲學史的形而上學和宇宙論的角度來討論。而余先生從政治文化的角度，把理學從宋代的歷史詠脈中抽離了出來。這是一種方法的突破，產生了思想研究的突破。論者以為：「思想史的研究必須與法律史、社會史、文化史、生活史、教育史、宗教史等多元化的方法等方面攜手，必須眼光向『下』。」[33]不拘泥、不迷信一種方法，隨著不同主題靈活運用相關的研究方法才能得到突破性的研究成果。簡言之余先生基本上是持「史無定法」，但他不反對史學研究必須不斷向其他學科吸收新方法，但也要注意各種方法的極限。一個學術成果有一項創新的研究方法和理論，已經值得深入探討，筆者初步瞭解余英時先生的學術特色及其研究方法有八大特點。

（一）、史料與史觀並用

根據陳弱水教授在耶魯大學當余先生的「中國史學」（Chinese Historiography）助教時，他回憶道：「課上唸趙翼的《廿二史劄記》……余師卻一面閱讀，一面照顧到趙翼所引文字的自身義涵，很快發現問題，立刻予以解決。人文學者做研究最終要依靠自己的心和頭腦，應該隨時處在嚴謹、具有批判性的狀態中。記得有時我提《史記》中的一、兩句話，余師就接著唸出一大串，讓我驚羨，看來他對某些基本典籍頗有成誦的能力。這個「現場考證」的展示帶給我很深的啟示。」[34]陳弱水回憶這段「師門記」的另一重大啟示是，為學為文要「厚積薄發」。余先生對史料的掌握以其人的記憶力，可以到背誦的程度。吾人相信其獨特性的史觀就來自「用心和頭腦保持嚴謹的批判」，及陳弱水所說余先生保持「每一天都在思考問題」的思維結晶。

陳弱水的回憶是在一九八〇年代的初期，早在一九五〇年余先生對史料就有精準的掌握。一九五四年余先生寫〈《十批判書》與《先秦諸子繫年》互校記〉發表在香港《人生》半月刊第八卷第六、七、八期，這篇文字原題為〈郭沫若抄襲錢穆先生著作考〉，余先生以嚴謹的史料比對功夫，列舉了郭沫若抄襲錢穆的著作逾十則，三十七年後重讀舊文，「我覺得互校的部分，基本上是資料的對勘，其真實性是沒有問題的」。「郭沫若的攘

32 余英時，〈中國史學的現階段：反省與展望——代發刊辭〉，《史學評論》第一期（臺北：史學評論社，一九七九），頁一五。
33 葛兆光，《思想史研究課堂講錄》（北京：三聯書店，二〇〇六），頁三〇八—三一〇。
34 參陳弱水，〈回憶耶魯歲月的余英時老師〉，田浩編，《文化與歷史的追索：余英時教授八秩壽慶論文集》（臺北：聯經出版公司，二〇〇九），頁xiii-xiv。

竊，鐵案如山，我一點也沒有冤枉他」。[35]余先生揭發郭沫若的抄襲，我們在梁啟超的文章中看到極為相符的問學方法的警語，梁啟超說：「我以為研究國學有兩條應走的大路：一、文獻的學問，應該用客觀的科學方法去研究。二、德性的學問，應該用內省的和躬行的方法去研究。」[36]作為國學重要人物的郭沫若既未遵守文獻來源科學真實性的方法，更缺乏內省與德行的學問。三十七年後，余先生才把這篇文章收入相關的文集中，除了些許理由外，個人解讀這是余先生在史觀上求真的精神及史德上不容造假批評的態度。

余先生可說發揮了全部的精力在研究與問學上，時時抱持著強烈的問題意識，也因為如此，讓他能夠在各種史料的理解與文章的脈絡上獨樹一格。余先生可說採取整合了實證性（positive）與批判性（critical）的精神建立出一種獨立、自主的新詮釋性（new interpretative）的議題與意義的彰顯，不因為他是政治名人和學術名人而有不同的考量。

（二）、活用內在理路與歷史脈絡雙重路徑

余先生常言，研究思想史的人並不能把眼光完全侷限在純思想的領域之內，他必須密切觀察其他領域——政治、經濟、社會等——的種種動向。他說道：「我對於中國思想史的研究基本上採取了內外並進方式。有時強調『內在理路』（inner logic）有時則重視歷史的脈絡（historical context）。不但研究上層的經典，在探索中國思想史的連續性（continuities）也分析它的斷裂狀態（discontinuities），注意變動時代的突破性轉型。研究

中國思想史不能不具一種比較的眼光（comparative perspective），但不能流入一種牽強的比附（forced analogy）。」[37]又說：「中國傳統有兩個問題：第一、這種不加分析的否定是黑格爾所書的『抽象否定』（abstract negation）而不是『具體否定』（concrete negation），只有『具體否定』才能完成文化超越的任務，使中國文化從傳統的格局中翻出來，進入一個嶄新的現代階段。」[38]但余先生也絕不拘泥於一切著作學說都從內在理路出發，例如在《朱熹的歷史世界》的巨著中，「他就放棄了他一直提倡的『內在理路』說，反而把它讓給理學史的敘述者，他去強調外在政治文化在理學歷史和思想研究中的中心位置」。[39]吾人相信他靈活運用內、外理路並進分析不同情境的歷史現象，以及中西融會貫通的學理，才成了他思想史研究的一家之言。

35 余英時，《猶記風吹水上鱗》（臺北：三民書局，二〇一五年二版），頁一三六—一三七。
36 章太炎等，《國學研究法》（臺北：西南書局，一九八三），頁二八。
37 余英時，《中國文化通釋》（北京：三聯書店，二〇一二），頁二—三。
38 余英時，《中國文化與現代變遷》（臺北：三民書局，一九九五），頁二〇。
39 葛兆光，〈拆了門牆就無內外——讀余英時先生《朱熹的歷史世界》及其評論〉，《古代中國的歷史、思想與宗教》（北京：北京師範大學出版社，二〇〇六），頁一五七。

（三）、探源尋根與當代學說對比分析

朱熹在〈觀書有感〉詩云：「問渠那得清如許？為有源頭活水來。」從源頭中找到生命學問的活水，一向是余先生的學術風格，並從源頭的學問上開出新局。余先生在一九五八年〈工業文明之精神基礎〉一文中談到所謂「科學革命」開始於何時？[40]余先生尋根探源指出至牛頓生時（一六四二）建立科學事實與科學法則於堅實的證據之上已成為科學界的普遍習慣了。政治家如英國的Buckhurst（十六世紀末十七世紀初的Lord Treasures），政治思想家如法國的Bodin，對當時量的經濟（quantitative economics）的增加率都感到極大的興趣。易言之，余先生深入近代自然科學的革命的緣起與變化，此變化影響到政治學、經濟學的典範研究。

余先生生平不寫應酬式的文字，友人向他索序，必盡可能以敬慎之心回報，其中絕大多數作者相交已久的，也有少數尚無緣識荊。彭國翔收集了余先生為友人著作所寫的部分序文，成為《會友集》，在此書的序文，余先生說：「序的心理起源於『同聲相應，同氣相求』，它體現了中國知識人追求彼此之間在心靈上的自由交流。首先我必細讀全稿，其次就原著旨趣加以伸引發揮。……我的序文對友人有無涓滴之助尚不可知，但我受到他們著作的激勵則是千真萬確的。」他又探源研究，從皇甫謐（二一五—二八二）序左思〈三都賦〉算起，至二十世紀中葉，「序文」足足在中國延續了一千七百年。[41]余先生靈活探

40 科學革命此一重要的歷史議題，余英時先生展開對源頭學說的探討，他說：傳統的分期大約以一五〇〇年為斷，而以哥白尼（Copernicus，一四七三—一五四三）、Fernel（一四九〇—一五五八）與Vesalius（一五一四—一五六四）為近代科學之先驅。但最近科學史家的研究則認為一五〇〇至一五七〇年與一五七〇至一六六〇年是兩個截然不同的時期，而後者則尤為重要。後一期中的代表人物是伽利略（Galileo，一五六四—一六四二）、哈威（Harvey，一五七八—一六五七）與巴斯喀（Pascal，一六二三—一六六二）。依照古典美學概念，最完美的曲線是圓，依照宗教概念，在上帝的宇宙中，天體必然循著最完美的方式運行。哥氏所建立的新天文系統並不是從他對天體運行做了「合理的動態的解說」而來；它的理論根據乃在藝術與神學。第一是強調數量的衡量（quantitative measurements）為達到結論的基礎。第二個新的方法則是觀察與實驗，強調實驗為任何科學命題的唯一有效的證明則為十六世紀末與十七世紀初之新發現。從此「徵而後信」遂成為近代科學精神中不可分割的一部分。第三個有關科學研究的重要革新則是近代數學之興起。Whitehead謂「離開了數學的進步，十七世紀的科學發展實無可能」也。十七世紀的歐洲文化發展比較上有著內在的協調與均衡。換言之，藝術、科學與道德諸方面頗能互相配合，相攜並進。美與德的結合，輔之以科學知識的日新月異，造成十八、九世紀以來輝煌的工業文明。參余英時著，《歷史與思想》（臺北：聯經出版公司，一九七六），頁三四四—三七八。

41 就「文體」（genre）言，余先生探源考證序有三類……遊宴、詩會、餞送、贈別等場合的即興之作，及為書籍所寫的「序」，後者又可分為三類。第一類是為了說明傳世典籍的緣起及其涵意而作，如〈尚書序〉、〈毛詩序〉是也。第二類是「自序」，最著名的當然是〈太史公自序〉，最後一類則是應並世作者之請而寫的「序」。參余英時著，彭國翔編，《會友集（上）：余英時序文集》（臺北：三民書局，二〇一〇），頁一、三、二四。

討傳統資料與當代學說的活水，充分實踐了胡適在五四時期所提倡的輸入學理，把一切學理不看作天經地義，但看作研究問題的參考材料，純熟運用在他的學術文章中。二〇一八年臺灣駐世界貿易組織（WTO）代表處在瑞士舉辦「蘭花與書法」展，朱敬一代表邀請以余先生為首的五位中央研究院院士與書法大家參展，余先生又從中國文獻上蘭花的起源翻閱大量的史料，余師母說，那段時間他們住在蘭花的文獻書堆中，以九十歲的高齡，余先生探源的精神令人肅然起敬。

（四）、重視思想演進的轉折、流變與突破

在〈中國史學的現階段：反省與展望〉一文中，余先生說，中國史學上所謂「疏通知遠」，所謂「通古今之變」，要通過現代各種學科的最新成果和時代的眼光來「疏通」史實與史實之間的關係。史學所追尋的並不單純是一種靜態的「意義之網」，更重要的是文化在歷史時間中的流變。他又說：「『超越的突破』（transcendent breakthrough），所謂『突破』是指某一民族在文化發展到一定的階段時對自身在宇宙中的位置與歷史上的處境發生了一種系統性、超越性和批判性的反省；通過反省，思想的型態確立了，舊傳統也改變了，整個文化終於進入了一個嶄新的、更高的境地。」[42]思想的「突破」與「崩壞」（breakdown）之間存在著某種關聯。一般說來，歷史上重大的「突破」，往往都有一個「崩壞」的階段為之先導，亦即思想演進的轉折與流變往往是突破的先機。例如余先生在

分析中國從商朝到周朝在思想流變上，此「哲學突破」在中國是以「心學」取代了「神學」。……「士」的階層是從過去封建制度下固定職位中「游離」了出來，取得了自由的身分。……「哲學突破」的另一提法是「超越突破」（transcendent breakthrough），也就是心靈不再為現實所局限，這是「游士」的主要特徵。[43]注重常態也注重流變，才能夠發掘突破的所在。

在過去中、外思想界裡面都認為在佛教傳入以前，中國沒有來世觀念，一九七二年到一九七四年，湖南長沙馬王堆三個漢墓的巨大發現，改變了這個看法。余先生認為胡適博士就認為是佛教為中國帶來了數十重天……李約瑟博士也說古代思想中沒有天堂和地獄。中國沒有來世的觀念，因此被證明是靠不住的。[44]余先生進一步深入研究，將中國有關魂

42 探討意義之網及其流變是余先生綜合社會學家韋伯（Max Weber）所說人是懸在自己所編織的「意義之網」（webs of significance）中的一種動物。而當代人類學家紀爾茲（Clifford Geertz）為之下一轉語，說文化便正是這種「意義之網」。參余英時，《史學與傳統》（臺北：時報文化，一九八二），頁四、二三。

43 余英時著，彭國翔編，《中國情懷：余英時散文集》（北京：北京大學出版社，二〇一二），頁三八九—三九〇。

44 余英時著，何俊編，侯旭東等譯，《東漢生死觀》（上海：上海古籍出版社，二〇〇五），頁一二一—一二二。

的觀念與其他文化中的對應物相比較。例如希臘的psyche和thymos，羅馬的animus和anima以及猶太人的nephesh，都與氣息有關。而魂魄相異，即魂是「精神的」靈魂（spiritual soul），魄是「肉體的」靈魂（bodily soul），在漢代已具普遍性。[45]這是余先生繼博士論文之後，不斷追尋新史料，鍥而不捨的研究，突破了中國的魂魄說的彼世觀念，決然不是佛教入土中國之後傳來的概念，並對中西多種文化的相應說法加以說明。

余先生特別重視歷史思想發展過程中關鍵的流變之所在，從而得到堅實的突破點。以此觀之，百多年來，中國面臨全面性的崩壞。這個崩壞的局面，亦是激盪出「突破」的時機。

（五）、綜合與超越中西文化的框架與意理

民主共和的民國成立以後，政治並沒有因此而進步，思想也沒有因此而發達。原因出在哪裡？知識分子對於中西文化的偏頗心理恐怕是重要的因素之一。論者以為：「北京文化圈有感於國家內憂外患之嚴重，學術思想之落後，愛國精神之不振，從事救亡圖存之鼓吹，紛紛創辦刊物，如《新青年》、《新潮》雜誌等等。」[46]這些具有新思想的雜誌，固然引進若干西方進步的理念，但卻展開對中國傳統文化無情的批判，研究五四運動的周策縱教授就指出：「在這種對舊傳統作批判性重估的開始階段，唯心主義、自由主義、實用主義、理性主義、功利主義、實在論、未知論等五花八門的理論充塞著青年知識分子的頭

腦。」[47]此時思想界以為新的就是好的，傳統就是守舊就是落伍，在這種社會秩序的變革中，往往是知識分子首先開始在思想意識方面對現狀的反叛。「一些革命的歷史學家稱這種現象稱為『知識分子忠順的改變』（transfer of the allegiance of the intellectuals），或者是『知識分子的背叛』（the desertion of the intellectuals），五四運動就是這種變革的一個範例。」[48]這在當時蔚為一股風潮，亦是源於中國淵源流長的傳統，即「借思想文化以解決問題的途徑」，此途徑可上溯至「孟子和荀子，在陳獨秀、胡適和魯迅身上也有明顯的表現」。這些思想家們相信思想力量含有一種預設，「在知與行之間的密切關係幾乎是同一性的關係」，[49]這些知識分子也許是無意識地認為，他們最需要的是通過極有效的手段向人民

---

45 同上書，頁一四〇。
Yü, Ying-shih., Editorial Assistance of Josephine Chiu-Duke and Michael S. Duke, "O Soul, Come Back!": A study in the Changing Conceptions of the Soul and Afterlife in Pre-Buddhist China." Chinese History and Culture, Vol. 1, New York: Columbia University Press, 2016, pp. 58-84.

46 李守孔，《中國現代史》（臺北：三民書局，一九七九），頁四三。

47 周策縱著；周子平等譯，《五四運動：現代中國的思想革命》（南京：江蘇人民出版社，一九九六），頁四九一。

48 同上書，頁四九五。

49 林毓生著；穆善培譯，《中國意識的危機》（貴州人民出版社，一九八六），頁四五—四六。

表述他們的信仰，並提出使這些信仰付諸實現的最佳綱領，這綱領的核心就是離棄傳統。

余先生對當前兩岸文化的發展有如是的批判，他說：「中國現在的文化批判者是以改造整個中國為職志的，他們比政治家的責任更要沉重。中國人對於『立言』一向注重責任感。孔子早已有『一言可以興邦』和『一言可以喪邦』的警告。」[50]中國「五四」後期所歌頌的「啟蒙」則是向西方去「借光」。這好像柏拉圖在《共和國》中關於「洞穴」的設譬。……現在其中有一位哲學家走出了洞外，……哲學家為了改變洞中人的黑暗狀態，這時只有叫這些愚昧的人完全信仰他，跟著他指示的道路走。葛蘭西（Antonio Gramsci）便曾借用這個「洞穴」的譬喻來講俄國布爾什維克所領導的革命。「五四」後期中國的馬克思主義者也正是走的同一條道路。這些激進的知識分子挖空了中國文化的內涵，然後用他們自己也不甚了了的一種西方意識型態——馬克思主義——填補了這個空隙。……中國知識分子接觸西方文化，以急迫的功利心理去「向西方尋找真理」的，所以根本沒有進入西方文化的中心。這一百年來，中國知識分子一方面自動撤退到中國文化的邊緣，另一方面又始終徘徊在西方文化的邊緣。[51]余先生的問學，超越了五四時期學者打倒傳統、擁抱西方的極端態度，他一針一線的綰合中西學術的精華，再創文明的高度。

（六）、持古今學術對話並尋其異同

余先生避言新儒家以中國文化可以開出民主論的說法，相應於西方的自由、民主概

念，余先生經常分析當中義理的異同，展開古與今的對話並從中找到若干接榫點，他有一段長話語足以表達他的切入點：

故明君制民之產，必使仰足以事父母，俯足以畜妻子，樂歲終身飽，凶年免於死亡。（《孟子．梁惠王上》）亦即「孟子在此為國家（王）對人民的義務開列一張清單，可稱之為『義務清單』（Bill of Duties），與英國的『權利清單』恰可對照。儒家論人民的『權利』是從國家對人民的『義務』下手的。儒家倫理是不是完全淹沒了個人價值的問題」。余先生再以王陽明（一四七二──一五二九）的「致良知」在十六世紀便激起了個體意識的發展。他以「良知」故為每一個人所有，但每一個人的「良知」又有其特殊不同之處，這正是「朱熹所講的外在規範──『天理』──個體化了。……後來黃宗羲便進一步把王陽明的『是非之心』運用到政治領域，公然說：『天子之所是未必是，天子之所非未必非。』（《明夷待訪錄．學校》）『良知』的個體化更引至對『私』的重視。……顧炎武尤其明快，逕言『天子為百姓之心，必不如其自為。』他又說：『合天下之私，以成天下之公。』（《日知錄》卷三）……梁啟超

50 余英時，《中國文化與現代變遷》（臺北：三民書局，一九九五），頁二〇─二一。

51 同上注，頁四八─四九。

> 說：『一私人之權利思想，積之即為一國家之權利思想。故欲養成此思想，必自個人始。』這並不是抄西方觀念，……儒家傳統中已發展出近於羅爾斯所重視autonomy。這個觀念在羅爾斯手上已取消了康德『道德自主』的超越涵義，所以完全可以與晚清儒家的『自主』說互相印證。」[52]

余先生將中、西思想家從孟子、王陽明、黃宗羲到梁啟超的話語與康德、羅爾斯之言說，作中、西對於權利與義務概念的區別與趨近，作出深入的對比分析。錢永祥先生在〈如何理解儒家的「道德內在說」：以泰勒為對比〉一文探討的重點與範圍包括新儒家、徐復觀、牟宗三、余英時、泰勒（Charles Taylor）的「道德實在」與「道德實踐」的兩面性，錢文指出余英時根據內在超越與外在超越一對概念，在中西文化之間作了別有見地的區分。[53]筆者研究得知余先生所強調的中國文化是一種內向超越（inward transcendence）的道德，而西方文化的核心，人要靠外在的上帝對人性的規約，人的道德才得以超越，是一種「外在超越」。這論點正是本文所強調「新人文主義」所指涉的要旨之一。也正是余先生上下求索中西學術與古今對話，並尋出其異同的又一明證。

（七）、論學活用且整合中西人文與社會的區隔

余先生對思想的研究，首先在於闡釋哲學與社會科學對問題的若干限制進行反思。他

說：「哲學觀點的長處在於能通過少數中心觀念以把握文化傳統的特性。例如梁漱溟曾指出中國文化的根本精神是『意欲自為調和持中』，西方文化是『意欲向前要求』，印度文化則是『意欲反身向後要求』。哲學觀點的弊病正隱伏在這裡（筆者按：亦即會偏重類型的分析）。不再注意其中所包含的複雜而具體的事實了，這就不免將流入朱熹所指責的『虛設議論』的一途。……社會科學家在方法論方面是經驗的（empirical）。……社會科學的中心任務畢竟是在於尋找一般性的通則，而不再闡述個別文化傳統的特性……我們不能僅以『類型』和『規律』為滿足。……社會學家席爾思（E. Shils）提出社會科學的研究對象是眼前的現實，因此其概念結構大體上是『沒有時間性』（atemporal）。」因此，余先生提出：「如果社會科學觀點『沒有時間性』，那麼哲學觀點則可以說是『超時間性』（supratemporal）。史學觀點之重要便在這裡充分顯露了出來：它特別注重時間性，恰可以補上述兩種觀點之不足。」[54]近代科學與學術的發展，學科愈分愈細，「人」的研究被肢解了，余先生的學術文章關懷，是一個跨度較大的取向與整合。

---

52 朱敬一、李念祖，《基本人權》（臺北：時報文化，二〇〇三），頁一四—一七。

53 錢永祥，〈如何理解儒家的「道德內在說」：以泰勒為對比〉，《政治大學哲學學報》第十九期（二〇〇八年一月），頁一—三二。

54 余英時，《史學與傳統》（臺北：時報文化，一九八二），頁二、五。

又例如他以孔恩的《科學革命的結構》所說的「典範」，來研究至今《紅樓夢》各派別的危機與極限，以尋求突破考證的紅學發展至今顯然面臨到重大的問題。他以「典範」和「危機」這兩個觀念分析近代紅學的發展。他說：「索隱派是要用亞里斯多德物理學來解決牛頓物理學所遭遇到的困難；而鬥爭派則顯然是想憑藉著李森柯的遺傳學來推翻整個生物學的研究傳統；自傳派在『典範』的指導下，將紅學研究可以從『山窮水盡疑無路』的困途中，轉到『柳暗花明又一村』的豁然開朗的境界。……新典範是把紅學研究的重心放在《紅樓夢》這部小說的『創造意圖和內在結構的有機關係上』。」[55]余先生紅樓夢的兩個革命說，受到紅學大師的重視。余先生看到當前學術的問題，活用中西的學理運用於歷史研究中，突顯人的社會、經濟、文化、政治的多元面向的古與今的分析，將學術世界朝向更真實、更充滿生機的境界邁進。

（八）、以默察詮釋致知

默察致知法是筆者綜合了施特勞斯（Leo Strauss）古典著作中的「俗白教導」（exoteric teaching）與「奧妙教導」（esoteric teaching）之別的著名主張，[56]與余英時教授在解讀中西古典作品時的一種致知法。在中國思想家的言論中也早就提到類似的觀念，如《論語．述而》第七篇云：「默而識之，學而不厭。」《朱子語類》：「將正文熟讀，不可便立見解。」王德威院士也以「隱密詮釋」（esoteric interpretation）的必要來撰寫研究葉石濤暗寫二二八的〈三月的媽祖〉以及陳寅恪《柳如是別傳》，[57]亦即默察詮釋致知法受到中外的肯認與重視。

余先生對中國大陸在六〇年代文化大革命的種種逆反行為加以省察，並從漫長的中國歷史歸結出〈反智論與中國政治傳統〉以及〈君尊臣卑下的君權與相權〉兩篇長文。[58]二〇一四年在《歷史與思想》面世已整整三十八年新版中，余先生提到：「最初我寫此文，完全針對著大陸的『文革』而發。我想揭示的是：造成『文革』的政治勢力雖然在意識型態和組織方式上取法於現代西方的極權系統，但是在實際政治操作上則繼承了許多傳統君權的負面作風，而集中表現在對於知識人的敵視和迫害以及對理性與知識的輕鄙上

---

55 余英時，《紅樓夢的兩個世界》（臺北：聯經出版公司，二〇一四），頁一四—一五。

56 施特勞斯認為古典哲人運用一種書寫的藝術（the art of writing）或者說隱微寫作（esoteric writing）的方式來來保護哲學，也可以說一種特殊的微言大義。Nathan Tarcov and Thomas L. Pangle, Epilogue, Leo Strauss and the History of Political Philosophy, in Leo Strauss, Joseph Cropsey. Edited, *History of Political Philosophy*, Chicago: University of Chicago Press. 1987, pp. 914.

57 王德威，〈主題演說：跨越，逾越，穿越一九四九與歷史修辭〉，中國現代文學學會、中央大學中文系等主辦，《跨越一九四九：文學與歷史國際學術研討會》論文集（臺北，二〇一六年二月二十五日），頁一—三。

58 余英時，《歷史與思想》，前揭書，頁一—七五。

面。」[59]面對天下無道之時，余先生以入世的情懷，將隱匿的極權本質剖析入骨，踐行知識人的一份責任。個人以為就是一種默察詮釋的成功作品。再者二十世紀偉大的歷史學家陳寅恪的詩文暗碼系統所隱含的奧妙教導，余先生對於蘊含深奧的、語意雙關的詩文逐一地拆開解釋，陳寅恪的「奧妙教導」在余先生的解讀下成為一篇篇生動可讀的「俗白教導」，余先生得到陳先生輾轉傳達的「作者知我」的回應[60]，對於陳寅恪將古今中外的歷史教訓與典故暗藏於他的晚年的詩詞當中，而余先生逐一的進入陳先生的詩意與心境加以解讀，真是令人驚嘆、讚嘆與佩服余先生活用中外經典的默察詮釋法。

就個人接觸余先生的經驗中，進而思考、反芻他的言說與學行，從隱默中識知。[61]誠如日本學者岡田武彥所說：「研究一個人的思想，把他的體驗移入自身，然後設身處地加以體驗的方法，此即『內在性研究』，不僅在『表象研究』的科學實證中弄清他的思想」。[62]在上述這些個人透過內在性研究接觸史中，留下許多珍貴的體認，這些經驗是無法在余先生鴻文大作中所能看到的，特別是余先生在識別西方自由民主與中國文化中隱含的相對應的部分以及他的知識與實踐的知行合一的部分，筆者認為是通過默察詮釋與俗白詮釋交互作用後的創見。其中也不斷的觀察余先生在論著與為人中隱默的意理，經再三的反芻，至今仍不斷產生新的隱默致知，它具有緩視微吟，虛心涵泳，切己省察的催化作用。從這些功夫效應中屢屢有許多對余先生思想的理解與新啟示。

四、余英時先生論學的視野

杜維運教授分析史學的方法時提出五種看法：1.嚴肅的態度、2.客觀的態度、3.謙虛的態度、4.中庸的態度、5.參與的態度。以上五種史學態度，「竊意與最重要的史學方法有不可分離的關係」。他又說：「史之為義，人必有聯，事必有聯，空間有聯，紀傳表志

---

59 余英時，〈新版序〉，《歷史與思想》（臺北：聯經出版公司，二〇一四），頁i-ii。

60 余英時，《陳寅恪晚年詩文釋證》（臺北：東大圖書，一九九八），頁六。

61 從一九七六年個人進入大學修習「中國通史」、「現代史」及「社會思想史」等課，教授先生就以余英時的《歷史與思想》等著作做為教本之一。再者，從一九八一年筆者在研究所第一次在臺灣聽到余先生的演講起，前後在臺灣與美國聽其演說有近二十次之多。三者，一九九六年至一九九七年筆者得到美國Fulbright獎助前往芝加哥大學半年、普林斯頓大學半年。在芝大期間，經留學生介紹第一本購買的就是施特勞斯的《政治哲學史》。在普大期間余教授就是我的adviser，期間跟他有多次的請益，記得有一次他在普林斯頓大學圖書館借書，當天三次碰到余先生借書、搬書，他推辭我的幫忙，期間與他斷續的談話，最後才知他在幫已有八年之久的「中國學社」的大陸學人找書、借書。此事讓筆者隱默想到周公輔佐成王，有「一沐三握髮，一飯三吐哺」之美談，周公吐哺天下歸心，其勤於政務為後儒的楷模與榜樣。

62 岡田武彥，〈中文版自序〉，吳光、錢明、屠承先譯，《王陽明與明末儒學》（重慶：重慶出版社，二〇一六），頁三。

之體之善，在於人事時空在在可以表著其聯絡。」這是中國「自漢以來發展兩千餘年的一項史學方法，綜錯龐雜的史事，融會於紀傳表志之體，而紀傳表志之間，互有聯繫」[63]，杜維運的史學研究方法，毋寧說是一做任何學問的態度。從浩瀚史料當中找出聯結，用今天研究方法的話說，就是找出因果關係的研究取向。本文所指的視野，包括論學的取向、態度、核心思想及實踐，接近於柏林所說的狐狸與刺蝟的結合，簡言之，狐狸多變、「多知」、機智，並善用各種方法達到目標。而刺蝟堅持有一個中心理念貫穿，有「一大知」。[64]

（一）、新人文主義的論學取向

本文新人文主義意涵，簡言之，就是人文主義與自由主義的綰合。筆者認為余先生一生堅守自由的思想與獨立的人格，主要來自他對人文主義與自由主義的深切體認與力行，筆者把這兩種學說，盡可能的以古今中西的學術發展的內涵相結合，如同編織一樣從各種層面、結構、色彩而形成一個美麗的圖像，易言為「新人文主義」。此精神不僅在余先生論述中西文化的比較時經常出現，也展現在余先生對任何人都表現謙謙君子與寧靜致遠的態度。一九五三年很年輕的余先生就說，什麼是人文主義？最簡單的說法乃是「尊重人的地位」。社會以至宇宙的中心是人類而非神或上帝。人文主義是近代文明的最基本的精神，從此一精神上派生出一種極有力的歷史潮流，那便是婦孺皆知的個人主義。如果說人文主義是提高全人類在宇宙中的地位與對抗基督教的神道權威，那麼個人主義便是提高個人在社會上的地位以對抗傳統的封建束縛，……個人主義的中心便是自由。[65]這是他在一九五三年出版《近代文明的新趨勢：十九世紀以來的民主發展》所表達的義理，從這文章的旨趣吾人可斷言，余先生在青年的時期就深懷對自由主義和人文主義的系統研究。

在余先生的論著中常可見中西人文主義與自由主義綰合的問題，誠如他研究柯靈烏曾指出歷史學具有四大特點，最後一個是：歷史是人類為了求自知而有的學問。因此它的價值也就在於指示我們：人曾經做了什麼並因而顯出人究竟是什麼。……承認個人有意志自由乃是近代人文主義的歷史哲學中的重要一環，亦是否定各式各樣的歷史決定論（historical determinism）之基本論據之一，……孔子復為中國人文思想的創始者，從來「不語怪、力、亂、神」……他對歷史人物的褒貶，不應懷疑他的歷史人文主義（historical humanism）。[66]幾句話勾勒出余先生對東西人文主義的肯定以及對歷史決定論否定的價值

63 杜維運，《聽濤集》（臺北：弘文館出版社，一九八五），頁九—一五、五六。
64 Isaiah Berlin著，彭淮棟譯，《俄國思想家》（臺北：聯經出版公司，一九八七），頁二九—一〇八。
65 艾群（余英時筆名），《近代文明的新趨勢：十九世紀以來的民主發展》（香港：自由出版社，一九五三），頁一六—一七。
66 余英時，《論戴震與章學誠：清代中期學術思想史研究》（北京：生活．讀書．新知三聯書店，二

觀。他進一步談道：白璧德（Irving Babbitt）講人文主義（humanism），但白氏最欣賞的就是亞里斯多德講政治制度、講正義，「光是講抽象的公平（justice in the abstraction）是沒有用的」，講公平，要有一個公平的人，親自體現公平。白璧德特別欣賞孔子，一定要以身作則，要做得出來，有一個真正公正的人在那裡。余先生進一步舉例說：「甘迺迪本人跟他的幕僚在文化上跟其他政黨不同的地方，他們是比較注重思想的。白宮也經常舉行學術研討會，找英國一些學術的名家像柏林（Isaiah Berlin），討論一個晚上。」余先生強調人文修養對民主有很重要的關係，「民主不只是『量』（quantity）的問題，一人一票。民主有『質』（quality）的問題，就是領導社會、政府各階層的領袖，必須要有高度人文修養，否則不配做民主時代的領袖」。[67]他又指出「文化建設決定政治結構」，他進一步論述美國獨立宣言特別揭櫫「生命、自由、幸福的追求」為三項最基本的人權；這三大人權只有在民主制度下才能獲得確實的保障。「這三大人權都有特定的文化內容」，「我們不可能拋開宗教革命與啟蒙運動以來歐洲文化和思想的一般狀態而理解美國革命時代的民主，……西方近代民主的興起在文化上早有深厚的新文化為其憑藉」。[68]這兩段話足以說明余先生為文闢切綰合中西人文、自由與民主的要義。

余先生進一步反思為什麼中國近代史上民主發展歷程如此艱困，至少有很大一部分是由於文化的標準不夠充分。他說道：「中國沒有民主的制度傳統，但是中國的人文傳統中不乏與現代民主精神相契合的因子。儒家的『仁』與『恕』強調人格的尊嚴和容忍的胸襟，墨家的『兼愛』和博愛相通，道家主張『無為』政治，反對政治力量對人生過分干涉，強調個人的自由；平等的觀念則是佛教的重大貢獻。中國人文傳統所塑造的『士』的風格更可視為現代中國知識分子的精神泉源。」[69]中、西文化的語境不同，深入其理相互比附，尋找其意義的異同，在此前提下展開對中西文化的綰合是極其不容易的，並形成他一生論學與實踐的「天知」之一。

二〇〇〇年余先生在牛津大學的一篇演講〈民主、人權與儒家文化〉中就指出，哈佛大學杭廷頓（Samuel P. Huntington，一九二七—二〇〇八）教授談到儒家文明，他說：「中國古典儒學及其在朝鮮、越南、新加坡、中國臺灣、以及日本的派生體，都強調集體高於個人，權威高與自由，責任大於權利。」余先生說如此不加區別概括論述顯然不能讓人接受。他舉《論語・學而篇》中提到「天下有道，則庶人不議」，此語清楚的表達，如果皇帝統治合乎正當性，一般人是不會有異議的，但是當皇帝統治不當（misgoverned）時，即使一個普通人也有權利批評。這類文本與歷史記載不勝枚舉，也充滿了個人對各種

〇〇〇），頁二四一、二四四。

67 余英時，《中國與民主》（香港：天窗出版社，二〇一五），頁三〇—三一。

68 同上書，頁四一、四三。

69 余英時，《中國文化與現代變遷》（臺北：三民書局，一九九五），頁七四—七五。

政治、社會角色的義務或者責任的討論，乃至權力的表達。又「一九四八年聯合國對人權宣言的雙重意涵，普遍人性與人性尊重」，就如同民主的概念，只不過在不同文化中以不同的概念表達而已。余先生也從歷史的考察中指出，十六世紀初葉以後「儒家也緩慢的，但是無可置疑的從集體主義向個人主義不斷過渡」。[70]也唯有如此才能讓儒家文化保有新的生機，繼續跟當代的自由民主相互論證與綰合。

（二）、實踐知識人修齊治平的責任與視野

梁啟超在《中國歷史研究法》，引劉子元說，史家應有三長，即史才、史學、史識。章實齋添上一個史德即《文史通義》的〈史德〉篇，實齋以為作史的人，心術應該端正。譬如《魏書》，大眾認為穢史，就是因魏收心術不端的原故，實齋所謂史德，乃是對於過去毫不偏私，善惡褒貶，務求公正。[71]何炳松認為史學方法應重視：博採、辨譌、知人、考證與著述、明義、斷事、編比等。[72]二位史學家所談的歷史方法中的史德或者是明義、斷事，用今天的話語就是知識人在力求博學與求真的精神之餘，更應負起社會道德，即當今所談的作為一個公共知識分子，履行社會責任。

余先生對新人文主義不僅在學理上作綰合與創新，他更在行動上體現。早在一九五五年「五四」紀念日，余先生在香港新亞研究所就表露他深切的中國情懷，不容我「兩耳不聞窗外事，一心只讀聖賢書」，此胸懷貫穿他的一生。這也就是中庸的精神「言顧行、行

顧言，君子胡不慥慥爾」，才是踐行中國人一向所遵從的理想中君子。余先生援引黃梨洲的《明夷待訪錄》，王船山的《噩夢》、《黃書》，顧亭林在《日知錄》……的論旨，說道清初這幾位大儒的學問都是所謂「有體有用」的。但這裡所謂「體」已不是指內聖方面的道德本體，而是指外王方面的政治社會體制而言了。外王的「體」，更離不開「用」；結語中他說：「政治社會的改造如果完全無從實踐，那就要比空談心性還要缺乏意義。」[73]一方面余先生是一位埋於紙堆中的大學者，在他的「小書齋」中解讀中外經典；另一方面，他秉承知識人「經世致用」的傳統以及王陽明「覺民行道」的心志，期待「政治與知識菁英」改造這個社會，當國家社會面臨重大問題時，他常發出諤諤之言，力陳知識的慧見，他是一位身體力行的典範。[74]

70 Yü, Ying-shih., Editorial Assistance of Josephine Chiu-Duke and Michael S. Duke, Chinese History and Culture, Vol. 2, New York: Columbia University Press, 2016, pp. 263, 266-8, 272.

71 梁啟超，《中國歷史研究法（外二種）》（石家莊：河北教育出版社，二〇〇七），頁一七一—一七二。

72 何炳松，《歷史研究法》（臺北：臺灣商務印書館，一九四七）。

73 余英時，《論戴震與章學誠：清代中期學術思想史研究》（北京：三聯書店，二〇〇〇），頁三三七。

74 人文精神重在實踐，也就是即知即行，余先生一生幫太多朋友、青年，尤其在關鍵的時刻，他放下身段，一如在一九八九年大陸民主運動中，他出錢出力在紐約時報登報疾呼。鎮壓後，他出大力在普林斯頓大學組織「中國學社」，為流亡學生、學人安頓生活與流亡的苦難精神著想。多次向臺灣出版社請託，先預支稿在一次訪談中，余英時明確指出二十世紀真能傳承「以道抗勢」的傳統的，胡適是最突出的一個例子。……「以道抗勢」將成為中國歷史上的陳跡嗎？論者以為「一九四九年以後余英時接下了『以道抗勢』這一火炬，胡、余兩人成了二十世紀中國前後輝映的『公知』典範。」[75]在行動關愛上，舉其犖犖大者有一九七九年對臺灣美麗島事件的關懷、一九八九年對大陸天安門事件的關懷、二〇〇八年對中國憲章運動的關懷、二〇一二年至二〇一三年臺灣報紙併購與太陽花運動的關懷、二〇一四年對香港雨傘運動的關懷等等，余先生都付出了巨大的心力。

研究史學方法論的重要學者許冠三曾對殷海光的評論道，他終於不得不確認「史著是共相、殊相會合處」，殷先生又說：「一部偉大的史著，一定是普遍知識與特殊經驗之和諧的結合。僅僅有理論的普遍知識是架空的；僅僅有特殊的經驗是盲目的。必須二者結婚，才能產生健全的歷史知識的麟兒。」而「一位歷史家，既須有theoretical thinking（理論思維）作引導，又須有對人生的常與變的體驗作內容」。[76]如果說普遍知識與特殊經驗加上對時代與人生具深入的體驗是所謂當代人的內聖的功夫，又能將學術的真知灼見為這社會提供諍言，這是當代知識人的外王功夫，以宋明理學修齊治平系統化的發展而言，強調人的責任與主體性的自覺為要。從這個角度看，無疑的余先生的「言與行」都是知識人學習的標竿。

五、結語

十八世紀泰西之學壓倒泰東之學以來，有三種以「西方中心模式」來研究中國，分別是：1、「衝擊—反應」模式（impact-response model），即「西方衝擊—中國反應」；2、「傳統—近代」模式（tradition-modernity model）；3、帝國主義模式（imperialism model），此模式是帝國主義中國近代史各種變化的主要動因。哈佛大學的柯文（Paul A. Cohen）提出「中國中心觀」的研究法，其重點有：1、從中國而不是從西方著手來研究中國歷史；2、把中國按「橫向」分解為區域、省、州、縣與城市，以展開區域性與地方歷史的研究；3、把中國社會再按「縱向」分解為若干不同階層，推動較下層社會歷史；4、熱情歡迎歷史學以外諸學科，主要是社會學科，和歷史分析結合起來。中國中心論的

費資助學子寫書付學費、過生活。他在香港為整合書院組成中文大學的過程中，有匿名攻擊他的教授，余先生不僅不計前嫌，其銅像成立時為他立傳，更為此出錢出力，不餘遺力。他得到臺灣所舉辦唐獎中的漢學獎，慨然捐出一千萬元資助年輕學人研究歷史，這都是他深具人文精神、知行合一之舉。

75 周質平，〈自由主義的薪傳：從胡適之到余英時〉，《傳記文學》第一〇五卷第五期（二〇〇四年十一月），頁四—一八。

76 許冠三，《新史學九十年：一九〇〇—》（香港：香港中文大學出版社，一九九八），頁二〇四。

研究法有其必要，但也遭受到學術界的批評。羅伯特．馬克思（Robert Marks）就說「中國中心」這一概念「軟綿綿地像海綿一般」，又說：「中國中心觀可以意味著用儒家概念解釋中國歷史，也可意味著用中國農民的價值觀或任何其他理論框架來解釋它。」[77]余英時先生對中國中心論有扼要的觀察，他認為這一轉變有助於對文化認同問題的認識，但是他說：「以中國為中心的近代史研究在美國不過剛剛起步，還需要通過大量的專題探討才能建立起它的新典範的穩定地位。」[78]從方法論上來建立中國學術研究的特色，恐怕是當代關心中國學術發展的學界人士所應嚴肅思考的問題。筆者也覺得從方法論上突破是一個有力的切入點，而不是依循、硬套西方的理論奉為圭臬，如此一步一步地累積，才能夠建構人文與社會研究成果，並進一步為人所信服。

中國文化上下五千年且當代文明價值又如此浩瀚，這兩者如何對比分析？誠如張光直院士所言，要把中國文明的這種潛力發揮出來，需要同時做三件事，一是深入研究中國文明，二是盡量瞭解學習世界史，三是深入瞭解各種西方人文社會科學理論，有了這三個條件我們才能知所辨別。[79]能充分理解這三個條件，余先生當之無愧，在其著作中經常可見其尋根探源的發掘傳統資料，並比附於當代學說，論證其同異。因此要探討研究余英時先生的學術思想，是一高難度的工作，但本著閱讀余先生著作是種樂趣作為出發點，希望在「低頭拉車」的過程也能「抬頭看路」。

二十世紀日本知名的思想史學者溝口雄三寫過一本《作為「方法」的中國》，書中要義是從中國歷史邏輯中尋找與西方近代相區別的「另類的普世」，……西方與東方，自他之別，角度不同，於是有形形色色的學術、千差萬別的看法。旅日多年的黃曉京教授因而提到：「在西方思想占了主導地位的今天，中國人自己的觀察和思考，顯得尤其重要，否則無法避免被主流思想所淹沒。」[80]筆者同意研究者必須建立自己文化的主體性，來研究中國的問題，但是這個主體性必須建立在對東西文化開放的態度與比較的眼光，一步一步地建立在對特定問題的研究上。本文研究余英時先生論學的三種築基功夫、八種方法與三種視野的特點，是從「方法論」問題著眼，如是建構中國學術主體性應是必要的過程，如此才能一步一步朝「中國中心論」的學術上邁進。

●本文作者為東吳大學政治系教授，曾任東吳大學人文社會學院院長。

77 柯文（Paul A. Cohen）著；林同奇譯，《在中國發現歷史》（新北：稻鄉出版社，一九九一），頁五—七。
78 余英時，〈自序〉，《歷史人物與文化危機》（臺北：東大圖書，一九九五），頁一八。
79 轉引自甘揚，〈文化中國與世界新論緣起〉，中國比較古典學學會編，《施特勞斯與古典研究》（北京：三聯書店，二〇一四），頁三。
80 黃曉京，《方法的日本：超越資本主義與亞洲的文化革命》（香港：大風出版社，二〇一一），頁二。

1997年4月，廖咸浩夫婦（左邊兩位）、周質平夫婦（右邊兩位）與本人（右三）共同至余府拜會余先生。

潛山縣大幅度標出余英時故居的路線。

與全國勞動模範余曉八村書記合影於景色宛如桃花源般的余先生家園旁。

廣興老屋余氏宗祠的解說牌。

1792年，鄉賢余文章修建了這座祠堂。余文章家有七子，五代人共一百三十餘口和睦相處，孝義傳家，乾隆皇帝欽賜「五世同堂」牌匾。

余先生宅府擺放的天地君親師，傳承傳統鄉村的豐厚民德。

地方人士積極整修余先生故居。（余曉八攝）

余先生的故鄉在崇山峻嶺中優美秀麗。（余曉八攝）

追隨余師英時讀書的日子

羅志田

在大陸的學人中，我可能是較早知道余師英時的。我是大陸恢復高考後第一屆學生，名曰七七級，實際是一九七八年初才入學的。那年秋天，余老師率美國漢學家學術團訪問中國，遂來我念書的四川大學看望繆鉞老師（繆先生的妹妹是楊聯陞先生的夫人，也就是余老師的師母）。因為繆先生的文孫元朗是我同班同學，所以也得知了一些有趣的內情。那時大陸的文革剛結束，很多善後工作尚未進行。繆先生家的住房在文革中被「造反」的人占了，被迫搬到一套很小的兩居室住房。川大校方以為，這樣的住房不適於接待「海外學人」。所以最初是想藏拙，擬請繆先生到旅館去看余老師。可是余老師認為這有違長幼之序，表示若不方便就不見。那是「改革開放」之初，川大可不能承擔這樣的責任。於是迅速給繆先生新增一套同樣大小的住房，並把學校接待室的沙發臨時搬往繆府，完成了這次涉外的學術交流。

所以，余老師來訪的意外效果，是提前改善了繆先生的居住條件（其他老先生要到後來「落實政策」時才逐步有所改善）。我也從那時起就知道了世界上有余英時先生這位著名的海外學人，但仍不瞭解他的實際學術地位。後來余老師再也沒有回過大陸，要到他的《士與中國文化》於一九八七年在上海出版（是老師在大陸出的第一本書），才真正風靡一時。這當然也有一個過程，最初是「專業」接近的人讀，然後是非專業的學人也讀，再後來就成了偶像——大概是一九九〇年，那時我已在美國念書，一位在美國學社會學的學生回國一趟，回來後告訴敝友葛小佳，我這回從國內帶了一本好書回來，書名是《士與中國文化》。也許是學社會學的人對「士」比對「士」更敏感，這位朋友連書名都沒看仔細，就知道這是一本好書，足見當時影響之大（這個故事也曾向老師稟報，引他一哂）。即使如此，恐怕很多學人還是和我當初一樣，並不真正瞭解余老師的學術地位。那以後也還有朋友問我：余英時和唐德剛兩位，誰的學問更好（唐先生一九八〇年代中後期曾在大陸幾個大學講學，一時頗有影響）。

我自己在《士與中國文化》出版的前一年赴美讀書，起初並未想要追隨余老師。後來在老師指導下寫博士論文，有一個曲折的過程。

我先是進新墨西哥大學歷史系，師從Noel H. Pugach教授讀美國外交史。一九八九年轉往普林斯頓大學歷史系，仍是念美國史（研究美中關係），所以系裡對我的外語要求是按美國史的標準處理的——普大歷史系規定亞洲史和東亞系一樣，要學兩門亞洲語言加一門歐洲語言，而美國史則僅要求一門外語。我問系裡管研究生的主任James McPherson教授，中文算不算外語？他說當然算，隨後就直接把考試也免了。理由也直接，他說你在中國都教過大學了，中文就不用考了。現在回想，念書時多學語言固然辛苦，對自己的研究肯定是會有更多幫助的。

我進校不久，想要追隨的Arthur S. Link教授告訴我他第二年要退休，另一位美國現代史的教授剛出任文理學院院長，還有一位年輕教授沒拿到長聘（tenure）也要離開。McPherson教授對我說，這意味著你在兩年之內沒有主科老師（因為要聘別的老師，起碼在一年後本校教授正式退休之後才開始找，實際來的時候就已兩年了），而常規是兩年內要通過資格考試。他說要麼你就念美國古代史（就是從殖民地時代到內戰以前，他自己就是研究美國內戰史的大家）吧。然而那時我還在為顧學稼師主編的《美國史（一八九八—一九二九）》寫美中關係部分，到新墨西哥大學是因為Pugach老師是研究一九一三至一九一九年駐華公使芮恩施（Paul S. Reinsch）的名家，到普大部分也因為北伐時駐華公使馬慕瑞（John Van A. MacMurray）把他的所有文件都捐給母校普林斯頓了。既然有任務在身，就不能對美國古代史有太大的興趣，於是我問McPherson老師，可以轉到中國史嗎？他說可以呀。這樣我就轉到了中國史（其實研究的題目無大改變，不過從美中關係變成了中美關係）。

普大歷史系規定每個學生要念一個主科、兩個副科。轉換專業後，我的主科是中國近代史，師從林霨（Arthur N. Waldron）和詹森（Marius B. Jansen）教授。那時林霨師仍為助教授，按普大歷史系規定可指導博士論文，卻不能單獨任主科指導教授，故授我中日關係史的詹森師也成為我的主科指導教授。同時我繼續以美國外交史為副科，師從Richard D. Challener教授。而我對思想史一直有興趣，到了美國後也修過一些美國文化史與美國思想史的相關課程。先已請林霨師先容，跟隨余老師修習中國思想史，作為另一副科。後來林霨師也沒拿到長聘而他就，余老師同意作我的論文導師，這才正式轉到他名下。記得我答辯時詹森老師還跟余老師開玩笑說，別看你是他導師，我可是主科老師，而你是副科老師哦。

其實我進入普大不久，就大大驚動了余老師。那時普大歷史系有二十多年沒收過中國學生了，據說我申請時和一位日本同學並列，似乎只能收一人。最後是詹森師調停，讓那位同學進了東亞系，而我也沒有拿到獎學金，是一位美國朋友Jeffrey Smith（我以前在成都的英語老師）辦的「中國之橋」基金會承擔了對我來說是今日所謂「天價」的學費。但因為一九八九年大陸稱為「政治風波」的事，很多美國人對中國的觀感生變，基金會的捐款頓減，連維持都有困難，居然「欠費」，差點被普大告上法庭。關鍵時刻還是余老師出面，想辦法從其他途徑解決了這筆學費。同時學校和歷史系也很幫忙，通過資格考試後，即以不在校學生的身分免交學費，仍得享學生宿舍等優惠。

那時的生活費主要是林霨師提供的研究助理費，同時也四處申請各種基金會的獎助金，結果美國各大基金會的獎助金都拿過（最高的是Guggenheim的一萬美金），使我的簡歷看起來很不錯，其實卻是為生活所迫。特別值得一提的是，經王汎森兄提示，還從臺灣的德富文教基金會申請到一萬美金的獎助。同時，內子也到普大研究生院的食堂打工（學生家屬每週可合法打工二十小時），所得雖不甚多，也能貼補家用。現在回想，那時的日子也不能算一帆風順吧，然而有師友的熱心幫助，感覺過得還比較愜意。

我是一九八九年到普大的，開學不久學校就來了不少與「政治風波」相關的特殊客人，組織了中國學社。那些人大多英語不很好，也不習慣美國的生活，甚至有時在校園迷路也會電話余老師，讓他來領路（他們大概和很早以前的我一樣並不真正瞭解余老師的地位，若知道大概就不會這樣做了）。所以那段時間老師的事情特別多，一天到晚都忙得不可開交。林富士兄是和我同年進入普大的，我們曾共同表示願意為老師做點處理郵件一類的事，因為他辦公室裡的郵件已經真正堆積如山了，但老師從不讓學生為他個人做事。於是我們相約盡量少打擾老師，好給他留一點治學的時間。也因此，我們那一屆的學生，至少有一年與老師的接觸相對少一些（依稀記得中國學社最初是和學校有些關係的，後來移出校園獨立了，老師這方面的事就少很多了），或也可以算是「大公無私」吧。

曾有記者在採訪時問我師從余先生得到什麼教益，我說得到教益當然很多，主要還是做人。因為老師也不會講太多怎樣讀書什麼的，我們更多還是自己看他的書。當然去見老師的時候談一談，就得到很多指點。專業上老師是典型的古風，很少主動問論文的事，要有問題才指點，小叩則小鳴，大叩乃大鳴。不過在沒有特定的問題時，也從閒談中得到啟發，有時獲益還超過具體問題的請教。

老師待人總是溫柔敦厚，永遠讓人如沐春風。然而有時老師接待客人陪侍在側，就會感覺到他說話的分寸，和對自己的學生說話還是不一樣。記者又愛問「最讓你印象難忘的話」一類問題，坦白說，平時感覺老師的重要教誨很多，有時談話後還會和住得近的同學進一步分享探討，但要說特別難忘的印象，一時也不知是什麼，好像句句都重要。對我們來說，老師的教誨，正所謂春風化雨，潤物無聲；大概都像鹽化於水，不一定直接顯現出來。能做余老師的學生，隨時可以面聆雅教，是難得的殊遇，然而當時也沒覺得有什麼特別。現在回想，最大的遺憾就是沒有把每次與老師談話的內容記錄下來。

我的印象，老師對研究對象和研究者自身的主體性都非常重視。他似乎說過，不論你研究什麼，一定要明確自己真正想要做的是什麼。儘管他最擅長用比較、對照的方法看中國歷史，但又反對用外來概念籠罩中國歷史。他自己不接受任何根據西方的階段論來劃分中國歷史的時段，但他很注意研究中國歷史上各個時代變化的階段（改朝換代），以從中國歷史自身的內在變化、發展中找到一條整體性貫穿的線索。老師曾以提倡思想史的「內在理路」著稱，這大概也是一種廣義的「內在理路」取向吧，畢竟中國歷史的延續性確是全世界獨一無二的。

讀過老師文章的人都知道，他的考證功夫一流，常常能借助人家不注意的材料證成大的見解。他非常重視原初的史料，但他更強調不能僅在材料上做文章，拘泥於具體問題的考證，而一定要關注和思考時代、社會的結構變化等大問題。記得有一次向老師請教時談到了論文，他特別提醒說，一定要對自己題目背後更大的時空有一種框架性（framework）的認識，並始終把自己的題目放在這框架裡思考和表述。以前有人說傅斯年每句話背後都有四千年的歷史在，讀老師的論著，最能感覺到句句話背後那幾千年的古今中外。或者這就是老師說的framework？雖不能至，心嚮往之。

也曾有記者問我：「你覺得余英時教授是一個怎麼樣的老師？」我想，如果要用一句話說，他是一位難得的好老師。多年前在老師榮休的學術研論會上，我引用了「桃李不言，下自成蹊」的古諺（大概是用四川腔的國語說的，「蹊」讀若蹊蹺的蹊）。我的感覺，老師是一位身教甚於言教的老師，以他自己的人品、風度和學問，吸引並感染著眾多的學生。他永遠關心著學生，但從不灌輸，而更多是引導。俗話說「響鼓不用重錘擊」，老師很少督責學生，通常都點到為止，總能讓學生感覺到你就是不用重錘的響鼓；但每當你需要的時候，你會發現，他就在那裡。

• 本文作者為四川大學歷史文化學院教授，四川大學文科傑出教授，曾任北京大學歷史學系教授。

余師的新世紀扶桑演講之旅
——甲申丁亥兩度金秋的圖像記憶

陶德民

在我的書房的牆上，懸掛著余英時老師於甲申年秋贈我的一首詩（簡稱〈二〇〇四年贈詩〉，其中有關詩作緣起的說明文字，每行照錄，謹以空格來表示句讀），其內容如下：

越洋初訪淵翁居，點綴高軒壁上書
忽覩曖依題畫句，令人長憶淵明廬
日本平成甲申之秋　陶德民兄主持渋澤國際儒學研
究會　邀參末議　起居行止皆妥為照拂　心感無既　會後同訪
渋澤青淵翁故居　見壁間山居圖　翁親題曖依兩字　取曖曖
遠人村　依依墟里煙之意　深為歎賞　詩語出陶淵明歸園田居
六首之一　則因德民兄提示而後憶及之　師丹老而善忘如此　誠可
笑也　歸來成小詩一首　以紀一時從游之樂云爾　書奉
德民吾兄雅正

在保存貴重文件的櫃子裡，還有余老師於丁亥年秋寫在方形美術紙箋上的如下贈詩：

伴我扶桑十日遊　丹楓白露送高秋
聆聽細剖支那論　話到興亡動古愁
平成丁亥承陶德民兄殷勤接待　由
大阪而名古屋而東京　先後共十日之久
途中得聞高論　尤以分析內藤湖南支
那論鞭辟入裏　獲益良多　每話及故
國滄桑　則不勝興亡之感　賦小詩贈別
以志同遊之樂云爾
余英時
二〇〇七年十月九日
於東京旅次

這兩首贈詩對我說來是無價之寶。但其中的讚許則不敢當，我一直視為余師對我的鞭策和鼓勵。值此余師九十華誕之際，重溫在甲申、丁亥之秋伴隨其演講之旅的日子，我憶起當時的自己確實有作為「隨行攝影記者」見證此行的念頭，故得以把握機會，從近距離抓拍到不少難得的鏡頭。借助這些照片，包括關西大學校長辦公室和吾妻重二教授所提供的部分照片，足以重現當時的行程和主要場景。

在此謹與大家分享這些攝影紀錄，以五十餘枚珍貴照片，將余師的二〇〇四年和二〇〇七年兩度演講之旅以圖像方式加以展現，並藉以印證本書所收錄的河田悌一前校長回憶錄中所提到的一些人和事。

一、關於二〇〇四年秋的演講之旅

二〇〇四年秋演講之旅，是應邀在關西大學千里山校園的百年記念會館和東京的國際文化會館分別召開的兩個國際研討會上作主旨報告。前者的緣起正如余師的題詩〈有緣千里來相會〉所言：「日本平成十六年九月中旬關西大學主催東亞世界與儒教研討會　台灣大學東亞文明研究中心協贊之　中日韓學者歡聚大阪千里山　敬題成語小詩以誌其盛」。詩曰：

千里山前作道場　關西台北共商量
群賢此會緣匪淺　東亞儒門流澤長

會議於二〇〇四年九月十六、十七兩日召開，會議的負責人為關西大學文學部的吾妻教授和臺灣大學東亞文明研究中心的黃俊傑教授。主旨演講者為余師（題為「從政治環境看朱子學和陽明學」）和大阪大學名譽教授子安宣邦先生（題為「近代日本的國家形成與儒教」）。一九八〇年代後期我在大阪大學讀博時師徒日本史專業的脇田修教授，但長期旁聽日本學專業的子安教授的課，他也是我博士論文的三個審查委員之一）。臺灣大學的參與者頗多，除黃教授外，還有陳昭瑛、甘懷真、吳展良、鄭吉雄、蔡振豐等教授。中研院文哲所的李明輝研究員、早稻田大學的土田健次郎教授、一橋大學的岩月純一講師（研究越南語言和儒學）、韓國嶺南大學的崔在穆教授和我，也在會上作了報告。論文集於半年之後便由日本的東方書店出版，可謂神速。九月十八日赴京都參觀金閣寺、清水寺和近世大儒伊藤仁齋的古義堂遺跡等名勝古蹟時，余夫人陳淑平女士也參加了。

後者的緣起如〈二〇〇四年贈詩〉所述，是我得到澀澤榮一記念財團研究部的資助，以特別研究員（Shibusawa Fellow）的身分主持一項為期三年（二〇〇四—二〇〇六）的「澀澤國際儒教研究」項目，成員為岡山大學的姜克實、千葉大學的見城悌治、東北大學的桐原健真、香港中文大學的吳偉明、中研院文哲所的陳瑋芬，以及加州大學聖塔芭芭拉分校的Luke Roberts（普林斯頓大學東亞系博士）等。三次國際研討會，第一年在日本東京的國際文化會館，第二年在張謇的故鄉南通（主題為「中日近代企業家的人文關懷和社會貢獻——澀澤榮一和張謇的比較研究」，主旨演講者為華中師範大學前校長章開沅和校長馬敏教授），第三年在普林斯頓大學召開（主題為「Transpacific Relations in the Late 19th and Early 20th Centuries」，主旨演講者為哈佛大學名譽教授入江昭）。二〇〇四年九月二十四、二十五日召開的東京會議，主題為「比較視野中的社會公益事業」，三個主旨演講者為余師（題為「近世中國的儒教倫理與商人精神」、東京大學的溝口雄三教授（題為「關於相互扶助精神的日中比較」）和京都大學的夫馬進教授（題為「中國史上的『善舉』與『慈善事業』的含義」）。我將余師的演講稿譯成日語，收在我們編輯的《東亞公益思想的變容：從近世到近代》，二〇〇九年由日本經濟評論社出版）。會後參訪了〈二〇〇四年贈詩〉中提到的澀澤故居「曖依村莊」（一八七九年建成，現在稱作「舊澀澤庭園」）。澀澤榮一（一八四〇—一九三一）開始在此接待外國貴賓開展民間外交，後來兼作居所。數十年間來訪的貴賓如格蘭特，泰戈爾和蔣介石等，不可勝計。境內有一九一七年落成的晚香廬，一九二五年落成的青淵文庫（原來的論語文庫因一九二三年關東大地震被毀，因此重新開始收集論語等古籍文獻），以及一九八二年新建的澀澤史料館。

二、關於二〇〇七年秋的演講之旅

這次演講之旅是在十月上旬，幸好同年七月二十一日我給余師的傳真文字稿還在，可以瞭解大體行程和一些細節：

余老師：

您的訪日安排大體如下。

10月1日出發，2日至關西，3日與訪問過普林斯頓大學的關西大學教授開座談會。

4日上午在關西大學名譽博士學位授予儀式上演講，作為澀澤財團捐助講座，同時也是我們G-COE項目「東亞文化交涉學教育研究中心」成立儀式的Keynote。

5日參加有關「文化交涉學」的座談會。

6日休息。

7日在名古屋大學舉行的「日本中國學會」第59屆年會全體會議上作記念演講。

8日由名古屋赴東京，別無安排。

9日在東京大學作演講。

10日休息。

11日由東京返回美國。

其中，關西大學的會議有海內外不少姐妹學校和研究機構的貴賓參加，如澀澤財團理事長、澀澤榮一的曾孫澀澤雅英先生、財團研究部長木村昌人、東方學會理事長戶川芳郎、京都大學人文科學研究所所長金文京、大阪大學教授湯淺邦弘、東京大學副教授小島毅、二松學舍大學副教授町泉壽郎、華中師範大學前校長章開沅、復旦大學文史研究院院長葛兆光和該校歷史地理中心的周振鶴教授、北京外國語大學海外漢學中心主任張西平、香港城市大學中國文化中心主任鄭培凱、中央研究院史語所所長王汎森和該所的黃進興教授、新加坡國立大學中文系的李焯然教授、羅馬大學的馬西尼教授、愛蘭根—紐倫堡大學的朗密樹教授等等，可謂高朋滿座，濟濟一堂。如河田前校長的回憶錄所述，余師的報告題為「中日文化交涉史的初步觀察」，在引述並分析湯因比、杭廷頓和George Samson的有關論斷後，據自己的長期研究心得和一九九四年訪問關西大學時從大庭脩教授（日本學士院獎得主，已故）獲取的德川日本所輸入的清代漢籍清單等，認定日本文明是借鑑於中國文明而有別於中國文明的一個獨立的文明單位。

在名古屋大學召開第五十九屆年會的「日本中國學會」已年近花甲，該學會的會員主要是中國文學和哲學的研究者。該學會的理事長是東京大學的池田知久教授，國際交流委員是吾妻教授，所以請余師作了題為「我與中國思想史研究」的記念演講。演講稿由吾妻教授譯成日語，與上述主題報告「中日文化交涉史的初步觀察」的中文原文一起，刊載於關西大學東亞文化交涉學教育研究中心發行的《東亞文化交涉研究》別冊第一號上（兩篇演講稿均可以由此網址下載：http://www.icis.kansai-u.ac.jp/paper01s.html）。

東京大學的演講會由中國思想文化學系主催，由該系副教授，溝口雄三教授的接班人小島毅所主持「東亞海域交流與日本文化的形成」大型研究項目，宗教學教授島薗進所主持的「生死學的展開與組織化」研究中心，以及文學部次世代人文學開發中心等三個單位和項目協辦。余師的報告題目為「中國人的生死觀——以儒教的傳統為中心」。因為校內外許多人慕名而來，不得已而臨時換到大教室舉行。順便提到，小島的大型研究項目是有日本各大學約一百四十位教授和講師參與的五年計畫，我也是成員之一，而且和小島在同一個「東亞三國正史所見王權理論的比較」研究班。而東京大學的生死學研究中心與關西大學的文化交涉學教育研究中心均為日本文部科學省選定的 Global COE（Center Of Excellence）項目，即全球化卓越研究中心，在十一個同類中心之間，唯有這兩個中心的五年期研究業績在中間評估和最後評定時都獲得了最高評價。

會後的參訪，在大阪參觀了關西大學於一九八六年百年校慶時購入內藤湖南（一八六六—一九三四）藏書三萬餘冊時，一併買下的內藤晚年住居「恭仁山莊」（在京都府南部，鄰近奈良縣。山莊內有戰前少見的鋼筋水泥結構，有兩個樓層的個人藏書庫）；在名古屋大學參觀了該校圖書館舉辦的青木正兒文獻展，以及當地有名的德川美術館與「蓬左文庫」（德川家族三個親藩中的尾張家這一支，雖有推薦資格但是從未產生過將軍，但在收藏文物典籍方面最有傳統）；在東京大學觀看了校園內的「朱舜水先生終焉之地」紀念碑，大學附近的森井書店和湯島聖堂（為江戶時代最高學府，即昌平坂學問所內的孔子廟，現在矗立境內的巨大孔子銅像為一九七五年臺北國際獅子會所贈。近年的研究證實了在一七九〇年代至一八六〇年代，該學問所舉行的考試出題範圍都是四書五經和中國歷朝史書。一八五八年初，美國首任駐日總領事 Townsend Harris 請求參觀此地時，被幕府外交官告知，必須穿禮服向校內聖堂即大成殿中的孔子像膜拜，因為孔子是日本大多數人所信奉的神，即使將軍來此也須如此行禮。結果，Harris因無法接受這一條件而放棄了請求。明治維新後西潮洶湧，漢學式微，湯島聖堂形同倉庫。澀澤榮一非常痛心，在各界於一九〇七年取得共識恢復「孔子祭典」時，參與出資修復了聖堂）。在東京期間，余師不僅有機會與澀澤雅英先生重溫舊誼，而且專門抽空拜訪了住在明治神宮附近的著名圍棋高手林海峰，並在其家裡與之對弈了一局，其雅興之高，可以想見。

三、編後感言

此次在翻譯河田前校長的文章〈回憶在耶魯和普林斯頓師從余老師的日子〉時，我才瞭解到，我之獲得關西大學的教職，和余英時老師的推薦有關。雖說已經事隔二十餘年，感激之情油然而生。我在復旦大學碩士課程期間，一九八四年初冬已經由大庭脩教授接受來到關西大學收集資料，長達半年之久。而我在大阪大學讀博期間，因研究同一對象即近世大阪商人創建的儒學書院懷德堂，並在國際研討會上同組發表，結識了芝加哥大學東亞研究所長、日裔著名教授Tetsuo Najita（現在芝大設有以其名字命名的日本研究系列講座）。他當時在大阪大學作訪問研究，承其好意，由當時擔任該所代所長的李歐梵教授的周到安排，於一九八八年秋到加州大學柏克萊校區、伊利諾伊大學香檳校區、芝加哥、康乃爾、普林斯頓、哥倫比亞和哈佛等名校的日本研究所分別作了演講，介紹中國的日本史研究概況。期間在普林斯頓大學結識的Marius Jansen教授，先後指導過香港出身的譚汝謙和吳偉明等兩位博士。他曾參與撰寫費正清與賴世和主編的哈佛《東亞史》以及耶魯教授John Hall主編的《劍橋日本史》，其對土佐藩志士坂本龍馬的開創性研究更啟發了當代日本著名作家司馬遼太郎，最後成為獲得日本政府頒發的「文化功勞者」獎的第一個外國學者。Jansen教授不僅當下表示接受我在完成博士論文後來普大研究，完了以後又推薦我去哈佛大學賴世和日本研究所繼續作博士後研究。在麻省州立Bridgewater State University作為助理教授執教三年之後的一九九五年夏天，我突然接到河田先生的國際電話，邀請轉赴關西大學任教。經過再三思考，想到關西大學有內藤文庫等許多重要文庫對我的研究不可或缺，我最後決定接受邀請。現在得知當時河田先生的邀請之中其實還包含余師的厚意，即希望中國的學者更加認真深入地研究日本，年近古稀的我，雖說已經出了十餘種專書和編著，並應邀參與二〇一五年初日本廣播協會（ＮＨＫ）為推介同年的大河劇《花燃》而製作的新春特別節目「走向世界——幕末長州全知曉」，出鏡介紹自己在耶魯大學和華盛頓國家檔案館發掘的第一手史料，分析吉田松陰與培理將軍在偷渡美國一事上經由衛三畏的筆譯而實現的互動以及雙方的人道主義訴求，體驗到史學為社會為大眾服務的樂趣，但還是覺得任重而道遠，需要勉力繼續前行，才能不辜負余老師的殷切矚望。

•本文作者為日本關西大學教授。

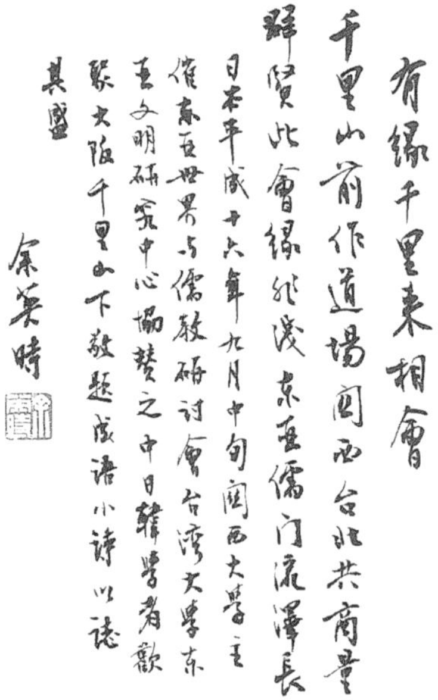

有緣千里來相會
千里山前作道場　関西台北共商量
難得此會緣非淺　東亞儒門流澤長
日本平成十六年九月中旬関西大學主
催東亞世界與儒教研討會台灣大學東
亞文明研究中心協贊之中日韓學者歡
聚大阪千里山下敬題成語小詩以誌
其盛
余英時

余師為「東亞世界與儒教研討會」的題辭。

與會人員合影。前排右起：子安宣邦、黃俊傑、余師、吾妻重二、陶德民；第二排左起：崔在穆、李明輝；第三排左起：岩月純一、土田健次郎、陳昭瑛、蔡振豐。

余師在會上演講「從政治環境看朱子學和陽明學」。

右起：陳昭瑛、鄭吉雄、吳展良、甘懷真、吾妻重二、陶德民。

余師在金閣寺與大家合影。

余師和夫人在金閣寺休息處。

余師和夫人在伊藤仁齋的古義堂遺址前。

河田校長在京都的中國菜館「膳處漢」設宴招待余師與夫人。

余師和夫人參觀澀澤史料館。背景為1867年澀澤榮一隨從德川幕府代表團赴巴黎參觀世博會時拍攝的洋裝照片形象。

觀看陳列照片。余夫人面對的是1927年10月26日澀澤榮一在青淵文庫前與來訪的蔣介石（右）握手的照片。

1917年落成的晚香廬。

「澀澤國際儒教研究」第一屆討論會與會人員在晚香廬內合影留念。站立者右起：木村昌人、中井英基、L. Roberts、陳弱水、陶德民、桐原健真、姜克實、蘇凱達、石曉軍。

青淵文庫。

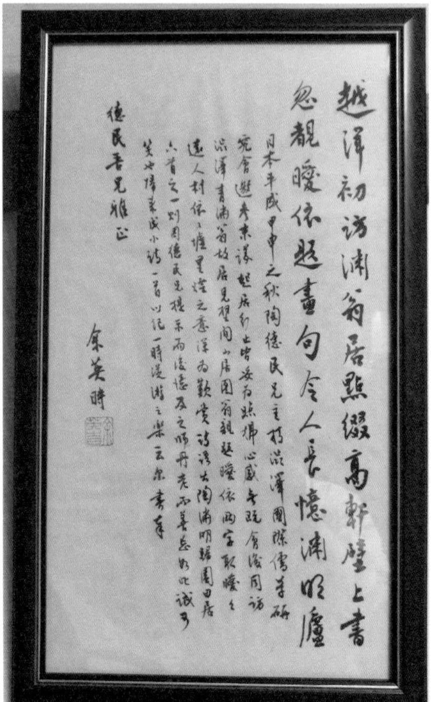

余師2004年贈詩。

澀澤榮一的曾孫澀澤雅英先生夫婦在南通與張謇長孫張緒武先生（右）會面。

「澀澤國際儒教研究」第二屆討論會與會人員在南通張謇墓所「嗇園」合影（2005年秋）。

余師在關西大學歡迎晚宴上致辭（2007年10月3日）。

關西大學歡迎晚宴後的合影。前排右起：王汎森、黃進興、章開沅、余師、余夫人、澀澤雅英、木村昌人、河田校長；後排右起：吾妻重二、藪田貫、陶德民、吾妻夫人、陶夫人、黃夫人、河田夫人、藪田夫人。

余師在關西大學百年記念會館演講「中日文化交涉史的初步觀察」(2007年10月4日)。

余師手持河田校長頒發的關西大學名譽博士學位證書。

橢圓形會議桌左側：余師、余夫人、章開沅、葛兆光、鄭培凱、張西平、小島毅、澀澤雅英；後排右起：黃進興、周振鶴、（隔一人）町泉壽郎。

橢圓形會議桌右側：河田校長、陶德民、朗密榭、馬西尼、王汎森、李焯然。

陶德民手持余師題辭「天地始者　今日是也」（荀子語）方形紙箋，宣布「關西大學東亞文化交涉學教育研究中心」正式成立。

河田校長與陶德民展示余師所題中心名稱。

河田校長與余老師，余夫人在「恭仁山莊」合影，匾額「拓室因添善本書」為林則徐手書。

余師和夫人在山莊內的書庫門前留影，木牌上的字為「內藤湖南先生書庫」。

與會人員在「恭仁山莊」舉行晚宴。余師左側為鄭培凱、王汎森、李焯然、章開沅、葛兆光；右起：增田周子、戶川芳郎、河田校長、陶德民。

余師在「日本中國學會」第59屆年會全體會議上演講「我與中國思想史研究」（2007年10月7日）。

日本中國學會理事長、東京大學教授池田知久歡迎余師。

京都大學名譽教授興膳宏（曾為關西大學中文系全體教授執筆的紀念建系五十周年論文集《作為文化事象的中國》一書寫過書評。2009年至2015年任東方學會理事長，2012年起整理出版吉川幸次郎的遺稿《杜甫詩注》20冊）、吾妻教授和余師在酒會上交談。

余師觀看名古屋大學附屬圖書館舉辦的青木正兒文獻展。

圖書館門前的合影。右起：井澤耕一、王汎森、陶德民、余師、余夫人、李焯然、吾妻重二。

余師和夫人參觀「蓬左文庫」。

余師和夫人在名古屋「鳥銀本店」進餐。

余師和林海峰在林家客廳親切交談。

余師和林海峰對弈。

余師與陶德民在東京「湯島聖堂」，適逢「孔子祭典」復活一百周年記念活動。明治維新後的日本在歐化道路上疾走四十年，因日俄戰爭後社會矛盾集中爆發而試圖回歸傳統，於 1907 年重新開始祭孔。

余師和夫人與東方學會理事長戶川芳郎及陶德民在「湯島聖堂」內的大成殿前合影留念。

余師在東京大學附近的森井書店觀看陶德民訂購的內藤湖南字幅（為內藤1931年初為昭和天皇進講杜佑《通典》後所作的紀恩詩）。

該字幅在2008年關西大學圖書館的內藤湖南資料展中展出，右為鄭孝胥贈詩和《內藤湖南全集》14卷。

余師和小島毅先生在東京大學校園內的「朱舜水先生終焉之地」紀念碑處合影。

余師在東京大學演講「中國人的生死觀——以儒教的傳統為中心」結束後，與島薗進教授互動。

余師和夫人在東京與澀澤雅英先生夫婦重溫舊誼。左起：澀澤夫人、澀澤雅英、小松諄悅、木村昌人。

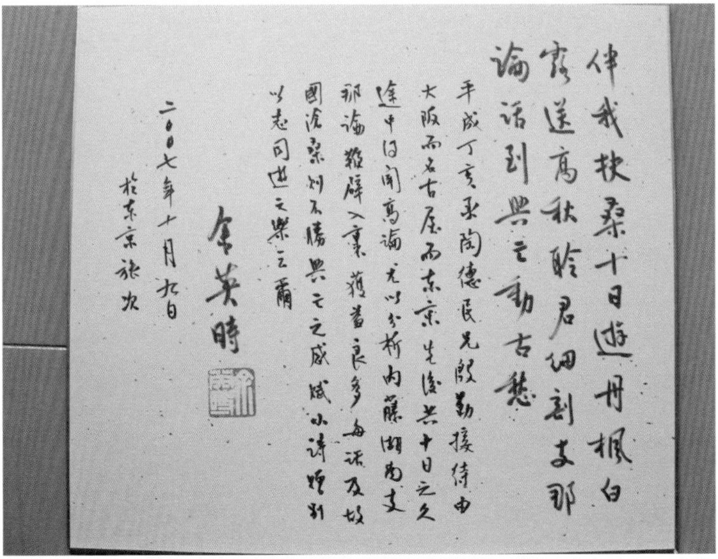

余師 2007 年贈詩。

與復旦導師吳傑拜訪大庭脩教授府第，祝賀其獲得日本學士院獎（1986年）。

1986年春在通過大阪大學博士入學考試後與教員們合影留念，前排右側為斯波義信先生，先後獲得日本「文化勳章」和「唐獎」。後排右二為脇田修教授。

在芝加哥與Tetsuo Najita教授合影（1988年9月15日）。

在普林斯頓大學東亞系演講後的座談會（1988年9月29日）。左二為Jansen教授，右側為其高足David Howell（繼承Jansen的講席，執教多年後轉赴哈佛大學）。

赴美前夕，拜訪河田府第時留影（1990年8月19日）。

東京國際文化會館，Jansen教授訪日時必定在此下榻，因為內有英文圖書館。右側為Martin Collcutt先生，平成天皇還是皇太子時，曾擔任其英語老師；右三為會館理事加藤幹雄先生，曾翻譯過Jansen教授的《日本與東亞的鄰人》一書。

Temminck et Schlegel

自序

Platalea minor Temminek et Schlegel

早期從事天文攝影所使用的望遠鏡較重、較長，10年前使用它們紀錄黑面琵鷺的影像。天文望遠鏡頭的對焦方式與傳統相機用的望遠鏡頭不同，雖然不方便，但是銳利度卻很好。

天文攝影時，一張底片常常曝光達50分鐘之久，而從事鳥類攝影，則是遇到好的機會，50分鐘之內可以拍攝完10卷以上的底片，不過其中構圖滿意，對焦犀利的作品，能夠百中取一就很幸運了。雖然成功機率很小，但是透過相機的觀景窗，拍攝時所看到的黑面琵鷺的千姿百態，真可說是值回「片」價。

其實黑琵之美，除了透過視覺之外，尚需用心靈來感受，牠們長相之可愛與舉動之有趣，可算是那些能夠長時間與牠們廝守的攝影者最大的回饋。

近幾年來也使用焦距800mmF5.6的傳統相機用望遠鏡頭，方便性更為提高。除了拍攝靜態畫面之外，也同時錄攝DV動態畫面，動態攝影，能捕捉到更多的細節，而景深則更為靜態攝影之所望塵莫及。若能夠動態、靜態二者兼顧，則最完美。

1999年與2001年兩次登上中國長海縣形人坨，拍攝到珍貴的繁殖區的影像紀錄，直到目為前止，已知的繁殖區大多位於北緯38度線附近的非軍事區的無人小島上，登島不容易被許可，而中國東北的形人坨也不准外人進入，黑面琵鷺繁殖的資料，非常不容易攝得，書中的繁殖區影像非常珍貴。

而2002年12月9日發生的黑面琵鷺因為肉毒桿菌C型毒素造成73隻死亡的事件，筆者參與救援的傷心過程更是感觸良多。從繁殖區的生，到在度冬區的集體死亡，心中的悲痛，非筆墨所能形容。15隻的獲救黑琵也已經於2月18日晨野放重返大自然，期待往後的每一個度冬季都能與牠們再見面，更希望大家把環境搞好，悲劇不再發生。

能夠無憂無慮的拍攝黑琵，首先要感謝內人美雪對我的支持。家中鏡頭一大堆，到處亂放，她都沒有一句抱怨的話。更要向長時間一起在曾文溪口進出的王徵吉、黃琨哲、吳素珍、陳加盛、林神保，以及兩次大力協助促成形人坨之旅的大連台商王貴生、陳碧鳳伉儷、石城鄉李書記玉孟、賀鄉長傳峰、中央電視台張主任砥生、中科院尹教授祚華等先進致上衷心的謝意！

Lin Ben Chu

林本初 2003

黑面琵鷺小檔案

學　　名	Platalea minor Temminek et Schlegel	
英　　名	Black-faced Spoonbill	
中　　名	黑面琵鷺	
又　　名	黑面鷺、黑琵鷺、黑面勺嘴、小琵鷺、掃鵜、飯匙鵝、撓杯、扁嘴、黑面仔、黑臉琵鷺	
形　　質	體長大約70～82cm	
	站立高約38～42cm	翼展寬度約135～140cm
	體重大約1460～2050g	
	喙長約17～21cm（♂19～21cm；♀17～18cm）	

	冬天羽毛全身大致白色，嘴、腳黑色，嘴型平直，末端寬扁像飯匙狀，額、臉、眼睛周圍一直到喉部爲裸露的黑色皮膚、虹膜深紅色。幼鳥羽毛近似成鳥，但嘴色澤略淺，初級飛羽末端外緣黑色，飛羽羽軸黑色，成鳥夏羽頭頸後方和頸基相連部位一圈會長出淡黃色飾羽。
地理分布	僅分布東亞地區，北由中國東北、南北韓交界，南至越南北部
習　　性	群居性鳥類，經常在河口等溼地沼澤淺水處覓食活動，遷徙時小群或單獨活動，沿途棲息或覓食於河口、沙洲、水塘、水田環境。習性機警，不易靠近。度冬期間，夜間活動量較日間爲高。
繁　　殖	1999年8月由林本初、王徵吉、陳加盛、鍾榮峰四人，歷經艱辛尋找在遼寧省長海縣石城鄉形人坨上的繁殖區首次紀錄到兩巢共五顆蛋（該五顆蛋爲第二胎無法孵化至爲可惜）。 2001年7月由余如季、王徵吉、林本初三人與大陸學者等單位協助共同登上遼寧省長海縣石城鄉形人坨，拍攝到兩巢共誕生了六隻小黑琵生態紀錄，此爲台灣生態界首次拍攝繁殖成功的紀錄。南北韓交界非軍事區外海、無人小島、德島、飛島、石島等島上也有繁殖紀錄。
覓食方法	嘴半張，伸入水中，邊走邊左右掃動嘴喙，利用喙部敏感觸覺夾住魚蝦等獵物，或觸探底泥中的底棲生物，銜起仰首吞食。
遷　　徙	遷徙路線可能沿大陸沿海至香港、越南、或沿南韓、日本、到台灣。
相 似 種	白琵鷺（Platalea Leucorodia）
數　　量	2003年1月曾文溪口585隻，2003年1月全球僅存1036隻。

（以上資料參考自《黑琵舞曲》統一夢公園生活事業出版）

● 我的名字叫「黑琵」，就是黑面琵鷺啦！騰空飛行者初級飛翔。末端黑色為亞成鳥的特徵之一。

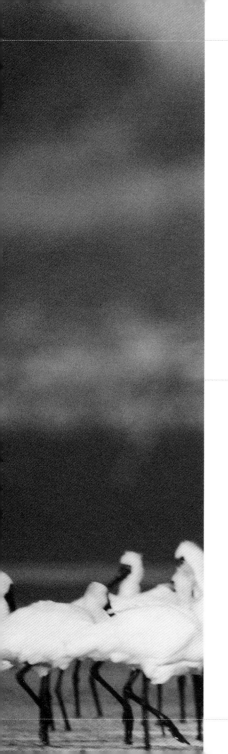

我來了

Platalea minor Temminek et Schlegel

中國大連的長海縣形人坨，巢中的我，躲在小巨蛋裡也已經有23天了。我的身體雖小，但室內已沒有空間讓我再成長了，我努力掙脫著。

一陣剝落的聲響乍現，哇！我探出了頭，迎向刺烈的光，「外面的世界竟然那麼的大！」我東倒西歪，試圖想爬出了那已經龜裂的小巨蛋，忽然間，親鳥用一雙巨大的嘴喙將破裂的外「殼」銜走，我全身抖擻的現身。

經過12天的適應期，此時的我已是一隻可愛的小雛鳥，嘴喙有點像小鴨，而眼的四周更好像被人揍了一拳似的，稍微有黑黑的顏色。每天，我的雙親會輪流餵食我兩次，雖然每次為了與其他的弟妹們爭食，只好一再點頭鳴叫乞求，要是不這樣就會長不大囉！不過這時的我也已經能夠站立起來了。

雛鳥的特寫照（眼的四周好像被人揍了一拳似的……）

在親鳥的努力餵食下，孵化後1個月的雛鳥嘴喙稍短，外觀已經長得和雙親一樣大了，「我已經長大了，先前我所害怕的天敵，虎視眈眈的黑脊鷗體形已

● 我來了！歡迎你初次和我見面。

● 兩隻黑琵互道哈囉。

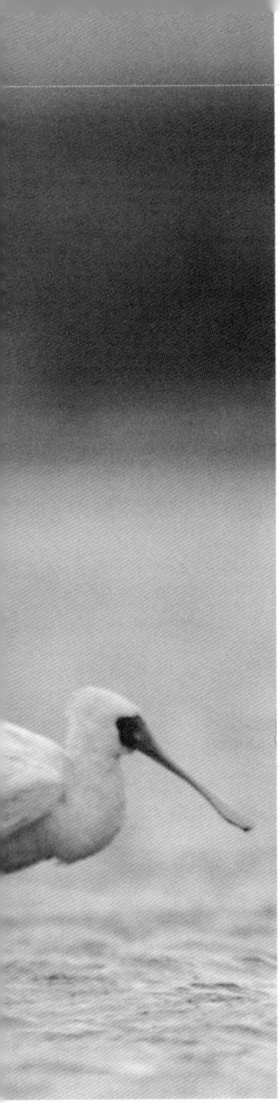

這是我在形人坨上的巢。

比我小了，我不再擔心牠們會來捉我了！」

出生大約40天之後，我和我的其他的兄弟姐妹們體態和形體都已算完整，羽翼也已經豐腴不少，大家會振翅學習著平衡，以便不久之後能離巢飛行。

8月中旬，夏天也快結束了，天氣卻仍然炎熱，想從離地面約40公尺高的岩石上展翅飛翔，剛開始確實需要很大的勇氣。看著雙親在空中自由自在的飛來飛去，真是羨慕！

離巢活動已過了8天，今早親鳥們站在巢下方的岩石上，注視著在巢附近活動的幼鳥群，突然雄鳥飛回巢附近，選一較高飛出的地點作勢欲飛，這好像提醒我們，「你們也可以飛啊！試試看吧！」親鳥示範一下，飛走了，此時的小黑琵雖稍有猶疑，但潛在的本

●除了照顧巢中雛鳥之外，也需整理一下羽毛。

成鳥餵食雛鳥。

能促進牠們跟著飛了出去。「啊，我會飛行呢！」對我們來說，飛行原來是那麼的簡單，我成功的跨出了生命中重要的一步。

巢中的雛鳥。

大夥兒離巢飛行之後，接下來我們開始享受著這與生俱來的能力，時時到空中去探索世界，並且跟著親鳥開始學習覓食的方法。

日子過得很快，到了9月中旬，天氣漸漸轉涼了，也刮起了陣陣的東北風，走吧！

往南方比較溫暖的地方出發吧！離開誕生之地雖然有些不捨，不過再不出發，冬季嚴寒的氣候，日子可不好過呢！

經過了快半個月的飛行與休息，中途偶爾會在淺水域或海邊的礁石上稍作休息外，每天也必須的覓食以維持體力，途中一切都很順利，大夥終於抵達了台灣台南曾文溪口的北側灘地。這兒是專設的黑面琵鷺保護區，非常廣闊，平坦的淺水域，面積廣達300公頃，四周又有較深的濠溝，停留在此非常的安全，除此之外，保護區中隨著潮水游進來的魚兒們，與附近收成後或棄養的漁塭也提供了我們充足的食物，這裡真是度冬的好地點。

這兒，就成了我們另一個理想的家園。

站在高處草叢看望。

● 我們在一起很HAPPY。

● 猶抱琵琶半遮面。

● 飛行時頸部伸直。亞成鳥的初級飛羽有黑色的斑紋，飛羽羽軸黑色。

● 幼鳥，嘴喙平滑黑色或棕黑色。

● 休息時通常單腳站立。

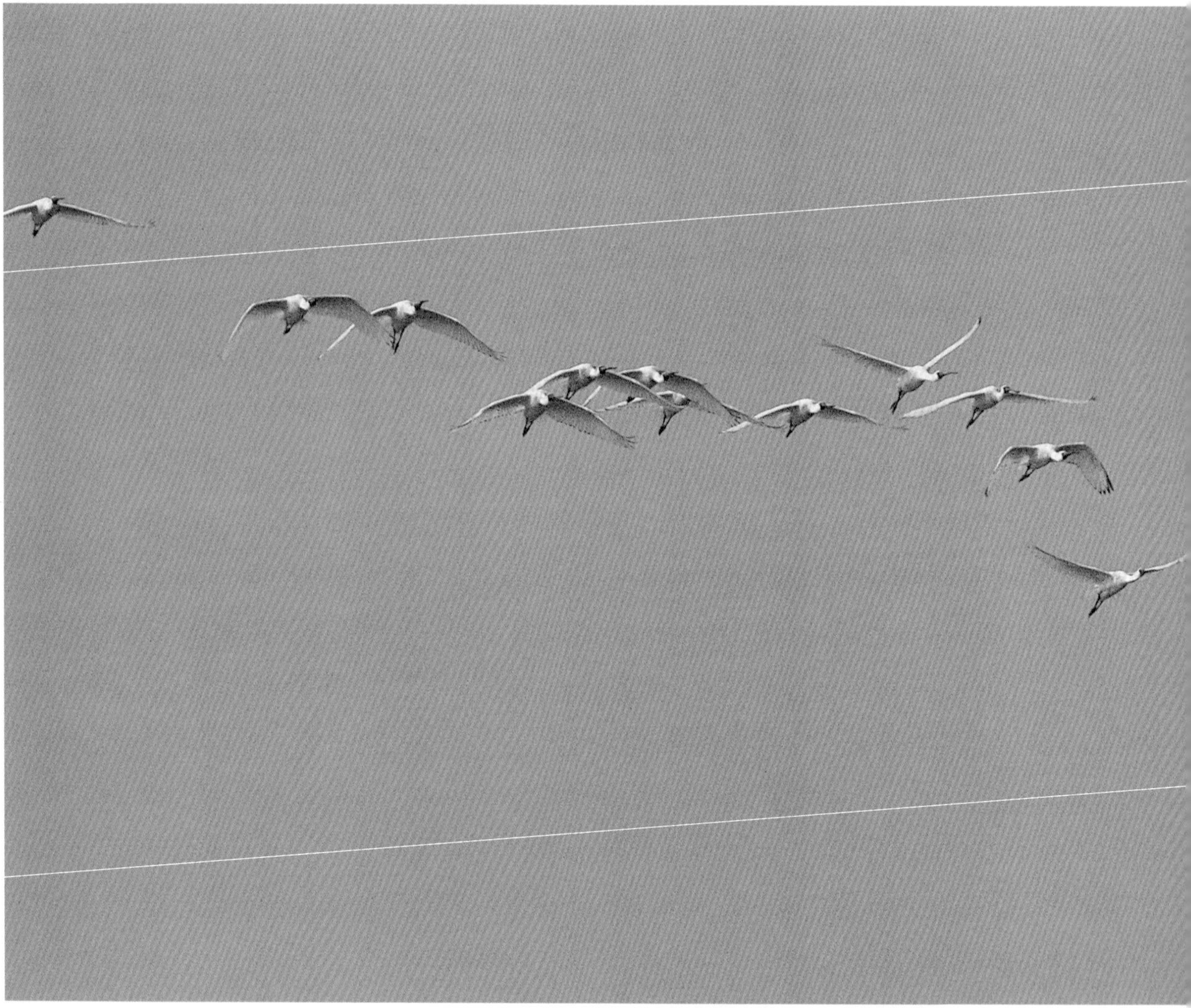

成群正面飛來的黑琵。飛過賞鳥者的上空時，可聽到翅膀振動「咻咻咻！」的聲音，讓人與鳥之間的距離更為接近。

飛過夕陽的黑琵群。

黑琵飛行時，頭部伸直，雙翅擺動較快。與白鷺鷥的縮著頭部、振翅較緩的飛行方式不同。

形人坨上的唐白鷺也是瀕臨絕種的珍禽之一。

從度冬區追蹤到繁殖區

Platalea minor Temminek et Schlegel

黑面琵鷺的繁殖區主要分布在南、北韓交界非軍區（D.M.Z）的外海無人小島上，D.M.Z為一軍事敏感地區，在南韓方面欲登島研究，必須經過至少四個不同單位的許可，才可以登島，繁殖區一直是很難從事調查研究的地方。

1999年6月筆者從日本鳥界得知在中國的遼東半島黃海上的無人小島形人坨上發現了黑面琵鷺的繁殖區，透過在大連市的友人王貴生、陳碧鳳伉儷的協助與安排下，於1999年8月由筆者帶隊登上了繁殖區，拍攝了黑面琵鷺部份繁殖中的畫面，這是台灣生態界首先登上黑面琵鷺繁殖區，而此次的探險過程雖歷經千辛萬苦，但終於完成任務，將國人前所未見的繁殖區地形、巢與蛋等珍貴畫面展示在國人面前，2001年再次受到邀請前往形人坨，捕捉到更生動精采的育雛畫面，也讓國人大開眼界。

形人坨海拔42公尺，面積0.26平方公里，從空中鳥瞰島的形狀像人字形，無人居住的小島謂之坨，整個小島由岩石及風化後之砂質土構成，黑面琵鷺築巢於陡峭岩壁的樹幹上面。形人坨上也有唐白鷺及黑尾鷗築巢繁殖。

● 仔細觀看黑琵的頭上像頂著時髦的「貝克頭」；純白的羽毛，似雪一樣的柔美。

黑面琵鷺和黑尾鷗。黑面琵鷺對接近鳥巢的鷗科鳥類都會加以警戒，並做勢驅離。

◎黑面琵鷺世界分布圖

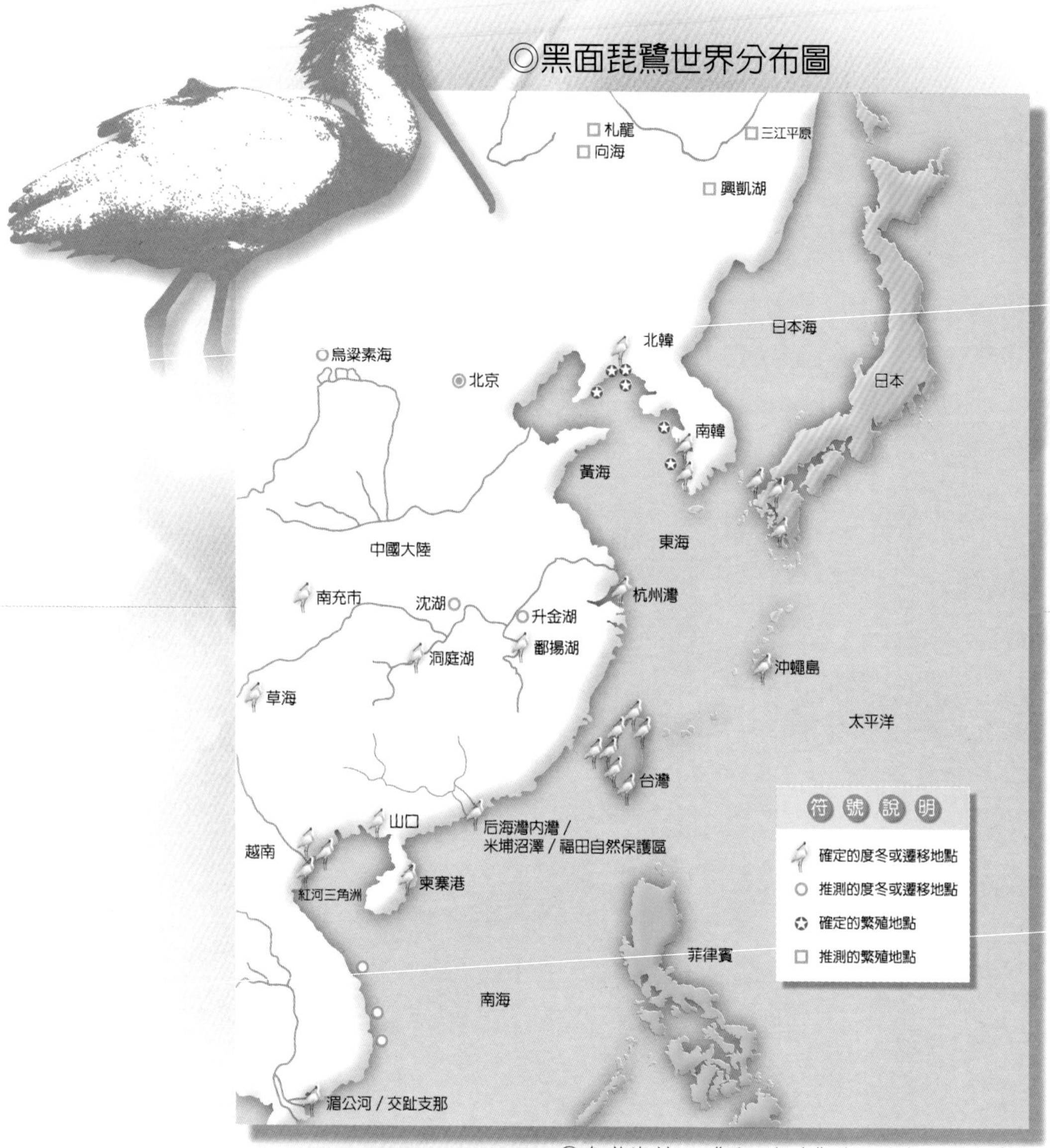

◎參考資料：《黑面舞者》（王徵吉・周大慶）
◎台南市野鳥學會溪遊記

● 黑琵揚翅的美姿，彷若舞者曼妙的姿態，難怪有「黑面舞者」的雅號。

● 親鳥準備換班飛去覓食。

● 形人坨上警戒中的親鳥。

● 相機的鏡頭正對著我，所以特地擺好一個正面的姿勢。

● 黑面琵鷺築巢在形人坨上的懸崖上。

● 中國東北的黑琵繁殖區——形人坨。

● 形人坨遠眺。（正中央的小島為形人坨。）

● 形人坨上的奇石，其中較大的岩石形態類似招財貓。

Platalea minor

Temminck et Schlegel

老、中、青三代。老琵嘴邊褪色，中琵繁殖羽，亞成鳥在後方。

繁殖與出生

Platalea minor Temminck et Schlegel

黑面琵鷺隨著南風北返，抵達繁殖區後開始築巢、交配，約10天後開始產卵，每隔一天產下一顆，蛋外殼為白色有體液斑痕，每巢大多三顆蛋，親鳥交互孵蛋，23～25天孵化，新生的雛鳥嘴喙短、軟，接近肉色，12天後眼睛周圍呈現黑色，嘴形稍現匙狀，能開始站立，親鳥每天依潮水時間餵食二次，餵食時親鳥夾著雛鳥的嘴，將液狀雜有細小魚塊之液態食物吐出餵食雛鳥，隨著雛鳥的逐漸長大，親鳥會銜回巢材加寬加高鳥巢，以防止雛鳥不小心跌出巢外摔死，持續餵食，孵化後一個月雛鳥已經和親鳥一樣大了，並開始在巢附近走動，振翅，出生後過了40多天親鳥誘導幼鳥飛行，能夠飛行之後過了約兩個月，東北季風開始刮起，黑琵們開始往南方的度冬區遷移，開始了度冬的旅程。

黑琵們埋頭苦幹的覓食。展翅者飛羽全白為超過5歲的成鳥。

輪流休息與警戒。

親鳥照顧著巢中的雛鳥。

巢附近三琵鷺對看。

巢上的蛋，巢直徑約45cm，隨著雛鳥的孵化、長大，親鳥也會將巢補強加大些，以防止雛鳥從峭壁掉下。

巢中的親鳥繁殖羽已經褪色。

中年的成鳥，也是很帥的唷！二月中旬，頭後面也已經長出了飾羽。

成鳥與亞成鳥因外來的因素而引起騷動。

● 亞成鳥展翅。

● 看，我的嘴形有夠像湯匙狀吧！

● 形人坨繁殖區上的親鳥站立在岩石上，用我紅色的紅膜，警戒著。

黑面琵鷺不同年齡層的外部特徵

年齡	嘴喙	虹膜	眼部黃斑	飛羽	備註
1齡	上喙光滑呈暗棕色或黑色	棕黑色	無	飛羽末端具明顯黑斑	幼鳥
2～3齡	上喙黑色略具橫斑 下喙基部暗棕紅色	棕橙色 或 暗紅色	不明顯	初級飛羽末端黑斑，二、三級飛羽末端黑斑漸退卻	亞成鳥
4～5齡	喙黑色，橫斑明顯	紅色	眼周上下具黃斑	初級飛羽末端仍具黑斑，二、三級飛羽已褪成白色	初具繁殖能力
5齡以上	喙黑色，橫斑明顯，部分個體喙前端出現黃色斑塊	紅色	眼周上下具黃斑	飛羽全白	成鳥

（薛天德提供）

老鳥的初級飛羽末端也會有黑色斑紋。

迎接黑面琵鷺

Platalea minor Temminek et Schlegel

秋風瑟瑟，站在邊堤岸的我迎著凜風，企盼著……默默的望著遙遠的雲端，偶爾拿起手中的雙筒望遠鏡，搜尋著老友們的蹤跡。「一路可安否？」「咱、咱、咱……」彷彿中，好像聽到了風中傳來一陣陣熟悉的聲響……。

「同伴們，就快到了，經過了十七天的停留與飛行，終於再次看到熟悉的地形，腳下那廣闊的灘地依然如舊、水色清澈，魚群隨著上漲的潮水湧入水門；大夥兒迫不及待地下降！瞧！我們是第一批到達主棲地度冬的黑琵家族……。」

每年秋分過後，颳起的東北季風改變了台灣的天氣型態，從晚秋逐漸入冬，黑面琵鷺也會在此時逐批乘風而來。在曾文溪出海口北側廣達300公頃的浮覆地，陸續聚集了一群群遠道而來的黑面琵鷺。

黑面琵鷺有著「鷺」的名字，而牠卻與白鷺鷥不同，牠們是屬於朱鷺科琵鷺亞科的珍稀冬候鳥，目前已知的繁殖區大多集中在北緯38度附近的無人小島，而中國遼東半島的形人坨上也是繁殖區之一。

黑面琵鷺屬於冬候鳥，已知台灣台南縣的曾文溪北

一大群黑面琵鷺有如天降神兵般的下降，看出哪些是老鳥嗎？

黑琵展翅寬度約有135至140公分，從水中一躍而起雙腳有如芭蕾舞者，非常優美。

側浮覆地為族群最大的主要度冬區；其他在日本九州福岡、香港米埔、越南的紅河三角洲附近亦有聚集的度冬族群。

台灣除了曾文溪口北側可以發現黑面琵鷺的蹤跡外，在宜蘭、嘉義的鰲鼓、林邊、永安等地，也有牠們零星的度冬紀錄。

黑面琵鷺顧名思義，有著黑色的臉龐，長長的、前端寬圓形狀像琵琶的嘴喙是牠們重要的特徵，黑面琵鷺為朱鷺科琵鷺亞科的珍稀冬候鳥，七股地區的漁民稱牠們為「撓杯」或「黑面撓杯」。

一群黑琵家族從天而降。

◎黑面琵鷺在台灣度冬或遷移的地點

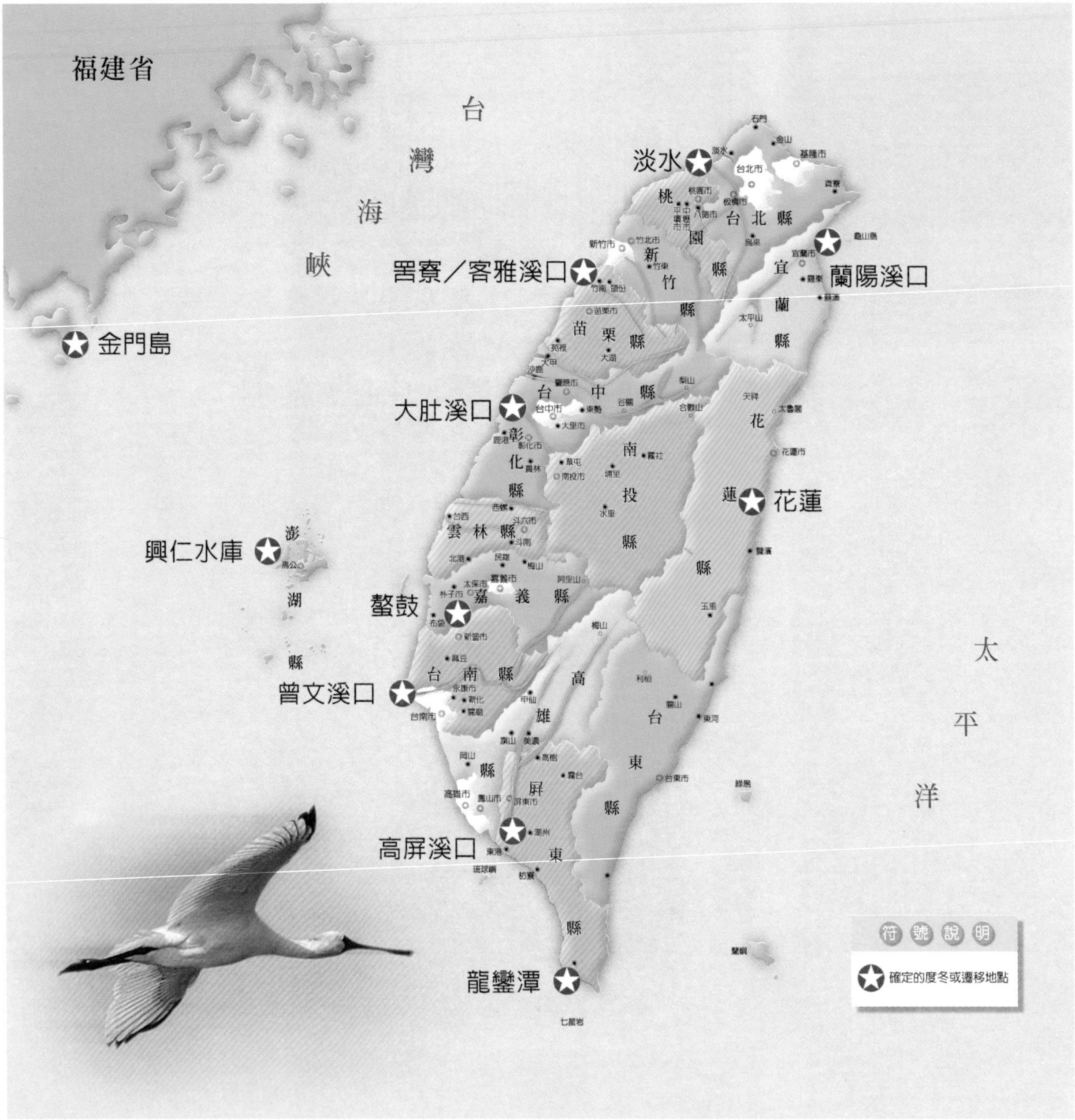

側面飛行。

迎面飛來。

黑琵下降的姿勢，千變萬化，有時像特技飛行的姿勢。

●淺又平坦的淺水區域是黑琵們最愛的覓食區。

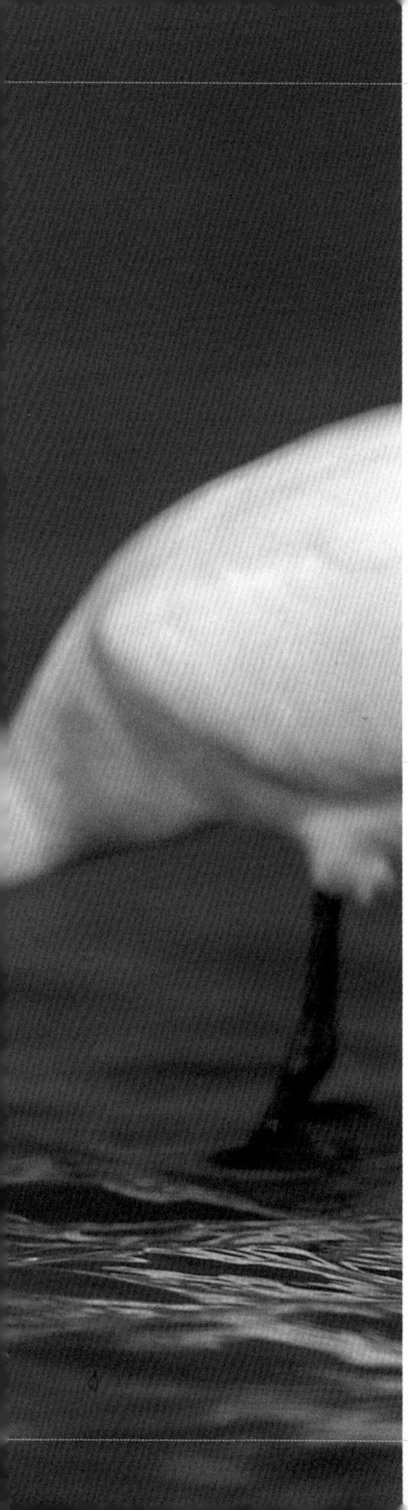

覓食

Platalea minor Temminek et Schlegel

遠看西邊的堤防下，大白鷺伸長著脖子等著，頭部傾斜著、兩眼專注盯著水中，潮水也沿著十孔水門流進了主棲地，此時水還淺，幾隻黑面琵鷺從主群飛過去，在西堤下的水域上空稍事盤旋，忽然間急速下降，想必是水中的魚群被牠們看到了，降落後站在水中的黑琵將長長的雙喙微微張開，伸進水中開始左右緩緩擺動，腳步也慢慢地移向前方，雙喙附近的水掀起了一些些的漩渦，小魚、小蝦也順勢被捲到嘴喙旁（觸覺上感知有小魚捲進，而小魚也會機警的往外跳離。）

只見黑琵加快腳步追捕著，時而左、時而右，捉到了獵物，是一隻豆仔魚，大約有15公分長，還活蹦亂跳的；而黑琵毫不猶豫將魚的位置拋正，從頭部整尾吞了進去。

此時魚群隨著潮水的源源流入，而更加活躍起來，而其他在主群的黑琵見狀也跟著陸續加入覓食的行列，十幾隻、幾十隻的從天而降，有如天降神兵一般剎那間占滿了一大片西堤下方水域，熱鬧非凡。

在主棲地東邊的收成後或廢養的魚塭，也常可見到黑琵們在覓食；依照時間、天氣的不同，有時在上午有時在午後，而大部分的黑琵更是在天黑之前從主棲地飛往東邊魚塭覓食。

黑面琵鷺 Black-faced Spoonbill

Platalea minor Temminck et Schlegel

● 哇！抓到了。

在廢棄的漁塭中，可以找到許多美食，成群的黑琵到這兒來享用新鮮活跳的魚蝦大餐。

● 哇！我也抓到了一條魚。

● 黑琵幸運的捕到一隻豆仔魚，可飽餐一頓了。

● 你知道我們把頭伸到水裡頭幹嘛？原來，我們正聚精會神的找尋食物呢！

● 返回繁殖區之前更需加緊覓食儲備體力。。

潮水夾帶著魚兒進入淺水區域，雖然艷陽高照，仍然把握機會覓食。

● 覓食中的成鳥正在努力找魚，不過並不是每一次都有收穫。

● 我嘴中有一條小魚，你發現沒？

好大的口氣，比比看誰的嘴較長吧！

嬉戲

Platalea minor Temminck et Schlegel

用嘴喙銜咬著掉落的羽毛，或將水中的草莖咬在嘴中互相爭奪著拉來拉去，是黑琵閒來無事時最喜歡的遊戲。

黑琵很會玩這種遊戲，有可能是透過銜咬的動作來促進嘴內觸覺神經的發達，並增進覓食時抓住獵物的能力，也有可能是透過這種遊戲來學習將來築巢時銜取巢材的技巧。

不過，有時他們所銜出的東西，卻讓我們人類感到不好意思，尤其是當看到黑琵們從水中咬出破舊的魚網或塑膠袋的時候。萬一這些人造物被其他生物吃進去肚子裡時，可真會害了牠們呢！垃圾真的不要隨便拋棄。

● 黑琵喜歡咬草，練習觸感神經。

互相鬥嘴。

黑面琵鷺 Black-faced Spoonbill

Platalea minor Temminck et Schlegel

天氣熱的時候，這麼涼快的水浴，非常愜意。

水浴

Platalea minor Temminck et Schlegel

水浴的聲音嘈雜，有時翅膀拍動水的聲響連在堤岸邊都可聽見。

水浴時水花四濺如幕狀；黑琵時而彎曲著頸部用嘴喙清理著羽毛、時而震動著雙翅。牠們或單獨或群浴，偶爾也會為了爭取浴場小有爭執、鬥嘴的情形。除了在主棲地的「海水浴」外，有時也在東邊廢養的魚塭中做「淡水浴」。水浴對黑琵身上的鳥蝨有清除的作用，也能洗淨少部分沾上泥濘的羽毛。

鳥類的水浴似乎有固定的地點；在東魚塭黑琵和其他的水鳥經常利用同一水域來水浴，而水浴之後為了晾乾沾濕的羽毛，牠們會振動雙翅，或將翅膀緩緩的張開，前進跳躍甚或橫向跳動，姿態之美非筆墨所能形容，也難怪會有黑面舞者的封號。

水浴中的幼鳥。

●「浴」罷不能，用腳搔一下頭部再洗一次吧！

快起來！換我來泡湯吧！

濺起了水花，好像在跳舞一般。

休息

Platalea minor Temminck et Schlegel

黑琵很懂得保持體力，活動之後就休息。

休息的時候，黑琵將長長的嘴喙幾乎整個放入翅膀中，只露出部分的臉。雖然在休息但也隨時留意四周的情況；黑黑的臉龐上眼睛時開時閉，牠們習慣單腳站立著休息，而一有狀況則立刻將另一腳快速放下飛躍而去。休息時，潮水會上漲或退去；上漲時水漲至上腿或快接近腹部時，黑琵們會移到比較淺的水域或灘地上休息，以減輕水流的壓力。

保護區內的黑琵，白天大部分時間都是休息著，而停留在牠們近旁的裡海燕鷗也同樣如此。雖然有人稱黑琵為夜行性鳥類，但是黑琵等鳥類度冬時，白天也會進行部分的活動如：覓食、水浴、遊戲……等，到了傍晚，黑琵會飛到魚塭區活動，那不過只是牠們每天活動的一部分，所以黑琵應該不屬於夜行性鳥類吧！而不像貓頭鷹等只在夜間活動的鳥類。

● 我們在一起站著睡大覺，有時候眼睛會睜開一下下。

● 魚塭旁的堤防高，躲在裡面最安全。奇怪的是，為什麼大夥兒睡覺時，頭都朝同一個方向？

黑面琵鷺 Black-faced Spoonbill

Platalea minor Temminck et Schlegel

單腳獨自站立的亞成鳥嘴喙表面平滑無橫紋。

因風向的不同，黑琵都朝向著順風的方向睡大覺，以免逆風羽毛張開而失溫。

活動筋骨是好的養生之道。

在主棲地休息比其他地方安全，還有裡海燕鷗來作伴。

三月上旬在魚塭休息的黑琵群，成鳥已長出美麗的繁殖羽。

● 站在後面的黑琵群從睡夢中被驚醒，警戒著。前面的卻仍然老神在在的睡大覺。

警戒

Platalea minor Temminek et Schlegel

休息中的黑琵都是單腳站立，遇到騷擾時會立刻抬頭警戒；如果持續受到騷擾，則會整群飛離原停留地點，再下降到安全的地方。通常在黑面琵鷺的主棲地附近，都會發現一些大白鷺棲息，那是因為大白鷺警覺性很高，一有風吹草動，立刻避離，而黑琵們也會跟著飛走。

● 水鳥們常聚在一起，埃及聖䴉雖非我類，但也幫你整理一下尾羽吧！

大白鷺的警戒性比較高，我們喜歡和牠們在一起。

● 看看這些警戒中黑琵的神情。

● 黑琵們發現有大白鷺停留在水域會覺得較為安全，大白鷺會吃一些被黑琵攪動而驚慌失措的魚蝦，兩者的互動很好。

黑琵們有的注意著前方，有的向左、右兩邊警戒著，莫非有事要發生了？

蒼鷺哥哥，你幫我警戒，我找魚去了。

蒼鷺哥哥，我們雖然羽色不同，但同為鳥類，如果有什麼風吹草動，記得通知一聲。

腳站直、伸高脖子、眼看四方，警戒中的成鳥。

Platalea minor

Temminek et Schlegel

奇怪，水中有什麼？我先咬看看，你不要搶嘛！

好奇

Platalea minor Temminek et Schlegel

咦！這是什麼？好奇心也是黑面琵鷺具有的個性之一，偶爾從牠們附近飛過的小生物或高空飛過的飛機，都會引起這種好奇的表情，在距離稍接近時，長時間透過鏡頭觀察，就有機會看到牠們好奇的神情，萬物皆有情，只要我們細心去觀察體會，你將會看見黑琵可愛無邪的一面。

● 發生什麼事了呢？

● 好奇的東張西望。

禦寒

Platalea minor Temminck et Schlegel

嚴冬寒冷的天氣，黑面琵鷺似乎大夥兒站得更密集，靠近一點站在一起可阻擋寒風的入侵；而站在前頭頂風的那幾隻黑琵隔一段時間會走開，移入鳥群中，換別的同伴接替頂風的位置，禦寒是有方法的，就如同帝王企鵝，大夥兒群聚在一起，天冷時更加能夠保持溫暖。

黑琵喜歡擠在一起。

在主棲地禦寒中的黑琵群一字排開。

起床了！睡那麼久，該好好舒展一下筋骨了。

黑琵常將頭埋在身上睡大覺，有時會睜開一隻眼睛，看一下周圍的情況。

以寡擊眾，黑琵們一不小心接近繁殖中高蹺鴴的巢時，會遭到體型懸殊的高蹺鴴驅趕。

天敵

Platalea minor Temminek et Schlegel

萬物皆有天敵，天敵應是生物界食物鏈的任何一個環節，大魚吃小魚。黑面琵鷺也吃小魚，黑面琵鷺也有天敵，各種猛禽如游隼，或者黑脊鷗等即是牠們的天敵，而人類更是他們最大的天敵；從前在繁殖區黑琵的蛋曾經被人類拿去食用，以後會不會再被無知的人類拿去食用，仍不得而知。在度冬區部分研究人員不當的捕捉、繫放的行為也算是牠們的一大敵吧！土地的開發淺水池、漁塭的消失，造成黑琵們活動空間的縮小，更是黑琵復育的最大天敵。

也是黑琵天敵之一的游隼。

● 本性溫和的黑琵展翅狀似威武。這一隻亞成鳥連次級飛羽的羽軸也是黑色，十分可愛。

黑脊鷗在繁殖區是黑琵的鳥蛋與雛鳥的天敵。但度冬時，偶爾會停留在黑琵群附近，對黑琵不會造成威脅。

黑琵移動時，有時用走的，有時用飛的。

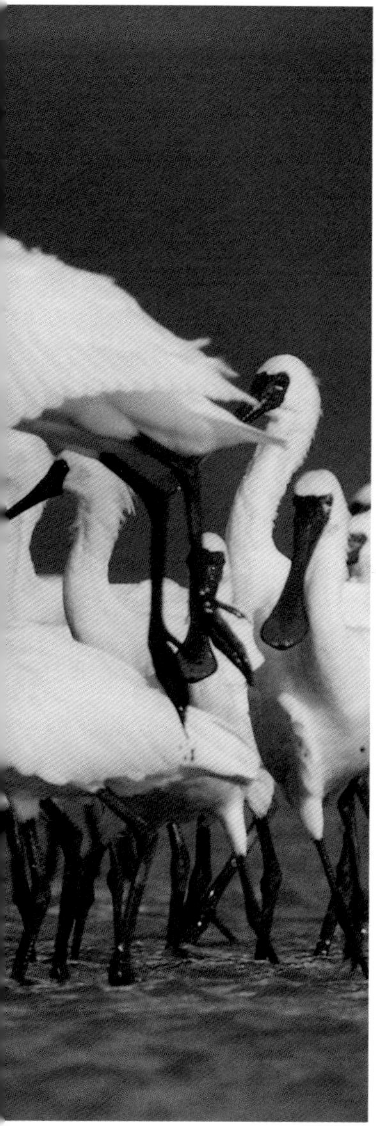

移動（在主棲地）

Platalea minor Temminek et Schlegel

天氣寒冷、北風強盛時，族群為了避風，會移向北邊堤岸下約120公尺處停留；此時天候條件惡劣，卻是能近距離觀察黑面琵鷺的最好時機。

天氣晴朗北風弱時，如果又適逢假日，賞鳥遊客衆多，黑琵們會向南移往主棲地中央，有時甚至離北堤岸達800公尺之遠；白天的潮水漲潮時，黑琵會隨著水深的變化由西向東移動，而退潮時黑琵則是由東向西邊移動，移動時有的用飛行的，也有些用步行，飛行時下降的姿態美妙，而步行時則行走姿勢有時會博君一笑。如果賞鳥者心中想著頑皮豹則更能傳神。

邊走邊東張西望，小心留意著周遭情況。

在水中緩慢前進。

● 急煞車。快煞不住了，沒有ABS，只好連腳掌都張開。

理羽

Platalea minor Temminek et Schlegel

白白的羽毛覆蓋著整個身體，除了雙腳、腿部、嘴喙與臉部之外幾乎都是為了度過寒冷的冬天，黑琵們全身一套白色的羽毛裝，大家都是一樣的裝扮，沒有需要趕流行，只是在一些年輕的幼鳥與亞成鳥的身上雙翅的飛羽上有部分是白色中夾雜著棕黑色，而羽毛的中軸也有著棕黑的顏色，而年齡超過五歲的成鳥則雙翅全為白色。鳥類的身上多少會有少許的寄生蟲，此時就需靠理羽來降低不舒服，而每次飛行過後，也會看到黑琵整理一下散亂的羽毛，長嘴喙在理羽時也會造成不方便，靠近頸部或頭部則需要靠互相理羽來解除不適。

成鳥在春天接近繁殖前，也會靠互相理羽等動作來表達求偶的行為，真的是讓人感覺到「你儂我儂」般的親密。

互相理羽有時因為對方不願意接受而發生短暫的鬥嘴，不過都是點到為止。

● 飛行之後，黑琵會細心整理羽毛。

● 勤快的整理羽毛，以更亮麗的外表迎接即將來臨的繁殖季。

● 理羽時，黑琵之間也會起口角，不過只是點到為止。

● 怒髮衝冠的黑琵，互別苗頭不相上下。

想偷襲我的腳，門都沒有。我只要向上一躍，就躲過一擊。

我們正在打架，不是在打情罵俏。

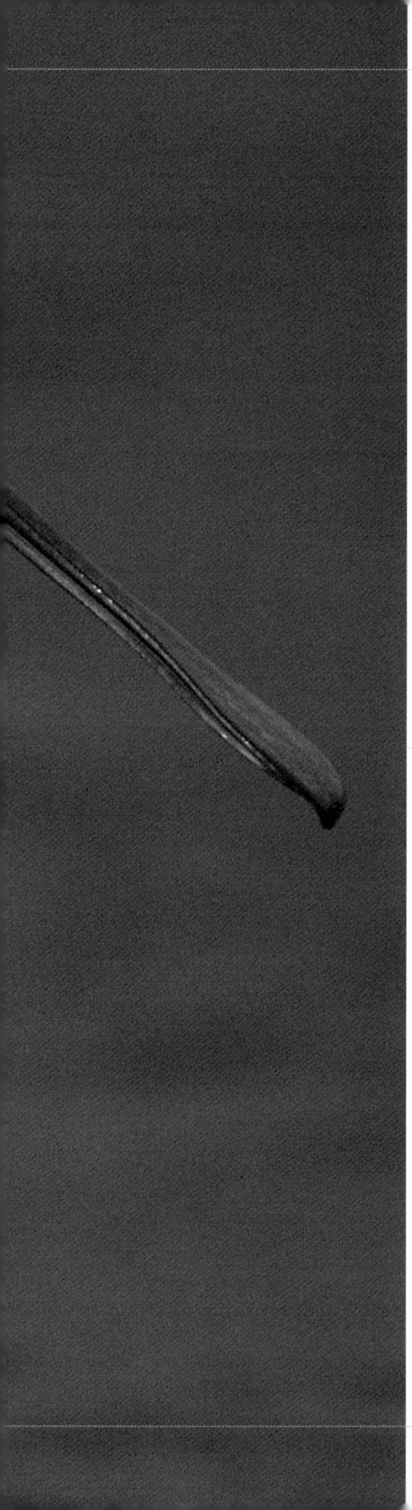

邂逅

Platalea minor Temminek et Schlegel

晨曦中提著沈重的照相裝備，身上穿著迷彩衣，悄悄地躲在北堤下的苦林盤叢中，靜待著黑琵移動，總希望能更拉近鏡頭與黑琵的距離，自以為偽裝得很好，地點、地物幾乎將整個人融入，但眨眼間從主棲地稍遠的族群中飛起一隻黑琵朝我的上空直飛而來，當時立刻取景按快門，本來以為牠會高飛越過北堤而去，可是牠卻是飛到我的上空，在上面繞一小圈之後飛回主群中。「天啊！穿幫了！連自認為無懈可擊的偽裝也被你識破！真佩服！」有一次躲在北邊漁塭的一處塭埂下，架放長鏡頭，也是全副偽裝的拍黑琵，可能是有塭埂的遮擋吧！黑琵們終究沒發現我的存在，牠們儘情地追著魚覓食，逐漸接近鏡頭……10公尺、15公尺已無法對焦，2公尺、1公尺一直接近到塭埂下面，早就停止按快門了，此時更是不敢亂動以免驚動到牠們，一小群的黑琵在伸手可及的眼前覓食，從來沒有如此接近看過牠們！那份悸動的心情至今仍印象深刻，尤其是有的黑琵的眼睛虹膜真是紅得漂亮！

● 依年齡的不同，黑琵眼睛的虹膜會有深棕色、紅色等顏色。

暫別了曾文溪口主棲地

Platalea minor Temminck et Schlegel

二月下旬的清晨在主棲地的遠處，從一大群的黑面琵鷺中，緩緩的走出了十六隻黑面琵鷺，牠們身上的羽毛非常美，頭部上後方黃橙的長長飾羽隨著南風飄逸著，頸部下方的胸圍也細佈著橙黃色的繁殖羽；南風持續吹著、想走又依依不捨，不由得走回主群中，然而身體中想回去構築愛巢的衝動，身不由已的再次從主群中走了出來，儘幾十步的距離竟然會是如此的遠，「再次想起這片讓我度過嚴冬的地方，真是令黑琵們懷念啊！畢竟被人們封上有戀地性的我們，捨不得！真捨不得啊！南風中傳來了訊息，再不走可真誤了終身大事，還是走吧！」帶頭的將腳躍

從主群中走出，準備開始北返。

再見了，台灣。

黑琵要出發了。

● 北返的路還遠著呢！加油。

起，慢慢振翅前飛，接著今天要啓程的其他黑琵也跟著飛起；有別於平常的飛行，這將是長程的旅途，雖然中途我們會歇腳補充體力，大夥兒還是慢慢的振動著翅膀，緩緩的上升，同時順勢將翅膀調適一下各種角度，向前慢慢拍翅，腳也像飛機的起落架似的徐徐收起，再伸直加快些飛行的速度；主群中，似乎也有幾個白色的影子隨後跟了過來，原來是幾隻幼鳥，全身白色的羽毛在藍天的襯托下格外明顯，飛過了北堤、飛過了七股燈塔、暫時告別了度冬的主棲地，秋分過後我們會再回來的，飛啊飛！幼鳥們你們不必這麼早跟著大人們回去，回去吧！

要送行，到這兒就可以了，回主棲地吧！幼鳥們依依不捨的調頭飛回主棲地。

Platalea minor

Temminek et Schlegel

戴著發報器飛翔的黑琵除了增加體力的負擔，不知對雌鳥繁殖的能力有沒有影響？

受傷的黑琵

Platalea minor Temminck et Schlegel

這是一段令人辛酸的時間。1998～1999年的那段期間，在主棲地或東邊的漁塭區，常可看到一些受傷的黑面琵鷺，有的是腳掌斷了、有的是上嘴喙被魚線束緊甚至刻出了三角型的缺口，甚至有些腳上部被魚線束緊而跛腳，慘得很！透過鏡頭，尤其動態的影像，更是令人感到無語問蒼天，為什麼有人會對可愛的黑琵做出那麼不人道的事？部分研究繫放是否要檢討？黑琵在覓食時兩嘴張開在水中左右擺動找魚時，有時上嘴中圈套、有時下嘴中圈套，甚至腳中圈套時卻掙脫而反被釣線束緊後再拉斷，造成無法彌補的傷害，情何以堪？

此事經過許多愛鳥人士向農委會陳情，終於停止了繫放，雖然這幾年沒再發現因魚線圈住而受傷的個體，但是以前被裝上發報器的T-10繫放之後，過了2年多，在2002年的春天被發現跛腳，並且發報器仍然未脫落，而另T-13繫放過了4年之後，發報器仍未脫離，更悲哀的是另外有一隻黑琵發報器未掉落，竟然移轉到胸前變成項鍊。

希望以後不要再有人抓黑琵來裝發報器了，度冬區的繫放行為一定會對珍稀的黑面琵鷺造成傷害。

為什麼我要無條件幫人類背著一個發報器。

愛牠就不要害牠！

研究牠更不要重蹈覆轍讓牠受傷。

人不是萬物的主宰？尊重生命是人類應有的態度。

一隻頸上疑似有槍傷的黑琵，不知在何處逃過這一劫？

失去腳掌的黑琵，好可憐。

● 你看到了嗎？我的上嘴喙被魚線圈套給套住，造成小缺口。

韓國繫放的幼琵，左上腳黃紅黃的色環，右上腳紅底白字K37的號碼環。

K-37發現與意義

Platalea minor Temminck et Schlegel

在2002年6月4日南韓Bido（飛島）島的繁殖區上，韓國瀕臨物種復育中心由金守一教授領導的研究人員，將四隻黑面琵鷺的雛鳥（出生孵化才15至19天）裝上腳環後立刻釋放，其中包括了編號K-35、K-36、K-37（同一巢）與K-38等，其中K-37紅色腳環、黃紅黃色環的幼鳥，在10月10日當天被台南縣黑琵家族黃琨哲在東魚塭發現，經由筆者證實牠是從南韓Bido繫放的黑琵，此一發現搭起南韓繁殖區與台南七股度冬區之間資訊與人員密切連繫的橋樑，後續的觀察是非常必要的，透過持續對K-37等黑琵的觀察，我們可更加了解黑琵在自然狀況下的成長情形，諸如，何時會變成成鳥，及翅膀上的飛羽、棕黑色羽斑及羽軸的變化等情形，甚至黑琵的生活史皆可探知。

K-36的幼琵。

不要咬我腳環。

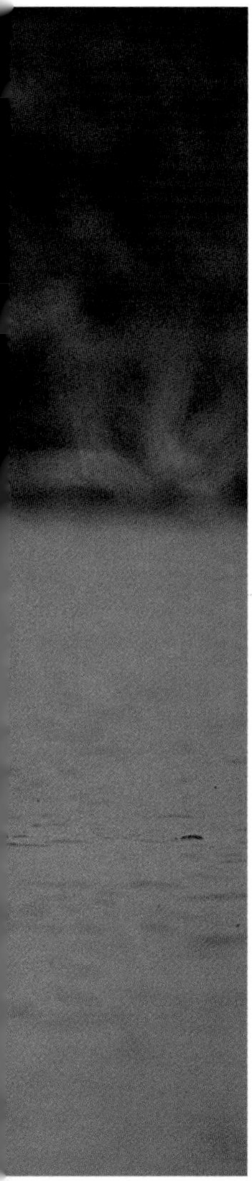

台灣研究人員繫放的T08黑琵成鳥，號碼環與色環是為了野外辨識用。

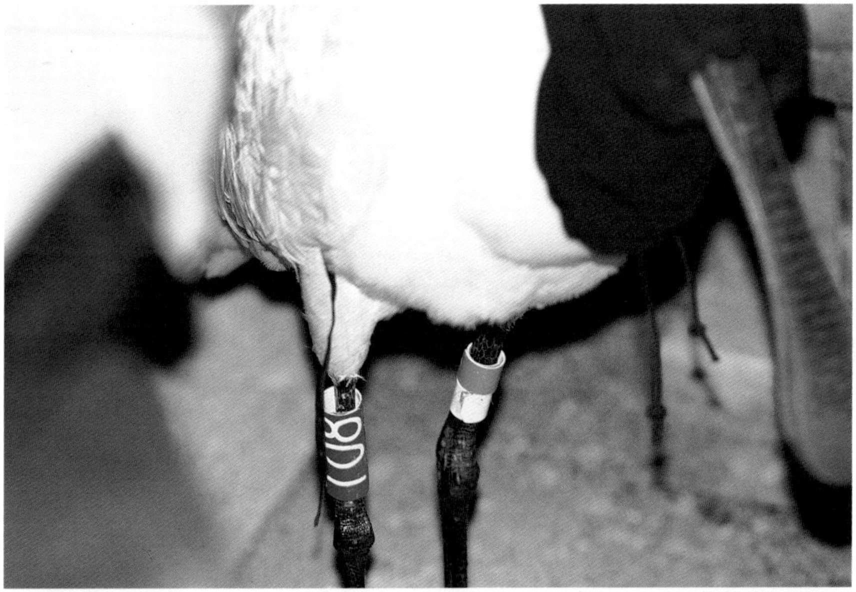

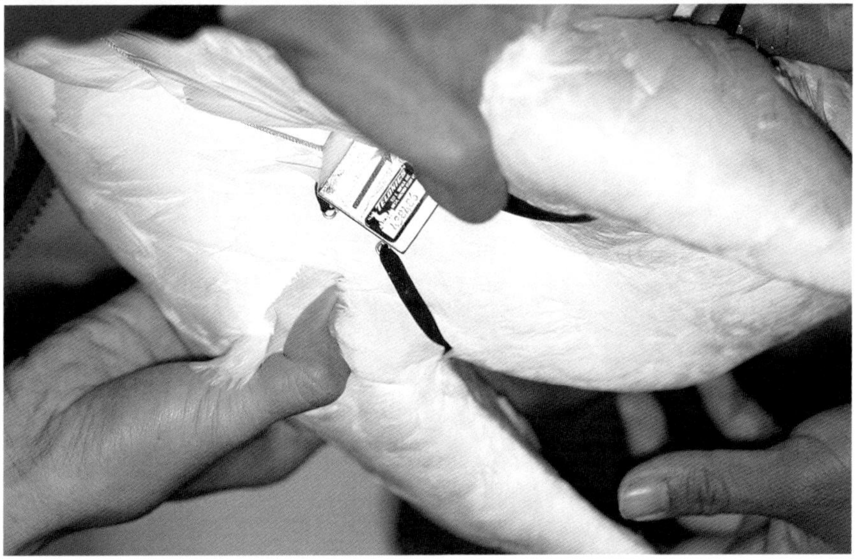

安裝發報器。

保護區的劃定

Platalea minor Temminek et Schlegel

農委會在2002年11月1日，將曾文溪口的黑琵度冬主棲地正式公布為保護區，面積為300公頃，更將保護東側魚塭區344.4公頃劃為黑面琵鷺的重要棲息地，保育界人士歷經10多年的努力，終於讓保護區劃定的夢想實現，而縣府沿著保護區北堤新建的第一賞鳥亭、第三與第四賞鳥亭，也同時提供賞鳥人士使用，使黑面琵鷺的保育進入了新的里程碑。

300公頃的黑琵保護區。

保護區的夕陽與日照很美，夕陽映在黑琵群的身上更美。

◎黑面琵鷺在曾文溪口度冬棲息地導覽圖

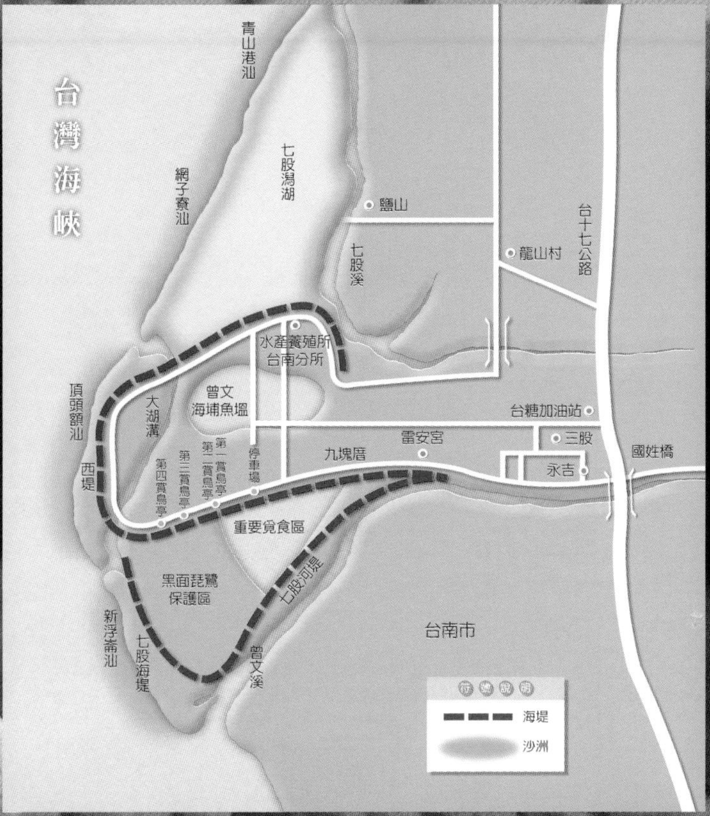

● 同伴們，讓我也加入你們。

第三賞鳥亭。

黑琵家族野鳥學會第一賞鳥亭的巨型黑琵看板。

第一賞鳥亭的無障礙迴道與看板。

黑面琵鷺指向標柱，地面上的馬賽克地圖配合柱子上方箭頭指向其他各度冬區。

2002年12月9日在北魚塭事故現場病死的黑面琵鷺。

2002年12月9日的悲慘事件

Platalea minor Temminek et Schlegel

12月9日上午出發往旗津拍照之途中，突然接到黑琵家族野鳥學會總幹事吳素珍的電話，上氣不接下氣的通知我「黑面仔遭到鳥仔災」有多隻已經病倒了，心中想「怎麼可能？8日上午才剛在北漁塭的一處淺水池中看到牠們高興的在覓食，隔了一天就發生了這種事？」當即立刻調頭趕往現場，抵達時只見平時常在賞鳥亭碰面的鳥友、縣府人員、巡守員以及媒體的朋友，個個嚴肅悲悽的表情，且互相探討著，此時巡守室中特生中心趕來的醫生們正急救著；有人說是被凍死的，有人說是否有人為因素……眾說紛紜，各種懷疑都有。

筆者立刻想到昨日在北漁塭覓食的池子是不是有問題？立刻夥同王徵吉理事長、巡守隊隊長陳朝宏、黑琵家族吳素珍、吳秋琴等人火速趕往現場，天啊！怎麼會是這樣？

●人稱黑面舞者的我們，希望人類會懂得珍惜我們。

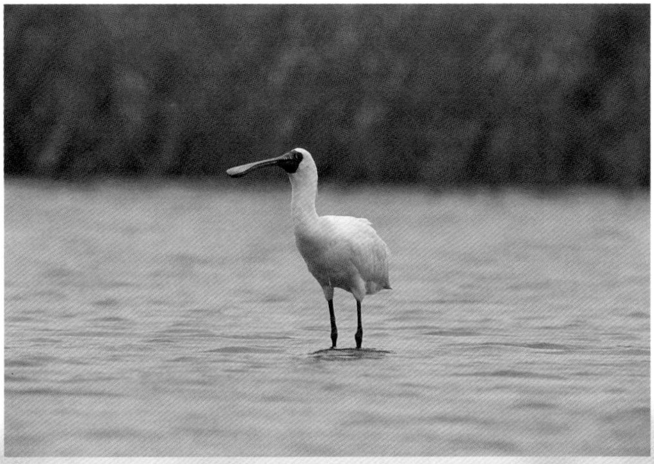

● 我的未來……應該不是夢。

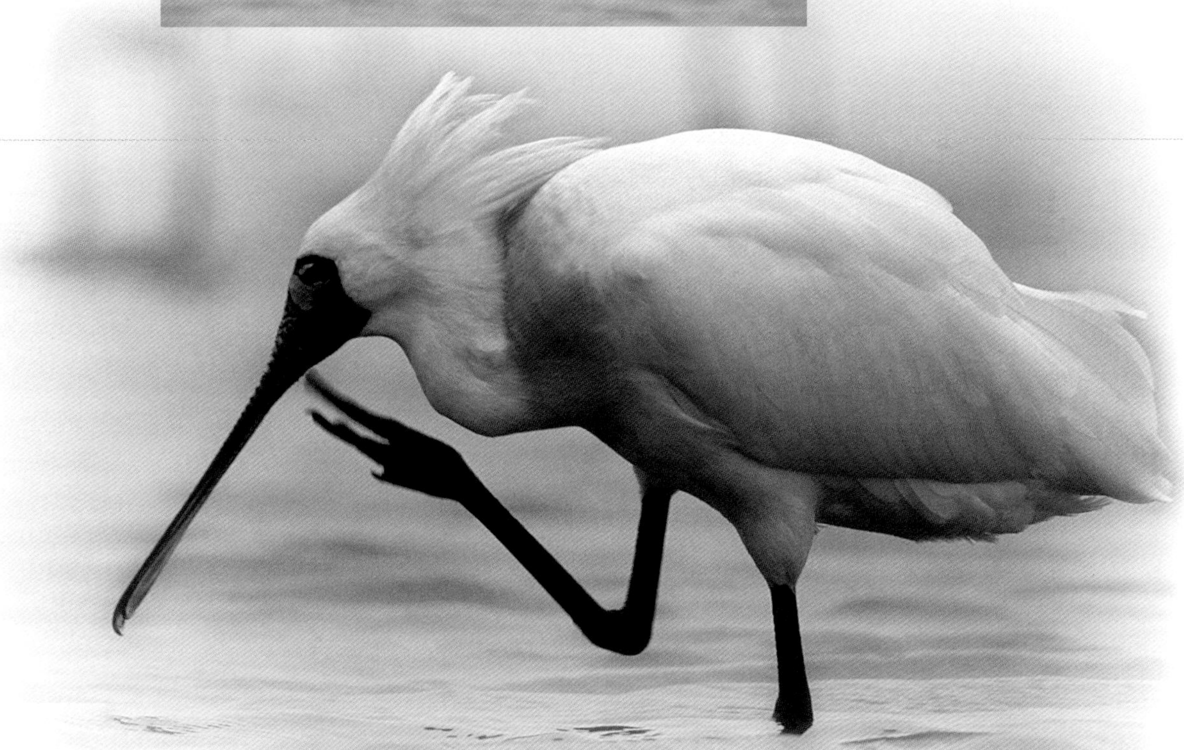

● 我是在搔癢，沒錯！

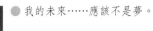

● 健康又活潑的黑琵是最美的。

慟黑琵

Plotalea minor Temminek et Schlegel

安靜的走吧！可愛的摯友們，當殘酷的大地，永遠要留下你們的時候，我除了盡力之外，也只能無言。

平常看見你們群聚在一起，站在河口嬉戲，互相理羽、單腳休息，尤其水浴之後舞動著美麗的雙翅，展現出舞者優雅的姿態，那時心中總期待且祝福著，希望每年的冬季在曾文溪口都能夠一次再一次的見到你們。

筆者憂心忡忡的抱起病倒的黑琵。

2002年12月9日突然接到不幸的消息，匆忙趕赴主棲地，在北邊的一處漁塭中，見到受難的你們，火速涉過潮溝，剎那間見到躺在漁塭埂上、雙喙微張，無助的等待救援的你，啊！怎麼會是這樣！強忍著快奪眶而出的淚滴，趕緊將你小心翼翼的抱起，又怕潮溝的水沾濕了你潔白的外衣，高高將你舉起涉過水深及胸的潮溝，托友人速送急救，如今只希望你仍健在。

再回過頭，在北漁塭的淺水中，又見到你的同伴，白白的羽毛上沾著泥濘，頸部彎曲，雙翅微張，僵硬地半浮於水面上，想必臨走之前承受過莫大的痛楚，心酸的

揮舞著雙翅，臨空而降。

我，心中淌著血，怎麼會是這樣？曾經兩次遠赴繁殖區探視過你們的我，從生看到目前的往生，竟然是如此的悲悽，是得罪了誰？還是真的是肉毒桿菌惹的禍，讓你們長留於此？

10多年以來，雖然大環境中存在著各種不同的變數，曾經發生過的只不過是偶爾被槍擊或中毒的零星個案，而此次真不敢想像，竟然有幾十隻你的同伴，在此意外中往生，能安息嗎？

當屍骨未寒時，少數自私的人類，搶著要你們的遺體欲做成標本來凸顯他們之與衆不同，更有人企圖將部分幸運的劫後餘生者裝上發報器，以助他們在研究的領域中獨領風騷。天啊！這是什麼世界？群居的你們想必不喜歡被拆散成個體，而餘生者如果被裝上發報器是否會再次面對死亡的危機？真希望這些擔心的事不會發生。

曾經有過生命，雖逝去，也應得到尊重，在事發現場，當我看到黑琵家族的成員，用雙手從冰冷的水中悲傷的將你逝去的同伴抱起時，剎那間尊重生命的意義，在此得到了詮釋。

企盼著不久的將來，在曾文溪口附近成立一個紀念館，將逝去的遺體、將在生時的各種姿態做成標本，再次展現出你們活潑美麗的一面，讓世人永遠記得。

P l a t a l e a   m i n o r

Temminck et Schlegel

● 你在看我嗎？

賞黑琵須知

Platalea minor Temminek et Schlegel

1. 服裝素色或迷彩衣、帽子。
2. 雙筒望遠鏡，能有單筒望遠鏡（30～60倍）更佳。
3. 小筆記本、筆。
4. 鳥類圖鑑。
5. 賞鳥時保持安靜，且與鳥保持適當距離。

不要太靠近，我很容易受到驚嚇。

我是白琵鷺，個頭比黑面琵鷺大，每年都有3至5隻混在黑琵群中，到曾文溪口度冬。

中白鷺與黑面琵鷺在廢棄魚塭的草叢中。

琵鷺亞種簡介

非洲琵鷺　L90cm　**非洲**　Africa Spoonbill
Platalea alba

普遍分布在中非及南非，純白的羽毛長扁狀的嘴和鮮紅的臉及雙腳，為群居性鳥類。

繁殖期—4～9月，以茅草、蘆葦和樹枝為鳥巢建在0.25～2公尺的水面上，通常生2～4個蛋，孵化期間—25～29天。

幼鳥長翅膀至羽毛豐滿到會飛約需4～5週。

皇家琵鷺　L70~76cm　Royal Spoonbill
Platalea regia

分布於澳洲東北部、東南及西部，為澳洲特有鳥類。

黑扁的嘴，眼睛部分後的頭部皮膚為黑色，外形像黑面琵鷺，額頭上有紅色色班，繁殖期間，成鳥在眼睛上方有黃色斑點，身體、羽毛皆為白色、腳為黑色。

棲息在新鮮的淺鹹水溼地中。

黃嘴琵鷺　L80~90cm　Yellow-billed Spoonbill
Platalea flavipes

分布於澳洲東北部、東南、西部，南部及中部，為

● 白琵鷺分布在歐亞地區，數量雖多，但在曾文溪口可是個位數呢！

澳洲特有鳥類。

嘴呈黃灰色，臉部為灰色，邊緣有黑色線狀外緣，身體為乳白色，在內部有黑帶狀的羽毛，胸部上方有飾羽(非繁殖期則沒有)，腳部為黃色。

棲息在淺灣的新鮮鹹水溼地上，有時也會棲息在乾燥的牧草地上，但經常棲息在樹上。

玫瑰　粉紅琵鷺　L67~87cm（美洲琵鷺）

Roseate　Spoonbill　*Ajaia ajaja*

經常整群聚集在紅樹林，鹹溼地和接近沿海岸旁貧林的鹹水湖中，因經常遭人類的捕殺和棲息地遭破壞而接近瀕臨絕種。牠的特徵為長扁的嘴前頭及前額全禿無毛、粉紅色的翅膀和紅色的肩膀與紅橙色的尾巴。

幼鳥為白色，漸漸進化為粉紅色，分布在中南美洲、墨西哥灣等沿海地區。

全球受脅，全球數量最少的琵鷺。

● 春天到時，成鳥開始長出頭上的飾羽，頸圈也長出黃色的羽毛。

● 嘴長，額頭較圓腳粗的雄鳥。

● 黑琵的半蹼腳掌方便在泥灘地活動。

黑面琵鷺 L70~82cm Black-faced Spoombill

Platalea minor

嘴長、先端扁平，呈匙狀、黑色或黑褐色，腳黑色額、嘴基部、眼先黑色而相連。成鳥夏羽：全身大致為白色，後頭飾羽及胸圈黃色。冬羽；全身白色，飾羽變短。亞成為似成鳥之冬羽，但嘴暗紅褐或黑色，初級飛羽外緣黑色。

通常單獨或成小群出現於海岸附近、河口、沙洲等淺水地帶。習性似琵鷺。記錄：於宜蘭蘭陽溪口及竹安、台北關渡、台中大肚溪口、台南曾文溪及竹滬、屏東林邊及澎湖皆曾發現。

《相似種》白琵鷺眼先之黑色部份較窄，呈線狀。

滑翔預備下降。

白琵鷺 L79~86cm Eurasian Spoonbill
Platalea Leucoroclia

體長79～83cm，非全球受脅。

繁殖地：較廣泛分布於歐、亞。歐洲地區估計繁殖約有3100～4400對，土耳其約900對。

度冬地：非洲東西部及中國東南地區。

賽內加爾781隻（1991年），Maurtania 8600～10000隻（1986年），中國約1000隻。

《形態》

嘴長，先端扁平，呈匙狀，腳黑色。成鳥夏羽頭部飾羽、胸圈羽毛桔黃色，嘴喙黑色兩端中間黑色外緣黃色、亞成鳥、幼鳥夏羽羽毛白色，冬羽成鳥，亞成鳥全身羽毛白色，成鳥飾羽變短或無。

《生態》

通常單獨或成小群出現於海岸附近之水田、河口、沙洲地帶，常混於白鷺群中，覓食時，嘴在水中左右掃動後啄食。記錄：於宜蘭竹安及蘭陽溪口，台北淡水、五股、關渡、金山及八里，台南後壁、澎湖皆曾發現。

《相似種》

黑面琵鷺嘴基部、額、眼先黑色而相連。

以上資料參考自【黑琵舞曲】統一夢公園生活事業出版

● 穿著迷彩衣服的作者。

林本初作者簡介

Platalea minor Temminek et Schlegel

1985年當哈雷彗星向地球接近時，那股天文熱潮也感動了林本初，從那時候開始，林本初投入了天文攝影活動。天文器材從簡單觀測用的，逐漸隨著需求的提升，越換越精良。目前使用的器材有高橋螢石口徑10公分F8 ASTRO-PHYSICS口徑15.5公分F7等兩架折射式天文望遠鏡以及8000mmF5.6的望遠鏡頭。

多年來拍攝到一些天文攝影作品，部分曾入選並刊於美國的天文雜誌，如「ASTRONOMY」、「SKY&TELESCOPE」、日本的「天文ガイド」以及「月刊天文」。1999年更有5張天文照片（馬頭星雲、M42、薔薇星雲、M8-M20及海爾—鮑普彗星與夫妻樹）被採用，使用於台北市公民營公車電腦儲值票，讓搭車民眾能瞭解宇宙的美麗。

10年前拍星之餘，開始投入生態攝影，使用既有的天文望遠鏡拍攝鳥類生態，其中尤熱中於遠從北方來曾文溪口度冬的黑面琵鷺。黑面琵鷺為珍稀保育類冬候鳥，棲息於曾文溪口時，距離岸邊很遠，不容易拍攝，林本初使用超長的天文望遠鏡，雖然笨重，但是耐心的等待，讓他拍攝到一些珍貴的鏡頭。作品曾經參加1998年4月由農委會指導在台北誠品書店的「黑

整理一下羽毛，準備開始活動。

面琵鷺生態攝影展」、2000年2月台南縣文化局的黑面琵鷺攝影聯展以及同年3月在高雄市文化中心的黑面琵鷺生態攝影聯展。而1999年1月一張使用天文望遠鏡拍攝的黑面琵鷺照片入選被CANON公司採用，刊於該月份發行量超過830萬份的英文版國家地理雜誌上（瀕臨絕種系列ENDANGERED SPECIES），進一步將曾文溪的生態推向國際。

1999年8月5日組隊前往中國遼寧省長海縣形人坨無人小島，於8月10日登島首次拍下了珍貴的黑面琵鷺繁殖區的鏡頭，為國內生態界第一次用鏡頭記錄下繁殖區的生態。2001年第二次登上形人坨記錄黑面琵鷺繁殖資料。

1999年12月25日發表了國內第一部使用業餘器材拍攝的黑面琵鷺生態錄影帶，片長22分鐘，收錄了曾文溪口度冬的黑面琵鷺與長海縣形人坨繁殖區的珍貴鏡頭。

為何突然展翅？你的同伴不知有沒有被你嚇到！

衝吧！讓我們飛向天空。

林本初

天文與生態攝影工作者

現任台南市天文協會常務理事，黑琵家族野鳥學會顧問

- 1998年4月4日～4月16日於台北市誠品「我愛黑面琵鷺生態攝影聯展」。
- 1998年11月出版《黑面琵鷺攝影專輯》，行政院農業委員會出版。
- 1999年接受民視非官方新聞專訪。
- 2000年6月25～7月9日於台北市立天文科學教育館舉行「風中舞者—黑面琵鷺」專題攝影個展。
- 2001年7月第二次遠赴形人坨觀察並拍攝黑面琵鷺育雛的珍貴畫面。
- 2001年12月出版《玉山國家公園出版—玉山星情》，林本初攝影作者。
- 2002年10月7日林本初拍攝的五張黑面琵鷺為外交部採用，使用於新版護照內頁。
- 2002年12月1日開始至2003年2月28日林本初在玉山國家公園—水里管理處，黑面琵鷺全記錄個展。
- 2003年1月接受中視「台灣誌」專訪（黑琵專集）。
- 2003年9月《黑面琵鷺》專書，聯經出版社出版。

Platalea minor

Temminek et Schlegel

黑面琵鷺歷年大事紀

Platalea minor Temminek et Schlegel

年代	大事紀	資料來源&參與單位
1849	Temminck & Schlegel命名	
1863	史溫侯Swinhoe在淡水河口觀察紀錄兩隻黑面琵鷺	
1864	史溫候Swinhoe在淡水河口獵得四隻，製成標本	
1893	英國鳥類學家La Touche在台南安平地區，看到一群像「琵鷺」的鳥	
1930	中國東南沿海冬季普遍的常客	
1974	台灣鳥類研究人員記載到一群25隻黑面琵鷺在曾文溪口	陳炳煌教授、顏重威
1989	香港鳥類學家Kennerley察覺其族群數稀少，可能瀕絕，引起國內外人士的注意	
1991	曾文溪口北岸黑面琵鷺調查計數報告—翁義聰，郭忠誠。黑面琵鷺數量高達191隻	野鳥年刊2、台南市野鳥學會
1992	農委會於7月1日依野生動物保育法，公告黑面琵鷺為瀕臨絕種保育類野生動物 11月　黑面琵鷺遭不明人士獵殺 12月　發現另一隻遭射殺之黑面琵鷺	農委會
1993	農委會公告黑面琵鷺為第一級瀕臨絕種保育類動物，並委託台南市鳥會黑面琵鷺現況調查（1992～1993）	農委會、台南市鳥會

年代	大事紀	資料來源&參與單位
1994	黑面琵鷺現況調查（1993～1995）	農委會、台南市鳥會
1995	1月　台北「黑面琵鷺保育及研究研討會」	台灣、荷蘭、香港、韓國、美國
	黑面琵鷺保育行動綱領	中華鳥會
	7月　農委會委託王穎教授進行無線電繫放及學術調查	農委會、師大王穎教授
1996	5月　北京「保護黑面琵鷺研討會」	日本、台灣、香港、南、北韓、中國
	曾文溪口野生鳥類保護區實施計畫書	台南縣政府
	11月　黑面琵鷺保護區劃設原則研討會	中華民國溼地保護聯盟、台南市鳥會、中華鳥會、高雄鳥會、崑山技術學院
1997	6月　東京「保護黑面琵鷺國際研討會」	
1998	跨國際衛星繫放計畫	日本、台灣、香港
1999	濱南工業區環評有條件通過	日本、台灣、香港
	12月23～24日　台北「1999保育黑面琵鷺國際研討會」	台灣、日本、南韓、香港、越南、美國、荷蘭
1999	8月　台灣生態攝影界首次登上中國遼東半島外海的形人坨繁殖島	林本初、王徵吉、陳加盛、鍾榮峰

年代	大事紀	資料來源＆參與單位
2001	7月　第二次登上形人坨，拍攝黑琵育雛等資料	余如季、王徵吉、林本初
2002	10月～11月　南韓繁殖區飛鳥所繫放的黑琵幼鳥K-37、K-36飛抵曾文溪口度冬，K-37由黑琵家族黃琨哲於10月10日清晨發現	韓國金守一教授、黃琨哲
2002	11月1日　農委會正式公布黑面琵鷺主棲地300公頃為黑面琵鷺保護東側魚塭344公頃為重要棲息地	農委會
2002	12月2日　黑琵家族野鳥學會記錄在曾文溪口度冬的黑面琵鷺度冬數量705隻	黃琨哲
2002	12月9日　黑面琵鷺因肉毒桿菌C型毒素致病事件，造成73隻死亡及17隻受傷被救事件	台南縣政府
2003	2月18日　肉毒桿菌中毒事件被救活17隻、黑琵中15隻恢復健康的黑琵成功野放	台南縣政府家畜疾病防治所（集集）特有生物中心

製圖／林本初　參考資料／中華野鳥學會《黑面琵鷺季刊》

自然追蹤

黑面琵鷺

2003年9月初版　　定價：新臺幣280元

文・攝影　林本初

發行人　劉國瑞

出版者　聯經出版事業股份有限公司

台北市忠孝東路四段555號

台北發行所地址：台北縣汐止市大同路一段367號

電話：(02)26418661

台北忠孝門市地址：台北市忠孝東路四段561號1-2樓

電話：(02)27683708

台北新生門市地址：台北市新生南路三段94號

電話：(02)23620308

台中門市地址：台中市健行路321號B1

台中分公司電話：(04)22312023

高雄辦事處地址：高雄市成功一路363號B1

電話：(07)2412802

郵政劃撥帳戶第0100559-3號

郵撥電話：26418662

印刷者　文鴻分色製版・廣藝印刷

責任編輯　黃惠鈴

高玉梅

校對　李望雲

整體設計　陳泰榮

行政院新聞局出版事業登記證局版臺業字第0130號

本書如有缺頁，破損，倒裝請寄回發行所更換。　ISBN 957-08-2624-X (精裝)

聯經網址 http://www.udngroup.com.tw/linkingp

信箱 e-mail:linkingp@ms9.hinet.net

國家圖書館出版品預行編目資料

黑面琵鷺 / 林本初文・攝影．--初版．
--臺北市：聯經，2003年（民92）
156面；20×20公分．（自然追蹤）

ISBN　957-08-2624-X(平裝)

1.攝影-作品集

957.4　　92014738